高密年鉴

GAOMI YEARBOOK

（2018）

高密市地方史志编纂委员会　　编

光明日报出版社

图书在版编目（C I P）数据

高密年鉴．2018 / 高密市地方史志编纂委员会编
．-- 北京：光明日报出版社，2018.9
ISBN 978-7-5194-4646-8

Ⅰ．①高… Ⅱ．①高… Ⅲ．①高密 - 2018 - 年鉴
Ⅳ．① Z525.24

中国版本图书馆 CIP 数据核字 (2018) 第 218408 号

高密年鉴（2018）
GAO MI NIAN JIAN（2018）

著　　者：高密市地方史志编纂委员会

责任编辑：王　庆　　　　封面设计：李桂福
责任校对：傅泉泽　　　　责任印制：曹　净

出版发行：光明日报出版社
地　　址：北京市西城区永安路 106 号，100050
电　　话：010-67029771（咨询），67078870（发行），67078235（邮购）
传　　真：010-67078227，67078255
网　　址：http://book.gmw.cn
E - m a i l：gmcbs@gmw.cn
法律顾问：北京德恒律师事务所龚柳方律师

印　　刷：潍坊和盛印刷有限公司
装　　订：潍坊和盛印刷有限公司
本书如有破损、缺页、装订错误，请与本社联系调换

开　　本：210 × 285
字　　数：550 千字　　　　印　　张：22.5
版　　次：2018 年 9 月第 1 版　　　　印　　次：2018 年 9 月第 1 次印刷
书　　号：ISBN 978-7-5194-4646-8

定　　价：200.00 元

《高密年鉴》2018卷编审人员

主　　审：邱纯洁

主　　编：李晓宁

编　　辑：王纪成　槐晓燕　李　瑜　钟　璐

特邀编审：鞠剑峰

高密名片

- 全国县域经济与县域基本竞争力百强县
- 全国工业百强县
- 全国商标百强县
- 中国家纺名城
- 中国长寿之乡
- 国家园林城市
- 全国科技进步先进县
- 全国节约集约用地模范县
- 全国粮食生产先进县
- 全国农村社区建设实验全覆盖示范单位
- 中国安全防护用品（安全鞋、防护手套）产业名城
- 中国特色毛绒玩具生产基地
- 山东省双拥模范城
- 中国楹联文化城市
- 全国象棋之乡
- 中国民间文化艺术之乡
- 中国扑灰年画之乡

数字高密 2017

- 全市总面积 1526 平方公里
- 户籍总人口 89.4 万
- 全市地区生产总值（GDP）643.22 亿元
- 第一产业增加值 52.42 亿元
- 第二产业增加值 313.87 亿元
- 第三产业增加值 276.93 亿元
- 三次产业比例为 8.15:48.8:43.05
- 规模以上工业企业 495 家
- 粮食播种面积 196.63 万亩、粮食总产量 85.90 万吨
- 社会消费品零售总额 223.19 亿元
- 一般公共预算收入 49.14 亿元
- 城镇居民人均可支配收入 35943 元
- 农村居民人均可支配收入 16885 元
- 全市公路通车里程 4320.62 公里
- 中国驰名商标 11 件
- 山东省著名商标 31 件
- 省级以上企业研发机构 33 家
- 山东名牌产品 17 个、省服务名牌 3 个
- 各级各类学校（幼儿园）312 处、在校学生 143901 人、教职工 10394 人
- 各类卫生机构 249 处、床位 4137 张、卫生技术人员 5624 人、乡村卫生室 497 处

编辑说明

一、《高密年鉴》2018卷是在中共高密市委领导下，由高密市人民政府主办，高密市史志办公室编纂的地方性、综合性、资料性工具书。

二、《高密年鉴》2018卷旨在全面、系统、翔实、客观地记载2017年度高密市政治、经济、文化、社会以及自然环境等方面的综合情况，反映高密各行各业的新成就、新面貌、新风采，为各级领导决策和管理提供可靠的参考依据，为社会各界了解高密、建设高密提供新的基本情况，也为续修地方志积累资料。

三、本年鉴采用分类编辑法。全书共设置28个类目，即特载、大事记、全市概况、中共高密市委、高密市人民代表大会、高密市人民政府、政协高密市委员会、中共高密市纪律检查委员会、人民团体、人民武装、法治、经济管理与监督、农业、工业和信息化、交通邮电、建设环保、财政税务、金融、商贸服务业、科学、教育、文化旅游、卫生体育、社会管理与生活、镇街区、人物、附录、索引。年鉴在记述形式上设类目、分目、条目三个层次。类目为大的单元，其下按类别设分目，每个分目之下列若干条目，年鉴多数内容在条目中记载。在记述内容上注重资料的信息价值和图文并茂。

四、本年鉴基础资料由市直各部门、单位、各镇（街区）提供，并经供稿单位主要负责人审阅，由市史志办公室编辑定稿。主要数据以统计部门的统计数据为准。

五、《高密年鉴》2018卷的编辑出版，是在各级领导的关怀和支持下，各供稿单位的大力协助下，经过广大年鉴工作者通力合作、辛勤劳动所取得的丰硕成果。在此，谨向关心和支持年鉴编辑工作的单位和个人表示衷心感谢。

六、《高密年鉴》2018卷内容涉及全市各行各业，面广量大，由于受某些因素影响制约，难免存在纰漏和不足，恳请广大读者批评指正。

2018年6月

目 录

特 载

2017年大事记

全市概况

中共高密市委

高密市人民代表大会

高密市人民政府

政协高密市委员会

纪检监察

人民团体

人民武装

法　治

经济管理与监督

农 业

工业和信息化

交通　邮电

建设　环保

财政　税务

金　融

商贸服务业

科　学

教　育

文化　旅游

卫生　体育

社会管理与生活

镇 街 区

人　物

附　录

索　引

特　载

在全市经济工作会议上的讲话

中共高密市委书记　杨建华

2018 年 1 月 11 日

同志们：

今天这次会议，主要任务是贯彻落实中央、全省和潍坊市经济工作会议精神，总结去年工作，分析当前形势，部署今年发展任务。

为开好这次会议，前段时间，全市各级在认真学习吃透上级精神的基础上，结合总结工作、研判形势，对今年工作进行了深入谋划，市级领导班子成员带头走进镇街区、村居、企业，调查了解情况、征求意见建议，召开市委常委会、市政府常务会议专题研究、充分论证，确保做到情况透、问题准、思路清、措施实，努力使会议筹备过程成为问政于民、凝聚共识、真抓实干的过程。

下面，我重点从思想认识、整体把握和工作推进上，对今年经济工作提几点要求。

一、把握新时代新形势，坚定做好经济工作的信心

2018年是贯彻落实党的十九大精神的开局之年，是改革开放 40 周年，是决胜全面建成小康社会、实施“十三五”规划承上启下的关键一年，做好经济工作意义重大。

当前，我们既面临难得发展机遇，也面临一系列竞争挑战。从国际看，全球经济回暖但基础尚不稳固，美国缩表、加息、减税“组合拳”将给全球经济带来深度影响。从国内看，中国特色社会主义进入了新时代，我国经济发展也进入了新时代，正处在转变发展方式、优化经济结构、转换增长动力的攻关期，全省新旧动能转换重大工程深入开展，潍坊市“一三四七”目标任务特别是“四个城市”建设扎实推进。从我市看，经济总体稳中向好，产业基础进一步巩固，转型升级步伐加快，重点企业带动力明显提升，城乡建设、生态文明和民生事业有了新发展；胶东国际机场、济青高铁等重大项目加快实施，莫言家乡和红高粱文化效应不断放大；全面从严治党纵深推进，干部作风更加严实，这是我们谋求高质量发展的动力之源和底气所在。同时，也要清醒地看到，我市长期积累的一些深层次矛盾和突出问题依然存在，如传统产业比重较高，新动能支撑引领作用尚不充分，实体经济特别是中小企业发展遇到诸多困难；城乡发展不平衡，民生领域仍有一些薄弱环节，生态环保压力较大；防范风险、社会稳定、安全生产等方面还有不少隐患，等等。对这些问题，要高度重视，深刻分析原因，找准问题症结，认真加以解决。各级各部门一定要以更加宽广的视野和战略眼光，观大局、看大势，坚定信心、保持定力、积极作为，始终把握经济工作主动权，不断开创各项事业发展新局面。

二、明确新目标新要求，奋力推动经济高质量发展

这次中央经济工作会议，是党的十九大之后召开的第一个全局性重要会议，会议全面总结了党的十八大以来我国经济发展取得的历史性成就，深刻阐述了今年经济工作的总体要求、政策导向和重点任务；全省经济工作暨金融工作会议从推进新旧动能转换重大工程、推动城乡融合发展等十个方面作出部署要求；潍坊市经济工作会议提出以“四个城市”建设为抓手，突出抓好“七项重点”、强化“五个支撑”的任务目标，为我们做好工作提供了基本遵循。我们一定要认真学习、深刻领会，真正把思想和行动统一到中央、全省、潍坊市经济工作会议精神上来，更加自觉推动上级决策部署落地生根。

做好今年全市经济工作，要坚持“一个统领”、扭住“一个抓手”、把握“五个原则”、突出“六个重点”。

坚持“一个统领”

就是以学习贯彻落实党的十九大精神为统领，以习近平新时代中国特色社会主义思想为指导，全面落实中央、全省和潍坊市经济工作会议部署，加强党对经济工作的领导，坚持稳中求进工作总基调，坚持新发展理念，紧扣我国社会主要矛盾变化，按照高质量发展的要求，统筹推进“五位一体”总体布局和协调推进“四个全面”战略布局，以供给侧结构性改革为主线，加快实施新旧动能转换重大工程，着力深化产业创新、城乡统筹、生态文明、民生共享、改革开放、法治安全“六大战略”，全面做好稳增长、促改革、调结构、惠民生、防风险各项工作，促进经济社会持续健康发展。

扭住“一个抓手”

就是把“四个城市”建设作为统揽全市工作、推动高质量发展的总抓手。要聚焦产业强市、文化名市、活力城市、品质城市建设，紧盯规划实施、目标引领、核心支撑不放松，安排好年度计划、任务和要素保障，深化体制机制创新，广泛开展创建活动，定期组织巡察督导，一环扣着一环扭，一件一件抓落实，真正使“四个城市”建设过程成为全市科学发展转型发展创新发展的过程。

把握“五个原则”

一要牢牢把握“习近平新时代中国特色社会主义经济思想”要义精髓。习近平新时代中国特色社会主义经济思想，是做好新时代经济工作必须长期坚持的科学指南和行动纲领，要深刻理解和系统把握其丰富内涵、实践意义，推动我市经济向着更高质量、更有效率、更加公平、更可持续方向迈进。二要牢牢把握“稳中求进”工作总基调。稳中求进工作总基调是做好经济工作的方法论。“稳”是主基调、是大局，对市委作出的一系列决策部署，要不折腾、不懈怠、不犹豫，一步一个脚印往前推进，确保速度稳、就业稳、物价稳、社会稳；“进”是大方向、是目的，要奋发有为、积极进取，巩固发展良好态势。三要牢牢把握“推动高质量发展”根本要求。要深刻认识高质量发展的科学内涵，坚持质量第一、效益优先，研究完善我市推动高质量发展的指标体系、政策措施、标准规划、评估评价办法，引导各级朝着推动高质量发展不懈努力。四要牢牢把握“推进供给侧结构性改革”工作主线。坚持以“三去一降一补”为重点，着力在破、立、降上下功夫，不断提高供给质量和效益。“破”，就是大力破除无效供给，淘汰落后产能，出清“僵尸企业”；“立”，就是大力强化科技创新，培育发展新动能，打造新的经济增长点；“降”，就是大力降低实体经济成本，全面清理涉企收费。五要牢牢把握“加快新旧动能转换”基本路径。新旧动能转换是我们迈向高质量发展、赢得未来竞争的决定性战役，要统筹好发展方式转变、结构调整，统筹好新动能与旧动能，统筹好新政策、新消费、新空间、新体制机制，全党动员、全民动手，务求必胜。

突出“六个重点”

（一）深化产业创新战略，在结构变革、质效提升中做优做强产业集群。

产业创新是推动高质量发展的必由之路。要坚持“工业强市、实业兴市”不动摇，以做优做强产业集群为目标，把创新作为第一动力，推动质量变革、效率变革、动力变革，加快建设现代化经济体系。

要在优化产业体系上锲而不舍、久久为功。构建“1539”现代产业体系，是我市振兴发展实体经济的主要任务，体现了产业高端高质高效发展的要求。要加快传统产业转型升级，以高端化、智能化、绿色化、服务化为方向，以技术改造和设备更新为重点，促进互联网、大数据、人工智能与产业深度融合，持续开展增品种、提品质、创品牌活动，推动产业向价值链中高端加速迈进。要加快新兴产业规模膨胀，着力培育现有企业迅速成长，引进建设一批龙头基地项目、产业关键项目和上下游配套项目，持续“补链、拉链、壮链”，将节能环保、生物医药、智能装备打造成主导产业。要加快现代服务业繁荣发展，适应消费结构快速升级的趋势，打造好东北乡文化旅游区等一批骨干示范项目，加强平台支撑、政策支持、主体培育，推动文化旅游、现代物流、电子商务、健康养生、社会中介等业态扩大供给、创新模式、提升档次。要加快现代农业全面升级，切实由增产导向转向提质导向，坚持质量兴农、绿色兴农，深入推进农业产业结构调整，大力发展设施农业，加强农业社会化服务、新型主体培育和园区建设提升，积极培育农业“新六产”，实现农村三产融合发展。

要在重点企业提升上倾力扶持、精准服务。实施重点企业提升工程，是壮大产业实力、增强发展后劲的关键举措，是做大做强龙头企业、带动中小企业集群发展的现实要求。经过一年的工作实践，我市重点企业发展取得明显成效，全市新增纳税过千万元企业18家。要牢固树立打攻坚战、持久战的意识，把重点企业提升工程作为推进经济转型升级、深化供给侧结构性改革的最重要平台，始终做到三个集中：一是领导精力集中。市镇两级领导要把包靠企业摆上突出位置、列入重要日程，把企业发展放在心上、抓在手上，做到真包实靠、亲力亲为，积极帮助企业分析形势、谋划思路、提振信心，充分调动各方面力量，解决好企业棘手的困难问题。二是政策资源集中。围绕企业增资扩产、技术改造、品牌营销、研发创新和上市挂牌等环节，梳理整合土地、信贷、基金、奖补等政策资源，用足用好市里出台的11项配套政策，拢指成拳、靶向发力，将有限资源用在刀刃上、发挥出最大效益。三是职能服务集中。五个产业集群咨询指导委员会及办公室要发挥好牵头抓总、上引下联、协调服务的职能作用，相关职能部门要各负其责、紧密配合，各镇街区要守土尽责，针对企业融资、人才、用工、建设手续等瓶颈制约，现场办公、全程代办、跟踪服务，助推企业低成本、轻杠杆、高质效发展，尽快打造出一批产业航母、行业领军、隐形冠军。

要在园区建设提升上完善布局、放大优势。坚持以园区优化产业布局、推动转型升级，构筑支撑县域经济发展的隆起带、增长极。要着力提升园区能级。按照创建国家级开发区、全省一流高新区的目标，在园区建设配套上高起点、高标准、高速度，坚持重点项目建设全市“一盘棋”思想，严格落实统一审查、统筹布局机制，进一步完善飞地政策，真正把开发区、高新区打造成转型升级主阵地、高新产业集聚区、产城融合示范区。要着力突破重点板块。更加注重园中园、特色园打造，建设完善豪迈“工业4.0”产业园，集中力量突破豪迈装备第三产业园、省级安全防护用品产业园建设，推动航空航天装备、高端压缩机零部件、热工装备和高档防护用品制造尽快扩大规模、提升竞争力。要着力优化运行模式。学习借鉴歌尔产业园、盛瑞传动配套产业园等做法，有序推动园区企业化运营、公司化运作，强化开放、改革、创新、服务、产业五大核心功能，加快向主导产业突出、产业链完整、集约化、内涵式发展转变。

要在推动创新创业上高端引领、全民参与。坚持以“四新”促“四化”、实现“四提”，加快建设创新型城市、创业型示范城市，激发全社会创造力和发展活力。要做优创新平台。加快建设中科智谷科技创业园等“两园三基地”，充分发挥机械科学研究总院、天津科技大学、武汉纺织大学等高端研发机构作用，着力与中科院、清华大学等“985”“211”高校实现合作新突破。要集聚高端人才。实施精准化品牌化引才，发挥好高密（北京）人才发展促进会等机构作用，组织好多层次常态化对接活动，努力在高精尖缺人才引进上取得更大成效。加强多元化实用化育才，完善市职教中心、高级技工学校和豪迈职教园区“三足鼎立”格局，健全产教融合、校企合作机制，加快培育壮大优秀企业家、科研人员和高技能人才队伍。做好机制化长效化安才，市人才发展服务中心要加强统筹协调，健全柔性引才、股权激励等机制，全面落实贷款、住房、补助等优惠政策，打造事业留人高地。要注重成果转化。健全“孵化器＋加速器＋产业园区”接力式孵化体系，深化产学研合作，着力突破产业关键、共性技术，加快催生一批科技型中小企业，形成百舸争流谋创新、千军万马竞创业的良好局面。

（二）深化城乡统筹战略，在打造品质、一体推进中构建现代化城镇体系。

现代化城镇体系，既是推动高质量发展的内在要求，也是实现高质量发展的外在体现。要把提高供给体系质量落实到城乡建设，扎实推进品质城市“十大提升工程”，实现全域统筹、一体推进、整体提升。

坚持以精致化的标准提升城市品质。要发挥好城市规划的总纲、蓝图和管控作用，修编完善城镇规划和城市设计体系，以高水平规划引领高品质建设。要突出抓好火车站片区综合改造、高铁北站建设，加快城区路网完善提升，扎实推进海绵城市和地下综合管廊建设，组织实施好省道、县乡道路和村级公路改造工程，配合济青高铁、济青高速扩容等重大项目顺利进展。要健全“大城管”机制，突出严管重罚，高标准常态化实施城区环境综合整治，加强城乡环卫一体化长效机制建设，着力破解“脏、乱、差、堵”等难题，全面提升城市管理精细化、规范化、信息化水平。要合理引导住房需求，加大高端品牌房地产开发供给力度，积极发展和培育住房租赁市场，加快建立多主体供应、多渠道保障、租购并举的住房制度。

这里重点强调一下棚户区改造工作。棚户区改造，是省和潍坊市交给我们的刚性任务，也是我市抓住政策“窗口期”、大幅提升城市品质的重大机遇。通过去年的努力，我们在棚改工作上取得了比较好的成效，也探索和积累了一些好经验，具备了全面攻坚突破的条件。高密在潍坊12个县市区中棚改任务最重、压力最大，潍坊要求棚改任务必须今明两年完成，其中今年完成80%。对此，我们无可回避，必须担当。要把棚户区改造作为提升城市品质的头号工程和重中之重，市委、市政府下定决心，举全市之力，确保年内完成征收搬迁9000户。要集中优势兵力、形成强大合力。市委三位书记分别任三个街道的总指挥，包靠三个街道的市级领导任常务指挥，相关市委常委、副市长担任六个领导小组组长，市级党政领导班子成员全部投入到指挥一线；市直部门原则上全部承担征收任务，建立部门包靠为主、属地密切配合的“网格化”改造模式，形成全市党员干部万众一心、齐心协力抓棚改的强大声势。要把握正确方法、科学高效实施。学习借鉴潍城区等先进做法，实施大区域整体改造，坚持统一标准政策、一把尺子到底，依法征收与协议搬迁同步展开，上半年、下半年两期压茬推进，完善房票、融资、监督、考核等工作机制。要突出关键节点、务求最大成效。推行“大片区征收、组团式开发”模式，引进全国知名开发企业，打造一批产城一体样板区、特色产业集聚区。拿出最好的区位、最好的资源、最好的质量建设安置房，变一村“就地安置”为多村“就近安置”，让老百姓在改造中获得最大受益。强力推进拆违征迁“双清零”，确保到3月底彻底解决尾留问题。

坚持以差异化的定位打造特色城镇。城镇有特色，才有生命力、竞争力。各镇街区要立足实际、找准优势，明确主导产业、工作布局和发展思路，不要“贪大求洋”，无需“面面俱到”，而是在“产业特、形态美、功能强、机制活”上下功夫。像开发区、夏庄（高新区）的新兴产业，醴泉、姜庄、咸家的传统制造业，朝阳、密水、柏城的现代服务业，阚家、柴沟、井沟、大牟家、注沟的现代农业，胶河生态区的生态经济，东北乡的文化旅游业，都有发展、提升的空间和机遇。要各打各的优势牌、各唱各的拿手戏，加快建设一批产业强镇、文化名镇、生态美镇。要加强城镇区域间协调联动，着力打造胶河生态文化旅游发展带和平日路现代城镇经济带，力求尽快在点上突破、线上铺开。

坚持以全域化的力度建设美丽乡村。高密最大的发展不平衡是城乡发展不平衡，最大的发展不充分是农村发展不充分。要把实施乡村振兴战略作为“三农”工作的总抓手，按照产业兴旺、生态宜居、乡风文明、治理有效、生活富裕的要求，推动美丽乡村建设增创新优势、再上新台阶。要持续抓好以“七改”为重点的农村人居环境综合整治，深入落实农村新型社区发展规划，建设一批示范镇、示范村、农业产业化联合体和田园综合体，打造农民安居乐业的幸福家园。

（三）深化生态文明战略，在和谐共生、环境重塑中推进永续发展。

高质量发展，是人与自然和谐共生的发展。要把生态文明作为价值导向和理念引领，持续推动形成绿色发展方式和生活方式，努力把“绿水青山”变成“金山银山”。

要塑造精简高效的政务生态。坚持以“放”促“活”，扎实推进削权减证、精准监管、优化服务，实施相对集中行政许可权、镇街行政管理体制改革，做好政策法规立改废工作，积极推行互联网＋政务服务，借鉴先进地区“零跑腿”和“只跑一次”等做法，努力营造事项最少、效率最高、服务最优的“三最环境”。

要塑造彰显魅力的自然生态。深入开展绿色发展“十大工程”，统筹抓好“气、水、土”污染治理，加快重点河流综合治理、镇级污水管网和雨污分流设施建设，加强土壤污染管控和修复，打赢蓝天保卫战。按照源头严防、过程严控、结果严惩的要求，完善环保产权制度、市场化机制和管理体制，用最严格的执法保护生态环境。突出抓好中央环保督察问题整改，做到问题解决不彻底不放过、责任追究不到位不放过、人民群众不满意不放过，确保完成全年节能减排和环境质量改善目标。

要塑造健康向上的人文生态。着力深化文明创建，广泛开展中国特色社会主义和中国梦宣传教育，培育和践行社会主义核心价值观，强化新闻宣传和舆论管理，不断提升全社会文明程度。着力打响文化品牌，推出一批文艺精品创作，实施好电视剧《檀香刑》拍摄、茂腔戏曲电影《红高粱》播映等重点文化事项，不断扩大“大禹封国、三贤故里、莫言家乡”和“红高粱”文化品牌影响力。着力推动文化惠民，提升文化馆群服务效能，举办丰富多彩的特色节会和群众性文体活动，为高质量发展提供思想保证、舆论支持和精神动力。

（四）深化民生共享战略，在提标扩面、精准务实中保障改善民生。

造福民生是推动高质量发展的根本目的。要着眼人民日益增长的美好生活需要，抓住群众最关心最直接最现实的利益问题，既尽力而为，又量力而行，让人民群众有更多的幸福感、获得感。要围绕办好人民满意的教育，全面完成新一轮校舍改造，实施第三期学前教育三年行动计划，深化教育综合改革，切实解决好儿童早期教育、中小学生课外负担重、“择校热”等问题，以高密一中打造全省一流名校为带动，全面提升各级各类教育教学水平。要围绕建设健康高密，深化以现代医院管理制度为重点的医药卫生体制改革，完善以“医联体”为特色的分级诊疗体系，加快第二人民医院、妇幼保健院等重点医疗项目和基层医疗卫生机构标准化建设，切实解决好“看病难、看病贵”问题。要围绕推动更高质量就业，建立终身职业培训制度，健全完善就业服务体系，解决好性别歧视、身份歧视问题，推动以创业带动就业，化解结构性就业矛盾。要围绕打好脱贫攻坚战，坚持一手抓巩固提升，一手抓长效机制建设，注重激发脱贫内生动力，确保如期完成脱贫攻坚任务。各级要真正把群众利益举过头顶，拿出更多的资金投入民生事业，社保、救助、养老等各领域，都要办成一批群众看得见、摸得着、感受得到的实事好事，让群众看到明显变化、得到更多实惠。

（五）深化改革开放战略，在破除瓶颈、集聚要素中增添发展活力。

改革开放是推动发展的制胜法宝。我们过去取得的发展成就，依靠的是改革开放；在新时代推动高质量发展，更要依靠改革开放拓空间、激活力。

要以更大力度深化改革。把握当前蹄疾步稳的全面深化改革大势，加大重点领域关键环节改革力度，为高质量发展提供制度保障。要深化金融体制改革。为实体经济服务是金融的天职。要引导金融回归服务实体经济的本源，加强政银企协作配合，推动金融机构创新产品、优化服务、延伸网络，规范发展地方金融组织，促进形成金融和实体经济的良性循环。要深入实施资本市场开拓计划，设立区域资本市场股权质押融资增信基金，全面完成规模企业规范化公司制改制，推动企业挂牌、直接融资实现新突破。要深化投融资体制改革。探索实施政府融资资本化运作，积极争取新增政府债券和棚改贷款授信，提升国有投融资公司市场化融资水平，高效运作 PPP 项目，撬动更多社会资本投入产业发展和城市建设。要深化农村产权改革。探索“三权分置”多种实现形式，推动土地经营权向新型经营主体集中。扎实推进农村集体产权制度改革，创新集体建设用地入市、宅基地退出、土地征收路子，健全城乡融合发展体制机制。

要以更大力度扩大开放。按照打造青潍组团式发展先行区要求，着力以对接青岛走向世界，构建更高层次双向开放格局。要坚定不移拓展“以开放倒逼转型”路径。坚持更高水平引进来，更大规模走出去，支持企业深化与国际高端企业合作，推动现有外资企业增资扩股，推动外贸向“优质优价、优进优出”转型提升。要坚持不懈抓好“三招三引”。客商能不能引进来，关键是创造一个好环境，有现代环境建设的新理念新做法。要进一步调整优化招商政策，大力推行“零增地”招商、“总部基地”招商、中介代理招商等新模式，把高密打造成为极具吸引力的投资目的地。要积极培育外贸新兴业态。深入开展“互联网 + 外贸”行动，着力增强海关商检、国际贸易等服务功能，支持跨境电商、市场采购贸易、外贸综合服务发展，切实提高贸易便利化水平。

（六）深化法治安全战略，在坚守底线、综合治理中维护长治久安。

推动高质量发展离不开法治安全的保驾护航。要坚守金融安全底线。深入推进金融风险化解工作，完善监测预警、动态调整和销号管理，严厉打击非法集资、恶意逃废债务等违法犯罪行为，确保不发生区域性、系统性风险。要坚守社会稳定底线。深化社会矛盾预防化解，强化领导包案、公开接访和带案下访，注重运用法治方式解决信访问题，进一步完善涉军等重点群体稳控和服务机制，确保重要节点安保维稳工作不出任何问题。加快建设立体化信息化社会治安防控体系，加强反恐怖反邪教斗争，巩固完善常态化严打整治机制，提升人民群众的安全感。要坚守安全生产底线。树立生命至上、安全第一的思想，全面加强安全管理，夯实企业主体、部门监管、党委和政府领导责任体系，严密防控措施，坚决消除隐患，杜绝较大以上事故发生。

三、展现新担当新作为，强化落实经济工作的保障

推动经济高质量发展，根本在党的领导，关键在党员干部担当。要把全面从严治党要求体现在党领导经济工作之中，以新气象、新作为，把经济工作各项任务目标落到实处。

要坚持和加强党对经济工作的领导。各级班子和领导干部要提高政治站位，增强“四个意识”，自觉同以习近平同志为核心的党中央保持高度一致，坚决维护党中央权威和集中统一领导，进一步完善党领导经济的体制机制，综合运用宣传、组织、纪检及统战等资源，不折不扣落实中央、省、潍坊和我市经济工作决策部署。

要夯实新时代做好经济工作的基础。基层组织是经济工作的前沿阵地和战斗堡垒。要推进基层组织设置和活动方式创新，着力建设“四化”过硬支部，推动“两新”党建标准化和城市社区实体化，完善“15分钟党群服务圈”，不断扩大党的基层组织和工作覆盖。要高标准高质量完成村（社区）“两委”换届，深化党员积分制、党组织星级化管理等机制，加快发展壮大村集体经济，全面提升基层治理制度化、规范化水平。

要提高新时代驾驭经济工作的本领。要扎实推进“两学一做”学习教育常态化制度化，开展好“不忘初心、牢记使命”主题教育，着力培养专业能力、专业精神，建设高素质专业化干部队伍。要大兴调查研究之风，掌握正确工作策略和方法，找准短板弱项、谋划务实举措，切实提高适应新时代、落实新部署、实现新目标的水平。

要锤炼新时代推进经济工作的作风。要深入开展“作风建设年”和“项目建设年”活动，完善督查、考核、关爱干部和容错纠错机制，旗帜鲜明为敢于担当的干部撑腰鼓劲，激励各级干部奋发有为、狠抓落实。要健全市监察委员会运行机制，巩固拓展落实中央八项规定精神成果，持之以恒正风肃纪，巩固反腐败斗争压倒性态势，营造风清气正、干事创业的政治生态。

同志们，新时代开启新征程，新发展期待新作为。让我们更加紧密地团结在以习近平同志为核心的党中央周围，锐意进取，埋头苦干，创新突破，在推动经济高质量发展上迈出坚实步伐，为加快建设富强和谐现代化中等城市作出更大贡献！

政府工作报告

——2018 年 1 月 16 日在高密市第十八届人民代表大会第二次会议上

高密市市长　王文琦

各位代表：

现在，我代表市人民政府向大会作政府工作报告，请予审议，并请市政协委员和其他列席会议的同志提出意见。

一、2017 年工作回顾

2017 年是本届政府履职的第一年。一年来，市政府认真落实中央和省市各项决策部署，在市委坚强领导下，团结带领全市人民，迎难而上、开拓进取，较好地完成了市十八届人大一次会议确定的任务目标。

经济平稳健康运行。预计全年完成地区生产总值 660 亿元、一般公共预算收入 49.1 亿元、全社会固定资产投资 570 亿元、社会消费品零售总额 215 亿元，城镇居民、农村居民人均可支配收入分别增长 8.5% 和 9%。上级下达的约束性指标全面完成。在第十七届全国县域经济基本竞争力百强榜中居第 59 位，比上届提升 3 个位次。在中国县域成长竞争力排行榜中居第 17 位。

创新驱动深入实施。谋划推动“四新四化”重大项目 146 个、总投资 1050 亿元，12 个项目上报省新旧动能转换 [1] 项目库，25 个项目纳入潍坊四个城市“1030100”支撑项目 [2]。新登记各类市场主体 1.05 万家，注册资本金 783 亿元、增长 29.3%。获评国家“万人计划”1 人、鸢都产业领军人才 9 人，豪迈科技获评中国机械工业科技一等奖、全国首批绿色制造体系建设示范企业，中科智谷科技创业园被评为国家级众创空间，登升等 4 家企业获批省级技术中心，新建省级科技企业孵化器 2 家，创新创业载体达百万平方米；新增省级以上名牌名标 3 个，有效注册商标达到 5520 件。发明专利授权量增长 35.6%，成功创建国家知识产权强县。“综合柜员制”集成服务模式 [3] 成为全省典型，全国大学生精准就业服务暨返乡创业大会在我市成功召开。

产业转型加快推进。三次产业比例调整为 7.9 ∶ 49.7 ∶ 42.4。完成省粮食高产创建示范面积 11 万亩，新增现代农业园区 14 个、农业龙头企业 5 家、农民专业合作社 152 家、家庭农场 58 家、“三品一标”认证 10 个，新发展冬暖式大棚 7326 亩。连续 11 年获全国生猪调出大县奖励。王吴水库除险加固顺利竣工，孟家沟水库具备蓄水条件，农田水利项目县等工程全部完成。新建改建农村公路及村内街道 400 多公里。全年造林 1.2 万亩，建设高标准农田林网 3 万多亩。“重点企业提升工程” [4] 成效明显，全年新增纳税过千万元企业 18 家，孚日集团纳税首次进入潍坊前 10 名，豪迈、星宇等公司成为国家级、省级制造业单项冠军，海宇等 6 家企业入选全省首批中小企业“隐形冠军”，我市跃居中国工业百强县第 72 位，比上年提升 13 个位次，被认定为山东省节能环保产业示范市。完成规模企业规范化公司制改制 85 家，挂牌企业达到 78 家。银行、保险等金融机构发展到 49 家，年内新增贷款余额 43.4 亿元，列潍坊各县市区第一位；电子商务交易额突破 200 亿元，经济开发区成为潍坊首个“中国淘宝镇”，铁运物流园一期工程基本竣工。

城乡面貌持续改善。全市常住人口城镇化率达到60.5%。棚改旧改取得重大突破，15个棚改片区基本完成，40个老旧小区改造全面完成，棚改、拆违面积创历年之最。商住用地供应管理更加规范，商品房销售面积增长54.6%。综合治理主街主路、背街小巷，改造城区路面28万平方米。济青高速改扩建、济青高铁高密段建设顺利推进，平日路拓宽改造竣工通车。升级智能交通信号设施，打造全省首个县级“绿波城”[5]。公共自行车继续增点扩面，新能源公交车占比达到80%。城市管理职责进一步厘清，精细化管理水平不断提高，顺利通过省级文明城市复审。美丽乡村建设亮点纷呈，城乡环卫一体化长效机制基本形成，铁路沿线环境综合整治通过省政府首批验收。农村人居环境明显改善，管道天然气实现镇街区全覆盖，农村危房改造、厕所改造年度任务全部完成。扎实推进生态环境综合整治，全面落实河长制[6]，“清河行动”基本完成；“散乱污”企业取缔、燃煤小锅炉“清零”、禁养区养殖场关闭、散煤清洁化治理等工作高效完成。

改革开放不断深化。农村集体产权制度省级试点全面完成，“三权分置”[7]改革成效明显。深入落实“711”降成本专项行动[8]，累计为企业减负7.7亿元。规范运作PPP项目16个，撬动社会资本147亿元。制定出台“1+6”国企改革制度[9]，企业监管、运营效率进一步提高。顺利完成交通运输执法、广播电视等体制改革，综合执法体制改革成为全国试点。经济开发区位列全省综合评价第7位。成功举办北京、上海、青岛等招商引智活动，完成招商引资110亿元，新引进院士工作站3家、科研院所5家、“千人计划”等重点人才31名。完成进出口总额160亿元，实际利用境外资金8.7亿元，分别增长20%、24%。与世界500强或行业领军企业合资合作迈出新步伐，“借梯登高、创新驱动，打造对外开放新高地”的做法在全省推广。

社会事业全面提升。新建改扩建中小学、幼儿园82所，大班额问题得到有效解决，一中新校、职教中心一期建成启用，顺利通过全国义务教育发展基本均衡县复查，获评全国青少年普法教育示范区，教育工作群众满意度居全省县市区第一位。积极推进5家公立医院法人治理结构建设，实施市镇两级分级诊疗，为16万人提供家庭医生签约服务，将85%以上的孕产妇女和儿童纳入系统管理，成功创建省级卫生计生综合监督示范区，顺利通过全国健康促进市评估验收。成功举办第八届红高粱文化节、第十五届中国（高密）楹联论坛，成立中国红高粱文化研究院，拍摄完成茂腔戏曲电影《红高粱》，市图书馆顺利通过国家一级馆复评，我市被列为山东省唯一的全国非遗保护传承观察点，获评中国诗歌之乡。承办全国象棋甲级联赛、蹦床等高端赛事10余次，国家级、省级赛事奖牌数量居潍坊各县市区首位，被评为国家高水平体育后备人才基地。

民生保障更加有力。民生支出占财政支出比重达到82%。健全完善扶贫长效机制，贫困村、贫困户全部稳定脱贫。就业机制更加完善，城镇新增就业9800多人，零就业家庭实现动态清零。社保扩面征缴力度持续加大，职工大病保险制度全面建立，全市各项社会保险累计参保167万人次。城乡低保、五保救助标准不断提高，城市日间照料中心达到16处。城乡社区网格化服务管理工作全面启动，“一村（社区）一法律顾问”“一村（社区）一警务助理”和“四级网格员”基本实现全覆盖。全面推进抗旱保水节水，先后调引客水3780多万方，城乡用水需求得到保障。大力提升食品安全保障能力，成功创建省级食品安全先进县。深入推进平安高密建设，“雪亮工程”[10]基本完成，侵财性案件、可防性案件分别下降21%和22%。全面完成安全生产标准化创建年度任务，建成第三消防站和7支镇级专职消防队，企业安全隐患下降40%，全市安全生产形势持续稳定向好。

妇女儿童、民族宗教、外事侨务、机构编制、新闻出版、检验检测、审计、统计、对台、物价、残联、慈善、人防、地震、气象、档案、史志、供电等工作取得新进展。

自身建设全面加强。扎实推进“放管服”改革，取消各类行政权力事项137项，编制完成538项“零跑腿”和“只跑一次”清单。认真执行市人大及其常委会决议决定，自觉把民主政治协商纳入决策程序，共办理人大代表议案建议 166 件、政协委员提案 231 件，满意率和基本满意率达到 100%。编制印发《高密市人民政府工作规则》，规范重大行政决策程序。加强节约型政府建设，市直部门公用经费压减 5%。深入开展“作风建设年”活动。党风廉政建设和反腐败工作扎实推进。

各位代表，过去的一年，市政府充分发扬争创一流精神，主动作为、积极担当，先后荣获省级以上荣誉称号 24 个[11]。深入开展“寻标对标提标达标”活动，确立“省外学昆山，省内学胶州、赶莱州”目标，实施“十项提升任务”[12]，整体工作走在潍坊前列。紧紧围绕“四个城市”建设，研究制定五年规划、三年行动计划，加快推进产业转型、城市转轨、动能转换。始终坚持问题导向，健全完善国企改革、项目推进、应急管理等工作机制，不断提升政府施政水平。牢固树立以人民为中心的发展思想，集中解决群众关心的热点难点问题，城市管理、基础设施、城乡环境等民生问题得到有效改善。全面提升统筹攻坚能力，扎实做好中央环保督察、国家安全生产大检查综合督查、国务院第四次大督查、国家统计执法专项检查等工作，积极推动问题有效整改。这些举措，保证了全年目标任务的顺利完成，也为下步发展奠定了坚实基础。

各位代表，过去一年取得的成绩，是上级党委、政府和市委坚强领导的结果，是市人大、市政协和社会各界有效监督、鼎力支持、共同奋斗的结果，是历届班子埋头苦干、接续发展的结果，是全市人民顽强拼搏、砥砺奋斗的结果。在此，谨代表市政府，向全市人民，向各位人大代表、政协委员和社会各界人士，向驻高部队和武警官兵，向所有来高的投资者、创业者和建设者，表示崇高的敬意和衷心的感谢！

肯定成绩的同时，我们也清醒看到，全市经济社会发展中还存在不少矛盾和不足：发展不平衡不充分的问题在各领域还比较突出；经济总量仍然偏小，发展质量和效益还不够高；城市建设管理水平及环境质量亟待改善；教育、医疗、养老、出行等民生领域仍有差距；安全生产、风险防控、安保维稳的压力依然较大；少数公务人员工作不用心、不热情、不专业、不扎实，等等。对这些问题，我们将采取有力措施，认真加以解决。

二、2018 年工作任务目标

2018 年是贯彻党的十九大精神的开局之年，是改革开放 40 周年，是决胜全面建成小康社会、实施“十三五”规划承上启下的关键一年。今年政府工作总体要求是：全面贯彻党的十九大精神，认真落实中央、省和潍坊市工作部署，以习近平新时代中国特色社会主义思想为指导，坚持稳中求进工作总基调，坚持新发展理念，牢牢把握走在前列的目标定位，以供给侧结构性改革为主线，加快实施新旧动能转换重大工程，统筹做好稳增长、促改革、调结构、惠民生、防风险各项工作，全面推进“四个城市”建设，着力突破三大重点任务，积极改善三大民生福祉，推动经济发展质量变革、效率变革、动力变革，提高全要素生产率，加快建设富强和谐现代化中等城市。

今年经济社会发展主要预期目标是：地区生产总值增长 7% 以上，一般公共预算收入增长 4% 左右，固定资产投资增长 8% 左右，社会消费品零售总额增长 9.5% 左右，进出口总额增长 8% 左右，城镇居民、农村居民人均可支配收入分别增长 8% 和 8.5%，城镇登记失业率控制在 2.5% 以内。全面完成上级下达的约束性指标。

实现上述目标，必须提高政治站位，把学习贯彻党的十九大精神作为全年工作的灵魂，增强“四个意识”，坚定“四个自信”，坚决维护以习近平同志为核心的党中央权威，汇聚不懈奋斗的坚强意志和磅礴力量。必须准确把握习近平新时代中国特色社会主义经济思想，自觉接受上级党委政府和市委对经济工作的领导，始终保持正确的经济航向。必须提升发展标杆、工作标准、境界水平，始终保持创业激情、创新活力，推动更多工作走在全省全国前列。必须全面推进“四个城市”建设，紧盯目标、凝聚合力，在全市上下形成推动产业升级、品质提升、活力迸发、文化繁荣的政治自觉和行动自觉。必须着眼区域发展短板，着力突破棚改旧改、项目建设、“三招三引”三大重点任务，以重点工作大突破带动整体工作大提升。必须坚持以人民为中心的发展思想，聚焦乡村振兴、绿色发展、民生保障，抓住人民最关心最直接最现实的利益问题，一件事情接着一件事情办，一年接着一年干，使全市人民获得感、幸福感、安全感更加充实、更有保障、更可持续。

三、全面推进“四个城市”建设

把“四个城市”作为建设现代化强市的主体工程和关键抓手，突出战略引领，量化指标体系，深入实施五年规划和三年行动计划，推动经济社会更高层次新发展。

（一）加快产业强市建设，开辟动能转换新路径。坚持以实体经济为根基，聚焦“四新四化四提”[13]，提升优势产业、扩张新兴产业、培强潜力产业，加快构建实体经济、科技创新、现代金融、人力资源协同发展的产业体系。

增创工业发展新优势。坚持“工业强市、实业兴市”不动摇，深入实施“重点企业提升工程”，完善精准扶持政策，以“孚日创新2020”[14]“五年再造两个新豪迈”[15]为龙头，加快星宇高档纤维等项目建设，积极培育一批销售收入过百亿、五十亿、十亿的大企业。充分发挥产业咨询指导委员会作用，组织实施“五提三扩”计划[16]，支持企业加快“四新”改造，推动纺织服装、机械装备、安防用品等五大传统产业高质高效发展；聚力生物医药、节能环保、智能装备三大新兴产业，强化龙头带动、园区承载、项目支撑、要素保障，推动康地恩生物、豪沃机械等创新型、成长型企业发展壮大，打造新的经济增长极。加快现有企业资本化改造进程，积极推动金永和精工、恒涛节能等企业主板上市，探索成立区域资本市场股权质押增信基金，年内完成规范化公司制改制企业48家、新增挂牌企业15家。广泛开展质量提升行动，加快培育一批国际国内知名品牌。大力弘扬企业家精神和工匠精神，造就追求卓越的企业家队伍和知识型、技能型、创新型产业大军。

支持服务业创新突破。充分发挥区位、产业、文化优势，深入实施服务业提升计划，做强优势产业，打造特色品牌，补齐发展短板，拉长产业链条，加快构建现代服务业体系。积极发展现代金融业。引导银行业金融机构扩大信贷投放，年内新增贷款40亿元。支持域外银行、证券、保险公司设立分支机构，力争年内2家股份制银行落户我市。创新PPP项目融资保障机制，严控财政支出红线，稳妥实施火车站综合改造等项目，实现政府投入和社会资本合作共赢。加快发展现代物流业。完善提升晟绮通关、铁运物流、盛德物流等园区功能，规划建设食品集散、纺织服装原料等物流基地，积极争创一批国家“A级”物流企业，推动域内小散物流企业整合，打造区域性物流中心，服务关联产业发展壮大。大力发展冷链物流、智慧物流、嵌入式物流[17]，积极开展物流降本增效专项行动，着力打造功能集成、设施共享、用地节约的高效平台。突破发展电子商务业。支持企业信息化改造，推动互联网、大数据、人工智能和实体经济深度融合。用足用好各级电商扶持政策，争创省级电子商务示范县。扶持壮大中科智谷、电商孵化中心、柏城电子商务、张鲁电商创业园等聚集区，助推阿里巴巴、京东等知名电商延伸网络，促进孚日、海宇等企业实施全方位营销，构建多层次、立体化电商发展格局。统筹抓好健康养生、高品质房地产、社区服务、社会中介等其他现代服务业发展。

推动现代农业上水平。大力推进科技创新、模式创新、品牌创新，着力打造新亮点、创出新经验，实现量质双提升。提升农业综合实力。加快高产创建、高标准农田建设，推动粮食生产绿色永续发展。调整农业产业结构，新增设施农业1万亩以上、经济作物7万亩以上、现代农业园区10个以上。开展新型农业经营主体提升行动，新增农业龙头企业5家以上、家庭农场30家以上，规范提升农民专业合作社40家以上。实施农业品牌引领工程，新认证“三品一标”5个以上。放大胶河万亩土豆优势，规划建设半岛农产品交易中心，逐步形成辐射半岛的农产品供应基地。夯实农村发展基础。编制全市水安全保障总体规划，深度落实河长制各项工作，组织实施拒城河水库增容、引潍入马调水等系列工程，强化农村塘湾等水利设施保护，努力破解水资源瓶颈制约。改造提升高城路等县乡道路，新建改建农村公路230公里以上，积极争创省“四好农村公路”[18]示范县。启动农网升级工程，切实提升农村电力保障水平。实施国土绿化行动，年内造林1万亩、200万株以上，建设绿色生态廊道30公里、高标准农田林网1万亩。完善农业支持保护制度，做好涉农信贷、农业保险、农机保障、气象服务等工作，增强农业防灾抗灾能力。

（二）加快品质城市建设，打造美丽宜居新家园。顺应动能转换、城市转型、消费升级新要求，大力开展城市品质提升行动，努力让城市更加宜居宜业、更好承载发展。

坚持高起点规划。完成城市总体规划修编报批，实现城区控规全覆盖。高标准制定“东部新城”、胶河综合发展等区域性规划。积极推进城市消防、综合交通、民生市场等专项规划修编，高标准规划建设一批地标性建筑，提升城市设计水平。加强教育、文化、体育、养老、公园、绿地、停车场等公共服务设施配套，提升城市发展品位。严格执行规划，确保规划的权威性、严肃性和连续性。

实施高标准建设。配合抓好济青高铁新建、济青高速扩容等重点工程，启动潍胶路南延“四环相通”规划设计，完善提升人民大街、利群路等中心城区路网，综合整治背街小巷，全面疏通“瓶颈路”，打通城市微循环。提升城市交通设施，打造更加高效畅通的出行环境。加快海绵城市[19]建设，实施积水点综合改造，最大限度实现雨水就地消纳利用。完成地下综合管廊[20]年度建设任务，尽快实现地下管线“一张网”管理。完善城市景观照明体系，提升城市亮化水平。实施城区主要街路裸地补植，打造一批绿色精品项目，确保顺利通过国家园林城市复审。

推进高效能管理。深化“城市管理提升年”活动，强力推进“城市八乱”[21]综合整治，探索建立城市综合管理大联动机制。大力开展“十项严管”[22]集中行动，严格落实“门前五包”[23]等制度，积极打造样板街路、样板社区，带动城区管理水平不断提高。拓宽城管执法领域，推动综合行政执法体制改革纵深发展，实现综合执法全域管控。加快智慧城市建设，完善数据共享交换体系，持续提升城市精细化、数字化、信息化管理水平。

（三）加快活力城市建设，集聚高效发展新动能。突出创新驱动、创业引领、改革攻坚、开放先导，全面激发城市活力，努力打造创新高地、创业新城。

提升创新创业水平。加强产学研合作，着力构建“孵化器+加速器+产业园区”接力孵化体系。提升创新平台研发能力和技术攻关水平，新建市级孵化基地3处、潍坊市级以上研发机构10家。推广全员全过程创新模式，探索成立创新联盟，积极争创全国返乡创业示范县、省级创业型示范城市。全面加强知识产权管理保护，积极开展专利权质押融资，年内实现专利授权量700件以上。大力实施“育苗造林”和“小升高”行动[24]，推动科技型中小微企业加快成长，年内高新技术产值占比提高1.5个百分点左右。

加快重点领域改革。深入落实“三去一降一补”重点任务，加快淘汰落后产能，出清“僵尸企业”[25]。实施削权减证、流程再造、精准监管、体制创新、规范用权“五大行动”，稳步推进相对集中行政许可权改革。全面铺开农村集体产权制度改革，年内50%以上村居完成改革任务。持续推进国库集中支付、公务卡结算等改革，健全完善预决算公开机制。深化商事制度改革，完善智慧电子监管系统，营造良好市场环境。巩固提升供销社综合改革试点，推动土地托管、村社共建、农村电商网点扩面增效。稳步推进水资源费改税、农业水价、盐业等领域改革。强化统计执法监督，充实基层统计力量，做好第四次全国经济普查准备工作。

深化双向开放格局。坚持全域开放、全面开放、全民开放，聚焦利用外资短板，瞄准欧美、日韩、我国港台等重点区域，精准对接世界500强或行业领军企业，着力引进一批中外合资合作项目，力争年内完成实际到账外资1亿美元以上。深入实施外贸转型升级专项行动，扩大高端设备、关键零部件等商品进口，力争年内实现外贸进出口总额170亿元以上。深度参与国家“一带一路”、省“两圈四区”[26]建设，开展国际并购、资产重组、合作研发和品牌交流，推动装备、技术、标准、服务融入全球产业链，培育本土跨国公司。

（四）加快文化名市建设，拓展文化品牌新内涵。发挥高密历史悠久、底蕴深厚、人文资源丰富的优势，做好挖掘保护、开发利用，内强实力、外树美名，叫响高密文化品牌。

大力传承优秀文化。健全完善“五位一体”[27]非遗保护传承体系，加快传承教育、生产性保护基地建设，抓好民俗文化特色镇村保护利用。组织实施传统文化进校园、社区活动，支持民间艺人参加对外文化交流。深度挖掘整理高密地域文化资源，以文化品牌引领文化事业和文化产业发展。组织开展“写高密、画高密、拍高密、演高密、唱高密”系列活动，讲好高密故事，传播高密声音。高质量办好第九届中国（高密）红高粱文化节。

完善提升文化设施。健全现代公共文化服务体系，加快党史馆、史志馆、档案馆等一体化建设，打造具有高密特色的文化服务中心。推进全民阅读，依托社区规划建设便民“城市书吧”[28]。广泛开展群众性文化活动，深入推进文化惠民工程。

积极培育文旅产业。深度挖掘东北乡“红高粱”品牌内涵，加快推进莫言文学馆、高密老县城等项目建设，积极创建国家4A级景区。完善胶河流域景观规划，启动南山生态修复工程，有序建设串珠式旅游景点，打造绿色南山、诗意胶河、莫言家乡60公里景观长廊。充分发挥文化底蕴优势，坚持文化、旅游互生共融，启动汉文化保护工程，打造注沟现代农业+刘墉文化游、南山梨花+晏子文化游、阚家葡萄+郑玄文化游、柏城花卉+白羊山文化游、五龙河湿地+大禹文化游等一批精品旅游线路，推动文化旅游、民艺民俗、书画古玩等产业蓬勃发展，叫响“大禹封国、三贤故里、莫言家乡”文化旅游品牌。

四、着力突破三大重点任务

坚持聚力攻坚，不搞平均用力，突出棚改旧改、项目建设、“三招三引”，依靠高质量、有规模的投资，实现高质量、有效益的发展。

（一）强力推进棚改旧改。坚持“让利于民、阳光征收、群众工作法”三项原则，实施大片区征收、组团式开发、集群化推进，年内征收搬迁9000户以上。突出姚哥庄二期、张家埠、交通等重点片区，实施“1+N”棚改计划[29]，以点的突破带动面的拓展。优化协调推进机制，举全市之力推动中心城区“棚改动态清零”。创新片区安置模式，按商品房标准优先建设回迁安置房，打破行政区划界限，完善房票安置政策，变就地回迁为就近安置，着力打造“万人社区”。建立政府主导的土地熟化[30]机制，限量有序供应土地，发展高品质房地产，建设一批“百年建筑”，打造产城融合城区。稳步推进老旧小区改造提升，加强物业标准化建设，积极构建“三位一体”[31]联动服务机制。巩固违法建设整治效果，落实动态巡查制度，防止问题反弹回潮。

（二）强力推进项目建设。全面深化“项目建设年”活动，加快新旧动能转换、“四个城市”项目建设，推动投资稳步增长。健全集中开工、专项督查、观摩点评等推动机制，建成项目管理平台，打造项目快速落地绿色通道。加强项目筛选审查，坚决杜绝“三高两低”[32]项目。推动园区突破发展，积极承载项目落地。深化开发区“二次创业”，努力争创国家级经济开发区。继续完善提升高新区、滨海飞地工业园，加快孚日、豪迈新产业园区建设。鼓励支持夏庄、姜庄（仁和）争创产城融合示范区，加快提升阚家、井沟（呼家庄）、柴沟等镇级工业园。积极申报市级化工园，启动安防用品、智能纺织服装、木器加工、装饰材料等产业园区建设，明确功能定位，提高配套水平，促进项目落地。

（三）强力推进“三招三引”。围绕新旧动能转换招商引资、招才引智、招院引所，力争年内引进“四新四化”项目20个以上、科研院所5处以上、“两院”院士等高端人才30人以上，全年实际到位资金63亿元。实施凤城英才计划，发挥高密（北京）人才发展促进会等机构作用，实现引才精准化、活动品牌化、渠道多元化。强化产业招商、企业招商、专业招商、资本招商，着力提升本土配套率、延伸产业链、优化供应链，打造一批核心产业集群。创新招商模式，推行“招商合伙人”[33]制度，探索大数据招商，提升市场化、信息化招商水平。组织“千企千商走访”“高密客商回归”等活动。持续优化招商环境，健全促进非公经济、人才发展的政策体系，完善政企联谊机制，构建“亲”“清”新型政商关系，打造精简高效的招商生态。

五、积极改善三大民生福祉

聚焦乡村振兴、绿色发展、民生保障，在幼有所育、学有所教、劳有所得、病有所医、老有所养、住有所居、弱有所扶上不断取得新进展，打造美丽高密、幸福高密、和谐高密。

（一）实施乡村振兴战略。按照“产业兴旺、生态宜居、乡风文明、治理有效、生活富裕”总要求，正视城乡差距，发挥镇村优势，补齐薄弱短板，既要繁荣城市，又要美丽乡村，着力构建城乡统筹、协同发展格局。

加快提升城镇建设。实施“卫星城”发展战略，规划姜庄、阚家、柴沟三个“卫星镇”，加快建设东北乡红高粱文化、咸家纺织、南山生态宜居等“特色小镇”，统筹发展大牟家、注沟等重点区域，形成社区、镇区、城区三级梯次发展格局，引导村民向市镇两级集中，力争年内常住人口城镇化率达到61%。鼓励各镇街区立足资源禀赋、产业基础、民俗传统，因地制宜发展特色产业，实现差别竞争、错位发展。深入落实新型城镇化“244”工程[34]，推动燃气管道、供暖设施向镇村延伸，全面提升城镇服务承载功能。

打造新型农村社区。加快产业园区、新型社区和集中居住区协同共建，推动86处农村社区服务中心内涵提升。强化社区教育、养老、医疗、娱乐等服务设施建设，不断提升社区承载功能。加快推进城乡建设用地增减挂钩和存量土地置换，支持大牟家、咸家等镇区实施合村并点，年内新建集中居住区12处以上。

积极建设美丽乡村。加快农村一二三产业融合，培育发展农业“新六产”[35]。突出美丽乡村“+田园综合体”[36]“+生态旅游”，全面提升“七改、六化”[37]水平，年内50%以上行政村达到美丽乡村A类建设标准，每个镇街区打造一处达标精品片区[38]。做优做细农业体验、特色民宿等业态，支持阚家葡萄、注沟樱桃等休闲采摘产业发展，打造一批传统民居示范村，推动“农区变景区、田园变公园、民房变客房、农品变礼品”。启动农村人居环境整治三年行动，开展美丽乡村专项观摩，巩固提升农村环卫治理水平。完成村（社区）换届选举工作。健全村民自治制度，深化农村精神文明建设，形成自治、法治、德治相结合的乡村治理体系。稳定土地承包关系，落实各项惠农政策，支持农民转移就业、返乡创业，努力增加转移性收入和非农收入。开展人才进乡村工程，年内培训农民3万人以上。我们将以更大的决心、更实的举措，推动农业全面升级、农村全面进步、农民全面发展，让农业成为有奔头的产业，让农民成为有吸引力的职业，让农村成为安居乐业的家园，奋力谱写新时代乡村振兴新篇章。

（二）积极推动绿色发展。突出节能减排、污染治理、生态修复等关键领域，进一步加大生态环境整治力度，加快形成绿色发展方式。打好蓝天保卫战。建成13处镇街区空气质量自动监测站，完善空气质量监测网络体系。有效调整能源供应结构，加强散煤清洁化治理，全面完成煤炭压减任务。综合整治“散乱污”企业，强化建筑工地、道路清扫、渣土运输等领域扬尘治理，全面落实“禁烧禁放”，持续改善大气环境质量。提升水污染防治水平。实施域内河流综合治理，逐步修复河道生态。完善镇街区污水管网建设，推动镇级污水处理厂达标运行。加快雨污分流设施建设，推进雨水收集、处理和资源化利用。实施最严格水资源管理制度，完善水价格形成机制，高效利用生产生活用水。加强饮用水源保护区规范化建设，确保水质安全。加强土壤污染管控和修复。开展土壤环境质量调查和监测，建立土壤环境基础数据库和信息化管理平台。实施国家畜禽粪污资源化利用整县推进项目，全面提高养殖废弃物无害化处理水平。大力发展生态循环农业，新增水肥一体化面积1.2万亩。继续实施耕地质量提升计划，加强危险废物和固体废物规范化管理。

（三）提高民生保障水平。既尽力而为，又量力而行，使民生更好地与经济社会发展水平相适应，年内民生支出占财政支出比重保持在80%以上。

优先发展教育事业。启动实施第三期学前教育行动计划，进一步提升学前教育发展水平。继续推进学校改建扩建，全面完成校舍改造任务，深度化解择校热、大班额等问题。着力推进义务教育学区制等改革任务，积极争创首批全国义务教育优质均衡发展县。完善职业教育和培训体系，加快职教中心二期建设，支持豪迈职业中专探索双元制[39]教学改革，建设青岛科技大学大数据学院，全面提升人才支撑能力。

推进健康高密建设。继续深化医药卫生体制改革，统筹推进第二人民医院、妇幼保健院和社区卫生机构标准化建设，完善城乡医疗服务体系和分级诊疗格局。健全现代医院管理制度，完善法人治理结构配套政策。坚持“中西医并重”，切实提升中医药服务能力。支持中医院、妇幼保健院争创三级医院。加快计划生育转型发展，不断提高出生人口素质。组织开展“食安高密”品牌引领行动，大力推进餐饮质量安全提升工程。广泛开展全民健身活动，积极参加、承办各类赛事，推动群众体育、竞技体育实现新飞跃。

完善社会保障体系。健全扶贫开发长效机制，确保实现精准、动态脱贫。逐步健全社保公共服务智能化体系，实现社保持续扩面。严格落实低保提标政策，大力发展慈善事业，提升低收入群体生活保障水平。加快社会福利体系建设，努力满足社会养老服务需求。坚持积极的就业政策，实现更高质量就业，构建和谐劳动关系。

加强平安高密建设。落实“谁执法谁普法”责任制，推动全民尊法学法守法用法。做好重点群体教育管理，确保重大活动期间和谐稳定。推行“听证法”和“四群”工作法[40]，促进矛盾就地就近化解，提升群众满意度。构建层级式、立体化社会治安防控体系，依法打击各类违法犯罪活动。完善劳动保障排查机制，严厉查处恶意欠薪行为。健全双拥优抚安置体系，推动军民深度融合发展。推进应急指挥中心建设，健全突发事件风险预警和应急处置机制。完善安全生产责任制，提升整体安全水平。强化政府债务管理，做好政府隐性债务风险防控。健全完善金融监管体系，坚决杜绝发生系统性、区域性金融风险。

六、努力建设人民满意的服务型政府

牢固树立以人民为中心的发展思想，把人民群众的小事当做自己的大事，从人民群众关心的事情做起，从让人民群众满意的事情做起，扎实推进务实、法治、高效、廉洁政府建设。

强化务实担当。坚持说实话、谋实事、出实招、求实效，健全完善目标、责任、考核、监督全流程管理机制。积极参与“不忘初心、牢记使命”主题教育，持续抓好“作风建设年”活动，形成作风建设长效机制。大力推行“一线工作法”，现场研究解决实际问题。落实容错纠错机制，鼓励干部干事创业。坚持知行合一、言行一致抓落实，凡是决策要干的事情，必须立说立行、限时办结。

自觉依法行政。深入落实法治政府建设实施纲要，把政府工作全部纳入法治轨道。自觉接受人大及其常委会的法律监督、政协民主监督、媒体舆论监督，强化审计监督。切实做好人大代表议案和政协委员提案办理工作。完善政府法律顾问制度，严格规范行政执法行为。发挥行政复议、行政应诉作用，妥善化解行政争议。全面深化政务公开，让权力始终在阳光下运行。

推进效能提升。深化“放管服”改革，加快实现“多图联审”“多评合一”[41]。健全“双随机一公开”[42]机制，全面推动跨部门“随机联查”。加快政府服务平台上档升级，推动“综合柜员制”扩面提标。深化政务信息系统整合共享，促进政务、商用、民用大数据协同发展，减少证明事项，推动权力事项和服务事项上网运行，变“群众跑腿”为“信息跑路”。加快社会信用体系建设，努力打造诚信高密。

坚持廉洁勤政。严格落实全面从严治党主体责任，认真履行“一岗双责”。自觉把纪律和规矩挺在前面，让公务人员知敬畏、存戒惧、守底线。扎牢制度笼子，注重源头预防，完善财政支出、公共资源交易等制度，加强专项资金监督管理，坚决整治不正之风和腐败问题。

各位代表，“幸福都是奋斗出来的”。让我们紧密团结在以习近平同志为核心的党中央周围，高举中国特色社会主义伟大旗帜，“不驰于空想、不骛于虚声，一步一个脚印，踏踏实实干好工作”，为加快建设富强和谐现代化中等城市而努力奋斗！

政府工作报告有关事项说明

［1］新旧动能转换

新动能和旧动能是相对而言的。所谓新动能，是指新一轮科技革命和产业变革中形成的经济社会发展新动力、新技术、新产业、新业态、新模式等。所谓旧动能，是指传统动能，它不仅涉及高耗能高污染的制造业，还更宽泛地覆盖利用传统经营模式经营的一、二、三产业。新旧动能转换即培育发展新动能、改造提升传统动能。具体而言有三层含义：一是通过新动能的增量来对冲传统动能的减弱，加快培育新技术、新产业，找到新的经济增长点；二是通过大众创业万众创新、“互联网＋”等创造出新业态、新模式来改造传统动能；三是通过新动能创造的“战略纵深”为传统动能升级赢得空间。

［2］“1030100”支撑项目

潍坊市针对产业强市、文化名市、活力城市、品质城市，分别梳理确定10个核心支撑项目、30个关键支撑项目、100个重要支撑项目。

［3］“综合柜员制”集成服务模式

打破原有单位、科室业务界限，将单一业务整合集成，统一设置综合服务窗口，实行统一叫号，实现一个窗口受理、一个柜台办结、“一条龙”服务，方便办事群众、提高办事效率的服务模式。

［4］“重点企业提升工程”

我市每个主导产业确定3—5家发展潜力较大、市场空间广阔的骨干企业，用足用活政策工具，突出重点、集聚资源进行培育打造，促使企业发展壮大，增强对经济发展带动作用。

［5］“绿波城”

根据车辆道路行驶的速度和路口与路口间的距离，在控制范围内的信号机中，设置被控制的主流车辆到达每个路口时信号灯点亮的时间差，保证车辆从第一个绿灯开始只要按规定的平均速度行驶，此后遇到的所有信号灯将基本是绿灯。从被控制的道路各交叉口来看，绿灯就像波浪一样滚滚向前，故被形象地称为交通“绿波城”。

［6］河长制

以保护水资源、防治水污染、改善水环境、修复水生态为主要任务，全面建立省、市、县、乡四级河长体系，构建责任明确、协调有序、监管严格、保护有力的河湖管理保护机制，为维护河湖健康生命、实现河湖功能永续利用提供制度保障。

［7］“三权分置”

农村土地所有权、承包权、经营权三权分置。

［8］“711”降成本专项行动

“7”就是降低七大领域成本，包括企业制度性交易成本、税费负担、融资成本、用工成本、电力成本、物流成本、用地成本；“1”就是发挥“一个能动性”，即更加注重发挥企业自身在降成本中的能动作用，深入挖掘内部潜力，降低经营成本；另一个“1”是抓好“一项专项治理”，即基本解决由于历史原因造成的企业资产相关证照办理遗留问题，有效盘活闲置资产，促进企业发展。

［9］“1+6”国企改革制度

“1”指《关于进一步加强市属国有企业资产监督管理的意见》；“6”指《高密市市管企业负责人业绩考核办法》《高密市市管企业负责人薪酬管理办法》《高密市市管企业从业人员管理办法》《高密市市属国有企业重大事项报告管理办法》《高密市市属国有企业财务监督管理办法》《高密市市属国有企业审计监督实施办法》。

［10］“雪亮工程”

“雪亮工程”是以县、乡、村三级综治中心为指挥平台、以综治信息化为支撑、以网格化管理为基础、以公共安全视频监控联网应用为重点的“群众性治安防控工程”。它通过三级综治中心建设把治安防范措施延伸到群众身边，发动社会力量和广大群众共同监看视频监控，共同参与治安防范，从而真正实现治安防控“全覆盖、无死角”。因为“群众的眼睛是雪亮的”，所以称之为“雪亮工程”。

［11］荣获省级以上荣誉称号 24 个

全国县域经济基本竞争力百强县、中国县域成长竞争力五十强县、中国工业百强县、国家知识产权强县、全国生猪调出大县、全国健康促进市、全国群众体育先进单位、国家高水平体育后备人才基地、全国非遗保护传承观察点、中国诗歌之乡、全国青少年普法教育示范区、人民防空先进城市、全国义务教育发展基本均衡县（通过复查）、中国淘宝镇（经济开发区）、山东省节能环保产业示范市、全省畜牧业绿色发展示范县、全省优秀畜牧业统计监测县、省级食品安全先进县、省级卫生计生综合监督示范区、山东省第七届全民健身运动会先进单位、全省四德工程建设示范市、山东省新闻出版广播影视产业重点基地、省级文明城市（通过复审）、2017 山东特色产业镇动能转换 20 强（东北乡文化发展区）。

［12］“十项提升任务”

加快构建“1539”现代化产业体系、组织实施“重点企业提升工程”、加快建设现代化产业园区、全面深化重点领域改革、打造全方位“对接青岛”先行区、加快推进特色镇村建设、加快“文化名市”建设步伐、组织开展“察民情解民忧、强基础促和谐”下基层大调研活动、创新和完善工作体制机制、落实全面从严治党责任。

［13］“四新四化四提”

“四新”，指新技术、新产业、新业态、新模式；“四化”，指产业智慧化、智慧产业化、跨界融合化、品牌高端化；“四提”，指传统产业提质效、新兴产业提规模、跨界融合提潜能、品牌高端提价值。

［14］“孚日创新 2020”

孚日集团在 2017 年提出的系统工程，就是集中企业优势资源，从管理机制、科技成果应用、产品换代升级、开辟新业态等多个层面入手，全面激发全员参与创新的积极性，推动创新工作落地见效，力争到 2020 年培育出一批创新型车间、创新型班组、创新型员工，使创新成果不断涌现，形成一批具有行业竞争力的创新成果，实现企业创新能力质的飞跃。

［15］“五年再造两个新豪迈”

豪迈在 2017 年提出的奋斗目标，即在 2016 年规模的基础上，至 2019 年，集团实现产值 90 亿元、利润 20 亿元、纳税 10 亿元；至 2021 年，员工达到 2.4 万人，集团实现产值 135 亿元、利润 30 亿元、纳税 15 亿元，达到 2016 年规模的 3 倍。

［16］“五提三扩”计划

提升纺织服装、机械装备、安防用品、化工建材、食品加工五大传统产业质效，扩大节能环保、智能装备、生物医药三大新兴产业规模。

［17］嵌入式物流

在第三方物流发展中形成的一种新的商业模式，是通过对物流、信息流和资金流进行部分整合的供应链的集成系统，它对企业内部和具有互补性的服务供应商所拥有的不同资源、能力和技术进行整合与管理，提供分类供应链的解决方案。

［18］“四好农村公路”

“建好、管好、护好、运营好”的农村公路。

［19］海绵城市

新一代城市雨洪管理概念，指城市能够像海绵一样，在适应环境变化和应对雨水带来的自然灾害等方面具有良好的“弹性”，下雨时吸水、蓄水、渗水、净水，需要时将蓄存的水“释放”并加以利用，能够有效提升城市生态系统功能和减少城市洪涝灾害的发生。

［20］地下综合管廊

建设在城市地下，用于集中敷设电力、通信、广播电视、给水等市政管线的公共隧道。

［21］“城市八乱”

乱扔乱倒、乱摆乱卖、乱停乱放、乱写乱画。

[22]“十项严管”

严管店外经营、马路市场、乱扔垃圾、乱停车辆、露天烧烤、噪声污染、私搭乱建、乱设广告、环境卫生、重复投诉。

[23]“门前五包”

责任单位或个人在门前责任区范围内实行“包卫生、包绿化、包市政公用设施、包建筑物容貌、包秩序”五项任务。

[24]“育苗造林”和“小升高”行动

支持科技型中小微企业发展的系统行动，旨在强化企业技术创新主体地位，推动科技型中小微企业向高新技术企业转型提升。

[25]“僵尸企业”

虽无望恢复生气，但由于获得放贷者或政府的支持而免于倒闭的负债企业。突出特点是形式还存在，占有大量土地、厂房、信贷等要素资源，但不能产生经济效益，扭曲了市场信号，增加社会管理成本，妨碍公平市场体系建立，造成金融和社会风险积聚。

[26]“两圈四区”

“两圈四区”是山东省提出的发展战略。“两圈”指济南都市圈和青岛都市圈，“四区”指烟威、东滨、济枣菏、临日四个都市区。

[27]“五位一体”

推动非遗项目、传承人、传习所、生产性保护基地、生态保护区协调发展。

[28]“城市书吧”

为满足城区群众就近享受图书馆服务的文化需求，推进“全民阅读”活动的深入开展，在城市有条件的社区建立集阅读、休闲等功能于一体的公共图书馆服务站点。

[29]“1+N”棚改计划

市委市政府根据城建计划及棚改计划，在相关镇街区明确1处棚改重点，相关镇街区结合实际情况，补充一些征收改造项目。

[30]土地熟化

把新收上来的土地（生地）进行基础设施配套和土地平整工作的过程。

[31]“三位一体”

社区居委会、业主委员会、物业企业“三位一体”。

[32]“三高两低”

高污染、高能耗、高排放，低效益、低产出。

[33]“招商合伙人”

政府（或园区）围绕产业培育和重点园区开发运营，与国内外知名企业、中介机构、知名人士等社会力量开展委托招商、品牌招商、“飞地”招商、轻资产招商等方式合作，借助其资源和渠道优势，推进以商招商、精准招商和专业招商，通过市场化招商方式引进优质资源，实现政府招商与社会招商联合并举的招商引资大格局。

[34]新型城镇化“244”工程

潍坊提出的新型城镇化系统工程。即完善城乡规划体系、现代产业体系“两个体系”，协调推进提升发展中心城市、加快发展县级城市、差异化发展小城镇、稳妥推进社区建设“四个层次”，夯实农村产权制度改革、基础设施建设、社会基层管理、生态环境保护“四个基础”。

[35]“新六产”

农业产业化的“升级版”，指一产的一份收入，经过二产加工增值为两份收入，再通过三产的营销服务形成三倍收益，综合起来是六份收入，产生乘数效应。

[36]“田园综合体”

集现代农业、休闲旅游、田园社区为一体的特色小镇和乡村综合发展模式，是在城乡一体格局下，顺应农村供给侧结构性改革、新型产业发展，结合农村产权制度改革，实现中国乡村现代化、新型城镇化、社会经济全面发展的一种可持续性模式。该模式综合化发展产业和跨越化利用农村资产，是当前乡村发展代表创新突破的思维模式。

[37]“七改、六化”

“七改”即改路、改电、改校、改房、改水、改厕、改暖；“六化”即美化、硬化、净化、绿化、亮化、文化。

［38］达标精品片区

穿行长度10公里左右、包含5—8个村的精品片区。

［39］双元制

是一种国家立法支持、校企合作共建的办学制度，即由企业和学校共同担负培养人才的任务，按照企业对人才的要求组织教学和岗位培训。

［40］“四群”工作法

建立市级群、街区群、社区群、网格群“四级联动”微信群，通过上下联通、多级互动、实时沟通，实现与群众零距离线上沟通的工作方法。

［41］“多图联审”“多评合一”

“多图联审”，是指对企业投资建设项目需要审核的规划设计图、建筑施工图、消防施工图、人防专项施工图、防雷装置施工图等进行联合审图。“多评合一”是对企业投资建设项目前期推进阶段涉及的节能评估、环境影响评价、碳排放影响评估、安全评价、水土保持方案、地质灾害危险性评估、地震安全性评价等方面进行并联式评估。

［42］“双随机一公开”

在监管过程中随机抽取检查对象，随机选派执法检查人员，抽查情况及查处结果及时向社会公开。

2017 年大事记

1 月

5 日 中国·海宇 SATRA(莎楚尔)国际检测中心启动仪式在海宇产业园举行。英国莎楚尔认证中心主任连恩·唐纳利，省皮革行业协会会长高鲁光及高密市委副书记、代市长王文琦等领导出席仪式。

15—16 日 中国共产党高密市第十三次代表大会在高密大剧院召开。会议听取并审议通过了杨建华代表中共高密市第十二届委员会向大会所作的《创新创业创优，共建共治共享，奋力开创富强和谐现代化中等城市建设新局面》的工作报告。大会选举产生了中共高密市第十三届委员会和中共高密市纪律检查委员会。

17 日 中共高密市委十三届一次全体会议在会议中心召开。会议选举杨建华、王文琦、孙淑芳、徐方吉、孔晓明、殷玉萍、孙业宗、王永亮、韩文宏、张英杰为中共高密市第十三届委员会常务委员会委员，杨建华为市委书记，王文琦、孙淑芳为副书记，会议还通过了市纪委十三届一次全会选举结果和《中共高密市委关于加强自身建设的决定》。

18—20 日 政协第十四届高密市委员会第一次会议在高密大剧院召开。会议听取了政协常委会工作报告和其他有关报告，通过了有关决议和事项。会议期间，与会委员列席了第十八届人民代表大会第一次会议。大会选举刘明伦为政协第十四届高密市委员会主席，王保功、张兆年、栾涛、吴金晶、李薇为副主席，张言良为秘书长，于德升等 49 人为政协常委。

19—21 日 高密市第十八届人民代表大会第一次会议在高密大剧院召开。会议听取并审议了代理市长王文琦所作的政府工作报告，以及市人大常委会、法院、检察院工作报告和其他有关报告，通过了有关决议和事项。会议选举万丽为市人大常委会主任，徐振刚、宫德胜、施玉梅、葛孝江、李铭为副主任，委员 29 人；选举王文琦为市人民政府市长，韩文宏、冯效栋、付联宝、王加利、魏征为副市长；选举雷向敏为市人民法院院长，隋国华为市人民检察院检察长。同时选出 58 名出席潍坊市第十七届人民代表大会的代表。

22 日 中共潍坊市委常委、纪委书记李在武走访慰问高密市部分高层次人才、农村老党员、困难党员、困难群众及敬老院老人。

2 月

10 日 市十八届人大常委会第一次会议在市会议中心一楼会议室举行。会议审议通过了《高密市人大常委会 2017 年工作计划》《高密市人大常委会关于加强自身建设的决定》《高密市人大常委会关于设立代表资格审查委员会的决定》，组织市十八届人大一次会议选举产生的市人大常委会委员进行了庄严的宪法宣誓仪式。

13 日 全市经济工作会议在会议中心召开。会议主要任务是深入学习贯彻中央、全省和潍坊市经济工作会议精神，全面落实市第十三次党代会决策部署，总结上年度经济工作，部署当年任务，并表彰了先进单位和优秀企业。

是日 市纪委十三届二次全会在会议中心召开，主要任务是学习贯彻中央纪委十八届七次全会、省纪委十届八次全会、潍坊市纪委十一届十次全会精神，总结 2016 年全市党风廉政建设和反腐败工作，部署 2017 年重点任务。

16 日 全市农村、城市社区党组织书记培训班在市委党校开班。

20 日 潍坊市政府党组成员、潍坊市公安局党委书记、局长吴磊一行到高密市调研公安工作。

3 月

4 日 全市财税工作会议在会议中心召开，主要是回顾总结上年以来财税工作情况，分析面临的形势，研究加强财税工作的措施，为确保完成全年目标任务，推动经济社会平稳健康发展奠定坚实基础。

16 日 省编办主任刘维寅带领调研组到高密市专题调研乡镇行政管理体制改革工作。中共潍坊市委常委、常务副市长邹庆忠陪同调研。

23 日 省关工委常务副主任赵玉兰一行到高密市调研，潍坊市关工委主任赵兴涛陪同调研。

23—25 日 高密市在北京举办“高密 2017 年创新发展北京恳谈会”。在京高密籍知名人士，北京高校、科研院所高层次人才和重要客商等近 200 位嘉宾与会。中国海洋航空集团董事长赵祉胜，中国机械科学研究总院副院长单忠德，中国康复医学研究中心党委书记吴世彩，高密市委书记杨建华，市委副书记、市长王文琦等领导嘉宾出席相关活动。

28 日 潍坊市委副书记、市长李宽端到高密市重点园区、企业车间，实地调研经济社会发展工作。

是日 主题为“精准扶贫，稳健发展”的“中国扶贫基金会 2016 年度捐赠人大会”在京举行。会上，孚日集团获颁“中国扶贫基金会 2016 年度作出突出贡献”捐赠纪念牌。

30 日 省国土资源厅调研组到高密市调研不动产登记工作推进情况。

是月 高密市精神卫生中心更名为高密市第二人民医院，加挂高密市精神卫生中心、高密市朝阳街道社区卫生服务中心和高密市朝阳街道妇幼保健计划生育服务站牌子。（1993 年高密县精神病防治院更名为高密县精神卫生中心。1995 年高密市精神卫生中心以“高密市开发区医院”名称对外服务，仍保留“高密市精神卫生中心”名称。2013 年高密市精神卫生中心加挂高密市心理健康服务中心牌子。2014 年高密市精神卫生中心加挂朝阳街道社区卫生服务中心牌子，高密市朝阳街道卫生院更名为高密经济开发区卫生院。）

4 月

10 日 高密火车站候车室外观形象设计汇报会在会议中心举行，主要是听取设计单位关于火车站有关设计方案汇报，深入讨论研究，提出进一步修改完善意见。高密市委市政府主要领导和中铁咨询济南设计院副院长丁桂明等领导出席会议。

15 日 第七届中国画节艺术家采风走进美丽乡村活动在高密市阚家镇松兴屯村举行。中国美术家协会主席、中国画学会名誉会长刘大为，潍坊市人大常委会副主任范福生，潍坊市委宣传部有关领导，以及潍坊市部分道德模范和好人代表参加活动。

21 日 高密市工商业联合会第十次会员代表大会在会议中心召开。

22 日 全市开展“作风建设年”暨“察民情解民忧、强基础促和谐”下基层大调研活动动员大会在会议中心召开，主要是贯彻落实潍坊市开展“作风建设年”活动动员大会精神，安排部署全市开展作风建设年活动工作任务，启动开展“察民情解民忧、强基础促和谐”下基层大调研活动。

25—27 日 全省全面深化供销社综合改革专题研讨培训班在高密市委党校举行，省政府副秘书长张积军，潍坊市委副书记张小梅，高密市委副书记、市长王文琦等领导出席开班仪式。省供销社党组书记、理事会主任侯成君主持开班仪式，张积军作动员讲话，潍坊市委副书记张小梅致辞。

27日 山东豪迈集团张恭运、王钦峰在北京人民大会堂，与来自各地的全国劳模及2017年全国五一劳动奖状、奖章和工人先锋号获得者代表，同首都各界职工代表一起，参加庆祝“五一”国际劳动节暨全国五一劳动奖表彰大会。

28日 省委老干部局副局长、省委离退休干部工委副书记吕德义到高密市指导调研离退休干部党建工作情况。

5月

5日 市委农村工作暨扶贫开发工作会议在会议中心召开，主要是贯彻落实潍坊市农村工作暨扶贫开发工作会议精神，全面落实中央、省和潍坊市关于“三农”工作的决策部署，安排部署2017年全市农业农村和扶贫开发工作。

17日 中共潍坊市委常委、纪委书记李在武到高密市督导检查“作风建设年”活动开展情况。

25日 市政府全体(扩大)会议暨廉政工作会议在市会议中心召开，主要是贯彻落实国务院、省政府廉政工作会议和潍坊市政府全体(扩大)会议暨廉政工作会议、潍坊市生态环境综合整治动员大会精神，按照全市党代会、人代会、“作风建设年”活动动员大会的部署要求，安排经济社会发展、政府自身建设及廉政工作。

27日 高密市在会议中心举行“弘扬井冈山精神，加强干部作风建设”专题辅导报告会，中国井冈山干部学院教学科研部党史教研中心主任陈胜华作专题辅导报告，市委书记杨建华主持报告会，市委副书记、市长王文琦以及孙淑芳、万丽、刘明伦等市级领导班子成员出席报告会。

6月

5日 全面深化供销合作社改革专题研究班在高密市委党校举办，全国供销合作总社党组成员、理事会副主任杨纳，中央农村工作领导小组办公室农村二局局长祝卫东，全国供销合作总社人事部部长樊江波，省政府办公厅副巡视员张连三，省供销合作社党组成员、理事会主任侯成君，潍坊市政府副市长马清民，高密市委副书记、市长王文琦等领导出席开班仪式。

22日 高密市新生代创业者商会成立大会在市会议中心召开。会议审议通过了《高密市新生代创业者商会章程》《高密市新生代创业者商会经费管理办法》，选举产生了高密市新生代创业者商会第一届领导班子。

是月 山东省畜牧兽医局下发文件公布了2017年畜牧业绿色发展示范县名单，全省共有16个县市被评为省级畜牧业绿色发展示范县，高密市榜上有名。

是月 山东省环保厅联合省文明办下发《关于公布第六批省级“绿色社区”名单的通知》，高密市官庄社区被授予第六批省级“绿色社区”称号。

7月

4日 市人武部召开宣布中央军委国防动员部任职命令大会。潍坊军分区司令员万伟锋，高密市委书记、人武部第一书记杨建华等领导出席会议。万伟锋宣布了中央军委国防动员部命令和潍坊军分区党内任职通知。会上，新任市人民武装部部长李洪兵、政委南楠作了表态发言。

是日 全市安全生产专题常务会议在市政府会议室召开，省政府安委会安全生产第二巡视组组长、省交通运输厅副巡视员李洪修，潍坊市有关领导到会指导，市委副书记、市长王文琦主持会议并讲话。

12日 “潍坊市高密中等专业学校京东校园实训中心”签约暨揭牌仪式在高密中专举行。京东集团在山东设立的首家中职校园实训中心正式落户高密中专。京东大学校长李庆欣，高密市委书记杨建华等领导出席仪式。

14 日 省机构编制管理研究会 2017 年年会暨第三届机构与行政论坛在高密市举行，中国行政管理学会原执行副会长兼秘书长高小平，江苏省江阴市编办副主任张勇在会议上作主题报告。省编办主任刘维寅，省人大常委、教科文卫委员会副主任委员、省机构编制管理研究会会长李显升，潍坊市委常委、常务副市长邹庆忠，高密市委副书记、市长王文琦及省机构编制管理研究会代表出席会议；省编办副主任李捷主持会议。邹庆忠、李显升、高小平、王文琦分别讲话。

21 日 国务院第四次大督查第九督查组到高密市开展专项督查。国家卫生计生委家庭司副司长莫丽霞、商务部外资司一秘孙笑宇分别带领专项督查组对高密市医疗养老工作和外商投资工作进行了实地督查。省卫计委、商务厅有关领导，潍坊市卫计委党委书记、主任吴海源等陪同活动。

22 日 高密市在青岛举行“2017 年高密创新发展青岛对接会”，在青工商界知名人士，企业家、著名专家学者和重要客商等近 200 位嘉宾参加，市委副书记孙淑芳出席活动。

23—24 日 湖南省岳阳市委副书记李爱武带队岳阳市党政考察团到高密市考察深化供销社综合改革、农村集体产权制度改革、金融改革等方面的情况。

26 日 高密市首家 20 兆瓦农光互补光伏发电项目并网发电。该农光互补光伏项目位于阚家镇兴仁官庄村村南，光伏占地面积 3000 平方米，装机总容量为 20 兆瓦，由潍坊协高光伏电力有限公司开发运营。

8 月

3 日 山东省军区政治委员尚振贵到高密市检查指导国防后备生工作。

21 日 省委常委、组织部长杨东奇围绕组织工作服务生态文明建设，到高密市调研指导。潍坊市委常委、组织部长林红玉陪同活动。

是日 潍坊市委书记、市人大常委会主任刘曙光到高密市就环保督察整改、创新创业和民生事业发展工作进行检查指导。

24—26 日 美国科学院院士、南非科学院院士、南非医药研究理事会主席格兰达·格雷院士一行 3 人到山东兴瑞生物科技公司考察，与公司学术带头人哈佛大学博士后、遗传学专家吴东颖，山东大学免疫肿瘤研究所张健、张彩教授等进行了洽谈交流。

25 日 高密市被中国关工委、国家司法部、中央综治办联合授予“全国青少年普法教育示范区”称号。同时，市教育局被评为先进单位，市关工委、司法局、政法委获优秀组织奖，18 人被评为先进个人，33 人被评为优秀辅导员；高密市第四中学等 10 所中小学被评选为“零犯罪学校”。

31 日 市公安局交警大队与山东交通学院综合交通研究所“警校合作暨工程实践基地”成立揭牌仪式在交警大队举行。高密市成为全省首个“交通绿波城”，并借助实验基地，向全省推广。

是月 国家工信部对铸造行业首批绿色制造体系建设示范企业名单进行公示，豪迈公司成为全国 10 家入选的企业之一。

9 月

2 日 高密台湾产业融合发展对接会在蓝海国际酒店举行。30 余位台湾客商与会，市委副书记孙淑芳出席会议并致辞。

6—7 日 全省法院“分调裁”改革工作推进会在高密市召开，省法院党组成员、副院长张成武，省法院立案庭长阮久红，潍坊中院党组书记、院长姜树政，高密市委副书记、市长王文琦等领导出席会议。

8 日 在意大利米兰倍耐力举办的第六届供应商颁奖典礼上，豪迈科技荣获 2017 年机械加工类“最佳供应商奖”。同时，还获得特别奖——“最佳可持续发展供应商奖”，成为唯一荣膺两项大奖的企业。

9 日 高密市纪委被中共中央纪委机关、人力资源社会保障部表彰为“全国纪检监察系统先进集体”。

12 日 豪迈公司实施“CDM 规模定制质量管理模式”被国家工信部列为全国“质量标杆”。全国质量标杆评选活动于 2012 年启动，通过遴选在全国树立推广典型，表彰工业企业在质量管理方面的最佳实践。本次评选活动全国共有 33 家企业入选，山东仅 4 家企业上榜。

14 日 最高人民检察院未成年人刑事检察工作办公室副主任史卫忠，省人民检察院党组成员、副检察长黄敬波，在潍坊市政协和潍坊市人民检察院领导陪同下，到高密市考察青少年法治教育基地。

16 日 武汉纺织大学高密研究院揭牌仪式暨 2017 高密纺织服装产业集群创新发展恳谈会在中科智谷科技创业园举行。武汉纺织大学校长彭育园，高密市委书记杨建华等市领导及高校多名教授专家出席活动。揭牌仪式上，彭育园、杨建华分别致辞并共同为武汉纺织大学高密研究院揭牌。举行了武汉纺织大学与高密市人民政府《联合共建协议书》签约仪式。

20 日 在潍坊市级大学生农村创业特色示范平台评审中，高密市推荐的“经济开发区大学生创业电商平台”“夏庄镇大学生农村创业平台”“胶河生态发展区大学生创业基地”“东北乡红高粱大学生创业基地”等 4 家大学生创业基地获评潍坊市级，入选数量居潍坊各县市区首位。

27 日 潍坊市第十届残疾人运动会开幕，潍坊市各县市区 15 个代表队 271 名运动员参加比赛，高密市代表队 15 名运动员共获得 7 枚金牌，8 枚银牌。

28 日 由高密市委宣传部出品的茂腔戏曲电影《红高粱》，在北京梅地亚中心酒店召开“茂腔戏曲电影《红高粱》新闻发布会暨戏曲电影发展研讨会”。中华全国新闻工作者协会原党组书记翟惠生、《红高粱》茂腔戏曲电影总导演许玉琢、中国戏曲学院教授颜全毅分别致辞。

10 月

9 日 高密市有 10 个项目被列为潍坊市“文化名市”建设“10·30·100”支撑项目，其中总投资 16.7 亿元的东北乡文化旅游区项目是山东省重点建设项目，总投资 11 亿元的金冠红木奇石艺术中心项目被列为潍坊市重点建设项目。

是日 山东省经济和信息化委员会、山东省节约能源办公室联合下发《关于公布山东省节能环保产业示范县（市、区）名单的通知》，高密市被认定为“山东省节能环保产业示范市”。

12 日 全省庆祝老年节大会召开，隆重表彰全省老龄工作和敬老孝老先进集体和个人，高密市东北乡文化发展区榜上有名，获评“山东省敬老文化教育基地”。

14 日 由高密市中医院承办的“国际外科转华医学新技术研讨会”在高密市蓝海国际四楼会议室举行。美国北卡顶尖泌尿结石中心万肖蓬院士在开幕式上致辞。

16 日 由国家体育总局棋牌运动管理中心、中国象棋协会主办，山东省棋牌运动管理中心、潍坊市体育局、高密市人民政府承办，市体育局、市总工会、市棋类运动协会协办，中柏韩美服装总公司冠名赞助的 2017-2018“中柏韩美杯”全国象棋女子甲级联赛开幕式在高密市红高粱大酒店举行。

24—26 日 高密市经济开发区星宇手套、登升安防科技等 81 多家安防用品企业获邀到青岛国际会展中心参加由中国纺织品商业协会主办的第 95 届中国劳动保护用品交易会。

25—26 日 中国纺织品行业协会第六届理事会名誉会长杨树德、执行会长李建华等一行到高密市考察调研安防、家纺企业发展情况。

25 日 海南省供销社党委委员、理事会副主任符芳海等一行 5 人到高密市考察农业规模化服务。在山东省供销社现代流通处调研员毕立群陪同下，考察组前往咸家为农服务中心和孚高农业服务公司实地参观。

28 日 第八届中国（高密）红高粱文化节在市大剧院开幕。

28—29 日 2017 年全省第 25 届体育舞蹈锦标赛在中国海洋大学举行。来自全省 17 个市，5000 多名精英选手参加了比赛。市舞蹈艺术学校代表高密市参加了全省锦标赛，取得了45枚金牌、7枚银牌、4枚铜牌、团体第一名的优异成绩。

31日 省关工委常务副主任张少军到高密市就关心下一代工作进行调研。张少军一行先后到孚日集团、宝德书院、书法家协会、青少年法治教育基地、市关工委和市老年大学进行了实地查看，并对下步工作提出希望和要求。潍坊市关工委主任赵兴涛，高密市委书记杨建华，市委副书记孙淑芳陪同活动。

是日 高密三中被确定为第三批“全国中小学知识产权教育试点学校”。本次由国家知识产权局和教育部办公厅联合确定的第三批52所试点学校中，山东省有3所。

11月

1日 在9月17日至20日全国健康促进示范县区评估组对全市创建工作的现场评估中，高密市“借力本地文化，建设健康高密”等特色亮点赢得评估专家好评，顺利通过评估验收。

2日 全国人才流动中心主任王建华一行在潍坊市政协党组成员李静波，潍坊市政府党组成员、人社局局长、党委书记陈汝孝等陪同下，到高密市人力资源服务产业园调研。

是日 中国大学生精准就业服务暨返乡创业大会在蓝海国际大饭店举行。人力资源和社会保障部全国人才流动中心主任王建华，山东省人力资源和社会保障厅、潍坊市有关领导，影视传媒、青岛蓝海股权交易中心等企业嘉宾出席会议。

是日 全国校地校企对接交流会在高密市蓝海国际大饭店二楼召开，潍坊市大中专毕业生就业指导中心负责人，全国部分重点院校负责人及就业创业处室负责人、潍坊(含高密)约100家企业参加了交流会。

1—3日 国家动物疫病防控中心负责人一行到高密市调研。省畜牧兽医局、省动物卫生监督所、潍坊市畜牧兽医局相关负责人参与调研。

5日 红高粱影视杯“高粱红了”高密半程马拉松赛在市文体公园鸣枪起跑。这是高密市举办的第二届马拉松赛事。

6日 中国纺织工业联合会下发的《关于表彰2017年度中国纺织行业人才建设先进单位（个人）的决定》（中纺联〔2017〕102号），孚日集团获得“中国纺织行业人才成长最佳企业”称号；孚日控股集团总经理孙勇获得“中国纺织行业关爱员工优秀企业家”称号。

7日 高密市在会议中心举行阳光助学金发放仪式，为全市339名家庭贫困的高中生发放55万元助学金。

8日 市委十三届三次全体会议在市委党校召开，主要任务是认真学习贯彻党的十九大精神，传达学习潍坊市委十二届四次全体会议精神，审议通过《中共高密市委关于深入学习贯彻党的十九大精神的决议(讨论稿)》，分析当前形势，部署下步任务措施。

15日 省人大常委会副主任张新起带领省人大视察组一行，在潍坊市委常委、市政府常务副市长邹庆忠，潍坊市人大常委会党组副书记、副主任孙明亮，潍坊市人大常委会副主任张新强陪同下，到高密市视察文化事业发展情况并走访联系省人大代表。

16日 全国工会深化劳模和工匠人才创新工作室创建工作会议在浙江省宁波市召开。豪迈集团股份有限公司在会上作了典型经验介绍；“王钦峰创新工作室”被中华全国总工会命名为“全国示范性劳模和工匠人才创新工作室”。

18日 山东省“技能兴鲁”职业技能大赛——“工业产品设计CAD”赛项高级组总决赛在高密市高级技工学校举行。

是日 高密市举办第二届镇级专职消防队和微型消防站业务技能比武竞赛活动。全市42支代表队的210余名参赛队员参加比武，来自227家重点单位、7支镇级专职消防队、15个社区，共计500余人参加此次活动。

20日 在《潍坊市林业局关于同意建立寒亭浞河等五处市级湿地公园的通知》中，高密市阚家镇官河湿地公园名列其中，其余四处分别为寒亭浞河、昌邑滨海（下营）月牙湖、临朐圣水湖和昌乐太公湖。

是日 潍坊市住建局公布2017年潍坊市建筑业“鸢都建工名匠（班组）”名单，高密市广安第一建筑工程公司的王如涛荣获潍坊市“鸢都建工名匠”荣誉称号，张新强班组荣获潍坊市“鸢都建工名匠班组”荣誉称号。

23日 在潍坊市第二届“市长杯”工业设计大赛中，豪迈科技“双金属组合片式无气孔轮胎模具”获得一等奖；泽普医疗“四肢联动全身功能康复机器人”、星宇手套“优耐保”环保压纹安全防护手套等3家企业获得二等奖；孚日集团股份有限公司和另外两家企业的“四层起毛圈毛巾织物”等获得三等奖。

25日 山东省“技能兴鲁”职业技能大赛在济宁举行颁奖会，高密市高级技工学校教师宋成忠作为获奖选手代表作了发言。在本次大赛中，高级技工学校共取得了3个一等奖，3个二等奖，3个三等奖，同时荣获“优秀组织奖”荣誉称号。

29日 山东省人民检察院青少年法治教育基地（潍坊）揭牌仪式在高密市举行。省检察院党组成员、副检察长黄敬波，潍坊市检察院党组书记、检察长王桂春为基地揭牌。

30日 山东省畜牧兽医局下发《关于2016年山东省畜牧业统计监测工作绩效考评优秀单位及个人的通报》（鲁牧信息发〔2017〕4号），对全省综合绩效考评优秀的24个生产监测县和10个价格监测县给予通报表扬。高密市以95分的总分荣获全省优秀畜牧业统计监测县称号。

是日 联合国驻利比里亚特派团代表联合国，在首都蒙罗维亚中国防暴队营区，向中国第五支驻利比里亚维和警察防暴队全体140名队员授予联合国和平勋章，以表彰他们在利比里亚维和任务中作出的突出贡献。高密籍维和警察秦宗润作为其中的一员，被授予联合国和平勋章。

12月

3日 山东大学县域发展研究院发布了“五大发展理念视角下的山东省县域科学发展排名”，并对省内83个县市的发展情况进行了排名。高密市在全省排名第24名，位列潍坊市第4名。

6—8日 在第五届中国淘宝村高峰论坛上，高密市经济开发区被阿里研究院认定为“中国淘宝镇”（潍坊地区首个），张鲁寺村、张鲁集四村、后张鲁沟西村、枣行村4个村庄被认定为“中国淘宝村”。在阿里研究院最新发布的中国县域电商发展数据中，高密县域电商发展指数为7.032，在山东省排第20位。

9日 高密市在会议中心召开村和城市社区“两委”换届选举工作动员部署视频会议。

12日 潍坊首座智能变电站模块化建设示范工程在高密市顺利建成投运，这是今年山东境内所投运的第三座模块化智能变电站。

13日 国家新闻出版广电总局发布《关于农家书屋全面建设十周年先进集体和先进个人表扬的通报》，发布了521个全国示范农家书屋，高密市经济开发区冯家庄宝德书院农家书屋入选。

15日 据山东省新闻出版广电局公布《2017年度山东省新闻出版广播影视产业重点项目、重点基地的通知》，红高粱影视城被纳入2017年度山东省新闻出版广播影视产业重点基地（园区）名单，被省新闻出版广电局授予“山东省新闻出版广播影视产业重点基地（园区）”称号。

是日 全省供销社土地确权工作专题培训班在高密市举办。

16日 中郡县域经济研究所发布《2017县域经济与县域发展监测评价报告》，第十七届全国县域经济基本竞争力前100名县市名单揭晓，高密市列第59位，比上一届提升3个位次。

是日 市人民医院输血科在卫生部临检中心组织的“全国临床输血相容性检测室间质量评价”活动中，以满分的成绩通过全年所有测评，再次获得了卫生部临床检验中心颁发的“室间质评证书”。这是输血科连续第四年通过“全国临床输血相容性检测室间质量评价”。

20日 国家文化部非遗司印发《关于公布

2018 年度非遗保护传承观察点名单的通知》（非遗函〔2017〕174 号），公布的 2018 年度全国 32 个非遗保护传承观察点名单，高密市名列其中，成为山东省唯一入选的观察点。

是日 山东省中小企业局下发《关于公布山东省中小企业“隐形冠军”企业（第一批）名单的通知》（鲁中小企局字〔2017〕55 号），高密市的同创气门芯、海宇股份、佳怡包装、润达机油泵、恒涛节能、永平再生资源 6 家企业被认定为山东省首批中小企业“隐形冠军”企业，总数居潍坊市县市区第二位。

21 日 高密籍女排运动员杨方旭被高密市人大常委会授予“高密人民勋章”。

25 日 在第三批“潍坊老字号”评选活动中，高密万顺源食品有限公司（倪献顺烤鸡）、高密市姚哥庄石磨火烧店（石磨火烧）、高密市文体大酒店（麦秸草抃饼）等三家企业被潍坊市商务局认定为“潍坊老字号”。

28 日 文化部办公厅发布《关于公示第五批国家级非物质文化遗产代表性项目代表性传承人推荐名单的公告》，山东 48 人入围推荐名单。高密市夏美华以茂腔项目入选第五批国家级非遗传承人。

是日 国家知识产权局公布了国家级知识产权强县工程试点县（区）名单，高密市名列 37 个入选县（区）之中，并成为 2017 年山东省唯一一个国家知识产权强县工程试点县。

是月 在潍坊市人民政府印发的《关于公布第五批市级非物质文化遗产代表性项目名录的通知》（潍政字〔2017〕34 号）中，高密市申报的高密核雕、高密面塑、高密席编、高密银饰錾刻技艺、白花蛇拔毒膏制作技艺名列其中。

是年 4 月底，高密市被列为全省 34 个农村集体产权制度改革试点县市区之一，5 月初改革试点工作准备启动，在 15 处镇街区各确定 2 个试点村（社区）。选取大牟家镇先行一步，截至 8 月底大牟家镇省级试点整镇完成，89 个村在全市率先成立了股份经济合作社。至年底，全市省级农村集体产权制度改革试点工作任务完成。

全市概况

自然环境

【地理环境】 地理位置 高密市位于山东半岛中部，胶莱平原腹地。地理座标为北纬 36° 8′ 44″ 至 36° 41′ 20″ 、东经 119° 26′ 16″ 至 120° 0′ 38″ 之间。东临胶州市，西界潍坊市坊子区，南连诸城市，北接昌邑与平度市。市境南北最长 60.1 公里，东西最宽 51.2 公里，总面积为 1526 平方公里。市政府驻市境中心偏东、胶河西岸老城区。西距潍坊市政府驻地 75 公里、省城济南 265 公里，东至青岛市区 70 公里。胶济铁路、蓝新铁路，济青高速、平日、沂胶、胶王公路纵横贯通。

地质 高密市构造位置处新华夏系第二隆起带鲁东古隆起区西部、胶莱坳陷之内，横跨高密凹陷和柴沟凸起两个Ⅳ级构造单元。境内底层构造比较简单，三分之二的面积被第四系覆盖，以河床和河漫滩相及湖沼相沉积为主；注沟、井沟、双羊、后店、高密城一带有白垩系上统王氏组地层出露，属河湖相沉积；在柴沟—王吴一线，即柴沟凸起的西段，分布有侏罗系上统莱阳组地层；在道乡南部、谭家营和东疃一带，有白垩系下统青山组小范围出露。

辖区内以盆地沉降中心形成的高密凹陷和受东西向断裂控制形成的柴沟凸起，组成市域内“丁”字形构造格架。高密凹陷包括柴沟至胶州市以北，平度城以南，西起沂沭断裂带的景芝断裂，东至即墨—朱吴断裂；区内古老结晶基底埋深，大都在 7000 米以上。柴沟凸起包括胶州—柴沟和二十里夼—百尺河之间的地区，为一受东西向断裂构造控制的断块凸起带，宽约 15 公里。区内结晶地理埋深大约 2000 米。

地形地貌 境域地势南高北低。最高点在柴沟镇张林村北侧梁尹岭，海拔 109.4 米。最低点在大牟家镇曹家北近北胶莱河处，海拔 7.5 米。南北极点高差 101.9 米。地面总坡度约 1/600。具体情况是：南部为缓丘区，属泰沂山区末端，缓丘绵延，地势较高，包括剥蚀残丘和丘间凹地两种微地貌单元。丘陵以山、岭、埠命名，丘间凹地多以洼称。分布在柏城、柴沟、密水等镇街，面积 306.71 平方公里，占境域总面积的 19.1%。区内多沙质壤土，降水入渗快，易剥蚀。表层冲沟发育，显现水土流失貌；中部为缓平坡区，属滨河平地和低分水岭地两种微地貌单元，地面宽阔平缓。分布于朝阳、柏城、柴沟、井沟、阚家、夏庄、密水、醴泉等镇街，面积为 802.646 平方公里，占总面积的 49.99%；北部区域为低平区，地势低洼，地面平展，全境河流多汇于此。分布于朝阳区之北部，阚家镇东部，夏庄、姜庄、大牟家、醴泉等镇街为多，面积 496.19 平方公里，占总面积的 30.91%。

【自然资源】 土地资源 截至 2017 年底，高密市土地总面积 1523.49 平方千米，其中农用地 123529.86 公顷，占总面积的 81.1%；建设用地 25405.08 公顷，占总面积的 16.7%；未利用地 3414.19 公顷，占总面积的 2.2%。

矿产资源 截至 2017 年底，共发现矿产 16 种，探明储量 8 种。高密市地处胶莱凹陷，受成矿地质条件影响，可供开发的矿产资源不多，矿产资源开发程度低，可利用矿种比较单一。只有陶瓷用砂岩正在开发中。

水资源 （1）地表水资源。境内多年平均降水量为 622.5mm。全市河流共分属三个水系：南胶莱河水系、北胶莱河水系和潍河水系，流域总面积 1525.21 平方千米。全市多年平均当地地表水资源量 1.53 亿 m^3，折合径流深 137.4mm。另外，王吴水库、马旺水库上游均有部分流域面积位于高密市境外，经估算，其多年平均入境水客量为 1.29 亿 m^3。（2）地下水资源。地下水资源量主要指与大气降水和地表水体有直接补排关系的矿化度小于 2g/L 的浅层淡水资源量。经分析，境内多年平均地下水资源量为 1.30 亿 m^3。（3）当地水资源总量。区域内的水资源总量是指地表水资源量加地下水资源量并扣除重复计算量。境内多年当地平均水资源总量为 2.75 亿 m^3，平均资源模数为 18.0 万 m^3/km^2。（4）当地水资源可利用量。经分析，境内当地地表水可利用量为 1.11 亿 m^3，可利用率为 72.5%。地下水可开采量为 1.10 亿 m^3，可开采系数为 0.75。考虑王吴水库、马旺水库上游流域面积年均入境水客量 0.58 亿 m^3 后，高密市地表水可利用量为 1.69 亿 m^3，水资源可利用总量为 2.23 亿 m^3。（5）外流域调入水量。高密市外流域调入水量主要是峡山水库水及黄河长江水。峡山水库是高密市重要的供水水源，承担着峡山水库高密灌区 33 万亩农田灌溉、高密市水业公司阚家水厂及城北水库（北湖水厂和孚日水厂）供水任务。高密市可利用引黄济青输水渠道引黄河长江水，根据潍坊市用水总量控制指标分配方案，2017 年高密市分配的黄河水量指标为 2610 万立方米，长江水量指标为 820 万立方米。

生物资源 （1）植物。高密境内共有高等植物 69 科 290 种，大多数分布在草甸，部分分布在路边、沼泽、河岸等地。有国家Ⅱ级重点保护植物野大豆、浮叶慈菇 2 种。常见的植物有灯心草属（Juncus）、浮萍属（Lemna）、莎草属（Cyperus）、早熟禾属（Poa）和芦苇属（Phragmites）、眼子菜属（Potamogetondistinctus）、车前属（Plantago）、龙胆属（Gentiana）、小二仙草科（Haloragidaceae）的狐尾藻属（Myriophyllum）等，典型的植物群落有芦苇群落、香蒲群落等。此外，高密市境内灌木主要有酸枣（Ziziphusjujuba）、胡枝子（Lespedezabicolor）、锦鸡儿（Caraganasinica）、紫穗槐（Amorphafruticosa）等。经济树种以苹果、桃分布最广，柿、杏、李、樱桃、葡萄、梨等杂果也有较大分布。

野大豆

浮叶慈姑

芦苇群落

香蒲群落

丹顶鹤

（2）动物。全市境内共有脊椎动物5纲25目61科225种，其中鱼纲1目7科18种，两栖纲1目3科5种，爬行纲3目4科11种，鸟纲15目39科176种，哺乳纲5目8科15种（表3—2）。其中有丹顶鹤（Grusjaponensis）、金雕（Aquilachrysaetos）2种为国家Ⅰ级重点保护动物，大天鹅（Cygnuscygnus）、白枕鹤（Grusvipio）、白琵鹭（Platalealeucorodia）等22种国家Ⅱ级重点保护动物。鸟类以雀形目居多，共有16科，76种。经济价值较大的鸟类有绿头鸭（Anasplatyrhynchos）、斑嘴鸭（A.poecilorhyncha）、绿翅鸭（A.crecca）等50余种，鱼类以鲤科居多，占了8种。经济价值较大的鱼类有草鱼（Ctenopharyngodonidellus）、鲤（Cyprinuscarpio）等。据报道，2012年夏季，胶河水域发现并采集到桃花水母。

白枕鹤

白琵鹭

金雕

高密市脊椎动物资源统计表

序号	纲	目	科	种
1	鱼纲	1	7	18
2	两栖纲	1	3	5
3	爬行纲	3	4	11
4	哺乳纲	5	8	15
5	鸟纲	15	39	176
合计		25	61	225

【河流】 高密市河流分属三个水系，即：南胶莱河水系、北胶莱河水系和潍河水系，三大水系流域面积 1542.7km^2。胶莱河位于高密市最北边，是高密与平度两市的界河，东南—西北走向，全长 116.6km，流域面积 4147km^2，以高密市东北乡文化发展区窝铺村为分水岭，两向分流，分水岭东南为南胶莱河，向东南汇入胶州湾，分水岭西北为北胶莱河，向西北入莱州湾。

南胶莱河水系　由胶莱河分水岭向东南，自东北乡文化发展区窝铺村入境，至孙家口东出境入胶州，汇入大沽河，长 30km，流域面积 1562km^2。其中，高密市境内河长 6km，流域面积 345km^2，占高密市总面积的 22.6%。在境内的干流和主要支流长度约 150km，其河网密度为 436m/km^2。主要支流包括墨水河、顺溪河、胶河等。该水系内有王吴、李家太洛、窝洛、柿子园、仲家庄、孙家穹庄、矮沟、柳林、鲁家园、东化山、空冲水、潘家小庄、城南等 13 座中小型水库。

北胶莱河水系　由胶莱河分水岭向西北，自东北乡文化发展区窝铺村入境，经东北乡文化发展区、姜庄、咸家、大牟家等四镇（区），至曹家北出境入昌邑，达莱州海仓村，长 94km，流域面积 3750km^2。其中，高密市境内河长 40km，流域面积 1153km^2，是高密市三大水系中最大的一系，占高密市总面积的 75.6%，干流及主要支流长度约 370km，河网密度为 320m/km^2。主要支流包括小辛河、小康河、柳沟河、五龙河、官河、北胶新河等。该水系内有马旺、李家庄、拒城河、城北、梁东、新胜屯、穹庄、朱翰、辛庄、东丁、林家庙子、尤河头等 26 座中小型水库。

潍河水系　潍河发源于莒县箕屋山，上游流经莒县、沂水、五莲，从五莲北部进入潍坊市，流经诸城、高密、安丘、坊子、寒亭 5 市区，在昌邑市下营镇入渤海莱州湾，干流全长 222km，潍河总流域面积 6502km^2。自高密市注沟现代农业发展区李家埠西南流入高密，自注沟现代农业发展区葛家大浒村西南进入潍坊市峡山区。高密市境内长度 11.2km，流域面积 44.7km^2，占全市总面积的 2.93%。

高密市水系分布示意图

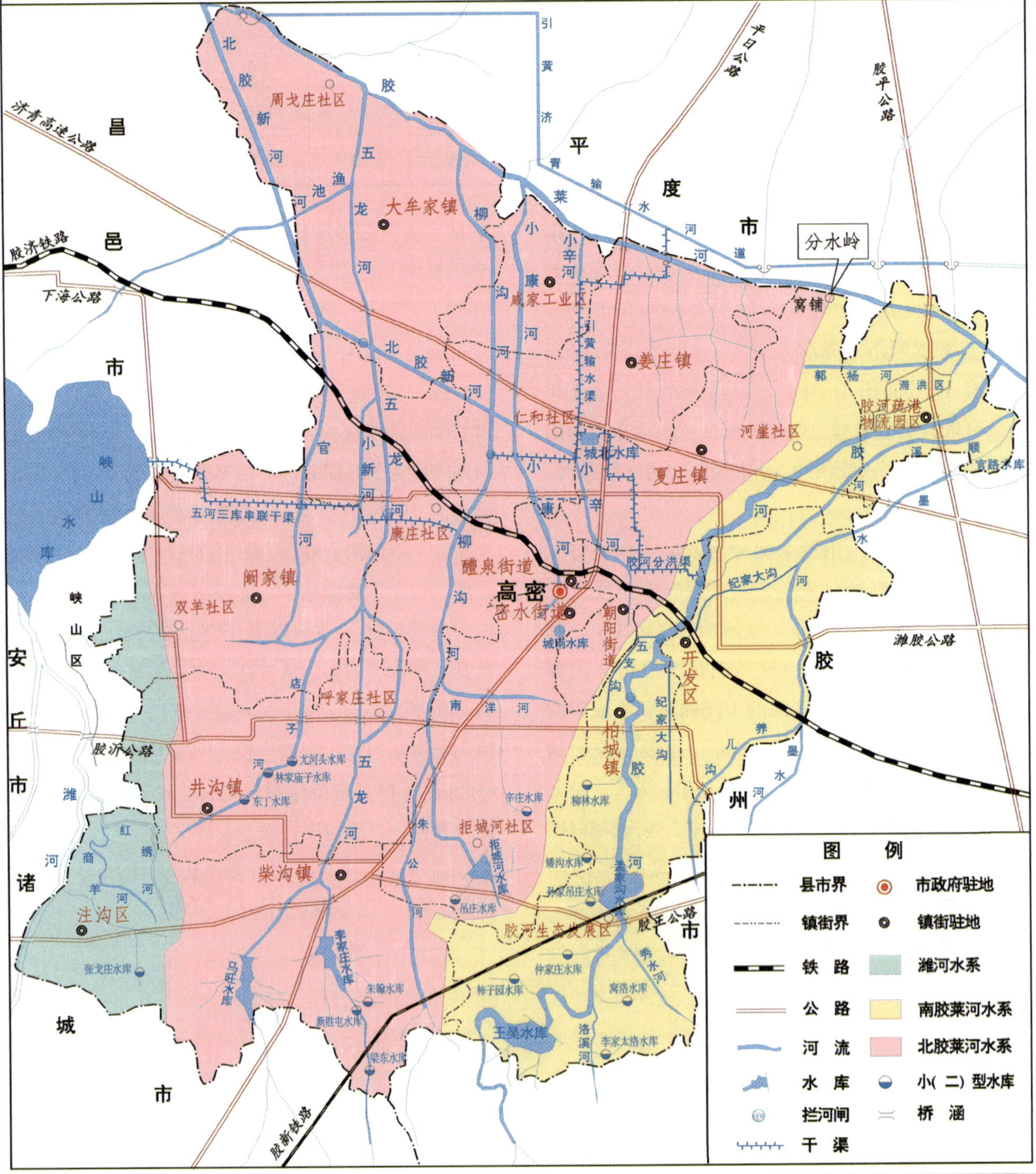

高密市水利局制

高密市主要河流基本情况表

水系	主要河流		发源地	河流长度		流域面积		河道比降	流经境内乡镇
				河流长度(km)	境内长度(km)	流域总面积(km^2)	境内流域面积(km^2)		
南胶莱河水系	南胶莱河		南北胶莱河分水岭	30	6	1562	345	1/4500	东北乡文化发展区
	墨水河		胶州孝源店子东	52	13	324	75	1/1000	经济开发区
	顺溪河		高密市柳沟崖	19.2	15.2	49	47.8	1/1000—6000	东北乡文化发展区、经济开发区
	胶河		胶南铁橛山	107	62.5	572	202	1/1200—3000	胶河生态发展区、柏城镇、朝阳街道、经济开发区、夏庄镇、东北乡文化发展区
北胶莱河水系	北胶莱河		南北胶莱河分水岭	94	40	3750	1153	1/10000	东北乡文化发展区、姜庄镇、咸家工业区、大牟家镇
	小辛河	南段	高密市城区东岭	9.8	9.8	7.1	7.1	1/3000	朝阳街道、夏庄镇
		北段	北胶新河	12.3	12.3	64.2	64.2	1/3000	夏庄镇、姜庄镇、咸家工业区
	小康河	南段	高密市城区卤坊	13.1	13.1	35.5	35.5	1/5000	密水街道、醴泉街道、姜庄镇
		北段	北胶新河	13	13	30.7	30.7	1/5000	姜庄镇、咸家工业区
	柳沟河	南段	高密市柴沟镇两埠岭	34	34	202	202	1/600	柴沟镇、醴泉街道、姜庄镇、
		北段	北胶新河	14.2	14.2	58.2	58.2	1/4000	姜庄镇、咸家工业区、大牟家镇
	五龙河	南段	诸城九龙埠	51	38.9	453	396	1/1000	柴沟镇、井沟镇、阚家镇、醴泉街道
		北段	北胶新河	13	13	65.9	65.9	1/4000	大牟家镇
	官河		高密市阚家镇后泊子北	18	18	105	70.4	1/4000	阚家镇、醴泉街道
	北胶新河		高密市阚家镇后泊子北	18	18	105	70.4	1/4000	阚家镇、醴泉街道
潍河水系	潍河		小辛河南	50	34.2	1066	784	1/6000	姜庄镇、醴泉街道、大牟家镇

【气候】 气温 2017年，年平均气温14.3℃，较历年偏高1.2℃。年极端最高气温37.8℃，出现在5月28日；年极端最低气温-9.2℃，出现在1月23日。月气温变化：年内最热月份为7月，平均气温28.3℃。最冷月份为1月，平均气温0.0℃。日最高气温≥35.0℃炎热天气出现18天，日最低气温≤-10.0℃的寒冷天气出现0天。

2017年高密市各月气温表

月份	1	2	3	4	5	6	7	8	9	10	11	12
平均气温(℃)	0.0	2.4	7.3	15.9	21.5	24.2	28.3	26.2	22.7	14.7	7.6	1.2

降水　2017年，年降水量584.3毫米，较历年偏少21.9毫米；日最大降水量50.9毫米，出现在6月23日。春季66.5毫米、夏季357.1毫米、秋季109.8毫米、冬季50.9毫米。分别占全年降水量的11.4%、61.1%、18.8%和8.7%。

2017年高密市各月降水量表

月份	1	2	3	4	5	6	7	8	9	10	11	12
降水量（毫米）	41.2	9.3	6.7	37.4	22.4	71.6	142.0	143.5	65.2	43.7	0.9	0.4

风　2017年，最多风向为SSE（东南偏南），频率为13。春季、夏季、秋季以东南偏南风为主。冬季多盛行西北风。全年平均风速2.6米/秒，极大风速为18.5米/秒，出现在7月7日，风向为SSW（西南偏南）。全年大风日数为4天。

地温　2017年，年平均地面温度16.7℃，6—8月份最高，平均为29.6℃；1月份最低，平均为0.6℃。地中5厘米处温度：年平均为16.0℃。7月份最高，平均为29.9℃；1月份最低，平均为0.8℃。地中10厘米处温度：年平均为15.8℃。7月份最高，平均为29.3℃；1月份最低，平均为1.2℃。地中20厘米处温度：年平均为15.9℃。7月份最高，平均为28.9℃；1月份最低，平均为1.7℃。

湿度　2017年，年平均相对湿度63%，春季51%~54%，夏季59%~82%，秋季53%~72%，冬季52%~68%。

霜期　2017年，无霜期216天。

【自然灾害】　2015年降水量332.8毫米，较历年偏少273.4毫米；2016年降水量480.3毫米，较历年偏少125.9毫米；2017年1到6月份累计降水量接近常年，旱情不能得到有效缓解。大部分镇街区遭受干旱影响，据民政部门统计：全市受灾人口84070户，人口272258人，农作物受灾面积34627.6公顷，其中成灾面积22347.2公顷，绝收面积11726.2公顷，因灾造成农业直接经济损失20413万元。

8月19日，注沟现代农业发展区出现暴雨，降水量67.6毫米，其中12时至13时小时降水量33.7毫米，短时强降水导致当地樱桃树受灾，据民政部门统计，共受灾6户，23人，樱桃树受灾面积13公顷，死亡21400棵，直接经济损失1284万元。

建置区划

【境域】　秦代置县后直至北宋，高密县境域不清。金代廓清后至清代，直至民国前期，版图未有大的变动。抗日战争时期至新中国成立前，境域变动频繁。后期变动很少并逐步趋于稳定。建置与上属随历史变革而频繁发生变化，直至1956年3月划归昌潍专区后始得稳定。1945年至2009年，高密县境区划经过数次变迁，其中有9次先后将部分区域划出，有8次将邻县部分区域村庄划入高密县。2009年5月11日，山东省人民政府（鲁政字[2009]92号）文件批复高密市阚家镇前郑公、后郑公一村、后郑公二村、后郑公三村、后店东、后店西、北甲庄、西山甫、东山甫、逄家村、刘家沟、陈家山甫、西新村、张家院、山前、东新村、潘刘屯、柳家屯、良湾屯、武巽屯、中岭、前岭、西岭、后岭、前柿子园、后柿子园、于家下坡27个村，井沟镇城子、大圈、小圈、王家辛庄、住王庄、前铺、后铺7个村划归坊子区太堡庄镇管辖。

边界勘定　高密市于1997年成立勘界工作领导小组，下设办公室，开始县级边界勘定。截至2009年5月，全市共有边界线5条，勘定地级行政区域界线2条：高密—平度线、高密—胶州线。县级行政区域界线3条：高密—诸城线、高密—坊子线、高密—昌邑线。解决争议点6处，埋设各类界桩36个。

高密市行政区域界线基本情况

界线名称	界线长度（公里）	界桩设置（棵）	本市管理界桩（棵）
高密—平度	65.88	8	5
高密—胶州	126	12	6
高密—诸城	62.3	6	3
高密—坊子	49	4	2
高密—昌邑	65.47	6	3
合计	—	36	19

【建置沿革】 高密秦代置县。秦至新中国成立之前，建置及上属多有变化。新中国成立后，高密县初属滨北专区。1950年5月改属胶州专区。1956年3月划归昌潍专区。1967年2月昌潍专区改称昌潍地区，1981年5月改称潍坊地区，1983年10月改称潍坊市，高密县均顺次属之。1994年5月18日，撤销高密县，设立县级高密市，以高密县的行政区域为高密市的行政区域。高密市归潍坊市代管。

高密市建置与行政区划，根据历史沿革和重大区划调整变化情况，大致可分为清代及前期、民国前期、中国共产党领导的新民主主义革命时期、新中国成立后几个阶段。元及以前行政区划无考。清初沿明制，实行乡（隅）社制。民国前期，始沿清制，县下设区，区下设镇、乡领村；后撤区改乡（镇），后再又沿前制改设区乡。新中国成立之前，中共领导的民主政府亦循旧制。1951年，全县划为17个区。1956年，撤4个区，改城关区为城关镇，全县为14个区（镇）。

1958年2月撤区，全县划为26个乡（镇）。是年9月，撤乡（镇）成立人民公社，全县成立16处人民公社。至1980年，全县人民公社增至20处。1984年3月，撤公社，改称乡（镇）。全县划为11镇、18乡。2001年3月，全市乡镇调整为17镇、3街道。2007年8月，全市调整为7镇、3街道。2008年全市调整为7镇、3街道、2区。分别是：朝阳街道、密水街道、醴泉街道、柏城镇、夏庄镇、姜庄镇、大牟家镇、阚家镇、井沟镇、柴沟镇、经济开发区、胶河疏港物流园区。2011年1月成立咸家工业区，由原咸家乡23个村和原仁和镇的高屋村组成。2012年9月成立胶河生态发展区，由原李家营镇57个行政村组成。2012年8月成立高新技术产业开发区，由夏庄镇的27个行政村和朝阳街道的8个社区（村）组成。2015年2月16日，胶河疏港物流园区更名为东北乡文化发展区，管辖范围扩大到2007年前原河崖镇56个村的管辖范围。2015年4月成立注沟现代农业发展区，由原注沟镇45个行政村组成。

人口民族

【人口数量】 2017年全市户籍总人口894197人，其中男性446165人，女性448032人，男女性别比为99.58（女=100）。总户数331722户，平均每户人数为2.69人。暂住人口登记人数20045人。

【人口变动】 2017年全市出生人口16936人，其中男8615人，女8321人，出生性别比为103.53（女=100）；死亡人口14367人，其中男7816人，女6551人，死亡性别比为119.31（女=100）；迁入1968人，迁出3863人。2017年，市公安局联系民政部门，分批次对应销未销的死亡人口进行了清理，故死亡人数有所上升；对接本市征兵部门，针对应销未销的入伍公民进行了清理整顿。

【民族构成】 截至2017年底，全市有33个民族，其中汉族892475人，占总人口的99.81%；少数民族32

个、1722人，其中满族370人，傣族198人，彝族146人，朝鲜族142人，壮族114人，蒙古族115人，土家族81人，景颇族73人，黎族59人，苗族74人，傈僳族58人，回族49人，白族41人，布依族41人，佤族32人，阿昌族27人，侗族26人，藏族12人，拉祜族12人，畲族8人，哈尼族8人，锡伯族6人，仡佬族3人，达斡尔族5人，么佬族3人，毛南族3人，布朗族4人，鄂伦春族4人，土族3人，鄂温克族1人，瑶族1人，德昂族1人。少数民族女性1361人，男性361人，少数民族女性占少数民族人口总数的79.04%。境内少数民族的增加，多因婚嫁入籍。农村少数民族1364人，醴泉、密水、朝阳三个街道共358人。

组织机构

中共高密市委员会

书　记：

杨建华（2016年12月任）

副书记：

王文琦（2016年12月任）

万　丽（女，2011年12月—2017年1月）

孙淑芳（女，2016年12月任）

常　委：

刘明伦（2007年10月—2017年1月）

徐方吉（2013年7月任）

孔晓明（2016年12月任）

徐振刚（2011年12月—2017年1月）

王保功（2011年12月—2017年1月）

殷玉萍（女，2015年1月—2017年9月）

孙业宗（2014年3月任）

王永亮（2017年1月任）

韩文宏（2017年1月任）

张英杰（2016年12月任）

刘建安（2017年10月任）

南　楠（2017年12月任）

市委办公室

主　任：

徐振刚（2015年1月—2017年1月）

王永亮（2017年1月任）

常务副主任：

石寿信（2016年5月—2018年3月）

市委组织部

部　长：

孙业宗（2014年12月任）

常务副部长：

明　军（2016年5月—2018年3月）

市委宣传部

部　长：

徐方吉（2013年8月任）

常务副部长：

谭　晖（女，2014年8月—2018年3月）

市委政法委

书　记：

王保功（2011年12月—2017年1月）

殷玉萍（女，2017年1月—2017年9月）

张英杰（2017年9月任）

常务副书记：

伍丽华（女，2015年3月任）

市委统战部

部　长：

张英杰（2016年12月—2017年9月）

刘建安（2017年11月任）

常务副部长：

刘思芳（2016年1月任）

市委市直机关工作委员会

书　记：

吕春芳（女，2016年1月任）

市机构编制委员会办公室

主　任：

杜殿来（2012年2月—2018年3月）

市委老干部局

局　长：

王启运（2016年1月任）

市委台湾工作办公室（挂市人民政府台湾事务办公室的牌子）

主　任：

李祥法（2016 年 1 月—2018 年 3 月）

市信访局

局　长：

郇海云（女，2015 年 2 月—2018 年 2 月）

市委农村工作领导小组办公室

主　任：

葛培连（2010 年 8 月—2018 年 3 月）

市委市政府督查局

局　长：

任光辉（2012 年 9 月—2017 年 6 月）

苏　钊（2017 年 6 月任）

市委党校（挂市行政干部学校牌子）

校　长：

杨建华（兼，2016 年 12 月任）

书记、常务副校长：

王克明（2010 年 8 月任常务副校长，2010 年 10 月任书记）

市委群工办

张兆祥（2015 年 12 月任）

市机关事务管理局

局　长：

王同刚（2016 年 1 月任）

市档案馆（局）

馆（局）长：

李宗武（2015 年 3 月任）

书　记：

万素文（2013 年 8 月任）

市委党史研究室

主　任：

王德全（2016 年 1 月任）

潍坊日报社高密分社

社　长：

窦吉进（2009 年 2 月—2018 年 3 月）

高密市人大常委会

主　任：

万丽（女，2017 年 1 月任）

党组书记、第一副主任：

钟亮成（2011 年 12 月—2017 年 1 月任党组书记，2012 年 1 月—2017 年 1 月任第一副主任）

万丽（女，2016 年 12 月任党组书记）

副主任：

刘松青（2010 年 1 月—2017 年 1 月）

毛进兰（女，2007 年 12 月—2017 年 1 月）

于钦明（2012 年 1 月—2017 年 1 月）

徐振刚（2017 年 1 月任）

宫德胜（2012 年 1 月任）

施玉梅（女，2017 年 1 月任）

葛孝江（2017 年 1 月任）

李　铭（2017 年 1 月任）

人大常委会办公室

主　任：

严凤辉（2016 年 2 月任）

人事代表工作室

主　任：

王作民（2009 年 2 月任）

预算工作委员会

主　任：

李宗福（2016 年 1 月任）

信访工作室

主　任：

王圣全（2012 年 9 月任）

老干部工作办公室

主　任：

邓　攀（2015 年 12 月任）

财政经济工作委员会

主　任：

薛元玺（2016 年 7 月任）

教科文卫工作委员会

主　任：

王相余（2009 年 2 月—2018 年 2 月）

农业与农村工作委员会
主　任：
窦学功（2012 年 9 月任）
城乡建设环境保护工作委员会
主　任：
刘　强（2012 年 9 月任）
法制工作委员会
主　任：
吴云效（2012 年 9 月任）

高密市人民政府

市　长：
王文琦（2016年12月任代理市长，2017年1月任）
副市长：
殷玉萍（女，2012 年 1 月—2017 年 1 月）
王永亮（2012 年 1 月—2017 年 1 月）
韩文宏（2015 年 1 月任）
冯效栋（2016 年 12 月任）
付联宝（2017 年 1 月任）
王加利（2016 年 12 月任）
魏　征（女，2017 年 1 月任）
袁广斌（挂职，2017 年 6 月任）
孙建伟（挂职，2017 年 12 月任）

市政府办公室（挂市人民政府法制办公室牌子）
主　任：
邱纯洁（2015 年 3 月任）
市发展和改革局
局　长：
王旭东（2013 年 3 月—2018 年 3 月）
市经济和信息化局
局　长：
王成林（2012 年 9 月—2018 年 2 月）
市财政局
局　长：
葛孝江（2015 年 1 月—2017 年 3 月）
邱昌禹（2017 年 6 月任）
市教育局
局　长：
杜启强（2016 年 5 月任）
市国土资源局（挂市不动产登记局牌子）
局　长：
张友勤（2016 年 2 月任）
市环境保护局
局　长：
石寿林（2009 年 2 月—2018 年 2 月）
市交通运输局
局　长：
孙　波（2010 年 1 月任）
市市场监督管理局（挂市食品药品监督管理局牌子）
局　长：
岳国彬（2015 年 1 月任）
市卫生和计划生育局（挂市中医药管理局牌子）
局　长：
戴志锡（2015 年 1 月—2018 年 3 月）
市民政局
局　长：
禚朝晖（2016 年 1 月任）
市农业局
局　长：
田绍传（2012 年 9 月任）
市商务局
局　长：
张　超（2012 年 2 月任）
市人力资源和社会保障局（挂市外国专家局牌子）
局　长：
邱昌禹（2015 年 1 月—2017 年 6 月）
任光辉（2017 年 6 月任）
市审计局
局　长：
张宗春（2016 年 1 月任）
市水利局
局　长：
杜钦德（2009 年 2 月—2018 年 2 月）

市住房和城乡建设局

局　长：

唐军录（2012年2月—2018年2月）

市金融工作办公室（挂市地方金融监督管理局牌子）

主　任：

高泗江（2007年8月—2018年2月）

市统计局

局　长：

楚洪鹏（2016年12月任）

市司法局（挂社区矫正管理局牌子）

局　长：

王　赓（2016年1月—2018年2月）

市文化广电新闻出版局

局　长：

徐　明（2013年6月任）

市公安局

局　长：

冯效栋（2016年12月任）

政　委：

王　波（2014年3月任）

市安全生产监督管理局

局　长：

张志华（2015年2月任）

市国税局

局　长：

李兴津（2013年4月—2018年1月）

市地税局

局　长：

李鸿宇（2012年3月任）

市公路局

局　长：

田立向（2013年12月—2017年6月）

王　波（2017年6月任）

书　记：

王波（2016年2月—2017年6月）

郭光明（2017年6月任）

市气象局

局　长：

崔联志（2016年10月任）

市地震局

局　长：

任成波（2009年2月—2018年3月）

市供销合作社联合社（挂市农民合作社联合社牌子）

主　任：

邱介福（2005年3月—2018年2月）

市广播电视中心

主　任：

付深成（2013年12月任）

市教育资产管理委员会

主　任：

邱天高（2016年1月任）

市规划局

局　长：

韩寿英（女，2015年1月—2017年6月）

马丽红（女，2017年6月任）

市林业局

局　长：

尹明杰（2016年1月任）

书　记：

胡锡智（2013年6月—2018年2月）

市旅游局

局　长：

李　薇（女，2015年3月任）

书　记：

张传志（2015年3月任）

市人民防空办公室（挂市民防局牌子）

主　任：

刘兆斌（2015年2月任）

书　记：

呼新宇（2015年2月—2018年2月）

市体育局

局　长：

高中杰（2009年2月—2018年3月）

市文化产业管理委员会

主　任：

邵春生（2012 年 9 月—2018 年 2 月）

书　记：

隋金川（2016 年 1 月任）

市土地经营开发管理办公室（2017 年 7 月撤销）

主　任：

王　琨（2015 年 12 月—2018 年 2 月）

市检验检测中心

主　任：

栾　诚（2014 年 3 月任）

市招商局

局　长：

李　侠（2015 年 3 月任）

书　记：

秦汉军（2016 年 7 月任）

市知识产权局

局　长：

王剑智（2016 年 1 月任）

书　记：

邱少阳（2013 年 6 月—2018 年 2 月）

市政府和社会资本合作中心（挂市经济发展协同创新中心牌子）

主　任：

台志强（2015 年 12 月任）

市慈善总会办公室

主　任：

张振法（2007 年 4 月—2018 年 2 月）

市物价局

局　长：

杜心东（2015 年 2 月—2018 年 2 月）

市科学技术局

局　长：

高玉山（2015 年 1 月任）

市综合行政执法局（原城市管理局）

局　长：

管增璋（2016 年 12 月任）

市经管局

局　长：

邓涛（2016 年 1 月—2018 年 3 月）

书　记：

张志平（2009 年 2 月任）

市疾病控制中心

主　任：

李传洲（2015 年 3 月任）

书　记：

石丽（女，2008 年 5 月—2017 年 6 月）

市农机局

局　长：

邱　栋（2016 年 12 月任）

市粮食局

局　长：

毛心君（2011 年 11 月—2018 年 3 月）

市老龄办

主　任：

蔡立杰（2013 年 6 月—2018 年 2 月）

市畜牧局

局　长：

张　慧（女，2013 年 3 月任）

市农业综合开发办

主　任：

张术盛（2015 年 1 月—2018 年 2 月）

书　记：

王恩惠（2009 年 2 月任）

市政务服务中心管理办公室

主　任：

袁学勇（2015 年 2 月—2018 年 2 月）

市政务服务中心

主　任：

孟　翔（2016 年 5 月任）

市园林管理处

主　任：

蒋桂欣（2010 年 2 月任）

书　记：

徐仁基（2012 年 2 月—2018 年 2 月）

市胶河生态林场

主　任：

鞠志华（2009 年 10 月任）

书　记：

葛孝江（2011 年 1 月—2017 年 10 月）

石寿林（2017 年 10 月任）

市密水生态林场

主　任：

李　铭（2012 年 4 月—2017 年 10 月）

杜钦德（2017 年 10 月任）

书　记：

张业林（2015 年 12 月任）

青岛科技大学高密校区管理服务中心

主　任：

戴学仁（2012 年 4 月任）

书　记：

葛月殿（2009 年 10 月任）

高密乳肉兼用牛良种繁育改良中心

主　任：

赵术智（2009 年 10 月任）

书　记：

朱永利（2015 年 12 月任）

市胶河农场（对外挂山东省原种场牌子）

场　长：

马训利（2010 年 8 月任）

书　记：

孙锡喜（2012 年 4 月任）

潍坊市技师学院高密分院（市高级技工学校）

院　长（校长）：

门业清（2014 年 8 月任技工学校校长，2015 年 12 月任潍坊市技师学院高密分院院长）

书　记：

沈建树（2015 年 12 月任）

市国有资产管理办公室

主　任：

吴兆道（2015 年 2 月—2018 年 2 月）

政协高密市委员会

主　席：

杜洪君（2012 年 1 月—2017 年 1 月）

刘明伦（2017 年 1 月任）

副主席：

陈　明（2007 年 2 月—2017 年 1 月）

王保功（2017 年 1 月任）

张兆年（2003 年 1 月任）

栾　涛（2009 年 1 月任）

唐屹立（2011 年 1 月—2017 年 1 月）

吴金晶（2012 年 1 月任）

施玉梅（女，2012 年 1 月—2017 年 1 月）

李　薇（2017 年 1 月任）

秘书长：

张言良（2012 年 1 月任）

市政协办公室

主　任：

张言良（2012 年 11 月任）

提案法制委员会

主　任：

王玉涛（2016 年 7 月任）

经济委员会

主　任：

李文奇（2015 年 12 月任）

科教文卫体委员会

主　任：

刘艳秋（女，2009 年 2 月—2018 年 2 月）

文史资料委员会

主　任：

邱兆瑞（2013 年 6 月—2018 年 3 月）

港澳台侨和外事委员会

王玉涛（主持工作，2016 年 1 月—2017 年 3 月）

傅　勇（主持工作，2017 年 3 月—2018 年 2 月）

研究室

主　任：

傅　勇（2013 年 6 月—2018 年 3 月）

委员活动工作室

主　任：

田来东（2011 年 5 月任）

老干部工作办公室

主　任：

王　志（2009 年 2 月—2018 年 2 月）

中共高密市纪律检查委员会（市纪委机关与市监察局合署办公）

书　记：

孔晓明（2016 年 12 月任）

副书记：

马拥军（2011 年 1 月任）

腾坤星（2015 年 5 月任）

监察局：

局长：

马拥军（2015 年 5 月—2018 年 1 月）

市委巡察办公室：

主任：

孙术勤（2017 年 6 月任）

高密市人民武装部

部　长：

童光江（2014 年 2 月—2017 年 6 月）

李洪兵（2017 年 7 月任）

政　委：

南　楠（2017 年 7 月任）

副部长：

刘洪良（2013 年 3 月任）

高密市人民法院

院　长：

雷向敏（2016 年 12 月—2017 年 1 月任代理院长，2017 年 1 月任）

副院长：

王益华（女，2004 年 7 月任）

蔡善喜（2005 年 4 月任）

高密市人民检察院

检察长：

隋国华（2011 年 12 月任代检察长，2012 年 1 月任）

党组副书记：

盛君来（2008 年 12 月任）

副检察长：

盛君来（2008 年 12 月任）

王　彦（女，2012 年 12 月—2017 年 7 月）

李连鸿（2007 年 9 月任）

反贪局：

局长：

杨志强（2012 年 12 月—2018 年 1 月）

人民团体

市总工会

主　席：

徐方吉（兼，2015 年 7 月任）

党组书记、常务副主席：

宋进岭（2016 年 1 月任）

共青团高密市委员会

书　记：

周发家（2015 年 12 月—2018 年 2 月）

市妇女联合会

主　席：

刘玉梅（女，2016 年 1 月任）

市工商业联合会

主　席：

魏　征（女，兼，2016 年 12 月任）

书记、副主席：

宿纪瑞（2010 年 1 月—2018 年 3 月）

市残疾人联合会

理事长：

田　锋（2016 年 12 月任）

市文学艺术界联合会

主　席：

张家骥（2011 年 1 月—2018 年 3 月）

市科学技术协会

主　席：

曲连喜（2013 年 6 月—2018 年 3 月）

市社会科学界联合会

主　席：

李大勇（2016 年 5 月任）

经济和社会发展

【2017 年高密市国民经济和社会发展统计公报】 2017 年，全市上下以习近平新时代中国特色社会主义思想为指导，认真贯彻落实党的十九大精神，坚持稳中求进工作总基调，坚定不移贯彻新发展理念，坚持以提高发展质量和效益为中心，以供给侧结构性改革为主线，加快实施新旧动能转换重大工程，聚焦聚力“四个城市”建设，统筹推进稳增长、促改革、调结构、惠民生、防风险各项工作，经济社会呈现出科学发展、转型发展、创新发展良好态势。在第十七届全国县域经济基本竞争力百强排行榜中居第 59 位，比上一届提升 3 个位次。

一、综合

2017 年末，全市总户数为 331722 户，户籍总人口为 894197 人，其中男性 446165 人、女性 448032 人。全市年人口出生率为 18.95‰，死亡率为 16.08‰，人口自然增长率 2.87‰。

综合实力不断攀升。初步核算，2017 年全市实现地区生产总值(GDP)643.22 亿元，按可比价格计算，比上年增长 5.6%。其中，第一产业增加值 52.42 亿元，增长 2.5%；第二产业增加值 313.87 亿元，增长 5.9%；第三产业增加值 276.93 亿元，增长 5.7%。

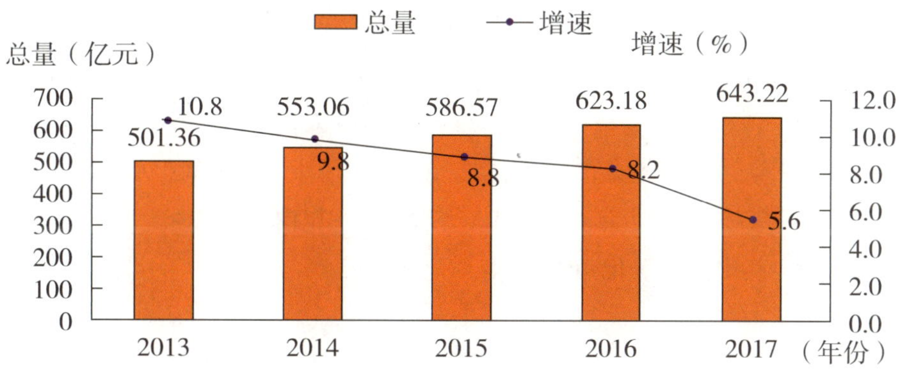

图 1　2013—2017 年全市地区生产总值及其增长速度

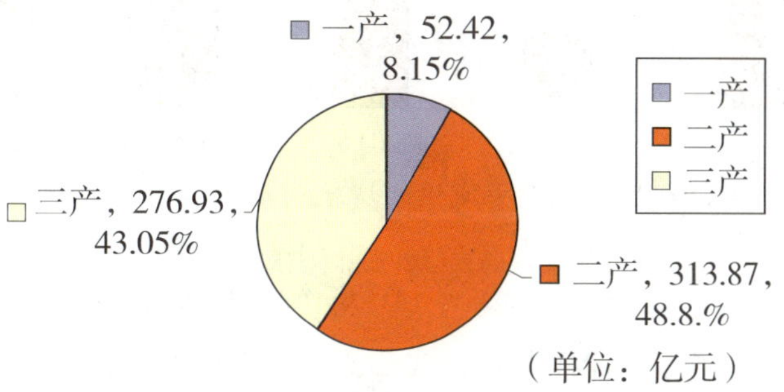

图 2　2017 年地区生产总值构成

产业结构持续优化。三次产业比例由2016年的8.21 ：50.43 ：41.36调整为8.15 ：48.8 ：43.05。第三产业比重持续增加，比2016年提高1.69个百分点；按可比口径计算，三产对GDP增长的贡献率达到40.9%，拉动GDP增长2.30个百分点。

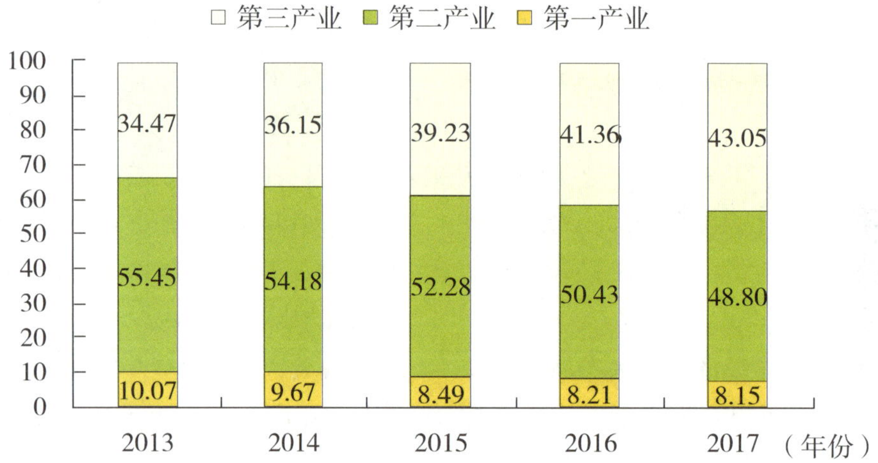

图3 2013—2017年三次产业增加值占地区生产总值比重

财政收入平稳增长，民生支出比重高。完成地方一般公共预算收入49.14亿元，比上年同口径增长5.3%，其中税收收入完成40.39亿元，增长9.3%；占一般公共预算收入比重为82.2%，提高2.40个百分点。民生支出42.80亿元，占财政总支出比重达到82.0%。

市场主体保持增长趋势。全市各类市场主体户数达到8.21万户，增长7.7%，注册资本（金）754.77亿元，增长34.1%。其中，新登记市场主体10500户，增长8.3%，注册资本（金）197.05亿元，增长44.0%。新型农村市场主体大力发展，截止2017年底，全市农民合作社2585家，家庭农场605家，农民合作社联合社38家。

就业形势基本稳定。全年城镇新增就业、再就业9813人，其中，失业人员实现再就业3022人，安置就业困难人员再就业402人，城镇登记失业率控制在2.6%以内。

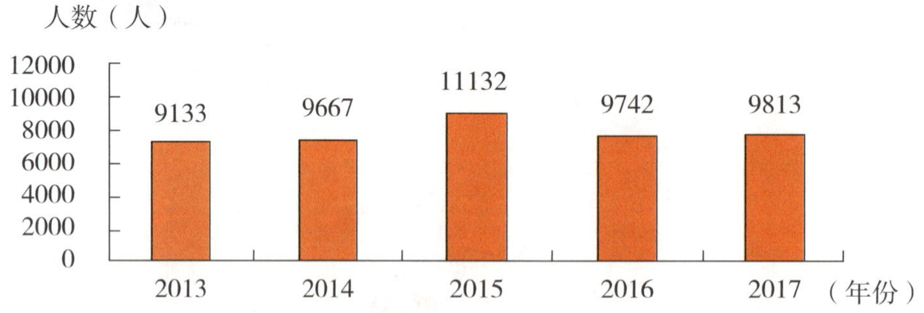

图4 2013—2017年城镇新增就业人数

二、农业

粮食及经济作物生产稳中有增。据抽样调查，全市粮食播种面积196.63万亩，增长0.7%；全年粮食总产量85.90万吨，增长3.1%。据全面统计，油料作物播种面积8.26万亩，下降7.5%，总产量2.98万吨，增长4.6%；蔬菜面积25.95万亩，增长3.8%，总产量104.75万吨，增长4.9%。

表 1　2017 年主要农产品产量及其增长速度

主要农产品	单位	总产量	比上年增长（%）
粮食	万吨	85.90	3.1
其中：夏粮	万吨	39.15	−5.0
秋粮	万吨	46.75	10.9
油料	万吨	2.98	4.6
烤烟	万吨	0.16	−50.0
果品	万吨	7.20	−7.0
蔬菜	万吨	104.75	4.9

林牧业稳步发展。全市林业增加值 0.34 亿元，比上年增长 1.5%；牧业增加值 16.35 亿元，比上年增长 2.3%。猪牛肉禽等肉类总产量 21.91 万吨，增长 5.1%；禽蛋产量 2.26 万吨，比上年有所下降。连续 11 年获“全国生猪调出大县”称号。

农业机械化水平持续提高。年末全市农业机械总动力达 150.88 万千瓦，比上年增长 2.8%。联合收割机 5424 台，增长 1.9%；拖拉机机引农具 75486 台（套），机具配套比达 1:2.24。全年完成机耕、机播、机收作业面积分别为 103.21 万亩、226.56 万亩、221.46 万亩。

农田水利建设扎实有效。全市以抗旱保水为重点，实施抗旱应急调水工程，调引客水 3460 万立方米（引黄河水、长江水 1940 万立方米，引峡山水库水 1520 万立方米），打井 298 眼，城乡供水安全得到有效保障。全年有效灌溉面积达到 103 万亩，占总耕地面积的比重为 72.0%；完成水利建设投资 5.40 亿元，组织实施孟家沟水库工程、王吴水库除险加固工程、小（二）型水库除险加固工程、利用亚行贷款地下水漏斗区域综合治理示范二期工程等水源工程建设。

三、工业、建筑业

工业企业生产与效益协调发展。全市 495 家规模以上工业企业实现工业总产值 1539.92 亿元，同比增长 5.0%；工业增加值可比价增长 4.2%；实现主营业务收入 1548.03 亿元，增长 6.4%；产品销售率为 99.0%；实现利税 142.50 亿元，增长 3.9%，其中，利润总额 93.87 亿元，增长 6.1%。孚日、豪迈、星宇等企业入选国家级、省级制造业单项冠军企业。金永和精工、恒涛节能等企业上市步伐加快，海宇股份有限公司、高密润达机油泵有限公司、山东恒涛节能环保有限公司等 6 家企业入选全省首批中小企业“隐形冠军”，我市在中国工业百强县（市）评比中位列 72 位，比上一届提升 13 个位次。年末，全社会用电量达到41.14亿千瓦时，其中工业用电30.70亿千瓦时，同比增长 6.2%。今年新增纳税过千万元企业 18 家，其中工业企业 6 家。

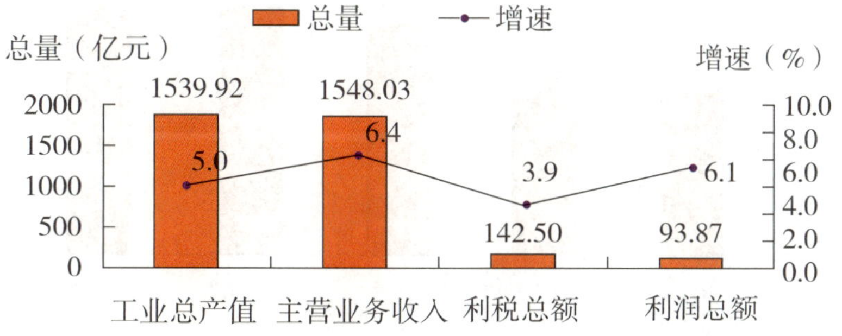

图 5　2017 年规模以上工业企业主要经济指标情况

表 2　2017 年规模以上工业企业主要产品产量及其增长速度

产品名称	单位	产量	比上年增长（%）
精制植物油	吨	106455	6.2
纱	万吨	54	8.3
布	万米	437387	15.1
服装	万件	4052	–0.6
皮鞋	万双	4498	18.6
化学纤维	吨	96512	–2.5
轮胎外胎	万条	557	–4.5
铸铁件	吨	41269	–21.1
家具	万件	245	7.6
水泥	万吨	37	13.2
收获机械	台	2866	14.5

支柱产业拉动作用持续增强。支柱产业规模持续壮大，产业集群效应更加明显。纺织服装、机械电子、制鞋劳保、食品加工、化工建材等五大产业集群企业发展迅猛，共达到 411 家，完成工业总产值 1310.38 亿元，占规模以上工业总产值的比重达到 84.7%，对工业经济的贡献率为 67.4%，拉动工业经济增长 4.32 个百分点，是拉动工业经济增长的主要力量。

建筑业发展平稳。42 家三级资质以上建筑施工企业期末从业人员 9388 人，全年房屋建筑施工面积 353.94 万平方米，竣工 88.80 万平方米，实现总产值 42.67 亿元，增长 2.7%。建筑业实现增加值 19.46 亿元。

四、固定资产投资

固定资产投资保持稳定增长，投资结构不断优化。全市完成固定资产投资总额 529.30 亿元，增长 3.1%。一、二、三产业分别完成投资额 7.43 亿元、343.00 亿元和 178.87 亿元，分别增长 1.4%、3.3% 和 2.7%，三次产业投资比重由 2016 年的 2.33:57.46:40.21 调整为 1.4:64.8:33.8，三产投资比重下降，二产投资对全市固定资产投资的拉动作用持续增强。

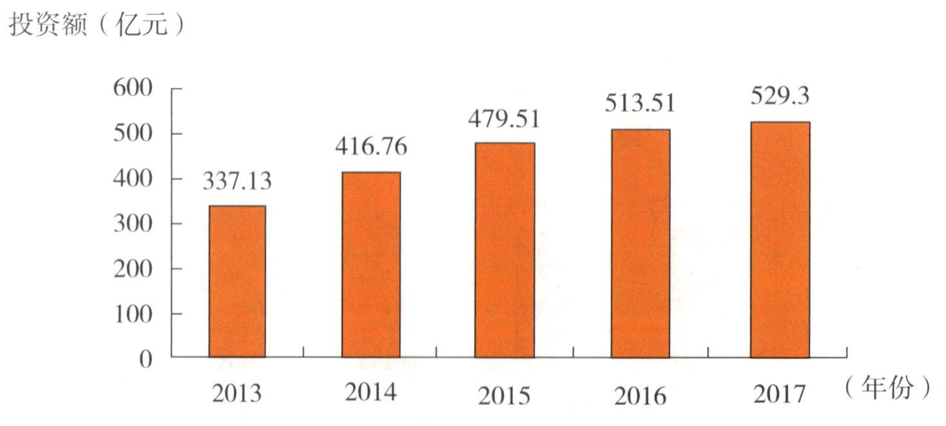

图 6　2013—2017 年全社会固定资产投资情况

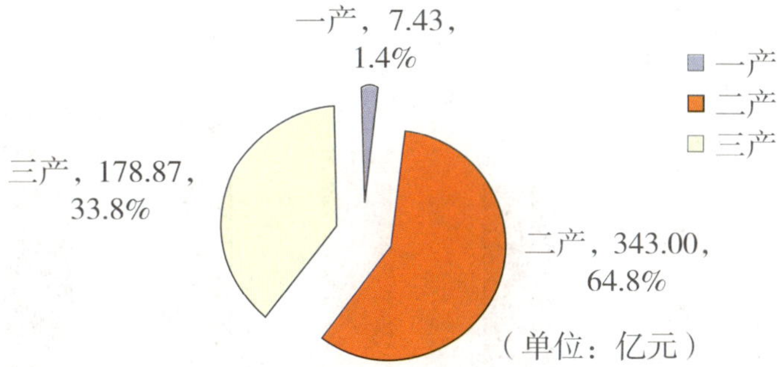

图 7　2017 年三次产业投资比例

房地产开发投资小幅增长。全市房地产开发完成投资 37.14 亿元，增长 7.2%，其中，住宅投资 31.81 亿元，增长 4.3%。全年商品房施工面积 469.98 万平方米，增长 7.8%；商品房销售面积 78.59 万平方米，增长 23.7%；销售额 37.76 亿元，增长 41.0%。

表 3　2017 年房地产开发和销售主要指标及其增长速度

指标	单位	数值	比上年增长（%）
房地产开发投资	亿元	37.14	7.2
其中: 住宅	亿元	31.81	4.3
房屋施工面积	万平方米	469.98	7.8
其中：住宅	万平方米	368.99	6.2
房屋竣工面积	万平方米	58.00	11.4
其中：住宅	万平方米	55.18	32.6
商品房销售面积	万平方米	78.59	23.7
其中：现房	万平方米	9.20	14.5
期房	万平方米	69.34	25.1
商品房销售额	亿元	37.76	41.0
其中：现房	亿元	4.55	55.6
期房	亿元	33.21	39.2

五、国内外贸易

国内消费市场健康发展。全市实现社会消费品零售总额 223.19 亿元，增长 6.8%。其中，乡村市场实现零售额 50.20 亿元，增长 7.4%；城镇市场实现零售额 172.98 亿元，增长 6.6%。分行业看，批发和零售业实现零售额 212.71 亿元，增长 7.1%；住宿和餐饮业实现零售额 10.48 亿元，增长 1.2%。

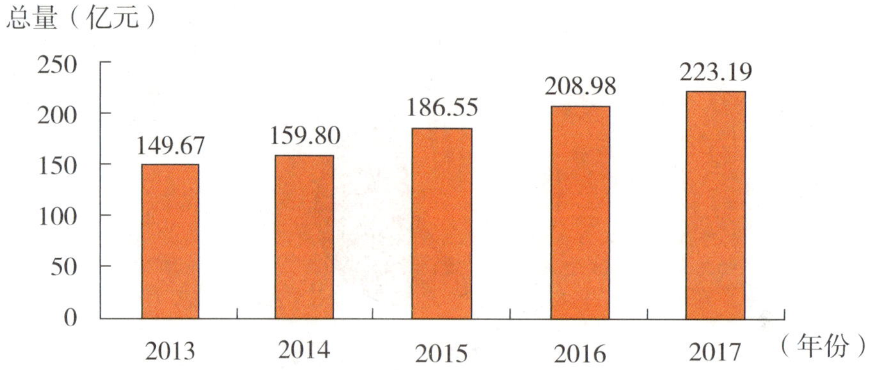

图 8　2013—2017 年社会消费品零售总额

对外贸易、利用外资保持较快增长态势。全市完成进出口总额 162.94 亿元，增长 21.9%。其中，出口 107.31 亿元，增长 13.6%；进口 55.63 亿元，增长 42.1%。全市实际利用外资 1.31 亿美元，增长 24.4%。

六、交通运输、邮政电信

交通运输事业健康发展。全年完成交通基础建设投资 8.05 亿元。年末全市公路通车里程达 4320.62 公里，其中省道 125.65 公里，县道 336.30 公里，乡道 283.68 公里，村道 3575.00 公里，公路密度达 283.02 公里/百平方公里，公路养护里程 4320.62 公里。青银高速扩建并在高密增设出入口 1 处，全市达到 2 处，济青高铁设立高密北站，促进了全市交通运输事业加快发展。

综合运输能力整体提升。全市营业性机动车辆 7711 辆，其中客车 225 辆，货车 7486 辆。全年完成客运量 610.23 万人次，客运周转量 46547 万人公里，增长 0.5%；完成货运量 2945 万吨，货运周转量 622498 万吨公里，增长 8.7%。年末，新增私家车 1.23 万辆，保有量达到 21.21 万辆。

邮政业快速发展，电信业总体稳定。全年完成邮政业务（含邮政速递包裹业务）总量 7889.10 万元，比上年增长 43.3%。全市年末各类电话总计 103.15 万部，其中，移动电话 91.35 万部，固定电话 11.80 万部。互联网用户达到 23.46 万户。

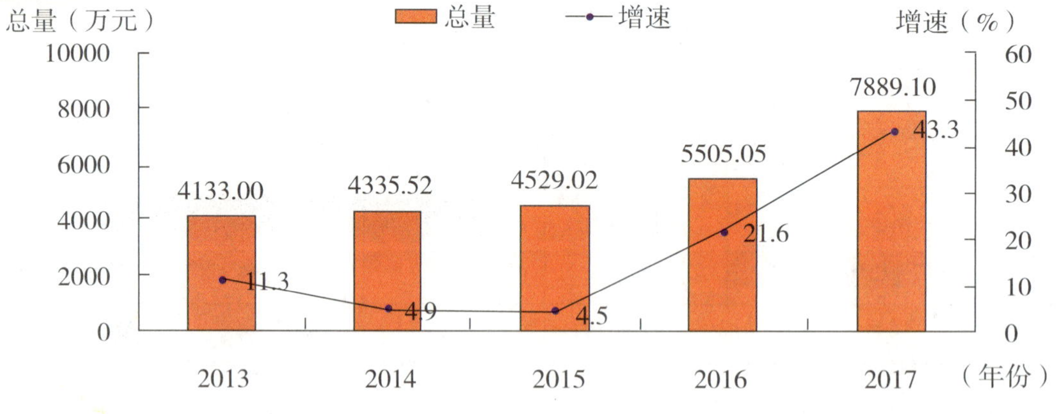

图 9　2013—2017 年邮政业务总量及增速

七、金融

金融业支持实体经济力度加大。年末，全市金融机构各项存款余额达到 530.21 亿元，较年初增加 44.60 亿元。其中，住户储蓄存款余额达到 348.82 亿元，较年初增加 32.35 亿元；非金融企业存款余额 149.38 亿元，较年初增加 10.02 亿元。全市银行业金融机构本外币各项贷款余额 404.33 亿元，较年初增加 43.38 亿元。其中，住户贷款 137.02 亿元，较年初增加 18.32 亿元；非金融企业及机关团体贷款 267.31 亿元，较年初增加 25.06 亿元。

表 4　2017 年金融机构存贷款余额及其增长速度

指标名称	年末数（亿元）	比年初增减额（亿元）	比年初增长（%）
金融机构各项存款人民币余额	522.48	42.04	8.8
金融机构各项存款本外币余额	530.21	44.60	9.2
其中：非金融企业存款	149.38	10.02	7.2
住户存款	348.82	32.35	10.2
金融机构各项贷款人民币余额	394.25	40.62	11.5
金融机构各项贷款本外币余额	404.33	43.38	12.0
其中：住户贷款	137.02	18.32	15.4
非金融企业及机关团体贷款	267.31	25.06	10.3

资本市场健康发展。全年完成规范化公司制改制企业 85 家，落实改制挂牌财政补助资金 2523.44 万元，新增齐鲁股权交易中心、蓝海股权交易中心等挂牌企业 15 家。引导企业通过私募债、短期融资券等方式全年实现直接融资 32.00 亿元。

金融生态环境持续优化。全市各类金融机构（组织）达 76 家，其中银行机构 14 家，保险业金融机构 38 家，证券业金融机构 1 家，地方金融组织发展到 23 家，形成了较为完善的金融服务链条。积极化解金融风险，加快不良贷款清收处置步伐，提高信贷资产质量，年末全市银行业金融机构不良贷款率 1.05%，比年初减少 0.08%。

八、科技、知识产权和质量监督

科技事业加快发展。高新技术产业企业产值占规上工业比重比上年提高 0.22 个百分点。全市新上科技计划项目 60 项，其中省级 1 项，潍坊市级 18 项，本市 41 项，争取项目无偿资金和科技奖励资金 1363 万元。获得省科技进步一等奖 1 项，潍坊市科技进步奖 14 项，其中潍坊市科学技术最高奖 1 项，技术发明奖 1 项，科技进步一等奖 1 项，二等奖 9 项，三等奖 2 项。新审批潍坊市级以上企业研发机构 23 家，其中省级企业研发机构 5 家；新认定潍坊市级科技企业孵化器 1 家，新备案省级产业技术创新战略联盟 1 家，新组建潍坊市级产业技术创新战略联盟 2 家，产业技术创新战略联盟达到 15 家；新认定高新技术企业 7 家。全市新增省级及以上重点人才工程人选 31 人。

知识产权有新进展。全市共申请国内专利 1020 件，专利授权总量 942 件。其中发明专利申请 199 件，发明专利授权 104 件。

质量技术监督和商标注册有序推进。全市新增国内商标注册 972 个；新增新创山东名牌产品 3 个，总量达到 17 个；山东省服务名牌 3 个，行政认定驰名商标 11 件，山东省著名商标 31 件；国家级“守合同重信用”企业达到 5 家，省级 41 家，市级 32 家。

九、教育、文化、旅游、卫生和体育

教育事业呈现新气象。全市共有各类学校 152 处，在校学生 120572 人。其中普通中学 35 处，在校学生 45778 人；职业中学 3 处，在校学生 10859 人。小学段义务教育巩固率达到 100%，初中段义务教育巩固率达到 98.3%，教育事业费用支出 15.71 亿元，财政性教育经费支出 16.43 亿元。新一轮校舍改造工程基本完成。高密一中等 58 所新建、改扩建中小学（幼儿园）竣工并投入使用，新增校舍 44.02 万平方米，全市教学环境进一步改善。2017 年高密市教育工作群众满意度居全省 137 个县（市、区）第一位。

文化事业加快推进。举办第八届中国（高密）红高粱文化节，建成市非遗博物馆，综合性文化服务中心基本实现全覆盖，基础文化设施日益完善。全年举办大型文化活动120次，送演出下乡1600场，放映公益电影9095场，拍摄完成茂腔戏曲电影《红高粱》。继续保持文化部命名的“中国民间文化艺术之乡”称号，新增潍坊市级非遗项目5项。高密茂腔传承人夏美华入选第五批国家级非遗代表性传承人。以茂腔、扑灰年画为申报项目被命名为山东省民间文化艺术之乡，被文化部列入2018年度全省唯一非遗保护传承观察点。红高粱影视城被授予“山东省新闻出版广播影视产业重点基地”。

旅游业健康快速发展。红高粱影视城、莫言旧居乡村体验区等成为国内知名、独具特色的文化旅游景观带，东北乡文化旅游区被授予“省研究教育实践基地、齐鲁美丽田园和省畜牧旅游示范区”称号。2017年底，全市共有旅游景区5家，其中AAA级2家、AA级3家。

卫生保健服务能力持续增强。全市年末拥有各类卫生机构249处，病床4137张，卫生技术人员5624人，乡村卫生室497处。投入资金3.62亿元推进社区卫生机构标准化建设，改造提升镇级卫生院，城乡医疗环境持续改善；5家公立医院完成法人治理结构改革，市镇分级诊疗稳步实施。高密创建为“全国健康促进示范市”“省级卫生计生综合监督示范区”。

体育事业取得新成绩。举办了“红高粱影视城杯”“高粱红了”高密半程马拉松赛，举办群众体育活动160场次，承办潍坊市级以上高端体育赛事20场次，群众体育、竞技体育和体育产业全面发展。全市运动员在国家级及以上比赛中荣获金牌13枚，银牌10枚，铜牌8枚；在省级比赛中获金牌83枚，银牌18枚，铜牌22枚；在潍坊市年度锦标赛获金牌329枚，银牌125枚，铜牌132枚。同时，向上级体校、运动队输送优秀体育后备人才149人，其中国家级训练单位1人，省级1人，潍坊市147人。

十、人民生活和社会保障

城乡居民收入持续增加。2017年全市居民人均可支配收入27772元，比上年增加2219元，增长8.7%。其中城镇居民人均可支配收入35943元，比上年增加2681元，增长8.1%；农村居民人均可支配收入16885元，比上年增加1296元，增长8.3%。

图10　2014—2017年城乡居民人均可支配收入及增速

社会保障水平不断提高。年末，全市领取养老保险金离退休人员达到4.12万人，其中企业离退休人员3.17万人。全市参加职工养老保险单位达到1199个，全年征缴保费12.89亿元，其中企业参保929家，参保人数11.76万人；机关事业单位270家，参保人数1.79万人。城乡居民养老保险参保人数54.30万人，全年征缴保费1.14亿元。征缴失业保险费3452.90万元。职工医疗保险参保单位达到1584家，参保人员13.79万人，全年征缴保费4.13亿元。居民医疗保险参保人员67.05万人，全年征缴保费2.73亿元（含财政补贴1.52亿元）。职工生育保险参保人数达到6.78万人。职工工伤保险参保人数达11.16

万人。

社会救助事业稳步发展。2017 年全市城乡低保对象 16379 人，其中城镇低保 838 人，年人均补助 3606 元；农村低保 15541 人，年人均补助 2295 元；全年低保金及电费补助支出 4066.98 万元。年末，全市各类收养性社会福利单位拥有床位 5899 张，累计供养五保老人 1789 人，其中分散供养 1115 人、集中供养 674 人。

残疾事业不断推进。全年发放助残致富资金 17.30 万元、助学金 55.26 万元、残疾人托养资金 21.53 万元；发放残疾儿童补助 134 万元，其中上级补助 61.20 万元；发放精准康复配套辅具 2641 件，免费接受康复服务 2461 人次。

十一、城市建设和环境保护

新型城镇化步伐不断加快。开工老旧小区改造项目 40 个；查处违法建设 161 处，共计 26.93 万平方米，拆除面积 11.12 万平方米；改造农村无害化卫生厕所 64525 户。深入开展美丽乡村建设，不断提升城乡环卫一体化水平，农村环境面貌明显改善；全年新建改建农村公路 400 多公里，全市 62% 的村庄达到省级美丽乡村建设标准，被评为“省级四德工程建设示范市”。小城镇建设全面提升，全市常住人口城镇化率达到 60.1%，较上年提高 0.79 个百分点。

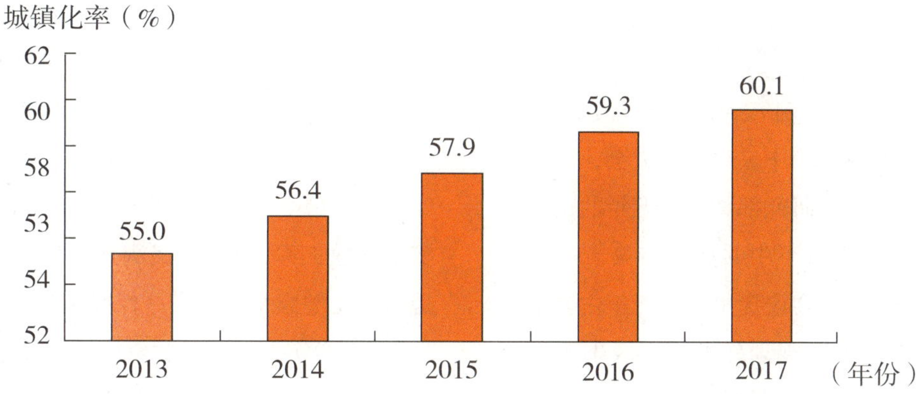

图 11　2013—2017 年常住人口城镇化率

生态环境有效改善。实施重点环保工作 214 项，全市主要污染物化学需氧量、氨氮、二氧化硫、氮氧化物排放量比上年分别削减 2.4%、3.7%、6.1% 和 7.2%，区域环境空气中 PM2.5、PM10、SO_2 和 NO_2 年平均浓度比上年分别改善 12.9%、14.5%、17.6%、5.1%。集中开展环境突出问题整治行动，区域环境质量持续改善。淘汰燃煤小锅炉 1269 台，取缔“散乱污”企业 246 家，停产整治 82 家，关闭搬迁禁养区内畜禽养殖场 474 家。实施污水处理厂提标、污水管道改造、河流综合治理工程，全面实施“河长制”，开展“清河行动”，全民共治的环保大格局正在形成。

全年降水量达 584.30 毫米，年平均气温 14.3℃，日照时数 2489.0 小时。

注：（1）公报所列地区生产总值（GDP）、增加值等价值指标按当年价格计算，增长速度按可比价格计算。

（2）公报所列数字均为初步统计数，正式数字以《高密统计年鉴（2018）》为准。

中共高密市委

主要会议

【十三次党代会】 2017年1月15日，高密市委召开中国共产党高密市第十三次代表大会，回顾总结全市过去五年的工作，研究部署今后五年的奋斗目标和主要任务，选举产生了中共高密市第十三届委员会和纪律检查委员会。会议提出今后五年主要目标是：全面完成“十三五”规划任务，地区生产总值年均增长8%左右，一般公共预算收入年均增长10%左右，城乡居民人均可支配收入年均分别增长10%和11%以上，完成节能减排、安全生产刚性目标，主要经济指标增幅高于潍坊市平均水平，力争早日进入潍坊市第一方阵。具体措施：实施“六大战略”，全力实现“六个突破”。(一)实施产业创新发展战略，在转型升级做优做强上实现新突破。着力优化产业体系。着力打造创新引擎。着力壮大企业集群。着力建设提升园区。（二）实施城乡统筹发展战略，在新型城镇化上实现新突破。按照“一规引领、三域并进、四网联通”思路，推动形成城乡均衡、一体发展新局面。“一规引领”，就是发挥城市规划的总纲、蓝图和管控作用，对城乡建设发展通盘考虑、系统推进。“三域并进”，就是按照全域统筹、整体提升要求，将城市、城镇、村社建设紧密结合，着力提升中心城区首位度，以城带乡、互动并进、融合发展。“四网联通”，就是着眼整个城市健康运行、永续发展，实施路网、热网、气网、水网完善联通工程，顺畅城市血脉、强健城市机能。(三)实施生态文明发展战略，在宜居宜业环境上实现新突破。营造规范高效经济生态。营造清净秀美自然生态。营造健康向上人文生态。（四）实施民生共享发展战略，在增进百姓获得感上实现新突破。实施富民工程，让老百姓生活更富足。实施优教工程，办好人民满意的教育。实施健康工程，提高人民健康水平。实施保障工程，健全社会保障体系。（五）实施改革开放发展战略，在增强发展动力、活力上实现新突破。要全面深化改革。要持续扩大开放。（六）实施法治安全发展战略，在治理能力现代化上实现新突破。推进法治高密建设。推进平安高密建设。推进民主政治建设。把高密建设成创新型、开放型、智慧型、生态型、文化型的富强和谐现代化中等城市。

【经济工作会议】 2017年2月12日，高密市委、市政府召开全市经济工作会议，总结去年经济工作，分析当前面临形势，部署2017年发展任务，提出了经济工作任务和思路措施。主要预期目标：地区生产总值增长8%左右，一般公共预算收入增长10%左右，全社会固定资产投资增长13%左右，社会消费品零售总额增长11.5%左右，全面完成上级分配的各项工作任务。总体要求：把准“大势大政”，抓住“一条主线”，坚持“四个原则”，突出“七个重点”。

把准“大势大政”，就是科学研判形势、坚定发展信心。抓住“一条主线”，就是牢牢抓住供给侧结构性改革这条主线。坚持“四个原则”，一是坚持稳中求进“总基调”，二是坚持务实高效“新要求”，三是坚持创新突破“着力点”，四是坚持民生改善“硬任务”。突出“七个重点”，一是全力打牢“实体经济”这个根基，在转型升级、提质增效中培育壮大产业集群。持续改造提升传统产业，培育壮大新兴产业，大力发展现代服务业，加快发展现代农业。二是突出抓好“企业提升”这个关键，在精准帮扶、梯次推进中做大做强龙头企业。三是紧紧扣住“创新驱动”这个核心，在动能转换、内生增长中增创新的发展优势。四是着力强化“城乡统筹”这个支撑，在互动并进、环境优化中构建新型城镇体系。五是始终围绕“民生改善”这个目的，在情系群众、执政为民中共享改革发展成果。六是持续放大“改革开放”这个优势，在破除瓶颈、集聚要素中增添发展动力、活力。七是全面加强“从严治党”这个保障，在敢于担当、奋发有为中历练过硬干部作风。

【作风建设年暨“察民情解民忧、强基础促和谐”下基层大调研动员大会】 2017年4月22日，高密市委、市政府召开作风建设年暨“察民情解民忧、强基础促和谐”下基层大调研活动动员大会，安排部署全市开展作风建设年活动工作任务，启动开展“察民情解民忧、强基础促和谐”下基层大调研活动。会议要求做好以下五点：（一）强化标准导向，大力实施寻标对标提标行动，提升思想境界、目标定位和工作水平。一要对照党中央治国理政新理念新思想新战略寻标对标，二要对照市党代会确定的目标任务、战略举措寻标对标，三要对照走在前列、争先创优的目标定位寻标对标。（二）强化纪律导向，大力实施正风肃纪行动，努力保持良好风纪。要严肃政治纪律。要从讲大局的高度讲团结。要严格党内政治生活制度。要驰而不息纠治“四风”。（三）强化发展导向，大力实施提质提效行动，全面提升发展能力。一要扭住发展第一要务不放松。二要贯彻新发展理念不停步。三要善于抓实抓细。四要勇于破解难题。（四）强化基层和群众导向，大力实施基层基础提升行动，全面提高基层治理和本质安全发展水平。一要努力摸清村情民意。二要全力解决民生问题。三要强力夯实基层基础。四要积极维护社会和谐。（五）强化落实导向，大力实施效能提升行动，增强执行力，推动各项工作落地生根。抓落实，就要在“责”字上担当、“快”字上用心、“好”字上用力、“强”字上提升。

【市委农村工作暨扶贫开发工作会议】 2017年5月5日，市委召开农村工作会议，总结工作，分析形势，安排部署2017年全市农业农村和扶贫开发工作。会议表彰了2016年度农业农村工作先进单位和先进个人，印发了《2017年全市农业农村工作要点》等文件，会议确定全市农村和扶贫工作的思路是：（一）深入推进农业供给侧结构性改革，推动农业提质增效。一要调整优化农业产业结构。包括优化产品结构、做优做强优势产业、完善全产业链标准体系、狠抓质量安全和品牌建设。二要提高生产经营规模化水平。包括加快农村土地流转、大力建设现代农业园区、积极培育新型经营主体。三要加强农业生产能力建设。一方面，要加快实施创新驱动战略。另一方面，要切实增强水资源保障能力。四要提升农业社会化服务水平。包括规范完善协同服务工作体系、积极培育新型职业农民、大力推行农业政策性保险。五要培育农业农村发展新动能。一方面，要加快培育农业“新六产”。另一方面，要不断深化农村改革。（二）全力实施美丽乡村建设，推动城乡协调发展。一要深入推进美丽乡村标准化建设。二要搞好农村社区提升。三要加快发展特色城镇。（三）打好精准脱贫攻坚战，构建农村扶贫长效机制。一要持续加大帮扶力度。二要落实长效保障机制。三要强化扶贫脱贫全过程监管。（四）加强组织领导，为开创农业农村发展新局面提供坚强保障。一要以优良作风抓落实。二要着力夯实基层基础。三要狠抓责任落实和考核激励。

【“四个城市”建设动员大会】 2017年7月

30日，潍坊市委、市政府召开全市“四个城市”建设动员大会，安排部署全面推进“四个城市”建设的任务措施，高密市委、市政府组织收听收看。会议提出“四个城市”建设总体要求：认真学习贯彻习近平总书记系列重要讲话精神，牢固树立和贯彻落实新发展理念，牢牢把握“走在前列”的目标定位，以加快新旧动能转换为引领，以推进供给侧结构性改革为主线，以改革、开放、创新为动力，坚持国际视野、国内一流、潍坊特色，坚持全域统筹、城乡一体、“三生”融合，加快产业转型、城市转轨、动能转换，全力打造产业强市、文化名市、活力城市、品质城市，推动全市创新发展、持续发展、领先发展，加速建设富裕文明充满活力的现代化强市。具体措施：（一）着力打造产业强市。一要做强做优产业体系。二要做强做优产业组织体系。三要做强做优产业创新体系。四要做强做优产业承载体系。五要做强做优产业更新体系。（二）着力打造文化名市。要把文化资源挖掘好、梳理好、整理好。要把文化品牌策划好、培育好、打造好。要把文化资源开发好、利用好。要科学组织宣传推介，在提升知名度、美誉度上下功夫。（三）着力打造活力城市。一要释放创新活力。二要释放创业活力。三要释放开放活力。四要靠改革释放活力。（四）着力打造品质城市。在大处，要搞好大规划，构建大格局，构建大交通，开发大片区。在精细处，要打通微循环，开展微整治，打造微空间。硬件上，要扎实推进旧城改造，建设“双修”城市，完善城市配套。软件上，要推进智慧化、便利化、诚信化、国际化。会后，根据潍坊市统一安排部署，高密市委、市政府健全完善了组织和工作机构，研究出台“四个城市”建设五年规划、三年行动计划和2017年度工作安排，全力抓好“四个城市”建设工作任务落实。

主要活动

【“四个城市”建设】 为全面落实好潍坊市委市政府提出的产业强市、文化名市、活力城市、品质城市“四个城市”建设的战略部署，高密市委先后召开市委常委会议、常委扩大会议、全委会议等传达学习、研究谋划、安排部署“四个城市”建设，高标准编制出台“五年规划和三年行动计划”，成立协调推进委员会、专项委员会、专家咨询委员会和协调推进办公室，着力抓好综合协调、调研指导、创建督导、舆论宣传等工作，先后在省市刊发典型文章6篇，实现了“四个城市”建设快速启动、高效运转、顺畅推进。

（市委办公室）

组织工作

【党的基层组织建设】 截至2017年底，全市共建成村级党群服务站947个，社区党群服务中心108个，为农服务中心15处。在镇街区，按照“事进人进”原则，将基层站所服务人员集中到镇街区党群服务中心办公，方便群众就近办理业务；在社区，通过选派干部、公开招考、公益性岗位开发等方式，选优配齐社区工作人员，充实社区工作力量；在行政村，落实村干部坐班制度，每天至少1名村干部在村级党群服务站值班。推行以“四定三评双述一创”为主要内容的村（社区）党组织书记星级化管理，解决村（社区）党组织书记管理宽松软问题。“四定”，即每年年初，村（社区）党组织书记结合上级要求、本村实际，确定年度目标、推进措施、完成时限和公开承诺；“三评”，即通过党组织书记自评、班子成员互评、社区干部点评的方式，每季度一次对村（社区）党组织书记工作推进情况进行评议；“双述”，即每年年底组织村（社区）党组织书记向上级党组织及本村党员大会“双向述职”；“一创”，即争创年度星级村（社区）党组织书记。推行党员积分制管理、党员责任区、党员过“政治生日”等制度，全面加强党员管理，唤醒党员入党初心。按照“四议两公开一监督”（“四议”即涉及村发展和村民切身利益的重大事项，要经村党支部会提议、“两委”会商议、党员大会审议后，提交村民会议或村民代表会议讨论作出决定；“两公开”即实行村级重大事务决议内容公开和实施结果公开；“一监督”即村重大事项的决议和决议实施全过程要自觉接受党员、村民的监督）工作法，全面实施“两集中一报告”制度，通过社村集中议事、村级集中公开日、村级重大事项报告，规范村级事务运行。按标准按期拨付村“四职干部”补贴报酬，2017 年，市财政共为在职村干部拨付补贴报酬 2794.36 万元，为符合条件的离任村干部发放生活补助 329.85 万元。市镇两级按 1:1 比例，分大村、中村、小村三个档次，每年按不低于 4 万元、3 万元、2 万元的标准拨付村级办公服务经费，用于支持村级组织开展工作。市级层面设立“两新”组织党工委、社会组织党委、非公有制企业党委、个体私营企业党委，统筹负责“两新”领域党建工作；镇（街区）层面设立综合党委，负责辖区内“两新”组织党建，承担区域“兜底”责任。通过单独组建、联合组建、依托组建等形式，成立非公有制企业党组织 472 家，全市非公有制企业党组织覆盖率达到 91%；成立社会组织党组织 189 家，社会组织党组织覆盖率达到 94.3%。在“两新”组织建立党组织书记、“第一书记”和党建工作指导员三支队伍，实行“1 + X + 1”党员管理模式，共选派党建工作指导员 509 名、“第一书记”26 名，发展“两新”党员 16 名，“两新”党员总数达到 5261 名。截至 2017 年底，高密市共有党工委 17 个，党委 100 个，总支 155 个，党支部 2334 个。

（徐凯）

【发展党员工作】 截至 2017 年底，全市共有党员 52720 人。其中女党员 9951 人，少数民族党员 14 人。全年开除党籍 41 人。党员的年龄：30 岁及以下党员 4401 人，31 岁至 35 岁党员 3744 人，36 岁至 40 岁党员 4046 人，41 岁至 45 岁党员 4708 人，46 岁至 50 岁党员 5771 人，51 岁至 60 岁党员 7088 人，61 岁及以上党员 18898 人。党员的学历：研究生学历党员 642 人，大学本科学历党员 8460 人，大学专科学历党员 7424 人，中专学历党员 4723 人，高中（中技）学历党员 9423 人，初中及以下学历党员 22048 人。党员的职业：机关事业身份党员 8609 人，企业管理及专业技术党员 4780 人，工人（包括机关、企事业单位的工勤、临时工）党员 6988 人，农民 20892 人，离退休人员 10708 人，其他人员 743 人（包括大学生村官、三支一扶、民办非企业从业人员、社团从业人员、社区居委会干部、个体工商户、中介组织从业人员、无业人员等）。

（衡印传）

【包村联户和选派第一书记】 2017 年，突出后进村提升，全市 81 个市直单位派出 106 个包村工作组、200 名包村干部包靠 106 个后进村，市里选派 67 名第一书记驻村帮扶 67 个软弱涣散村（社区），市级党政领导班子成员和市人大、市政协主要负责同志联系第一书记帮包村，镇村干部采取“一村一策”方式帮扶，实现了帮扶全覆盖。2017 年，各级帮扶干部办实事好事 1040 余件，直接帮扶款物价值累计 1260 余万元。

（田化军）

人才工作

【概况】 截至 2017 年 12 月底，全市人才总量达到 10 万多人，各类高层次人才 3200 多人，高技能人才 1.9 万多人，到高密市创新创业的“两院”院士、千人计划专家、泰山产业领军人才等省级及以上重点人才工程人选达到 116 名。高层次与急需人才方面：万人计划专家 1 人，齐鲁首席技师 2 人，齐鲁乡村之星 2 人，齐鲁文化之星 3 人，齐鲁公安英才 1 人，齐鲁金融之星 1 人；鸢都产业领军人才 9 人，潍坊市会计领军人才 1 人，潍坊市和谐使者 3 人，潍坊市首席技师 4 人。平台载体建设方面：国家级众创空间（和信众创、朝阳创客工厂）2处，省级企业技术中心（山东仙普爱瑞科技股份有限公司技术中心、高密市富源印染有限公司技术中心、山东登升安防科技有限公司技术中心、山东省振泰集团股份有限公司技术中心）4处，省级示范工程技术研究中心（山东省子午线轮胎模具示范工程技术研究中心）1处，省级产业技术创新战略联盟（锅炉节能环保产业技术创新战略联盟）1处，省级院士（专家）工作站7处（山东永进节能环保科技有限公司院士工作站、高密市瑞普生物科技有限公司院士工作站、高密市惠德农产品有限公司院士工作站、潍坊康地恩生物科技有限公司院士工作站、山东豪迈机械科技股份有限公司院士工作站、高密江特新材料科技发展有限公司院士工作站、山东惠和农业发展有限公司院士专家工作站），省级技师工作站1处（高密市高级技工学校），省级科技孵化器2处（高密市高新技术产业开发区科技企业孵化器、高密市智源科技创业服务有限公司），潍坊市级平台21处。

【集聚人才项目】 2017年，选聘中科院软件所发展规划与重大任务办公室主任、研究员滕东兴挂职担任高密市科技人才副市长，组织15个镇街区从国内外高校、科研院所、知名企业选聘有影响力的20名高端人才挂职担任科技人才副镇长（副主任）。举办“2017年高密创新发展北京恳谈会”“科技人才副镇长（副主任）精品项目路演”“2017高密创新发展恳谈会暨第二届千人计划专家高密行活动”等招才引智活动30多场次，组织全市300多家重点企业对接专家教授180多名，达成合作项目73个。市委书记、市长、组织部长分别带队赴澳大利亚、新西兰、英国、法国、美国、加拿大6国招才引智，对接海外高端人才40多名，达成合作意向20多项，引进美国杜克大学研究员曹长勇、美国哥伦比亚大学博士于淼、英国布鲁奈尔大学研究员张亦杰来高密市创新创业。设立高密（北京）人才发展促进会，人才工作站2处，根据高密产业需求情况猎寻高端人才信息300多项。

2017高密创新发展北京恳谈会现场

【创新创业平台】 高标准打造高端人才创业园、中科智谷科技创业园，完善配套保障和服务孵化功能。与鲁泰山科技有限公司合作建设泰山产业领军人才创业基地，共引进9名泰山系列人才在基地创办企业。与山东大学等10所高校合作成立研究院，创建国家级众创空间2处、省级科技企业孵化器2家，全市潍坊市级及以上科技企业孵化器、众创空间达到11处。

【人才发展环境】 加大人才资金投入，2017年投入人才工作资金1.97亿元。规范管理使用全市126套人才公寓，并将豪迈、星宇公司建设的300套人才公寓纳入市人才公寓管理使用范畴。组织40多名高层次人才赴烟台、威海参观学习，组织1700多名高层次人才进行健康查体，为人才提供贴心服务。在中科智谷科技创业园高标准打造“产才融合创新发展”展厅，全面展示全市五大产业集群概况、61位高层次人才风采和27处重点科技创新平台研发成果。

【干部教育培训】 2017年，以镇街区、市直部门主要负责人、换届后新任职干部为重点，举办新任科级干部培训班、青年干部培训班等主体班次5期，到浙江大学、宁波大学等知名高校举办领导干部综合能力提升班、新生代企业家专题培训班等精品班次14期，协调财政、卫计等部门开展业务培训8期，培训党员干部4600余人次。先后举办学习贯彻十八届六中全会、十九大精神专题集中轮训11期，培训2300余人次；基层党组织书记培训班5期，培训900

余人次；“凤城大讲堂”70期，培训1.4万余人次。此外，组织全市40余名领导干部、企业家参加省、潍坊组织举办的国内外培训班20余期。

（王森）

宣传工作

【理论学习】 以市委中心组理论学习为重点，制定印发《市委中心组2017年理论学习安排意见》，组织市委中心组理论学习12次，先后邀请中纪委、井冈山干部学院、国防大学、潍坊市国资委等专家领导到高密市作专题辅导。以“两学一做”学习教育常态化制度化为抓手，组织市委中心组开展“习近平总书记有关报道文章”“习近平总书记在省部级主要领导干部专题研讨班上重要讲话精神”和党的十九大精神等专题学习研讨，中心组成员撰写学习研讨材料200余份，指导各级党委（党组）中心组开展专题学习、研讨交流等系列活动300多次。探索“四抓”方法，提升“四化”成效推动中心组理论学习再上新水平的做法得到上级肯定（探索“四抓”方法，提升“四化”成效，即：规划设计抓定位，提升学习准确化；组织管理抓细节，提升学习规范化；破解问题抓重点，提升学习实效化；龙头带动抓导向，提升学习示范化），被确定为潍坊市党委中心组理论学习典型，在潍坊主流媒体进行了宣传推介。

【党的十九大精神学习宣传】 召开全市学习贯彻党的十九大精神宣讲团成立暨宣讲工作动员会，印发《关于做好学习宣传贯彻党的十九大精神宣讲工作的通知》《关于组织全市党委（党组）理论学习中心组学习党的十九大精神的通知》以及《关于市委常委到联系点宣讲党的十九大精神的工作方案》，对各级学习宣传贯彻党的十九大精神进行安排部署。组织举办“砥砺前行·喜庆十九大”诗词楹联展，征集全国各地楹联原创作品400余幅，创作展出作品228件。组建成立市委宣讲团、镇级宣讲团及由市委党校教师、机关包村干部等人员组成的宣讲队伍深入一线宣讲党的十九大精神和省、潍坊市及高密市党代会精神等，共组织市委宣讲团宣讲30场，市委常委到联系点宣讲20余场，开展各类宣讲活动1000余场，全市各级党委（党组）中心组集体学习1500多场次，推动习近平新时代中国特色社会主义思想和党的十九大精神深入人心。

【意识形态管控】 抓好意识形态工作责任制落实，建立意识形态工作联席会议制度，督促和指导各职能部门与重点领域单位建立工作机制、加强阵地管控。建立健全“四网一点五加强”意识形态工作网格化体系，各级网格员达3000多名。市检察院、水业公司等12个单位被授予潍坊市思想政治工作示范点。在潍坊市宣传部长会议上高密市作了典型发言。着力加强舆情研判和信息报送工作，全年上报舆情信息3000多条，完成舆情约稿50余篇，其中两篇信息被中央办公厅综合采用和省委宣传部《舆情参阅》编用，省委常委、宣传部长作出专门批示。高密市多措并举做好舆情信息工作的经验做法在全省舆情信息工作会议上予以推广。广泛开展“厚道鲁商”倡树行动，市水业公司、孚日集团股份有限公司被评为省级“厚道鲁商”品牌形象榜上榜企业。

【新闻宣传】 坚持围绕中心、服务发展，舆论宣传引导水平不断提升。内宣方面，以贯彻落实党的十九大精神、省第十一次党代会、潍坊市第十二次党代会、高密市第十三次党代会及“两会”、经济工作会议等会议精神为重点，在《高密新闻》《今日高密》和高密新闻网等市内主流媒体开辟专题专栏，大力宣传全市在经济、政治、文化、社会、生态文明建设中取得的新成绩。外宣方面，瞄准开展“作风建设年”、推进“四个城市”建设和大力弘扬“四种精神”，充分挖掘全市工作亮点，积极向上级媒体推介，不断扩大高密的美誉度和影响力，在新华社、《人民日报》《光明日报》《经济日报》《大众日报》《潍坊日报》等纸质媒体发稿400多篇；在潍坊市级以上电视媒体发稿1423条，其中中央台发稿6条，山东台发稿583条。率先在全省县级市推行广电体制机制改革，将新闻采编与广告经营彻底分离，新成立的广播电视中心和国有新视听文化传媒有限公司定位更加准确、职责更加明晰、干劲更加充足、活力更加迸发，实现“专业人办专业事”的目标。

【文化建设】 *群众文化活动* 全市综合性文化服务中心基本实现全覆盖，现代公共文化服务体系日益完善。市图书馆顺利通过国家一级馆复审，冯家庄农家书屋荣获“全国示范农家书屋”称号，并入围全国“双服务”先进集体。先后举办“凤舞迎春”春节联欢晚会、2017街头民间文艺大展演、元宵灯会、新春戏曲晚会等春节系列文化活动，组织开展“凤城之夏”、全民阅读、庆祝十九大召开等主题活动，举办第六届高密兰亭雅集、第十届全市音乐大奖赛、北京跳动联盟山东省综合类舞蹈大赛、李兆虬绘画展、葛寒冰书画展、三地书法联展、第八届红高粱文化节等大型群众性文化活动200多场次，惠及群众30余万人，实现了群众文化活动常流水不断线，增强了群众的文化获得感和幸福感。

优秀传统文化 国内首档茂腔戏曲电影《红高粱》完成拍摄，被确定为2017年山东省中华优秀传统文化传承发展工程第二批重点项目，填补了省内空白。中国红高粱文化研究院成立，荣获“中国诗歌之乡”。蝉联“中国民间文化艺术之乡”荣誉称号，被文化部列入2018年度全省唯一非遗保护传承观察点。非物质文化遗产博物馆、王树花扑灰年画艺术馆开馆，全市建成综合性传习中心23个。举办高密民间艺术创意大赛、民间艺术精品展、非遗赶大集、非遗进社区进校园、文化和自然遗产日宣传等10多项展览展示活动，非遗知识不断普及。夏美华入选第五批国家级非物质文化遗产代表性项目代表性传承人，聂希蔚荣获第十届泰山文艺奖民间文艺类艺术突出贡献奖，王蒙、聂臣希、邱琪获第四批齐鲁文化之星。

文化旅游产业 坚持以重点项目为抓手，积极实施大项目带动战略，2017年全市共有投资过千万元文化旅游项目31个，其中过10亿元重大项目9个，总投资逾122亿元。莫言文学馆新馆、清爱文化园等10个文化产业项目列入潍坊市“四个城市”建设“10·30·100”支撑项目。其中，东北乡旅游区项目进展迅速，高粱地民俗小吃村一期工程建成并开放，举办了新春庙会、首届油菜花风铃节，景区游览内容进一步丰富，全年接待游客达58万多人次，东北乡文化旅游品牌特色愈加彰显。引导各镇（街区）推出了南山梨花节、李家埠樱桃节、阚家葡萄节等乡村文化旅游品牌，文化与旅游的深度融合，有效带动了经济社会全面发展。

【精神文明建设】 *公民思想道德建设* 大力弘扬和践行社会主义核心价值观，深入实施公民道德建设工程，选树道德模范和身边好人，全年累计向上推荐“身边好人”线索7600多条，尉迟衍玲、邵俊杰、徐林收3人获评“中国好人”，王杰、张爱华、尉迟衍玲、邵俊杰、王玉君5人获评“山东好人”，高洪梅、马世诚、张敬国、邵俊杰、张照聪、毛维江、张爱华、尉迟衍玲、王玉君、李正、张秀纹、战立华、王震、范林涛、张木光15人获评“潍坊好人”，徐林收、闫方清2人获评第六届潍坊市道德模范，尉迟衍玲、邢瑞兰、邱兆美、徐秀兰、王欣、杨逸、王熠7个家庭被评为第一届潍坊市文明家庭。成功举办第四届高密市道德模范颁奖典礼，对涌现出的13名道德模范进行隆重表彰。在凤凰公园、南湖植物园建立凤城好人榜，大力宣传道德模范先进事迹，全市见贤思齐、崇德向善氛围日益浓厚。狠抓未成年人思想道德建设，强化乡村学校少年宫日常管理，年内高密市被评为全省未成年人思想道德建设工作先进市。

文明城市创建 按照省级文明城市测评标准要求，组织开展“创城增效百日整治行动”，围绕市容环境、交通秩序、窗口行业、文化环境、社区小区等5个重点领域，集中力量，重点突破，先后督促整改事项227件，健全完善道路停车、民生市场管理、城区环境保洁、公益广告设置等多项城市文明创建长效机制，城市文明程度和市民素质显著提升，顺利通过

省级文明城市复审。组织开展物业服务行业文明创建活动，召开全市物业服务行业文明创建工作动员会议，印发关于开展物业服务行业文明创建活动的实施方案，联合物业主管部门进一步规范物业企业管理、加强小区文明宣传，开展物业行业文明创建观摩点评活动，对涌现出的53个物业行业文明创建先进集体和30名个人进行表彰。

乡村文明行动 持续夯实乡村文明行动基层基础工作，围绕城乡环卫一体化、移风易俗和善行义举四德榜建设三项重点工作，联合市综合执法局、市民政局组织开展城乡环卫一体化以及移风易俗工作月度观摩点评活动，对全市15个镇（街区）所辖村社进行现场量化打分，成绩排名通过市电视台面向全市公布，对连续3次排名后三位的镇（街区）采取约谈主要领导、通报批评等措施促其整改。月度观摩点评活动自6月份开始，共计开展6次，有效促进了乡村文明行动的持续深入开展，提升了农村群众知晓率和满意度。12月份，高密市被评为全省四德工程建设示范市，阚家镇松兴屯村被评为全国文明村镇。

志愿服务活动 推进志愿服务制度化常态化，建立健全志愿服务网络，设立雷锋车队、雷锋妈妈连、志愿交警中队等志愿服务组织，2万多名志愿者参与省级文明城市复审、志愿扶贫、助力高考、文明交通礼让斑马线等活动。将志愿服务融入社区建设，通过设置志愿服务公益广告、绘制学雷锋墙体画、设置社会主义核心价值观宣传版面等形式，分别打造了青建橄榄树等3个雷锋社区和海宇鞋业等3家“学雷锋”企业。单政达被评为全国最美志愿者，高密市志愿者协会被中华学雷锋促进会授予“全国学雷锋先进集体”荣誉称号。

（高宣）

统战工作

【概况】 中共高密市委统战部与市民族宗教事务局合署办公，办公地点在人民大街市委办公楼四楼，2017年共有工作人员11人，其中工勤人员1人。2017年5月，因办公用房调整，市民族宗教事务局迁至市政府四楼办公，2018年5月迁至市委楼后平房。2017年，高密市委统战部荣获“全省县级统战宣传工作先进单位”“潍坊市统战信息工作先进单位”“潍坊市统战宣传工作先进单位”等荣誉称号。

【统战基层基础工作】 2017年，建立以市委书记为组长的统战工作领导小组和市委副书记为组长的民族宗教工作领导小组，召开了全市统一战线暨民族宗教工作会议，将统一战线、工商联和民族宗教工作纳入全市对镇街区的科学发展考核，对全年的统一战线工作任务进行了全面安排部署。建立健全市、镇、村三级统战工作网络，建立了61人的镇级和900余人的村级统战工作联络员队伍，为县域统战工作的开展夯实基础。

2017年4月11日，全市统一战线暨民族宗教工作会议召开 （宋肖萌 摄）

【统战理论宣传教育】 年内，将统一战线和民族宗教理论与政策纳入市委党校主体课程，培训领导干部统战理论500余人次。采取“请进来、走出去”的方式，有针对性、分类别地开展统战理论宣传教育，先后赴中央统战部干部培训中心等举办3期统战工作骨干和统战成员代表培训班，受训160余人次，不断提高统战干部和统战成员的政策把握能力和工作创新能力。

【党外代表人士队伍建设】 2017年，圆满完成政协、工商联换届工作，对300余名党外代表人士进行了政治安排。先后召开3次由市委、市政府主要领导召集的民主协商会议，就市委、市政府重点工作征求统一战线成员的意见建议。

2017年12月4日召开市政府重大决策民主协商会议，市长王文琦出席会议　　（宋肖萌　摄）

【社区统战工作】　践行“小社区、大统战”工作理念，周密筹划推进“同心社区”统战工作品牌。在全市150个社区中建立社区统战办公室，年中召开“同心社区”现场观摩交流会，将示范社区的工作经验在全市复制推广。依托社区统战办公室指导开展宣传、义诊、联谊、咨询等实体性活动11次。

2017年8月22日召开全市统战工作经验交流暨统战进社区推进会议　　（宋肖萌　摄）

【新的社会阶层人士统战工作】　以“新阶层党旗红”品牌为引领，切实把新的社会阶层人士作为统战工作新的着力点。年内，设立新的社会阶层活动办公室，新增事业编制3名。成立“高密市新的社会阶层人士联谊会”，在市书法家协会等建立起新的社会阶层人士创新实践锻炼基地。

【非公经济领域统战工作】　2017年6月，成立高密市新生代创业者商会，依托商会开展丰富多彩的培训、交流等活动。动员非公经济人士热情投身光彩事业和社会建设，在“慈心一日捐”中筹集善款320余万元。非公企业党委完成实体化运作，建立了高密市非公企业服务中心，配备3名专职非公党建指导员，“七一”前夕在全市非公经济领域对“红色工匠”等进行了表彰奖励。

2017年6月22日，高密市新生代创业者商会成立　　（张耀　摄）

【民族宗教工作】　2017年，开展民族团结进步创建活动，打造了登升劳保等3处创建示范单位。依托“统战进社区”工作积极为少数民族流动人口提供就业创业等服务。抓宗教活动场所规范化管理，督促各宗教活动场所完善制度、理顺财务，会同市安监局等6部门对各场所进行拉网式安全检查，排查出的108条问题按要求进行了限期整改。探索民间信仰管理工作新路子，出台了《关于做好民间信仰管理工作的实施意见（试行）》文件。

（王光春）

机关党务工作

【概况】　2017年，高密市委市直机关工委主要负责市委办公室、市政府办公室、市人大机关、市政协机关、市委组织部、市委宣传部、市教育局等69个机关支部的党建管理指导工作。其间，市直机关工委认真落实党建工作要求，以“提能力、转作风、树品牌”为主要措施，努力推进市直机关党建工作建设，取得成效。8月2日至8月6日，机关工委书记吕春芳参加山东省直机关工委在威海文登市举办的县市区机关工委书记座谈会，并在会上代表潍坊地区做了典型发言。

【机关党建】 2017年，高密市委市直机关工委坚持“公仆工仆”文化理念，用文化凝聚人心。推行“积分引领，全员成长”工作法，深入实施全员积分制管理。在市直机关党建工作中，重点突出“五个坚持”，即：坚持三抓三促，管党治党严起来；坚持典型带动，基层组织活起来；坚持问题导向，支部工作实起来；坚持以人为本，全体党员动起来；坚持责任担当，服务品牌竖起来。2017年2月7日至9日，市直机关党工委在市会议中心一楼会议室召开2016年度市直机关基层党组织书记抓基层党建工作述职评议会议。

【党员队伍建设】 年内，举办了工委系统基层党员培训班、“党旗在召唤”入党积极分子培训班、党员发展对象培训班、新发展党员党性教育培训班、工会干部培训班、妇女干部能力素质提升班、优秀党员示范培训班等各类主题班次培训班15期。年内分期组织2173名基层党员进党校集中轮训；组织83名支部书记赴曲阜、沂蒙接受政德教育和沂蒙精神教育；7月3日至7日，组织35名示范点党支部书记赴浙江省级机关党校进行支部工作法及智慧党建专题培训；6月26日，举办了“信仰的力量”市直机关庆祝建党96周年红歌演唱会，开展先进党组织和优秀共产党员评选表彰活动；10月20日，举办献礼党的十九大“信仰担当作为”微党课比赛；12月6日至8日，举办了市直机关贯彻党的十九大精神基层党员专题学习培训班。2017年，市直机关党工委系统共发展新党员80人，培养入党积极分子86人。

2017年7月3日至7日，市委组织部、市直机关工委在浙江省级机关党校举办市直机关支部工作法培训班

2017年6月26日，市委组织部、市直机关工委举办庆祝建党96周年红歌演唱会

2017年10月20日举办市直机关献礼十九大微党课比赛

【党员志愿服务活动】 年内，组建市直机关党员志愿服务大队，主要开展志愿服务，年内共开

展活动136次。组织党员参与“共植青年雷锋林，共护绿水青山”春季植树护绿活动、清明节“万朵鲜花献英烈”活动、文明城市创建活动和“斩粟断毒”禁毒志愿活动等。上述活动受到了上级部门的肯定，河南兰考县、江苏东海县、德州市宁津县、青州市等15个工委考察团到高密市学习观摩。

（刘瑞全　张怡宁）

机构编制工作

【机构设置变动】 2017年3月，市公共资源交易中心更名为潍坊市公共资源交易中心高密分中心。

6月，经济开发区经济发展服务中心加挂安全生产和环境保护监督管理办公室、道路交通安全监管办公室牌子，经济发展服务中心不再加挂安全生产监督管理办公室牌子，农业综合服务中心不再加挂环境保护办公室牌子。密水街道、醴泉街道、朝阳街道、柏城镇、夏庄镇、姜庄镇、大牟家镇、阚家镇、井沟镇、柴沟镇分别组建安全生产和环境保护监督管理办公室（挂道路交通安全监管办公室牌子），为镇街行政工作机构，上述镇街原安全生产监督管理办公室不再保留，夏庄镇、姜庄镇、柴沟镇农业综合服务中心不再加挂环境保护办公室牌子。

7月，撤销市教育局安全生产办公室、市交通运输局安全生产办公室、市经济和信息化局安全生产办公室、市农业局安全生产办公室、市卫生和计划生育局安全生产办公室、市商务局安全生产办公室、市人力资源和社会保障局安全生产办公室、市水利局安全生产办公室、市住房和城乡建设局安全生产办公室、市文化广电新闻出版局安全生产办公室、市粮食局安全生产办公室、市供销合作社联合社安全生产办公室、市农业综合执法大队、市水政监察大队、市土地经营开发管理办公室。取消市胶河农场副县级规格。取消市公证处、市殡葬管理所副科级规格。成立东北乡文化发展区服务中心，为市政府直属副县级公益一类事业单位，内设综合科、规划设计科、产业指导科、基础建设科、市场运营科5个内设机构，均为正科级规格。

8月，市老年人体育协会办公室更名为市老年人活动管理服务中心。市工业生产调度中心办公室更名为市工业转型升级办公室。市公安局西关派出所、经济开发区派出所、夏庄派出所的机构规格由股级调整为副科级。

9月，市财政预算评审中心调整为市政府直属正科级公益一类事业单位，归口市财政局管理。成立市外事侨务办公室，为市人民政府办公室下属副科级公益一类事业单位。成立市中小企业办公室，为市经济和信息化局下属副科级公益一类事业单位。成立市人力资源和社会保障局信息管理中心，为市人力资源和社会保障局下属副科级公益一类事业单位。市孟家沟水库管理站的机构规格明确为副科级。市实验教学研究中心加挂市创新教育研究院牌子。市政务热线服务中心加挂市社情民意服务中心牌子。

11月，市老干部活动中心的规格由正科级调整为副科级。撤销市人才工作办公室。成立市人才发展服务中心，为市委直属正科级公益一类事业单位，归口市委组织部管理。

12月，成立市人民政府行政执法监督局，设在市人民政府办公室（挂市人民政府法制办公室牌子）。

【“放管服”改革】 健全组织领导体系　制定印发《关于深化“放管服”改革进一步加强服务型政府建设的实施方案》和《高密市2017年降低实体经济企业成本的实施方案》，明确加强事中事后监管、简化优化办事流程等五大“放管服”专项工作以及降低企业制度性成本、降低企业税费负担等九项“降成本”重点工作任务。制定考核细则，梳理细化“放管服”和“降成本”工作任务，将重点工作进行分解，分别制定推进政府职能转变工作台账和降低企业成本工作台账，明确分管负责人和具体责任人员。强化督导考核，先后开展政府职能转变、涉审中介事项清理、“双随机一公开”、简化优化服务流程工作等 9 项专项督查，对工作进展缓慢多次调度未有改观的部门单位先后 6 次进行通报，有力推进了工作落实。

加大削权减证力度　进一步调整市级行政权力事项，印发《高密市调整市级政府部门权力清单的通知》等 3 个文件，通过承接以及法律法规修改新增权力事项 215 项，调整 23 项，其中取消各类阻碍经济社会发展的权力事项 137 项。进一步优化营商环境，印发《高密市级年检事项和政府指定培训目录》，对与企业经营关系较大的政府年检和指定培训事项进行清理，保留年检事项 38 项，政府指定培训事项 31 项。大力开展减证便民服务，在潍坊市率先开展试点，本着合法、合理的原则，清理村（社区）对外出具的证明 71 项，编制村（社区）保留证明清单，保留村（社区）出具证明 21 项并对外公布。瞄准审批领域“环节繁、时间长”等问题，不断优化审批流程，简化审批环节，确定第一批 28 项“零跑腿”事项和 510 项“只跑一次”事项。深化“双随机一公开”监管，全面制定“双随机一公开”实施细则，制定印发《“双随机一公开”监管随机抽查事项清单》，确定 42 个部门单位的 225 项随机抽查事项，并通过市政府门户网站向社会公开，着力解决个别领域存在的检查任性和执法扰民、执法不公、执法不严等群众反映强烈的突出问题。

简化优化办事流程　制定《高密市简化优化公共服务流程工作方案》，梳理全市 108 个社区公共服务事项 8732 项，编制服务指南 3024 个，全部通过市政府门户网站和机构编制网站对外公开。搭建三级政务服务网上办公平台，依托“互联网 + 政务服务”，将市级 55 个部门的 652 项公共服务事项全部录入省级网上政务服务平台。市编办联合市政务服务办将 15 个镇街区的 1607 项公共服务事项、108 个社区的 8732 项公共服务事项，录入市级网上政务服务平台，为全面推进全省政务服务互联互通打好基、铺好网。

【行政管理体制改革】　综合行政执法体制改革　完善部门间协作配合机制，先后 4 次就执法事项监管职责分工进行讨论界定。借鉴江苏常熟做法，研究拟定夏庄镇综合执法改革试点方案，打造出城乡一体、权责统一、权威高效的综合执法“高密模式”，先后有 30 多个省内外县市区来高观摩学习，改革成效及示范引领作用日益凸显，高密市代表潍坊顺利通过省编办督导组对综合执法改革的督导评估。全面完成交通运输综合执法体制改革涉及的机构及职责调整、人员和编制划转，加快构建精简、高效、统一的交通运输综合执法新体制。

镇街行政管理体制改革　全面摸清夏庄、姜庄、柴沟 3 处扩权强镇改革试点镇承接市直部门单位下放权限运行情况，梳理汇总历次镇街机构改革涉及的行政事业编制调整情况，为省编办主任刘维寅来高调研提供了第一手资料。承办省机构编制管理研究会 2017 年年会暨第三届机构与行政论坛，17 地市及部分县市区编办主任参加，王文琦市长作了题为《深化乡镇行政管理体制改革凝聚基层经济社会转型跨越发展新动能》的典型发言，相关做法被《机构与行政》刊发推介。整合组建镇街区安全生产和环境保护监督管理办公室，通过政府购买服务方式加强人员配备，有效提升镇街区安全生产和环境保护工作水平。调整优化镇街区相关机构职责配置，将统计工作职责交由经济发展工作机构专门承担。

事业单位改革　印发《关于分类推进事业单位改革重点任务分工的通知》，就深化从事公益服务事业单位分类管理、“僵尸”事业单位清理等 10 项重点改革任务进行细化分解，明确改革牵头部门及参与单位、改革路径和完成时间，为改革顺利开展奠定基础。行文取消了市公证处和市殡葬管理所 2 个公益三类事业单位行政级别，并就相关改革事宜到主管部门进行调研，配合做好改革方案制定等工作。行文撤销广播电视服务公司，明确市水利机井队实行人员扎口管理。全面完成“僵尸”事业单位清理，共撤销 15 个副科级及以上事业单位，收回编制 42 名。

2017年3月16日，省编办主任刘维寅（左三）带领调研组到高密市专题调研乡镇行政管理体制改革工作　　（杜双　摄）

2017年7月14日，山东省机构编制管理研究会2017年年会暨第三届机构与行政论坛在高密市举行　　（云廷荣　摄）

【机构编制管理】　优化机构编制资源配置　建立完善机构编制资源"总量控制、动态管理"和"区域共享、按需调节"的管理模式，先后就成立市统计局统计执法监督大队等40多个机构编制事项提出处理建议，将31个科级机构编制调整事项提交编委会集体研究并按程序到潍坊市编办报备同意后印发。召开会议安排部署全市土地储备管理体制调整工作，对171个议事协调机构进行清理规范，对特殊教育学校和镇街卫生院编制做出动态调整。

强化人员编制使用管理　按照控制总量、突出重点、基层优先的原则，为70余家部门单位分配行政机关用编进人计划89名、事业单位用编进人计划360名，为5家公立医院核定人员控制总量计划185名，为高级技工学校核定人员控制总量计划50名，为600多人办理了编制核销手续，为700多人办理了编制调整手续。

深化调研内部挖潜　对全市机关事业单位编外人员年龄、学历、所在岗位等基本情况进行调查摸底，掌握了涉及48个部门单位提报的1266名编外工作人员情况，为政府购买服务范围审核工作打下坚实基础。对全市2015年以来的中小学教职工编制管理使用情况及50名中小学临时周转编制专户管理使用情况进行专项督查，有效规范了临时周转编制专户的使用管理，切实解决超编满编中小学补充紧缺急需学科教师的需求。

【事业单位监督管理】　事业单位登记管理　通过"互联网+服务"办理模式，对事业单位年度报告公示实行"全事项""全流程"网上办理，实现业务办理"零跑腿"，完成全市300家事业单位年度报告公示。强化对部门单位登记信息的动态监管，2017年共办理事业单位法人设立登记11家，变更登记76家，证书补领2家，注销登记11家；办理党政群机关统一社会信用代码初领2家，变更登记17家；收缴事业单位印章26枚。

事业单位绩效考评　强化2016年度事业单位绩效考评结果运用，印发事业单位绩效考评结果通报，协调相关部门单位根据职责分工，严格兑现奖惩，全市共有27家事业单位提高了优秀等次人员比例，54名主要负责人直接定为"优秀"等次；对考评中发现的问题分别向51家主管部门进行书面反馈，责成抓好问题整改，并将整改情况纳入2017年度绩效考评内容。组织纳入绩效考评范围的241家事业单位提报业务工作目标，审核业务工作目标2455项，提出修改意见790条。制定印发《2017年度事业单位绩效考评实施方案》，将事业单位绩效考评情况纳入市委、市政府对主管部门科学发展综合考核。

公立医院法人治理结构建设　明确公立医院改革任务目标，联合组织、人社部门印发事业单位外部理事和外部监事管理办法，组建外部理事库、外部监事库，并按有关规定选派到公立医院任职。其中外部理事共选派17名，外部监事共选派10名。制定印发外部理事、监事报酬管理办法，对外部理事、监事的报酬、经费来源、绩效管理等方面做出明确规定，保障外部理事、外部监事工作积极性。实施权责清单制度，全面梳理对医院的管理服务事项 90 条，重点在党的建设、组织人事、财务资产及日常业务管理等方面厘清界限。指导公立医院全部组建理事会、管理层、监事会，组织召开第一届理事会成立大会及理事会第一次会议，市公立医院法人治理结构全面启动运行。

（市机构编制委员会办公室）

对台工作

【概况】 2017 年，高密市委台办共有工作人员 5 名，均为公务员编制。办公地点于 2016 年 5 月由永安路 677 号迁入融智商务综合体 2 号楼 101 室，2018 年 1 月由融智商务综合体 2 号楼 101 室迁入融智商务综合体 7 号楼 267 室。

【两岸交流工作】 2017 年，两岸交流工作重点放在基层、青少年和文化交流层面，主要加强了与台湾中小学校的交流交往与合作。2 月份，邀请台湾新竹县小学校长一行 6 人到高密参访，参观了市恒涛小学、康成小学、第一实验小学等，并与校长和老师们举办座谈会，探讨校园文化建设活动。4 月份，组织高密市教育考察团赴台参访，深入台湾小学、中学和大学进行交流，了解台湾的教育现状，学习和交流相关教育经验。7 月份，举办了主题为“融合校园文化，共叙两岸亲情”的首届高密台湾校园文化节，文化节共分为“红高粱文化之约”“两岸校园文艺之声”“课堂教学之探”“非遗四宝之恋”“书法艺术之美”“校园文化发展之见”6 个板块。来自台湾 12 所学校和高密市 10 多所学校的师生共 1000 多人参加了文化节。省台办副主任曹晓武，潍坊市台办主任刘金凤，高密市委副书记、市长王文琦等领导出席开幕式，中央电视台做了报道。7 月中旬，联合寿光台办在高密市东北乡举办了首届中国地龙经拳技艺交流大会暨海峡两岸武术文化交流大会。年内，共接待来自基隆、南投、台北等地的参访人员达 300 人次。

2017 年 2 月，台湾新竹县小学校长访问团到高密参访（左边为高密市台办人员、小学校长和教育局领导，右边为台湾小学校长）

首届高密台湾校园文化节开幕式

【对台服务工作】 开展“走访季”活动，对台资和部分台属企业每季度走访一次，助推企业持续健康发展。2017 年 1 至 11 月，鸿泰木业出口创汇约 980 万美元，完成纳税 320 万元，创汇金额增幅 25% 左右，11 月在美国圣地亚哥开设第二家仓库。指导台联会发挥桥梁纽带的作用，及时向会员宣传党的对台政策和两岸交流现状及趋势，每季度组织观摩一个台属企业，帮助企业寻找转型升级思路。召开企业发展座谈会，邀请市政府分管领导帮助企业寻求发展方向。联系市政协组织 20 多名政协委员到台资台属企业进行视察，征求意见建议，推动台资台属企业发展。定期对全市定居台胞开展上门走访活动，了解他们生产生活现状，并送去了慰问金和慰问品。

【对台宣传工作】 2017年，在省级以上媒体发表稿件30余篇，其中中央电视台报道了首届高密台湾校园文化节盛况，《海峡时空》三篇文章（《融合校园文化共叙两岸亲情——首届高密台湾校园文化节隆重开幕》《书法艺术之美——高密台湾书法艺术交流活动在高密市举行》《高密市台办围绕主线找准“三点”确保对台工作行稳致远》）报道了高密市台办的工作。重新修订并印刷了2000份涉台知识宣传手册。开展涉台知识进社区活动，走访台办党支部联系的村社，发放宣传图册600余册。在开展“察民情解民忧、强基础促和谐”下基层大调研活动和举办校园文化节期间，发放涉台宣传教育图册，积极开展对台宣传教育。

【“三招三引”工作】 鲁台会期间，组织了高密台湾产业融合发展对接会，共邀请知名台商30余人，通过现场观摩、观看宣传片、项目推介、互动交流等形式，全方位宣传推介高密，与潍坊台协会长郭文钧等台商签订合作意向项目3个。依托五龙河农场，打造五龙河台创小镇，引进并建成“台湾美食城”，截至2017年年底，有10余名台胞在运营管理。积极参加市委市政府组织的青岛招商会和潍坊市台办组织的长三角地区招商活动，年内完成引进外资任务200万美元。

（孙日升）

党校工作

【概况】 2017年，市委党校设有办公室、教务科、调研科、培训科、总务科共5个副科级科室、教职工38人。2017年被推选为“山东省理论宣教基地”，被确定为“第三批山东省党史教育基地”，荣获潍坊市文明单位、潍坊市学习型党组织示范点、潍坊市理论大众化示范点等荣誉称号；在2017年度潍坊市科学发展综合考核中列各县市区党校前茅。

【教育培训工作】 2017年，市委党校建立了“党性教育、理论教育、传统文化教育、能力培训”四个教学模块，深化党性教育“大课堂、微课堂、流动课堂”三个课堂活动。全年共举办各类班次80期，培训轮训学员16750人次，其中举办十九大精神专题学习班6期，培训学员1219人；开展党性教育活动101场次，8800余名党员干部接受了党性教育；开展“党课进基层”“送教进社区”等活动110余场次，受众达3.5万余人次。依托省联社土地托管培训基地举办土地托管培训班8期，培训学员705人，其中，承办中组部委托全国总社举办的“全面深化供销社综合改革专题研究班”1期，培训学员41人。

2017年4月，承办全面深化供销社综合改革专题研究班，中华全国供销合作社党组成员、理事会副主任杨汭（主席台左四），中央农村工作领导小组办公室农村二局局长祝卫东（主席台右三）出席开班仪式

市委书记杨建华在农村、城市社区党组织书记培训班上做党课辅导报告

【科研工作】 2017年，开展“蹲点调研、专

项调研”等一线调研活动，开展“我与学员面对面座谈”活动。申报省妇联家庭教育课题 2 个、潍坊市委党校课题 6 个，完成调研课题 12 个，9 项成果获市级领导签批，其中《关于打造“红高粱文化精神”党性教育特色品牌》由市委书记杨建华签批。

【基层党校建设】 2017 年新建“两新”组织党校 9 处、烟草专卖局党委党校 1 处，截止到 2017 年年底共建成基层党校 131 处。省委党校调研组先后 3 次对高密市“基层党校建设全覆盖、党员培训全覆盖”情况进行调研，基层党校建设全覆盖做法以《春华秋实结硕果、风正扬帆正当时》文章在《山东党校通讯》予以典型推介。

省委党校工作处调研员董长河（左一）率队到高密市调研基层党校情况，潍坊市委党校副校长林国祥陪同（左二）

【品牌建设】 锻造青年先锋队品牌，坚持“与学员共建、与社会共建”，2017 年开展宣讲宣教活动 70 余场次，青年先锋队被评为高密市最美青年集体。锻造学习型党组织品牌，被评为潍坊市学习型党组织建设示范点。

【队伍建设】 实施人才培养计划，开展“以老带新”“试讲说课”“对标学访”等活动，2017 年，王桂红老师代表潍坊市参加了全省理论宣讲课竞赛活动，获得一等奖。夏琳老师参加潍坊市委党校系统精品课活动，获得一等奖。开展“作风建设大家谈”活动，不断改进工作作风。

【基础设施建设】 通过政府采购方式，更换台式电脑 6 台，配备教学笔记本电脑 25 台，购置语音导览器 80 个，购置多功能视频屏 1 个，教学条件进一步改善。

（李光照）

党史工作

【概况】 2017 年，市委党史研究室共有参照公务员法管理工作人员 5 名。2016 年 5 月，由人民大街 1693 号市委院内楼后 2 排平房迁至永安路老工商局 3 楼。2017 年 5 月 26 日，由永安路老工商局 3 楼迁至融智商务综合体 2 号楼 1 楼。2018 年 1 月 29 日，由融智商务综合体 2 号楼 1 楼迁至融智商务综合体 7 号楼 2 楼。

【党史研究】 2017 年，完成《高密改革开放实录》80 余篇稿件的修改、定稿工作，约 200 万字；整理编辑《中共高密市历史大事记》（2000—2015），90 余万字，134 幅图片；完成《中共潍坊年鉴》2017 卷高密部分组稿，上报各类典型材料 18 篇，5 万余字；组织整理上报高密社会主义建设时期县委书记、县长讲话、发表文章等，5 万余字；编写完成原高密市委书记范福生口述史料，6 万余字；出版发行《中共高密市历史资料》（2014–2015），约 80 万字；完成《高密体育志》的编辑工作，30 余万字；完成《红军将士在山东》（暂定名）编纂工作，整理土地革命战争时期高密党员干部和高密籍红军资料，约 3000 字；征集领导讲话、工作论坛、统计资料等历史资料，约 6 万字。

【党史宣传教育】 2017 年，完成《高密市革命历史博览馆（暂定名）展陈大纲（草稿）》，征集文字资料 10 万余字，照片、实物资料 30 余件；为市党群服务中心“红色课堂”板块整理提供地方党史文字资料 2 万余字，图片 50 余幅；按照市委安排，主要负责同志为市场监管局结合高密地方党史宣讲党的十九大报告精神；机关同志先后为粮食局、台办作地方党史讲座；为潍坊市党性教育基地主题展馆提供文字资料5000余字，图片50余幅，视频1件；为市委组织部、老干局、市档案馆、史志办等部门单位提供地方党史书籍50余套；积极利用微信平台推送党史知识；协助市党性教育基地成功入选“第三批山东省党史教育基地”。

（市委党史研究室）

信访工作

【概况】 2017年，高密市信访局设有办公室、处信查办科、接访科3个科室，下属事业单位为高密市联合接访中心，加挂高密市网络投诉中心牌子。共有工作人员15名。其中，2017年补充1名行政编制人员，3名事业编制人员。2017年9月15日办公地点由人民大街1667号迁到高密市人民大街1568号。2017年，高密市委市政府信访局共受理本市访1745起，到潍坊访175起，去省访261起，进京访308起，处理信访积案124起，所有信访案件均实现网上受理、转送、交办，办结率达到99.6%，满意率97.5%。所有信访案件均实现了网上转送、网上受理、网上办理。市信访局承担全市在京的信访维稳值班工作。2017年信访局牵头组织十九大安保维稳工作，共劝返进京人员64名，实现了各级党委、政府提出的“五个不发生”工作目标，被潍坊市授予集体三等功。

【信访制度建设】 严格落实领导大接访制度，市镇两级领导按照规定的接访时间到岗到位，对所接的信访案件做好批办转办、协调调度。推行律师参与接访、信访代理、复查复核等工作，推动复杂、棘手问题的解决。年内，制定完善《高密市信访工作考核办法》《高密市治理进京非正常上访问责办法（暂行）》《高密市治理进京非正常上访工作考核办法》。

【信访法规宣传】 将2017年5月、12月定为《国务院信访条例》《山东省信访条例》集中宣传月，通过新闻媒体宣传、开展集中宣传活动等多种途经广泛宣传信访法规、网上信访、阳光信访，逐步建立全市良性信访结构。对日常群众来访，积极进行信访法律法规知识的宣传，以案释法、现场讲法，营造良好依法信访氛围，引导群众正确行使信访权利，依法逐级走访，立足本级和属地反映诉求、解决问题。

（信访局）

老干部工作

【概况】 高密市委老干部局是主管全市离退休干部工作的正科级市委工作部门。2014年11月由昌安大道369号迁至顺河路336号（原市委党校旧址）。2017年，局机关共有工作人员29人，其中工勤人员3人。截至2017年底，全市有离退休干部（各镇街区、市直部门单位、国有企业离退休干部）8506人，其中离休干部244人。2017年退休184人。2017年，中组部老干部局副局长杨保平，省委组织部副部长兼省委老干部局局长、省委离退休干部工委书记厉彦林等领导先后到高密市调研指导。年内，先后迎接北京朝阳区、四川成都、湖南长沙、安徽马鞍山等地参观考察团60余批次。

2017年11月2日，中组部老干部局副局长杨保平（右二）来高密调研指导老干部工作（张海龙 摄）

【组织建设】 2017年，设置离退休干部党工委专职副书记，增加行政编制3名，调整科室职能，设立调研宣传科、组织指导科、教育活动科、政策协调科，与老干部局机构契合、职能衔接、工作一体化运转。建立离退休干部党建工作经费保障机制，将离退休干部党工委工作经费、基层党组织工作经费、党组织书记工作补贴等全部纳入市财政预算。举行了全市离退休干部党组织党建工作经费首次发放仪式。收缴党费的75%返还各级离退休干部党组织。

2017年
11月30日
星期四
农历丁酉年十月十三
第4435期
中国老年报
高密：深入推进党建创新发展

《中国老年报》第4435期刊发《高密：深入推进党建创新发展》　（张海龙　摄）

【老干部服务管理】2017年，与市总工会、市财政局、市人社局等联合出台了《关于进一步规范组织离退休干部开展活动的通知》，对离退休干部阅读文件、参观考察、走访慰问、健康查体、服务用车、节日福利等作出明确规定。将退休干部服务管理经费由每人每年200元增加到300元。设立困难党员老干部财政关怀基金和慈善帮扶资金，先后为167名困难党员老干部发放帮扶资金38.4万元。

【老年教育】　召开全市老年教育工作推进会议，探索实施“1+N+X”（以市老年大学为中心，设立N个老年大学分校、X个教学点）教育模式，开设游学第四课堂，组织学员到香港、澳门等开展游学活动。老年大学东校区建设工作列入2018年市委市政府重点民生项目。编印《春华秋实》《高密历代诗词选》等红高粱之乡“老树著花”丛书20余册。

【老干部社团组织】　2017年，成立市老干部社团党委和市离退休干部志愿服务指导中心，统领老干部志愿服务活动。充实完善“银色人才信息库”和“霞满凤城”老干部志愿服务队。在市老年大学党总支、市书协老干部党支部、市美协老干部党支部成立关工委。全市形成“知心爷爷（奶奶）”“网吧啄木鸟”“雷锋妈妈连”等20余个党建服务品牌，发展老干部志愿者4500余人。

（郑玉文　李本章）

高密市人民代表大会

组织机构

【概况】 高密市人大常委会设主任1人，副主任5人。设立中共高密市人大常委会党组，党组书记由人大常委会主任兼任。常委会组成人员共35人，包括主任、副主任、委员。高密市人民代表大会设立内务司法、财政经济、教科文卫、城建环保、农业农村5个专门委员会，每个专门委员会设主任委员、副主任委员各1名，委员8名。2017年，高密市人大常委会机关有行政编制27人、事业编制4人，下设办公室、人事代表工作室、研究室、信访工作室、老干部工作办公室、预算工作委员会、法制工作委员会、教科文卫工作委员会、财政经济工作委员会、城乡建设环境保护工作委员会、农业与农村工作委员会11个正科级办事机构和工作机构。

主要会议

【高密市第十八届人民代表大会第一次会议】 高密市第十八届人民代表大会第一次会议于2017年1月19日至21日在高密大剧院召开，出席代表285人。会议听取并审议了高密市人民政府工作报告，审查批准了高密市2016年国民经济和社会发展计划执行情况的报告与2017年计划、高密市2016年预算执行情况的报告与2017年预算，听取并审议了市人大常委会、市人民法院、市人民检察院的工作报告，并通过了上述报告的相应决议。选举万丽为市人大常委会主任，徐振刚、宫德胜、施玉梅、葛孝江、李铭为副主任，委员29人；选举王文琦为市人民政府市长，韩文宏、冯效栋、付联宝、王加利、魏征为副市长，选举雷向敏为市人民法院院长，隋国华为市人民检察院检察长。会议选举高密市出席潍坊市第十七届人民代表大会代表53人；设立了高密市第十八届人民代表大会专门委员会并通过组成人员的人选名单。

2017年1月19日，高密市第十八届人民代表大会第一次会议在高密大剧院开幕

主要工作

【财政监督】 2017年，市十八届人大常委会第五次会议听取审议了市政府关于高密市2017年上半年国民经济和社会发展计划执行情况的报告，关于高密市2016年财政决算和2017年上半年预算执行情况的报告，关于高密市2016年市级预算执行和其他财政收支的审计工作报告，作出了关于批准高密市2016年财政决算的决议。

【依法治市】 2017年，常委会先后组织对《中华人民共和国农业技术推广法》《中华人民共和国科学技术普及法》贯彻实施情况进行了执法检查。人大信访渠道共受理群众来信来访236件，案件到期处结率达98.6%。年内，常委会先后组织58名国家工作人员向宪法宣誓。认真行使规范性文件备案审查职权，先后组织对市政府出台的《高密市农业结构调整贴息贷款暂行办法》《高密市大棚建设补助办法》《高密市建档立卡贫困人口救助办法》《关于进一步加强全市行政事业单位财务管理工作意见》《高密市电力设施和电能保护管理办法》《高密市人民政府任命的国家工作人员宪法宣誓实施办法》以及《关于公布规范性文件清理结果的通知》等7个办法和镇级人代会作出的《夏庄镇第十五届人民代表大会第二次会议关于推进“四镇”建设，加快小城市建设进程议案的决议》《柴沟镇第十九届人民代表大会第二次会议关于加强五龙河西刘桥段至西店桥段治理的决议》《姜庄镇第十六届人民代表大会第二次会议关于整修“五七”路的议案的决议》《井沟镇第十九届人民代表大会第二次会议关于美丽乡村建设提升工程的议案的决议》《大牟家镇第十四届人民代表大会第二次会议关于建设美丽乡村的决议》等5项决议进行了备案。

【工作监督】 2017年，市人大常委会通过听取工作报告、组织常委会组成人员和人大代表开展视察、调查、执法检查等方式对“一府两院”的工作进行监督。共听取审议“一府两院”工作报告11项，发出审议意见书12份，依法作出6项决议决定。市十八届人大常委会第三次会议，听取审议了市政府关于全市学前教育工作情况的报告和市人民法院关于执行工作情况的报告。市十八届人大常委会第四次会议，听取审议了市人大常委会执法检查组关于检查全市贯彻实施农业技术推广法情况的报告。市十八届人大常委会第五次会议，听取审议了市人大常委会执法检查组关于检查全市贯彻实施科学技术普及法情况的报告。市十八届人大常委会第六次会议，听取审议了市政府关于“重点企业提升工程”实施情况的报告、关于城镇居住区建设情况的报告、关于美丽乡村建设情况的报告、关于市十八届人大一次会议以来代表所提建议办理情况的报告和市人民检察院关于未成年人刑事检察工作情况的报告。市十八届人大常委会第七次会议，听取审议了市政府关于全市公共法律服务体系建设情况的报告和市人大常委会视察组关于一中新校建设运行情况的视察报告。

2017年8月25日，在市十八届人大常委会第五次会议上，常委会执法检查组作关于检查科学技术普及法贯彻实施情况的报告

【人事任免】 2017年，市人大常委会依照宪法和法律赋予的职权，对“一府两院”提请任命的人员，坚持实行任命前进行法律知识考试、党组审查把关，任命时被任命人员作供职发言、投票表决、颁发任命书并向宪法宣誓，任命后提交任职报告并进

行履职测评。2017年度，共任命人大常委会机关和“一府两院”干部65人，免职7人。

2017年1月29日，在市十八届人大一次会议上，新当选的市长、副市长和市人民法院院长进行宪法宣誓

【组织建设】 高密市人大常委会注重夯实履职基础，保障代表充分发挥主体作用，把开展组成人员联系代表和代表联系群众的“双联”活动同市委大调研活动有机结合，引导代表深入基层一线和各行各业听民声、访民意、解民忧，切实增强了服务群众的能力。同时，常委会把代表小组建设作为服务代表履职、增强活动实效的重要途径，召开了代表小组建设现场会，按照有场所、有制度、有计划、有活动、有档案、有保障的“六有”标准，完成建设规范化的市级以上代表小组28个，镇代表小组57个。

（徐晓晶）

高密市人民政府

常务会议

【十八届一次常务会议】 2017年3月2日召开，研究整合国有资源、提高融资能力、对税务部门2017年收入完成情况进行考核奖励、非税收入征管考核、生产安全事故和安全生产行政不作为责任追究、强化产业集群服务、2017年度“三招三引”工作考核、加快推进棚户区改造、片区征收“房票”安置、深化“三八六”环保行动、实施“十大工程”、加快绿色发展、2017年度工作计划等工作。

【十八届二次常务会议】 2017年3月15日召开，研究“十三五”消防事业发展规划、开展道路交通安全大检查、镇（街区）财政体制调整、扶持骨干企业做大做强等工作。

【十八届三次常务会议】 2017年4月12日召开，研究推荐评选劳动模范、高密一中实施混合所有制办学体制改革试点、深化广播电视事业体制机制改革等工作。

【十八届四次常务会议】 2017年5月16日召开，研究潍坊市政府全体（扩大）会议暨廉政工作会议精神及高密市贯彻落实意见、散煤清洁化治理和煤炭清洁高效利用、加快实施创新驱动战略推动经济转型发展、《山东省安全生产条例》学习、机关事业单位职工住宅物业服务补贴、实施“河长制”、城市管理界限划定、表彰2016年迎接省级卫生城市复审工作先进单位先进个人等工作。

【十八届五次常务会议】 2017年7月4日召开，专题研究全市安全生产工作。省政府安委会安全生产第二巡视组组长、省交通运输厅副巡视员李洪修，潍坊市安监局局长刘建成莅临会议指导。

【十八届六次常务会议】 2017年7月28日召开，研究规范政府投资项目管理、妇女和儿童发展“十三五”规划、严格土地使用标准推进节约集约用地、推进城乡建设用地增减挂钩、中央环保督察组进驻山东开展督察、中小学（幼儿园）建设及手续办理、为农服务中心建设、公立医院法人治理结构建设、支持孚日学校争创齐鲁名校、“玩乐方”儿童文体综合体验中心项目等工作。

【十八届七次常务会议】 2017年12月2日召开，研究非法集资案件举报奖励、社会信用体系建设、全市行政事业单位财务管理、降低实体经济企业成本和深化放管服改革、智慧城市建设、2017年全市妇女儿童工作实事、2018年棚改计划、2018年老旧住宅小区改造计划、土地增减挂钩等工作。

【十八届八次常务会议】 2017 年 12 月 8 日召开，专题研究国有企业改革有关工作。

主要工作

【推进工业转型升级】 深入开展“重点企业提升工程”，每个传统产业筛选 3–5 家企业，推动企业突破发展，全年新增纳税过千万元企业 18 家，孚日集团纳税首次进入潍坊前 10 名，豪迈、星宇等公司成为国家级、省级制造业单项冠军，海宇等 6 家企业入选全省首批中小企业“隐形冠军”。大力推进创新发展，强化企业创新主体地位，实施名牌名标战略，新增省级以上名牌名标 3 个，有效注册商标达到 5520 件，发明专利授权量增长 35.6%，成功创建国家知识产权强县。积极推动人力资源服务产业园、高端人才创业园、中科智谷创业园上档升级，中科智谷科技创业园被评为国家级众创空间，登升等 4 家企业获批省级技术中心，新建省级科技企业孵化器 2 家，创新创业载体达百万平方米。加快提升园区建设，积极推进开发区二次创业，推进高新区二次招商、零地招商，完善提升豪迈“工业 4.0”产业园，规划建设劳保产业园、木器产业园，打造新的经济增长极。2017 年，高密市跃居中国工业百强县第 72 位，比上年提升 13 个位次，被认定为山东省节能环保产业示范市。完成规模企业规范化公司制改制 85 家，挂牌企业达到 78 家。

【发展现代农业】 推进农业供给侧结构性改革，加快培育农业发展新动能。推动“三区九基地”上档升级，培育新型农业经营服务主体，完成省粮食高产创建示范面积 11 万亩，新增现代农业园区 14 个、农业龙头企业 5 家、农民专业合作社 152 家、家庭农场 58 家。大力实施品牌农业发展战略，“三品一标”认证 10 个，新发展冬暖式大棚 7326 亩。加快三产融合发展。连续 11 年获全国生猪调出大县奖励。王吴水库除险加固顺利竣工，孟家沟水库具备蓄水条件，农田水利项目县等工程全部完成。全年造林 1.2 万亩，建设高标准农田林网 3 万多亩。

【发展现代服务业】 继续实施服务业提升计划，推动服务业总量扩张、业态创新、层次提升。银行、保险等金融机构发展到 49 家，年内新增贷款余额 43.4 亿元，列潍坊各县市区第一位。持续加大东北乡文化旅游投入，实施胶河景点串珠式建设，打造胶河生态文化旅游带。完善提升晟绮通关、临港铁运等现代物流园区，铁运物流园一期工程基本竣工。突破发展电子商务，促进实体经济与互联网深度融合，电商交易额突破 200 亿元，经济开发区成为潍坊首个“中国淘宝镇”。支持社会力量兴办健康养生机构，统筹推动居家、社区、养老机构均衡发展。

【城乡建设改造】 突出城乡统筹，提升新型城镇化水平，城乡面貌持续改善。15 个棚改片区基本完成，40 个老旧小区改造全面完成。济青高速改扩建、济青高铁高密段建设稳步推进，平日路拓宽改造竣工通车。升级智能交通信号设施，打造全省首个县级“绿波城”。公共自行车继续增点扩面，新能源公交车占比达到 80%。实施“特色小镇”规划试点，加快推进小城镇建设，实施新兴小城市培育工程，提升城镇功能。农村人居环境明显改善，城乡环卫一体化长效机制基本形成，铁路沿线环境综合整治通过省政府首批验收。管道天然气实现镇街区全覆盖，农村厕所无害化改造 64420 户。夏庄镇王家官庄村被评为山东省第四批美丽宜居村庄，东北乡开创了“文旅融合”的特色小镇发展模式。

【民生事业建设】 统筹民生改善与经济发展，持续增加民生投入，民生支出占财政支出比重达到 82%。加快新一轮城区学校建设和危旧校舍改造，新建改扩建中小学、幼儿园 82 所，一中新校、职教中心一期建成启用。深入开展县级公立医院综合改革省级示范工作，推进 5 家公立医院法人治理结构建设，完善医疗集团管理和分级诊疗模式。加强文化事业发展，成功举办第八届红高粱文化节、第十五届中国（高密）楹联论坛，成立中国红高粱文化研究院，拍摄完成茂腔戏曲电影《红高粱》，市图书馆顺利通过国家一级馆复评，高密市被列为山东省唯一的全国非遗保护传承观察点，获评中国诗歌之乡。年内，承办全国象棋甲级联赛、蹦床等高端赛事 10 余次，被评为国家高水平体育后备人才基地。城镇新增就业 9800 多人，城乡低保、五保救助标准不断提高，城市日间照料中心达到 16 处。

【管理体制改革】 继续深化行政审批制度改革，加强电子政务建设，取消各类行政权力事项 137 项，编制完成 538 项“零跑腿”和“只跑一次”清单。深化农村产权制度改革和交易体系建设，农村集体产权制度省级试点全面完成。继续推进商事制度改革，全面落实“先照后证”“五证合一、一照一码”登记制度。深入落实“711”降成本专项行动，累计为企业减负 7.7 亿元。规范运作 PPP 项目 16 个，撬动社会资本 147 亿元。制定出台“1+6”国企改革制度。顺利完成交通运输执法、广播电视等体制改革，综合执法体制改革成为全国试点。

法制工作

【概况】 2010 年 2 月，市政府法制局更名为市政府法制办公室，并入市政府办公室，市政府法制办主任按正科级配备，副主任按副科级配备。2015 年 9 月，市政府法制办公室由市政府办公室内设机构调整为市政府办公室加挂牌子，主任由市政府办公室主任兼任，另配备专职副主任 2 名，副科级，并明确 5 名行政编制专门用于法制工作。市政府行政复议裁决办公室由在市政府法制办公室加挂牌子调整为市政府办公室内设机构，配备主任 1 名。2017 年 12 月 12 日，成立高密市人民政府行政执法监督局，设在高密市人民政府办公室（挂高密市人民政府法制办公室牌子），配备局长 1 名（副科级），并在高密市人民政府办公室行政编制总额内明确 3 名编制专门用于行政执法监督工作。2017 年 1 月 1 日，聘请山东升信律师事务所的远彬等 10 名律师作为高密市政府常年法律顾问，正式成立专业化的政府法律顾问工作队伍，并健全了法律顾问考核制度、坐班制度等一系列制度。

2017 年，市政府法制办在认真履行行政执法监督、行政复议应诉职能和做好规范性文件制定、清理、审查及“三统一”等工作的同时，还对政府合同进行把关，共把关合同 23 件，主要涉及 PPP 合同、招商引资合同、国有土地使用权出让合同、公共工程承包合同、公用征收补偿合同、政府采购合同等，主要从主体资格及权限、签订方式、双方权利义务、违约责任、争议处理条款等方面进行合法性审查。年内还协调各部门、单位办理人大代表建议 133 件，政协提案 232 件，实现办结率、答复率、满意率三个“百分之百”。

【行政执法监督】 2017 年，组织对全市 62 个行政执法主体的执法依据和资格进行清理、审查，并以市政府办公室的名义发布了《高密市人民政府办公室关于公布高密市市级行政执法主体的通知》（高政办发〔2017〕109 号），通过政府门户网站向社会公布，接受社会监督。以行政执法证件申领和审验为契机，由市政府法制办牵头，对全市行政执法人员资格进行了认证，凡不符合《山东省行政执法证件管理办法》规定条件的执法人员，一律不予办证，已办证的，一律予以取消行政执法资格，并调离一线执法岗位 ,2017 年全市共清理执法证件 117 件，年审行政执法证件 169 件，新申领行政执法证件 125 件，进一步规范了执法证件管理工作。年内，组织法制办工作人员、政府法律顾问、部门法制机构骨干人员对全市提报的 230 件执法案卷进行了集中评查，针对案卷评查过程中发现的问题，下达了 11 份整改意见书，纠正了部分行政执法中存在的问题，提升行政执法规范化水平。实施《行政执法公示制度》《行政执法全过程记录制度》《重大行政执法决定法制审核制度》

三项制度，实现了行政执法监督“事前、事中、事后”全覆盖，推进行政执法监督进程。

【行政复议应诉】 2017 年，以高密市作为“潍坊市行政复议规范化建设试点”为契机，协调配合“行政复议规范化”建设，建成潍坊市首家县级“行政复议规范化示范点”。全年共办理行政复议案件 77 件，其中确认违法 1 件，不予受理 1 件，视为放弃 1 件，撤销 2 件，责令答复 3 件，驳回 4 件，撤回复议申请的 12 件，维持 53 件，主要涉及公安、市场监督管理、国土、综合执法等部门。共办理行政应诉案件 22 件，民事诉讼 4 起，其中胜诉 19 件，败诉 3 件。同时，积极组织行政机关负责人出庭应诉，出庭应诉率达 87.5%，位居潍坊市各县市区第 3 位。

【规范性文件制定、清理、审查及“三统一”工作】 2017 年，依照法律法规规章，根据上级文件精神，共审核把关规范性文件 7 件，内容涉及行政执法、财务管理、精准扶贫、农业发展、电能保护等方面。实施“三统一”（统一登记、统一编号、统一发布）管理的规范性文件 7 件。对 2013 年以后发布的规范性文件及 2016 年清理后继续有效的 2012 年 1 月 1 日以前发布的规范性文件进行了再次清理，其中废止 11 件，拟修改执行 2 件，继续有效 14 件。

政务督查

【概况】 高密市委市政府督查局成立于 2012 年 9 月，由原市委督查室、市政府督查室合并组建而成，核定编制 17 人，内设办公室、决策督查科、督查调研科 3 个科室。赋有组织协调、督导检查、通报批评、绩效考核等权限，督查范围涵盖市委、市政府重要文件贯彻落实，重要会议决议、决定事项及工作部署贯彻落实，市委、市政府主要领导批示件及交办事项督促落实，上级重要决策在全市贯彻落实情况等 10 余项重点内容。2017 年，市委市政府督查局累计下发各类督查通知 80 多个，形成《督查专报》《督查与落实》等 177 期，办理领导批示件 169 件，承办上级督查督办事项 30 余件。

【全市中心工作督查】 2017 年，围绕年初确定的重大决策部署，及时分解立项，建立督查台账，持续搞好督查，推进重要决策部署落实落地。同时，紧扣市委、市政府各个阶段的工作安排，注重抓好不同时期重点工作的督查。年内，市委市政府督查局对《政府工作报告》、全市经济工作会议确定事项，以及“四个城市”建设、市级领导包靠重点企业和项目、五大产业集群发展等 10 余项重点工作立项督查，形成各类情况汇报 80 多期。

【上级交办事项督查】 2017 年，市委市政府督查局共承办中央巡视组巡视“回头看”反馈意见整改任务、全面从严治党、中央“八项规定”、国务院第四次大督查、供给侧结构性改革、退役士兵安置和权益保障、解决中小学大班额和“全面改薄”项目建设、全市经济运行调度会议贯彻落实情况等上级督查督办事项 30 余件，书面回复落实情况或自查报告 15 件，按时办结率达 100%。

【热点亮点工作督查】 围绕领导关注的热点、难点问题，深入基层、深入实际进行调研，寻找解决办法，为领导决策提供参考。年内围绕潍坊市科学发展综合考核指标、节后企业复工、豪迈大型零部件专用通道、防汛、农民工欠薪等开展各类督查调研 60 余次，多项对策建议被市委、市政府采纳。密切关注全市经济社会事业发展方面的典型经验、亮点做法、优秀成果、良好绩效等，及时归纳提炼总结，积极向上推介。2017 年，共向上级提报典型材料 12 篇，其中《高密市坚持以开放倒逼转型打造对外开放新高地》《高密市加快新旧动能转换扎实推动经济转型升级》等多篇稿件被潍坊市采纳，并在面上予以推广。

【领导批示件办理】 明确专人负责，实行“一个口子进、一个口子出”，对办理结果严格审核，发现问题没有查清、处理意见含糊、程序不规范的，坚决予以退回重新办理，直至符合办理要求，切实做到“批必查、查必清、清必办、办必果”。2017年，共办理领导批件169件次，内容涉及环保、劳动保障、城市建设与管理等多个方面，按时办结率达98%以上。

（市委市政府督查局）

应急管理

【概况】 2008年5月，《关于机构设置的通知》（高编〔2008〕7号）规定，成立市政府应急管理办公室，为正科级全额预算管理事业单位，隶属市政府办公室，编制3人。2013年8月，《关于为部分单位增核事业编制的通知》（高编办〔2013〕61号）规定，市政府应急管理办公室的编制调整为11名；2014年4月，根据《关于调整有关机构编制的通知》（高编〔2014〕13号）要求，机构编制调整，市政府应急管理办公室的编制由11名核减为10名。市应急管理办公室严格落实领导带班制度和24小时值班制度，每周二准时参加潍坊市应急平台视频点名，保障与上级应急机构的联络畅通。建有市、镇、村三级信息员队伍。根据上级要求，严格突发事件和敏感信息及时报送，确保突发事件信息得到及时处理。

【预案修编】 年内，先后制定H7N9人感染禽流感疫情、“两会”期间食品安全等应急预案，对《生产安全事故应急救援预案》《地震应急预案》《农村沼气安全生产应急预案》等预案进行修编完善，进一步提高突发事件防范和应对能力。

【应急演练】 坚持应急预案和应急演练有机结合。2017年先后组织了“1.20”节日保障供电、“5.4”城市防汛、“5.12”中小学地震、“6.6”施工工地消防等应急预案演练，以提高突发事故的处置意识和能力。

【应急宣教培训】 坚持联合培训方式，组织举办应急管理培训班，累计培训100余人，提高基层对应急管理工作的认识和实践能力。积极开展应急法律法规和应急知识宣传普及活动，年内先后组织了纪念唐山大地震、霍乱防控等应急宣传活动，增强群众的自救互救意识和能力。

地方史志工作

【概况】 高密市史志办公室于2002年3月成立，隶属市政府办公室，为正科级全额预算管理事业单位，编制12人。年内出版《高密年鉴》2016卷，先后完成《潍坊年鉴》2017卷、《山东年鉴》2017卷、《山东地方史志年鉴》2017卷、《山东省志·人物志（1986–2005）》《潍坊市志（1991–2012）》《山东抗日根据地志》《山东解放区志》等涉及高密部分的供稿工作。

【年鉴编纂】 2017年年鉴编纂工作主要是完成《高密年鉴》2016卷印刷出版工作并编纂《高密年鉴》2017卷。《高密年鉴》2016卷是创刊以来第二本年鉴，记述时间断限为2009–2015年，为多年鉴，于2017年9月份出版。2017卷组稿工作于2017年3月份启动，历经初稿征集、编纂、审核和征求部门意见等工作，至年底完成编纂任务，次年1月印刷出版。

【方志馆建设】 2016年在市图书馆内设立方志馆，收藏全国各地志书200余册。2017年底，高密市确立了将方志馆与档案馆、党史馆、图书馆和文化馆一起建设的方案，2018年3月开始具体规划设计。新馆规划展览面积1000平方米，计划于2020年建成并对外开放。

【信息化建设】 年内对高密市情网，进行了管理更新，针对设置的市情动态、文化旅游、魅力高密、地方史志库、便民服务、专题专栏等栏目，更新发布各类动态 140 多篇。

2018 年 1 月，《高密年鉴》2017 卷出版

外事与侨务

【概况】 高密市外事侨务办公室于 2017 年 9 月 1 日成立，为市政府办公室下属副科级公益一类事业单位，原高密市人民政府办公室股级内设机构外事侨务办公室同时撤销。

高密市外事侨务办公室负责管理全市外事侨务工作，会同有关部门单位依法保护归侨、侨眷和外籍华人在国内的眷属以及港澳同胞眷属的合法权益。具体负责全市因公出国（境）人员的审查、审批和呈报工作；负责统筹办理市领导对外交往事宜；负责做好全市因公出国团组人员出访审批材料初审呈报工作；负责华侨、港澳同胞、外籍华人、外国友人捐赠项目呈报工作；负责协同有关部门做好贫困归侨生活救济等工作；负责华侨归国定居条件初审；三侨考生身份认定；办理外国人来华邀请函初审；企业办理 APEC 商务旅行卡初审；归侨及侨眷身份认定等工作。

【外事侨务管理】 2017 年，高密市外事侨务办公室受理因公出访审批 5 批 13 人次，出访国家有德国、法国、英国、美国、加拿大、荷兰、澳大利亚、新西兰等；为企业人员办理 APEC 商务旅行卡 10 个；办理外国人来华邀请函 17 批 29 人次；共接待到高密交流考察外宾 20 余人次；办理外国人来华申请 22 批 35 人次。

机关事务管理

【概况】 高密市机关事务管理局为市政府直属机构，2017 年，有在编人员 57 人。2016 年 6 月，高密市市级机关后勤服务处更名为高密市机关事务管理局，内设行政科、财务科、水电科、房管科、工程管理科、节能科、保卫科、市民之家管理科、市委市府管理科、人大政协管理科、会议中心管理科 11 个科室。机关事务管理局主要职能是为市级机关的工作、生活提供各类后勤保障和服务。

【公房管理】 2017 年，市审计局、商务局以及机关事务管理局到融智商务综合体集中办公。截至 2017 年底，有 37 个市直单位部门集中到融智商务综合体办公。对腾出的办公用房经维修改造后根据需要统一调配使用，其中，原审计局办公楼被市社会组织培育中心使用。年内，先后按程序对原农机局办公楼进行改造，作为市委巡察办办公楼使用。

2018 年投入使用的市党群服务中心（由原工商局办公楼改造）

【公车管理】 2017年，一是全面深化公务用车管理工作，全年共出车1820台次，完成市“两会”等大型活动用车任务。二是继续推进公务用车制度改革有关工作，对保留车辆登记车主与使用单位不一致的车辆进行统计汇总，并协助相关单位办理过户手续。三是根据山东省公务用车制度改革领导小组《山东省公务用车标识化管理实施方案》的要求，建立公务用车标识喷涂管理台账。全市共有公务用车135辆，其中124辆喷涂标识，喷涂“公务”标识的101辆，含98辆机要通信和应急用车（其中，市委使用4辆，市政府使用6辆、市人大使用4辆、市政协使用4辆），3辆特种专业技术用车。喷涂“行政执法”标识的23辆，具体由统战部、综合行政执法局、人社局、安监局、商务局、物价局、环保局、粮食局8个单位使用。

【物业外包服务管理】 2017年，根据《山东省物业管理条例》及有关法规，制定《物业管理监督考核办法》和《机关餐厅管理考核办法》，加强对物业外包服务事项、机关餐厅的监督管理，规范物业及餐厅管理单位服务行为。每月月初，严格按照2017年印制的《物业管理监督考核办法》和《机关餐厅管理考核办法》组织相关科室人员对物业服务单位、机关餐厅进行考核，根据综合考核结果，每年年底评选一次优秀服务单位，并给予一定表彰奖励。

2017年机关物业外包情况明细表

物业公司	承包时间	负责区域
高密市都霖保立洁物业管理有限公司	2016年9月	市委市政府大院
高密市都霖保立洁物业管理有限公司	2016年7月	机关宿舍院
高密市都霖保立洁物业管理有限公司	2017年7月	原农机局办公楼
高密市都霖保立洁物业管理有限公司	2016年10月	会议中心
高密市飞腾物业管理有限公司	2017年9月	原审计局办公楼
高密市芙蓉物业管理服务有限公司	2009年4月	人大政协办公楼
济南神采物业管理有限公司	2011年9月	市民之家、人力资源产业园
青岛都霖物业发展有限公司高密分公司	2016年5月	原工商局办公楼
山东海能物业管理有限公司	2014年3月	检验检测中心
山东锦川物业管理有限公司	2014年7月	融智商务综合体

2017年机关餐厅外包情况明细表

餐饮服务单位	承包时间	承包餐厅
高密市凤凰宾馆有限责任公司	2014年1月	市委市政府餐厅
高密市三月三餐饮管理有限公司	2011年10月	市民之家餐厅
青岛康美滋餐饮管理有限公司	2017年5月	融智商务综合体7号楼餐厅

【节能管理】 2017年，市机关事务管理局结合全市公共机构实际，进一步加强公共机构节能工作的信息沟通和工作协调。一是组织开展以“节能有我，绿色共享”为主题的节能宣传周工作，共发放宣传单页500余张，现场解答50余次；二是认真开展能耗调查和统计工作，对全市公共机构的水、电、天然气、煤炭、供暖以及汽、柴油等使用情况进行统计，实现量化管理，2017年公共机构能耗人均188千克标准煤，同比下降3.75个百分点，完成公共机构节能目标任务；三是加大节能技改力度，重点抓好LED照明产品的推广应用，全年共推广安装节能灯具5000只；四是年内启用了国家机关事务管理局公共机构能源资源消费统计信息系统，组织全市200多个公共机构完成2015、2016年度节能会审工作。

（杜晓苹　王明龙　田野）

智慧城市建设工作

【概况】 高密市于2015年10月成立高密市智慧城市建设办公室，为高密市政府直属公益一类事业单位，正科级规格，核定编制8名，配备主任1名，副主任2名，主要承担智慧高密建设的组织、协调、推进和相关技术服务工作；协调制定智慧高密（信息化）项目建设规章制度和有关技术标准；牵头拟定智慧高密（信息化）项目建设规划；统筹协调市级智慧城市项目建设等工作。

【基础设施建设】 高密市电子政务外网接入带宽增至2千兆，出口带宽1千兆。外网公共服务域覆盖至全市各级党政机关单位、各镇街区及社区，基本具备跨层级、跨部门、跨业务的支撑能力。

加快NB-IoT基站建设，截止到2017年12月，NB-IoT基站站点已完成12处，4处在建，18处选址。

【智慧政务建设】 进一步扩大协同办公平台应用范围和公文流转数量，协同办公平台覆盖至全市各级党政机关单位，打破了传统的“各自为政”的状态，无纸化办公成效显著。

从2017年5月至11月，先后对政务网络管理平台进行了升级完善，实现了全部接入用户的实名认证；组织开展全市范围内的业务专网普查，从专网性质、网络带宽、覆盖范围等方面进行全面摸底统计；组织推进全市视频监控资源整合工作，确定首批整合对象，完成首批4942个点位的监控信息摸底统计；组织专业的第三方测评机构对全市有关单位的二级和三级重要信息系统进行等级保护测评，并根据测评报告进行了信息安全方面的加固；组织开展政务信息资源目录编制工作，共梳理信息资源1095条，信息项9881项；组织开展全市范围内的政务信息系统专项普查，对全市政务信息系统进行全面摸底，共梳理政务信息系统143个。

其间，不断对网站功能进行优化完善，增加了“无障碍浏览”“智能机器人”、手机WAP页面等功能，并由专人对网站24小时不间断监测，确保运行安全稳定。在2017年度的全省政府网站绩效评估中，“中国高密”网站在全省135个县级政府网站排名中排名第六。

【智慧民生建设】 统筹推进民生领域的项目建设，包括天网工程二期、智慧安监、智慧环保、智慧医疗、智慧监管等智慧化应用项目建设，推进城市管理精细化、智能化。

扩大民生试点项目覆盖范围，2017年以来，试点建设扩大到智慧公交、智慧图书馆、便民服务终端配备、智能自助洗车配备等更多领域，为市民提供多方面的便利。

为便于市民办事、出行时能随时接入WIFI，享受移动终端带来的便利，以服务民生为中心，以信息安全为重点，大力推进无线城市建设。截止到2017年年底，免费AP共计部署1304个，后续将逐步扩大覆盖至各重点公共场所。

政务热线工作

【概况】 高密市政务热线服务中心于2016年8月经潍坊编办批复备案、高密编办批准成立，为市政府直属一类正科级事业单位，下设综合科、受理科、督办科三个科室。2017年有人员23名，其中工作人员4名，采取政府购买服务方式招聘话务人员19名。全年共接收群众反映有效事项53757件次，其中潍坊市政务服务热线办公室转办事项29613件次，受理本市电话、语音留言、短信、市长信箱来信等共计24144件次。书面制单办理事项共34482件次，按时办结率95%以上。

【平台建设】 2016年，完成投资300万元，用于办公场所装修、话务平台建设，2016年8月，建成了总面积350平方米，能容纳20名话务员的受理大厅。2016年12月16日正式启用"3312345"政务热线号码。2017年12月1日，启用2912345政务热线办公电话号码，同时停用"3312345"政务热线号码。

【督察督办】 对于群众反映的普通难点事项，由督办科进行督促办理。对责任不明、疑难复杂、久拖不决事项，向市长办公会作专题汇报，由分管市级领导牵头调度、有关职能部门分头负责，统筹推进解决。坚持通报督办制度，2017年，共编发《政务热线办理情况通报》12期，《政务热线办理情况专报》19期，《政务热线受理事项分配表》178期，对群众反映的倾向性、普遍性问题综合分析、深入调研，增强了政府工作针对性和科学性。

【市长接听12345政务服务热线】 2017年10月26日上午，市委副书记、市长王文琦赴潍坊政务服务热线受理中心，现场接听12345政务服务热线，共受理群众反映事项27件，涉及小区物业管理、市政施工、冬季供暖、清河行动、房屋购买等方面，有力促进了一大批群众反映突出问题的解决。

（尚萍芳）

政协高密市委员会

组织机构

【概况】 2017年，市政协机构设置仍延续过去“五委四室”设置，有提案法制委员会、经济委员会、科教文卫体委员会、文史资料委员会、港澳台侨和外事委员会5个专门委员会，办公室、研究室、委员活动工作室、老干部工作办公室4个办事机构，共有工作人员37人（不包括3名不驻会副主席），其中工勤人员9人。各委室工作均有驻会副主席分管，机关工作由秘书长统一协调。

主要会议

【政协第十四届高密市委员会第一次全体会议】2017年1月17日至20日在市区召开，出席委员282人。会议主要议程是：听取并讨论市委书记杨建华的讲话；听取并审议十三届市政协常委会工作报告、提案工作报告，提交审议其他专门委员会工作报告（书面）；全体委员列席市十八届人大一次会议，听取并协商讨论市政府工作报告和市人民法院、市人民检察院工作报告及其他报告；举行市政协委员培训会议；进行大会选举；通过大会决议和其他决议。会议选举刘明伦为政协第十四届高密市委员会主席，选举王保功、张兆年、栾涛、吴金晶、李薇为政协第十四届高密市委员会副主席，张言良为政协第十四届高密市委员会秘书长，于德升等49人为政协第十四届高密市委员会常务委员。

2017年1月18日市政协十四届一次会议开幕式 （施洋 摄）

【市政协十四届一次常委会议】 2017年3月3日召开。会议议程是：传达学习省政协十一届五次会议、潍坊市政协十三届一次会议精神（书面）；审议通过十四届市政协关于加强自身建设的意见；审议通过全体会议工作规则、常委会工作规则、专委会组织通则；审议通过有关人事事项；市政协主席刘明伦讲话。

【市政协十四届二次常委会议】 2017年7月20日召开。会议议程是：传达学习省第十一次党代会精神（书面）；听取市政府关于全市上半年经济社会发展情况通报；听取市教育局、卫计局、水利局、经信局工作情况汇报，并进行民主评议；听取市政协委员活动工作室关于各委员联络室上半年履职情况汇报；听取市政协提案法制委员会关于上半年提案办理工作情况汇报；讨论审议《政协高密市委员会常务委员会关于授权主席会议对违纪违法政协委员及时作出处理的决定》(审议稿)；市政协主席刘明伦讲话。

【市政协十四届三次常委会议】 2017年11月16日召开。会议议程是：传达学习中国共产党第十九次全国代表大会精神和潍坊市政协十三届四次常委会议(书面)、中共高密市委十三届三次全体会议精神(书面)；听取市政协十四届一次会议以来提案督办情况的通报；听取市交通运输管理局、市场监督管理局、综合行政执法局、文化广电新闻出版局四个部门工作情况汇报，并进行民主评议；各政协常委、政协委员联络室主任述职(书面)；市政协主席刘明伦讲话。

【委员企业家联谊会换届工作会议】 2017年4月7日，市政协委员企业家联谊会在市会议中心召开换届工作会议。会议通过了《市政协委员企业家联谊会章程》，选举通过了新一届委员企业家联谊会理事会成员和会长、副会长。星合建业集团董事长乔俊良当选新一届委员企业家联谊会理事会会长。市政协委员企业家联谊会的基本职责是，服务委员企业，反映企业诉求，帮助企业解决实际困难。

2017年4月7日市政协委员企业家联谊会换届工作会议现场　　（宋超　摄）

主要工作

【调研视察】 2017年，市政协共开展调研、视察活动39次，撰写视察报告36份，专题调研报告3份，内容大多围绕全市的大政方针、中心工作和群众关心的热点、难点问题。其中市领导批示、市委转发3份，潍坊级以上新闻媒体用稿186篇。

【政协提案】 2017年，广大政协委员运用提案履行职责，建言献策，提出提案253件，市政协立案231件。这些提案紧扣发展要务，聚焦民生热点，建议切实可行。市委、市政府及各承办单位高度重视，至年底基本落实。

【文史资料编纂】 2017年，开展“文史资料进校园”“文史资料进社区”和“文史资料进档案馆、图书馆”等活动，参与了市内部分重大项目有关文史方面的设计论证和规划研究。

【包村联户工作】 2017年，持续开展“进村入户、服务基层”活动，争取各方资金55万元，帮助村新建办公室9间，共计216平方米，硬化群众活动广场1500平方米，安装体育器材2套，赠送放映机1台，办公用品1套。

【接待外地政协到高密参观考察调研】 2017年3月30日，山东省政协常委、民族和宗教委员会主任孙传宏带领调研组到高密调研宗教活动场所管理及教职人员教育培养工作，潍坊市政协副主席、民族和宗教委员会主任刘树亮，市政协主席刘明伦、党组成员陈明陪同考察；2017年5月23日，昌乐市政协考察团在主席周娟的带领下到高密考察经济社会发展情况，市政协主席刘明伦、副主席王保功陪同考察；2017年6月21日，山东省政协工青妇青联、社会福利和社会保障界别组到高密调研家庭教育工作及法制化建设情况，市政协主席刘明伦，副主席王保功、栾涛陪同调研；2017年10月20日，潍坊市政协副主席李传恒带领部分潍坊市政协委员到高密视察“产业强市”建设工作，市政协主席刘明伦、副主席王保功陪同视察；2017年12月12日，潍坊市政协主席苏立科在秘书长许华的陪同下，到高密调研经济社会发展和政协工作情况，市委书记杨建华，市政协主席刘明伦、副主席王保功陪同活动。

专门委员会工作

【提案法制委员会工作】 2017年，围绕落实“工业强市、实业兴市”战略、加快工业转型提升、培育新兴服务业态、优化金融生态环境等方面建言献策，市委、市政府结合办理关于加快骨干企业膨胀发展的提案，实施重点企业提升工程，大力培育骨干企业梯队，全市纳税过千万元企业新增18家；围绕深化行政执法改革、加强社会矛盾纠纷排查、健全社会信用体系等方面提出建议，经承办单位认真办理，在加强和创新社会治理等方面发挥了积极作用；围绕推进文化产业发展、实施文化惠民工程、打造红高粱文化旅游品牌等方面，提出许多有价值的意见建议，市旅游部门认真办理关于加强高密市文化旅游宣传推介的提案，在高铁列车、高速公路桥面制作宣传广告，在网络媒体上谋划主题宣传，提高了高密市文化旅游知名度；关于丰富基层文化生活的提案，经有关部门办理，得到很好的落实，全年举办公益演出1600多场，放映公益电影9100多场，增强了群众文化获得感和幸福感。

【经济委员会工作】 2017年，针对企业反映物流市场垄断、价格偏高、欺行霸市等问题，组织委员对全市电子商务发展情况进行视察，视察组先后调研30多家企业、走访近百名群众，对发现问题及时以《议政建言专报》形式报市委、市政府主要领导，先后打掉3个欺行霸市团伙，全市物流市场秩序明显改善；组织部分部门、企业负责人和政协委员到先进地区考察学习，发放200多份调查问卷，走访企业负责人、高级管理人员，召开座谈交流会，了解了企业加快新旧动能转换存在的问题和瓶颈，并邀请豪迈集团董事长张恭运与100余家委员企业负责人进行互动交流，帮助企业进一步明确新旧动能转换“为什么转、转什么、怎样转”；组织召开推进委员企业发展会议，邀请17个职能部门、17家金融单位解读经济政策、表态支持措施，市法院、公安等部门加强对委员企业的预警保护，各金融单位新增授信6.7亿元，有力促进了委员企业发展；组织委员企业家联谊会成功换届，选出了新一届领导班子；着力搭建银企对接桥梁，引导金融机构提高对委员企业的贷款规模，对委员企业贷款申请优先考虑、优先考察、优先办理，农商行重点扶持委员企业达45家、贷款14亿元，为28家委员企业办理贴息贷款42次累计1.4亿余元、贴息400多万元。

【科教文卫体委员会工作】 2017年，为推进学校建设，创造良好的教育环境，组织委员对全市城区学校建设情况进行视察，并召开座谈会。针对城区学校扩容、新建学校用地、学校发展环境等问题积极提出意见建议，推动在建项目及时推进、按时竣工，共新建改扩建中小学、幼儿园82所，一中新校、职教中心一期建成启用；为推动健康高密建设，组织委员对全市分级诊疗情况进行视察，现场了解卫生服务中心建设、远程疾病会诊、医疗集团建设等情况，召开座谈会，并就分级诊疗机制构建及运行、医保资金支持政策和医技人才队伍建设等方面进行了深入的探讨和交流，形成视察报告，为进一步促进分级诊疗工作开展提出了参考建议；组织委员对全市环保工作情况进行视察，先后深入垃圾焚烧发电项目、小辛河治理改造项目、二污提标工程等现场，听取了市环保局情况汇报，并就环境污染处理、环境质量提高等方面提出意见，推动全市生态环境质量持续改善；会同市卫计局组织人民医院、中医院的部分医药卫生界委员和医疗专家到醴泉街道殷家楼村开展医疗服务进社区活动，共为300余人次进行了常规检查和医疗诊断，免费发放价值4000多元的药品，征求意见建议12条。

【文史资料委员会工作】 2017年，坚持通过书信、电话、电子邮件、微信等各种方式，广泛加强与有关单位和人员的联系，全面征集文史资料；接待市内外文史爱好者20多人，出题目，压任务，引导鼓励他们具体深入地发掘细节性资料；文史资料《高密三贤丛书》以其较高的编创质量，2017年被省政协文史资料委员会评为全省政协优秀文史书刊一等奖；举办了政协委员庆国庆书画笔会；精选30余件书画精品，于市政协十四届二次会议期间承办“高密市政协委员书画展”；为潍坊市政协《潍坊籍志愿军回忆录》征集稿件4篇共1万多字，完成《潍坊籍两院院士》文史资料线索征集工作，与全国20多个兄弟县市区政协交流文史资料500余册。

【港澳台侨和外事委员会工作】 2017年，着眼推动“城市管理提升年”活动深入开展，把“全面提升城市管理水平、加快建设和谐宜居城市”作为专委会集中精力调研的课题，形成专题调研报告，提出有可操作性的意见建议，为提升城市品质作出积极贡献；加强对侨台界委员企业引导，积极组织参加委员企业家联谊会的活动，开展观摩交流、座谈研讨、学习考察，引导委员企业解放思想、抢抓机遇，努力加快发展；认真落实联系委员企业制度，经常深入所联系侨台企业，了解企业发展情况，协调解决企业在生产中遇到的土地、资金、审批、用工等实际问题；广泛开展团结联谊，以乡情、亲情、友情为纽带，举办庆国庆迎中秋话发展座谈会、“三胞”眷属联谊会、侨台企业发展经验交流会，组织参加鲁台经贸洽谈会，加强与港澳台同胞和海外侨胞的联系与交流，增进团结友谊；组织委员深入基层接地气，走近群众听民声，收集、整理上报社情民意信息50多条，为党政科学决策提供参考；积极开展委员进社区活动，扎实做好结对帮扶、捐资助教、扶贫济困等工作，帮助群众解决70多个困难和问题。

（王同玉）

纪检监察

组织机构

【概况】 2017年，中共高密市纪律检查委员会与高密市监察局合署办公，实行一套工作机构、两个机关名称的体制，履行党的纪律检查和政府行政监察两种职能，副县级单位，对潍坊市纪委和高密市委负责。市监察局属市政府序列，接受市政府领导。其中设市纪委书记1名，副书记2名，监察局局长1名（兼纪委副书记），副局长2名（其中1名为非党员），纪委常委4名。内设11个职能部室：办公室、组织部、宣传部、党风政风监督室、信访室、案件监督管理室、案件审理室、第一、二、三、四纪检监察室，下设廉政教育中心1个事业单位和第一至第六纪检组（监察室）6个派驻机构，在职在编干部职工71人。

【监察体制改革】 2017年11月4日，全国人大常委会通过在全国各地推开国家监察体制改革试点工作的决定。2017年12月5日，潍坊市推开国家监察体制改革试点工作动员部署会议召开。

按照上级部署，12月，高密市专门成立了由市委书记杨建华任组长的深化国家监察体制改革试点工作小组，纪委、组织部等有关单位主要负责人参与。小组先后召开4次会议，研究制定了改革试点工作实施方案和内设机构设置、人员转隶、监委组建三个方案，并对办公场所等工作进行了调度推动，扎实做好监察体制改革前期准备工作。

主要会议

【全体会议】 2017年1月17日，在市疾控中心五楼会议室召开市第十三届纪律检查委员会第一次全体会议。会议选举产生了中共高密市第十三届纪律检查委员会常务委员会。选举孔晓明为中共高密市纪律检查委员会书记，马拥军、滕坤星为副书记。会议通过了《中共高密市纪委关于加强自身建设的决定》。

2月13日，在市会议中心召开市第十三届纪律检查委员会第二次全体会议。会议认真学习贯彻中央纪委十八届七次全会、省纪委十届八次全会和潍坊市纪委十一届十次全会精神，总结2016年全市纪检监察工作，部署2017年任务。会议审议通过了孔晓明代表市纪委常委会作的《提高政治站位，忠诚履职尽责，坚定不移推进全面从严治党向纵深发展》的工作报告，对2017年重点工作作了安排部署。

11月17日，在市会议中心召开市第十三届纪律检查委员会第三次全体会议。会议主要任务是学习贯彻党的十九大精神，传达学习潍坊市纪委十二届二次全会精神、市委十三届三次全会精神，对全市纪检监察系统学习宣传贯彻党的十九大精神作出全面安排部署。

【专题会议】 4月21日，在市大剧院召开全市党风廉政建设会议。会议认真贯彻落实中央、省委和潍坊市委一系列部署要求，深入分析全市党风廉政建设和反腐败工作面临的新情况新问题，研究部署下步工作任务和措施。会上，市委书记杨建华、市纪委书记孔晓明与有关镇(街区)、市直部门党(工)委(党组)书记、纪(工)委书记签订了《2017年度党风廉政建设责任书》；井沟镇、卫计局、教育局主要负责人作了表态发言。

主要工作

【主体责任落实】 2017年4月21日，召开全市党风廉政建设会议，市委、市纪委与15个镇街区、96个市直部门签订党风廉政建设责任书，市委书记杨建华对全市骨干领导干部进行集体廉政谈话，明责任、压担子。组织全市各部门（单位）、镇街区分别召开党风廉政建设会议，并与下属单位（站所、科室、村社）层层签订责任书。5–6月份，开展廉政谈话活动，由市纪委常委带队组成5个谈话组，重点围绕乡镇党委落实主体责任、支持纪委开展工作、重点领域重要人员廉政风险防范等方面，对15个镇街区党政正职进行了面对面谈话提醒。

【纪律审查】 结合开展“作风建设年”活动，深入实施正风肃纪整治行动，对落实中央八项规定精神和作风纪律开展常态化明察暗访，强化纪律导向。全年共查处违反八项规定问题59个，给予党政纪处分57人，其他处理36人；与市“作风办”联合开展工作纪律暗访3次，给予纪律处分26人，其他处理24人。加大问责力度，对扶贫、环保、国土、安全生产等领域和维稳等工作中的87件失职失责案件进行了问责，给予党政纪处分63人，诫勉谈话、责令书面检查等方式处理27人。突出惩前毖后、治病救人，做到小过即问、小错即纠，全年共运用监督执纪“四种形态”处理3444人，其中第一种形态2890人，占83.9%。始终以纪律审查统领反腐倡廉工作，坚持有案必查、查必从严，2017年，全市纪检监察机关共立查案件462件，给予党政纪处分495人。

【侵害群众利益不正之风和腐败问题专项整治】 2017年，持续开展侵害群众利益不正之风和腐败问题专项整治，严肃查处扶贫救助、惠农补贴、征地拆迁等领域的违纪案件，着力解决“微腐”“蝇贪”问题。全年共立案查处侵害群众利益的不正之风和腐败问题147起、处理182人（党政纪处分156人、其他处理26人）。其中，组织开展扶贫领域不正之风和腐败问题专项整治活动，共查处典型问题24件，处理33人。

【巡察工作】 2017年，积极协助市委做好巡察机构的设置、干部配备培训、办公场所建设、工作职责等各方面筹备工作，制定了《高密市巡察工作指南》。6月，结合工作实际，报经市委同意后，对市总工会、市农机局两个单位党组织启动首轮巡察；8月，对市公安局、市教育局等10个单位党组织进行了第二轮巡察。期间，配合潍坊市委市县第二联合巡察组对密水、夏庄两个镇街党（工）委进行了巡察。12月，按照上级部署要求，扎实推进深化监察体制改革试点工作，认真履行专门责任，抓好试点方案的组织实施、具体操作，突出人员转隶等关键环节，扎实做好监委会组建和挂牌前期工作。

【教育监督】 推进述廉述责全覆盖，2017年，组织市党政领导班子成员、镇（街区）党（工）委书记、市直部门主要负责人向市纪委全会进行述廉述责。经常性开展宣传教育，4月，开通了市纪委“凤城廉韵”微信公众号；6月，选取本地案例，编印《以案释纪30例》党纪法规学习教育读本发放至全市党员干部，强化纪律作风警示教育；8月，邀请中纪委宣传部原副部长杨小平，作了严守政治纪律专题辅导报告。完善违纪人员跟踪教育管理系统，实行全市联网、后台控制、信息共享，通过个别谈话、法纪教育、调查了解、困难帮助等方式，全年共对486名违纪人员进行了跟踪教育管理。

（李玉卓）

人民团体

市总工会

【概况】 2017年，高密市总工会设办公室、组织部、生产部、保障部、宣教部、财务部、女工部、老干办、职工互助保障代办处、困难职工帮扶中心10个部室，职工学校、工人文化宫、职工服务中心3个事业单位。共有干部职工42人，其中机关行政编制13人。2017年，高密市总工会围绕企业文化建设、促进全民创新创业、维护职工合法权益、为职工群众排忧解难等项工作，共组织重要活动10多次，办实事好事上百件，较好发挥了职工之家的作用。年内派驻第一书记进驻阚家镇初家村，累计投资7万余元实施精准帮扶，改善村民的生产生活条件。

2017年4月24日，高密市劳模表彰暨工会第十四次代表大会在高密大剧院召开（于永滨 摄）

【主要活动】 召开代表大会 召开高密工会第十四次代表大会，通过《践行新理念助推新发展团结动员广大职工为建设富强和谐现代化中等城市而奋斗》的工作报告，民主选举产生新一届工会领导班子，科学谋划今后五年工会工作目标任务。

企业文化建设 2017年6月30日，举办高密市首届企业文化论坛，通过观摩豪迈公司生产现场、张恭运董事长讲课、企业家互动、吴建民主席点评等环节，为企业家搭建起交流、开放、创新、共享的企业文化平台，启发了更多的企业家觉悟，助推“依靠职工办企业”的文化理念落地生根。孚日集团的“诚信文化”、银鹰化纤的“亲情文化”、科乐收金亿公司的“感恩文化”、惠和公司的“和合文化”、豪沃公司的“家文化”、海宇公司的“利他文化”等企业文化基本成型。全市500多家规模以上企业先后提炼出符合企业实际、为职工认同的核心理念。

2017年6月30日，高密市首届企业文化论坛在潍坊豪迈科技职业中等专业学校举行（尚宝英 摄）

创新创业工作　2017年承办“豪迈杯”第二届潍坊市职工创新创业大赛高密分赛区的比赛。创新项目，魏猛荣获二等奖；创业项目，李令超夺得高密分赛区决赛冠军和潍坊总赛区决赛二等奖。开展工友创业典型树评活动，5月份命名表彰天普创业服务中心、高密市五龙河农场农业科技有限公司、山东元丰橡胶科技有限公司、高密市盛德路桥集团有限公司等4个单位为高密市工友创业示范园，周燕宇为高密市工友创业优秀个人；推选高密市豪沃机械科技有限公司董事长、总经理杜光辉为潍坊市工友创业优秀个人。推进劳模创新工作室创建工作，全国总工会到高密市调研职工群众的创新实践，豪迈公司在全国工会深化劳模和工匠人才创新工作室创建工作会议上发言，“王钦峰创新工作室”被命名为“全国示范性劳模和工匠人才创新工作室”。

2017年11月16日，“豪迈杯”第二届潍坊市职工创新创业大赛高密分赛区决赛在高密市广电中心金色演播大厅举行　（张涛　摄）

【维护职工权益】　2017年，深入开展“查保促”和民主协商工作。7月21日召开全市“查保促”活动专项部署推进会议，出台《职工排查安全生产隐患奖励办法》，层层签订目标责任书，发放价值13万余元的“查保促”活动宣传物品。推进企业行政与工会沟通协商机制建设，维护职工政治权益以调研产业工人队伍建设为契机，在企业家、一线职工、基层工会主席等不同层面召开座谈会，发放《致企业家的一封信》，编印《高密市企业工会与行政沟通协商机制一本通》，探索创建企业与职工共建共享的工资集体协商新模式，维护职工经济权益。召开全市民主协商会议和镇街区基层工会主席调度会议，建立专职指导员包联镇街制度，对15个镇街区优选的56家示范企业进行一一走访，宣讲《山东省企业工资集体协商条例》，挖掘、选树、培育企业文化引领工资集体协商典型，打造工资集体协商示范点41家。

【服务职工群众】　2017年，“春送岗位”，帮助近千名职工找到就业岗位；“夏送清凉”，为6000余名一线职工，赠送价值22万余元防暑降温用品；“金秋助学”，为17名困难职工子女发放“圆梦大学”救助金4.9万元；“冬送温暖”，入户走访生活困难职工467人，发放救助金33.37万元；组织企事业单位优秀职工代表参加职工疗休养；为遭遇天灾人祸的近800名职工会员办理互助金给付60万余元；为高密市暖心志工公益发展中心揭牌，开展“环卫工人关爱行动”；全市26所“妈妈小屋”投入使用；通过购买社会服务的方式为全市职工提供免费法律咨询服务。

（王欣）

市工商业联合会

【概况】　高密市工商业联合会（市总商会）于2014年12月从小康河苏州街迁入融智商务综合体办公。2017年底，市工商联机关有在编工作人员6名。年内，市工商联贯彻上级关于加强对非公经济人士的教育引导的有关规定精神，设立了非公企业党建服务中心办公室，配备了3名专职非公党建指导员。“七一”前夕，在全市非公经济领域进行了广泛的先进创评，先后评出“红色工匠”10人，“党员先锋岗”30人，优秀党建指导员、管理员3人，优秀共产党员家庭2家。8月中旬，邀请北京影响力·大企培训集团教授高伟到高密市举办“如何打造企业中坚力量”专题讲座，对工商联会员企业及新生代创业者商会会员企业进行培训。8月下旬，组织40家工商联会员企业和新生代创业者商会会员企业，赴宁波大学进行为期5天的学习培训。9月11日，邀请中国民企国际合作促进会常务副会长、中国和平统一促进会理事会理事、北京大学中国区域经济研究中心研究员、“国务院特殊津贴专家”陆德院士，到高密市举办“当前宏观经济形势分析”专题报告会。组织4家民营企业家参加省“大海”杯民营企业家“迎十九大书画展”，组织5家民营企业参加潍坊“大昌”杯民营企业家“迎十九大书画展”。

【第十次会员代表大会】 2017年4月21日，市工商业联合会第十次会员代表大会在会议中心召开，会议选举产生了120名执委会领导班子。魏征当选为第十届工商联主席，选举宿纪瑞、赵贵臣、孙勇、巴连成、王德彬、黄祖平、邱昱华、王福正、陈建海、赵磊、张付霞、秦汉江、鞠志武、刘学明、乔俊良、仪亮、张绍森、施宗光为副主席。高密总商会同时进行了换届，选举魏征为总商会会长，选举宿纪瑞、赵贵臣、孙日强、张光磊、王克武、王建强、李林、傅深环、孙美莹、李炎、张庆利为总商会副会长。

【基层商会建设】 6月22日，高密市新生代创业者商会成立大会在会议中心召开。会上审议通过了《高密市新生代创业者商会章程》和《高密市新生代创业者商会经费管理办法》，选举产生了高密市新生代创业者商会第一届领导班子。商会共吸纳会员90名，同时成立了商会党支部。

（张耀）

共青团高密市委

【概况】 2017年，共青团高密市委，含下属公益一类事业单位高密市青年志愿者工作办公室，共有工作人员9人，其中行政编制7人，事业编制2人。2017年，中组部、团中央、团省委、团潍坊市委等中央和省市领导先后来高调研指导。年内获得“全国最美中学生”“山东省五四红旗团委”等国家级、省级荣誉12项，潍坊市级荣誉35项，在承担的潍坊市科学发展考核项中位列潍坊各县市区第一名。

银鹰文昌中学刘恒越同学荣获全国“最美中学生”

共青团高密市委荣获山东省五四红旗团委

【组织建设】 集中利用2个月时间，深入镇（街区）和部分市直单位、企业调研，多次召开不同青年群体座谈会，征集梳理青年对共青团改革的意见建议，并与组织、编制、教育、人社和财政等部门就重点改革内容进行了探讨，12月份，制定印发了《共青团高密市委改革实施方案》。方案从改革组织机构和运行管理模式、改进干部管理、创新工作活动、夯实基层基础和加强综合保障等五方面着手，制定了

23 项改革措施。

联合市委组织部出台《关于进一步加强基层团干部培养管理工作的通知》，对基层团干部的选拔配备、培养锻炼、管理考核等进行制度化安排，落实基层团干部待遇。全市 15 个镇（街区）团（工）委通过换届，市直各部门（单位）通过党委指派的方式，高标准配齐配强了领导班子，由党委（党组）出具正式任命文件，并报团市委备案，进一步强化团市委对团干部的协管职能。建立团干部培养锻炼机制，将团干部教育培训纳入党的干部教育培训总体规划，组织全市基层团队干部培训、鼓号队建设专题培训等 10 多次，并赴安丘、青岛、威海等对标学习，切实提升团干部综合素质。

【社会活动】 宣传教育　在全市青少年中，举办经典诵读比赛、主题演讲比赛、“我向习爷爷说句心里话”主题队日、鼓号操风采展示评比、青少年普法教育、公益观影、高密最美青（少）年（集体）评选等活动 20 多场，带动全市 130 多所中小学校参与其中，覆盖青少年 10 万多人，真正让社会主义核心价值观在青少年中入脑入心。党的十九大胜利闭幕后，第一时间召开动员部署会议，组织开展党的十九大精神学习宣传贯彻进校园、进企业、进社会组织等活动 30 多次，覆盖青少年 2 万多人。

助力创业　深入实施“1+10+100”青春创业行动（“1+10+100”即：创立 1 个青年创业组织——高密市青年创业联盟，建设 10 处青年创业示范基地，努力实现 100 个青年创业项目落地和 100 名青年创业成功“双百”目标），打造青年创业示范基地，推动团银合作，组织“团银助力青年创业”调研活动，共为三金精密铸造等 6 家企业争取贷款 7830 万元；落实“鲁青基准贷”等优惠贷款政策，累计争取贷款 2000 多万元，发放 2015 年贴息 19.55 万元。加大招才引智力度，招引国家千人计划专家王春德教授来高创业，并获评“鸢都产业领军人才”。

志愿服务　年内举办全省首个县级志愿服务项目大赛，共有 30 多个项目参与，整个赛程有 12 个项目分获金、银、铜奖及相应项目实施经费。联合市委组织部打造市级志愿服务中心，并开发“风城雷锋”志愿服务 APP，实现志愿服务的全员参与、网上注册、实时管理，促进志愿服务健康科学发展。

庆祝“五四”青年节暨最美青（少）年（集体）颁奖典礼　（徐凤珍　摄）

“金色鼓号与梦同行”高密市少先队鼓号操风采展示评比活动

（杨帆　摄）

【学校团建】 开展“高密市中学团建示范校”和“高密市红领巾示范校”创建工作，制定涵盖学校团队基础工作、硬件设施、活动开展等内容的管理办法，并将创建结果纳入全市教育综合督导评估。对 18 所团队工作开展好的学校进行授牌表彰，对 3 所工作开展落后的学校进行约谈，督促整改，带动全市中小学校进一步完善团队组织、队伍、阵地建设。

"高密市中学团建示范校"授牌仪式
（单晓文　摄）

【青春扶贫行动】　2017年，持续深化希望工程品牌，组织高密籍画家画作义卖活动，义卖收入及爱心企业现场捐赠合计36万元全部用于希望工程，暑假期间为113名贫困青少年发放希望工程助学金。开展"微行大爱"系列活动、结对亲子活动和"公益齐鲁为爱同行"公益助学活动，定期回访结对青少年，为500多名贫困青少年送去价值10万多元物资。

（徐凤珍）

市妇女联合会

【概况】　2017年，高密市妇女联合会共有工作人员9人，其中行政编制7人（含工勤编1人），含下属事业单位高密市妇女儿童工作委员会办公室，配备3名事业编制工作人员。年内，市妇联荣获潍坊市妇女儿童工作先进集体荣誉称号。2017年2月，高密市获评山东省妇女儿童发展"十三五"规划示范县、山东省"平安家庭"示范市荣誉称号。

【主要工作活动】　促进妇女创业就业　2017年，开展"巾帼建功"20周年系列活动，全市涌现出市级以上"巾帼文明岗"57个，"巾帼建功标兵"112名。成立女性创业联合会，发展会员89人，实行小组制活动模式并开展活动6次，聘请金融、法律等领域专家组成顾问团队，为全市创业女性提供指导和服务。联合财政、人社等部门，发放950万元巾帼小额担保贷款，为1430名创业女性提供政策帮扶；举办各类电商、创业培训班18期，培训学员1000余人；发展女性专业合作社23家、家庭农场7家。大牟家镇刘莉家庭农场《富硒黑花生种植及深加工》被评选为2017年度山东省妇女创业创新好项目，东阳现代农业种植专业合作社等9个"大姐工坊"被列入山东省第二批巾帼居家创业就业脱贫行动"大姐工坊（大姐农家乐）"，3人在潍坊市级创业活动中获奖，高密市电商创业孵化基地被评为潍坊市巾帼电商创业产业园（孵化基地）。

妇女儿童救助服务　连续4年为适龄农村妇女进行"两癌"免费检查，为15名"两癌"患病妇女争取人均1万元的全国"贫困母亲两癌救助金"；实施"女性安康工程"，参保额达96万余元，5万余名女性受益；深入实施"春蕾计划"，"春蕾基金"纳入慈善总会管理，社会各界捐款捐物24.6万元，救助356名贫困儿童；争取中国儿童少年基金会连续3年为50名贫困儿童发放人均400元的助学款；招募爱心妈妈112名，市检察院、市邮政局建设1处"护蕾行动"教育基地和3处留守儿童之家，举办"护蕾行动"专题讲座8场次；开展"精准扶贫巾帼送暖"行动，为258户省定贫困家庭发放钱物10万余元。

文明家庭创建　2017年，在全市开展寻找"最美家庭"活动，举办"最美家庭"颁奖典礼、"十佳好军嫂（兵妈妈）"事迹报告会、"文明创城巾帼行"等活动，尤玲、张青、李桂芳等优秀典型事迹在《中国妇女报》和《祝你幸福》上刊发。全市涌现出各级"最美家庭"192户，其中潍坊市级7户，省级4户。联合教育等部门出台《高密市关于指导推进家庭教育的五年规划（2016-2020年）》，推广"宝德书院"社区家庭教育模式，建设3处分院，冯家庄村宝德书院被评为省家庭教育示范基地。

【基层妇女组织建设】　基层妇联组织建设　2017年，妇联改革全面推进，在全省率先迈出推进妇联主席进镇（街区）领导班子的步伐，11个镇（街区）按要求完成换届；成功承接潍坊市村（社区）妇代会改建妇联工作试点现场会，利用3个月时间全面完成“会改联”任务。全面做好村（社区）女性进“两委”工作，推进“一确保两提高”目标实现，妇联组织真正成为党和政府联系妇女群众的最坚固的桥梁和纽带。

妇女社会组织建设 2017年，市政府批准市妇联对女性社会组织的管理权限，集中打造“凤城新女性”党建服务品牌，组织部指派专人担任第一书记。坚持“党建带妇建”，指导志愿者协会、海能好大姐家政服务有限公司、妇女健身协会等改建、成立妇联，健全完善市直机关妇女组织，巾帼志愿队伍不断壮大，7600余名巾帼志愿者完成实名注册。举办女性社会组织联合年会、离退休女干部观摩交流和新当选村级妇联主席培训班，争取省妇联资金10万元，建成省级妇女儿童家园1处（罗家庄社区妇女儿童家园）。扎实做好包村工作，协调资金26.2万元，办理实事11件。

【维护妇女儿童合法权益】 搭建“1+2+5+N”妇女维权工作平台，联合市民政局设立辅导室，首批招募43名婚姻家庭辅导志愿者，至2017年，共为90对夫妻进行离婚前调解，当场劝和23对；加大各类维权知识宣教力度，发放各类宣传资料2万余份；妇联机关2人被法院聘为人民陪审员，3人被检察院聘为合适成年人陪审员，全员取得国家婚姻家庭咨询师资格。年内市妇联接待来电、来访176人次，办结率99%以上。

（宋扬　赵琪）

市科学技术协会

【概况】 全市的科技协会分两类：一类是由专业技术人员组成的专业技术学会，一类是由农村专业户为主组成的农村专业技术协会。2017年，全市共有10个专业技术协会（市科协行文公布成立），其中搭搭乐乐机器人科普协会在市社团登记部门注册登记。农村专业技术协会100多个，这些农技协主要由农村专业大户或镇村能人主办，他们中的大部分组织较松散、会内活动少、大多数没有到社团登记管理机关登记注册。在市社团管理部门登记的农技协有：高密市富硒农产品技术协会、高密市岭西园林技术协会、高密市平安村利民果蔬种植协会、高密市腾飞果蔬协会、高密市食用菌协会、高密市种子产业发展协会、高密市金夏庄有机谷物协会、高密市大牟家镇大棚西红柿协会、阚家镇葡萄协会、高密市化肥行业协会、搭搭乐乐机器人科普协会。2017年，高密市醴泉街道城西社区和高密市科技馆被中国科协等部门授予“基层科普行动计划先进单位”；高密市密水街道丰华社区被省科协和反邪教协会授予全省三星级“科学·关爱·和谐示范社区”。

【主要工作活动】 *科普资源利用和农村科普工作* 2017年，对数字科普终端使用情况进行全面摸底调查，督促有关各方组织群众收看学习，最大限度地发挥数字科普终端的社会效益；与农业系统各单位联合举办“提升全民科学素质专家讲座”10期，直接培训农民2000多人次；每镇都有各具特色、规模较大、示范作用强的科普示范基地，全市农业新技术覆盖率达到90%以上。各镇（街区）结合农业产业特色创办了农村专业技术协会，每个协会开展技术信息服务7次以上；市科协筛选表彰了10个市级农业科普示范基地，统一悬挂“高密市农村科普示范基地”牌子。

科普宣传和科普活动 2017年，开展了“全国科技工作者日”“全国科普日”“科技助力精准扶贫”等一系列科普活动，参加这些活动的部门10多个，参与的科技人员2000多人次，各部门的科技工作者利用科普展览、科技咨询、科普影视、科技演示、科技讲座等形式，进行了广泛科普宣传和科技推广。市科协系统工作人员和科普志愿者一道走上街头，分发科普资料，开展科技知识咨询，编印《科学、安全、健康生活知识读本》7000册，免费发放给全市相关单位及广大市民，宣传科普常识、食品安全等科普知识。

高密市 2017 年“全国科普日”活动现场

（聂兆清　摄）

科技馆一角　（聂兆清　摄）

城区科普　2017 年，根据潍坊市科协建设社区科普大学的工作要求，进一步完善了潍坊市社区科普大学高密分校，在各镇街的 24 个城市社区中，丰富完善了 15 个教学点，教学点覆盖率达到 62.5%，聘请了卫生、食品、安全、地震、法律、心理、计算机、幼儿教育、花卉等方面的教师 30 多名，召开社区科普大学骨干科普讲师会议，举行科普讲师聘任仪式，发放聘书。各教学点的社区居民可以根据科普大学提供的教师和课程菜单“点菜”上课，全年在各社区科普大学上课 40 余次，受益居民 6000 多人。

青少年科普　联合市教育局，利用各学校的科技文化节，在成功组织青少年科技活动的基础上，聘请各学科的知名科技工作者作为校外科技辅导员，结合数字科技馆进校园活动，开展由全部学校和全部中小学生参加的数字科技馆体验活动和网络科普知识竞赛，根据各学校的科普工作情况，年内表彰了 10 个“高密市优秀校园数字科技馆”、20 个“高密市优秀科技辅导员”、60 个“校园科普优秀学生”。

科技馆和老科协工作　2017 年，对科技馆进行了装修，更新完善科技馆海洋科普展品，打造海洋科普特色明显的第三展厅，保证科技馆安全、免费、足时开放和优质服务，全年共接待游客 6 万多人次。老科协在开展科技调研、科技咨询、科技讲座、老医生乡村义诊等工作的基础上，进一步办好了《高密老年科技》会刊、《建言》专刊等言论平台，发表老科技工作者的各类文章、科技建议 30 多篇。

举办科普摄影大赛　2017 年 11 月，举办了高密市第二届科普摄影大赛，吸引广大科普摄影爱好者、科技工作者积极参与、踊跃投稿，共收集参赛作品 512 件，其中单幅作品 499 件，组图 13 件（64 张），图片内容涉及农业、文化、公共服务等各方面，本次大赛共评选出一等奖 2 项，二等奖 5 项，三等奖 10 项，优秀奖 30 项，起到了良好的科普效果。

（毛梦梦）

市残疾人联合会

【概况】　高密市残疾人联合会，为市委直属的正科级群团部门。辖 15 处基层残联，2 处市级康复中心和 1 处残疾人托养中心。2017 年，共有在编在职工作人员 15 名，其中市残联机关 10 名。2011 年办公地点由凤凰大街搬迁到振兴街中段建设银行西 200 米路南。

【残疾人精准康复服务】　制定《高密市残疾人精准康复服务行动实施方案(2017—2020 年)》(高残联〔2017〕13 号），重点依托高密市残疾人康复中心，制定定点机构准入手续、签订协议、日常监管规定、退出机制等规定；11 月 19 日，组织市 7 名康复中心康复医师、社区（乡镇中心）医院康复师及残联专职干事参加各级残疾人精准康复服务业务培训。

【残疾人精准扶贫】 2017年，市残联共承担国家贫困智力残疾儿童抢救性康复项目救助任务32名，孤独症儿童19名。抓好0–6岁残疾儿童抢救性康复救助政策及资金的落实，推动建立残疾儿童生活补贴制度和残疾筛查工作长效机制，做好全市残疾儿童康复补贴及生活补贴的审查、家长走访及发放工作。2017年底，为58名0–14岁残疾儿童发放生活补贴11.6万元，为51名符合条件的0–9岁的残疾儿童（非国家项目）发放市级康复补贴61.2万元。与市人民医院、中医院、潍坊市眼科医院高密分院以及社会慈善机构沟通，实施救助致残患者肢体功能重建与畸形矫正康复项目，截至12月20日，成功为11人实施了肢体功能重建与畸形矫正手术，共发放救助资金12万元。2017年，共为全市964名贫困白内障患者实施优惠或免费复明手术。为贫困残疾人免费安装假肢28件，免费发放康复辅具2461件，康复服务率达100%。

【残疾人教育】 2017年，对全市3–6岁、6–14岁两个年龄段入学残疾儿童基础信息进行调查统计，全市3–6岁残疾儿童中，有37人未入园或机构，入园的有25人；6–14岁未入学残疾儿童105人。相关数据和情况向教育部门通报，协同做好重度残疾儿童少年送教上门服务，确保居家、康复及儿童福利机构残疾儿童全覆盖。2015年，依托市妇幼保健院成立的全日制公办康、教、托相融合的福康幼儿园，地址在高密市妇幼保健院楼下凤凰大街3188号，2017年有两位老师，14名孩子。继续实施扶残助学工程，年内为残疾学生和贫困残疾人子女按照从义务教育到大学以上博士学位的不同教育阶段发放300–10000元不等的助学补助金和励志助学金，两项助学资金共计533950元。

【残疾人就业创业】 年内，共举办电子商务、家政护理、残疾人按摩六期残疾人就业培训班，培训残疾人260人。助残日期间举办一期残疾人就业洽谈会，共有42家企业参加招聘，提供就业岗位100余个，有50多名残疾人与企业达成就业意向。有3家按摩店获得省盲人按摩机构资金扶持。有6名选手参加潍坊市残疾人技能大赛，3人分获得一、二、三等奖。扶持自主创业残疾人32名，每名残疾人发放创业扶持资金3000元。扶持电商创业人员5名，每名创业残疾人发放创业扶持资金2000元。8月份，省残疾人扶贫基地山东省顺达绿化交通设施厂，顺利通过省残联考核验收。两名残疾人获得省级致富能手称号。实施“阳光家园计划”，推进托养中心建设，托养残疾人150名，向托养中心发放托养资金21.53万元。

【残疾人社会保障】 2017年实施阳光家园工程，发放资金21.53万元，为41户残疾家庭进行了无障碍设施改造。

【残疾人权益维护】 按照《高密市残疾人信访案件受理制度》《残疾人信访工作责任追究制度》《定期研究处理重大案件制度》《信访案件回访制度》等制度规定，成立残疾人信访工作领导小组，负责信访案件工作，及时办理人民来信来访，2017年，共处理来信来访来电80件次。2017年，市残联共办理各类残疾人证2243本，其中上门办理残疾证70余人次；无障碍改造工作，为贫困重度残疾人发放41户件无障碍改造设备，每户补助3500元，共补助资金143500元；完成全国残疾人专项调查工作，共调查进入底册的各类残疾人18674名，录入差错率0.03%。

【残疾人体育文化工作】 2017年5月举办残疾人艺术作品展1次，共展出残疾人与社会爱心人士各类艺术作品103件。5月13日，联合中国狮子联会青岛管理委员会、潍坊传奇服务队、高密市文联在高密凤凰公园举办“迎接全国第27次助残日暨慈善捐赠及义拍”活动，共拍卖字画17副，拍得善款28100元。市盲人运动员严伟成为中国第一个跑完波士顿马拉松的业余视障跑者。市残疾人运动员代表队在潍坊市第十届残疾人运动会中获得金牌榜第五名、团体总分第七名，并获得道德风尚奖。

市文学艺术界联合会

【概况】 2017 年，高密市文联机关有工作人员 11 人，有县级文艺家协会 7 个，其他文艺类社团组织 8 个。全市文艺类会员 2700 多人，加入国家、省两级文艺家协会的会员人数 200 多人。年内，举办各文艺团体安排采风活动 30 余场，开展大型文艺活动 20 余场，其中文艺演出 10 余场，举办各种展览、讲座 10 余次。开展文艺进社区、进农村、进学校、进企业活动 30 余次。

【第十五届中国（高密）楹联论坛暨全国春联文化研讨会】 2017 年 10 月 26–27 日，第十五届中国（高密）楹联论坛暨全国春联文化研讨会在市蓝海国际大饭店召开。论坛由中国楹联学会、山东省楹联艺术家协会、中共高密市委宣传部主办，高密市文联、夏庄镇党委承办，中国楹联学会春联创作中心、高密市诗词楹联艺术家协会协办，来自全国各地的 30 多位楹联专家学者参加了研讨会。中国楹联学会会长蒋有泉，中国楹联学会副会长叶子彤，中国楹联学会副会长、山东省楹联艺术家协会主席刘太品出席开幕式。论坛期间，与会代表应邀出席高密春联文化座谈会，参观、考察高密市文艺中心、楹联文化展览馆和春联文化产业基地。与会的北京、天津、辽宁、河北、山东，以及河南、江苏和大连楹联学会负责人，还举行了环渤海楹联协作体 2017 年秋季联席会议，商讨加强区域合作、联手举办征联活动、促进区域楹联文化发展的相关举措。本次论坛共收到来自全国各地 65 位作者的学术论文，经主办单位组织有关专家进行审议，从中评选出一等奖 1 篇、二等奖 3 篇、三等奖 5 篇。

2017 年 10 月 26–27 日，第十五届中国（高密）楹联论坛暨全国春联文化研讨会召开

【庆祝十九大专题文艺活动】 2017 年 11 月 10 日，高密市“砥砺前行喜庆十九大”诗词楹联展在凤凰公园凤凰阁东展厅开展。展览邀请 19 名书法家现场撰写楹联，并邀请朗诵艺术家现场诵读诗词楹联。

2017 年 9 月 27 日至 10 月 18 日，“新郎·希努尔杯”若兰诗社开展喜迎党的十九大征文活动，共收到参赛稿件 200 多篇。60 余名来自全国各地各行各业诗人、作家参与活动。最终评出一等奖 3 名，二等奖 6 名，三等奖 9 名。颁奖仪式于 12 月 9 日下午在东北乡红高粱大酒店举行。

（张淑慧）

市红十字会

【概况】 2017 年，高密红十字会履行红十字会各项职责，弘扬“人道、博爱、奉献”的红十字精神，开展救助、救护及公益物资发放等工作。3 月，组织大牟家中心卫生院李正到济南红十字会医院成功捐献造血干细胞。年内，为 5 例罹患白血病的贫困家庭儿童申请小天使基金，为 1 例罹患再生障碍性贫血的贫困家庭儿童申请东方天使基金，至年底，有 2 名白血病儿童获批小天使基金各 3 万元。12 月，为第三实验小学和姚哥庄小学的两个级部发放潍坊红十字会转来的《学生安全预防与自救》公益读本 900 册；前后分三次为全市 2000 余户因病致贫的家庭发放以岭药业捐献的价值约 53280 元的莲花清瘟胶囊 3600 盒，做好公益图书和药品的发放工作。

（张文萍）

人民武装

市人武部

【国防教育】 结合每年的八一建军节“军事日”活动、国家法定的全国国防教育日（每年9月份第三个星期六）、兵役登统记、民兵整组和征兵工作等重大节日和工作环节，大力开展国防教育宣传活动，8月份和9月份共印制发放国防教育宣传单12万份、张贴宣传海报1300份、更换宣传橱窗900多块、悬挂横幅200多条、制作黑板报78块，扎实做好国防教育宣传工作。8月3日，邀请国防大学战略研究所所长孟祥青少将，为全市四大班子领导、市直各部门全体党员干部、各镇街区班子成员、企事业单位领导和其他人员，进行国防教育专题授课。2017年年初，市人武部利用国防教育基地现有资源，成立了军事拓展培训中心，年内共为全市企事业单位培训业务骨干3400多名。2月份，以高密市柏城镇小杨村为试点，开展了“同心共筑强军梦，国防教育进万家”系列活动，在全市960个村，村村开辟一条国防街、设立一个国防教育专题橱窗、建立一个国防事业光荣榜。7月份，分批次组织部分学校应届毕业生到高密市烈士陵园进行参观宣誓，组织开展“军营开放日”活动。

【军事训练】 年内，高密市人武部共举行各类重点训练6次。1月，组织专职人民武装干部训练；5月，组织新入队民兵进行共同科目训练；6月，组织进行市民兵应急连训练；8月，结合民兵防空分队新大纲试训，组织双37高炮分队进行为期10天的训练；9月，采取分批次训练方式，对市民兵应急连和常备应急分队进行实弹射击训练；12月按照国防动员准备检查工作要求组织民兵应急连、铁路护路分队训练。

【新兵征集】 2017年1月1日，全市征兵工作全面展开。8月份，开展征兵体检和政治考核工作。9月份，进行新兵起运工作。

【国防后备生教育】 按照2016年市政府出台的《关于进一步加强国防后备生培养教育工作的实施意见》（高政发【2016】9号文件），创新国防后备生教育模式。截至2017年年底，全市有6所高中、13所初中、1所小学、1所幼儿园设立了国防后备生办公室，共培养国防后备生2800余名，其中，700多人被评为市级以上三好学生，340人在市级以上各类竞赛中获奖，影响师生13万多人，涉及家庭20多万个，并先后有921名国防后备生圆梦军营，其中69人考入各类军队院校。10月份，市人武部在创新“国防后备生”的教育模式上，进一步向末端延伸，积极协调高密市政府和教育部门，培训了一批专业教员，对全市61所小学组织开展了国防教育知识讲座，促进全市国防教育工作的拓展和提升。

【高学历青年征兵奖励】 针对高学历应征青年入伍积极性不高的问题，2017 年采取两种方法：一是在全市中小学设立“国防后备生工作办公室”，加强中小学生的国防教育和爱国主义教育。二是按照 2016 年市政府出台的《关于进一步加强国防后备生培养教育工作的实施意见》（高政发【2016】9 号文件），市人武部按照征兵任务给每个基层武装部分配高学历应征青年入伍任务，基层武装部在完成任务的基础上，每超出 1 名高学历青年，奖励 2000 元；对学校国防生工作办公室，每发动一名本科线以上的高校新生入伍奖励 2000 元，每发动一名专科线以上的高校新生入伍奖励 1000 元。

人民防空

【概况】 高密市人民防空办公室（高密市民防局）是市政府直属事业单位，2017 年，有工作人员 14 人，其中工勤人员 3 人。2017 年新立项人防工程 2 个，新开工人防工程 2 个。截至 2017 年底，全市竣工验收的工程有 17 个，其中 20 个人防工程和 4 个避难场所完成标识标注。2017 年 2 月 17 日，高密市被山东省国防动员委员会授予“全省人民防空先进城市”称号。

2017 年开工建设的凤凰艺术中心地下人防工程 （王浩 摄）

建设中的瑞景嘉苑人防工程（姜莉 王浩 摄）

【组织指挥和疏散体系建设】 年内，投资 100 万元，对人防指挥室进行了全面升级改造，构建集指控、情报、警报、监视、保障为一体的指挥平台，实现了指挥室（车）音、视频在全市范围内全覆盖和全体人员的熟练操作。跟踪落实《高密市防空袭方案》，进一步规范疏散地域、疏散基地、疏散点的建设。完成警报集中控制系统建设，培训警报管理人员，到 2017 年警报器达 35 台，警报器覆盖率 96%。在人防办内开展指挥室和车全员操作培训，年内累计培训 28 课时，培训人员 82 人次。

【防空防灾宣传教育】 2017 年，深入推进人防宣传教育进机关、进企业、进社区、进学校、进网络、进农村的“六个进入”措施，营造良好的社会氛围。加大人防宣传报道力度，在市电视台教育频道播出人防法律、法规和人防基本知识 5 期，在《今日高密》开辟专版 1 期；在国家省市上稿 2 篇。实施社区民防教育普及工程，发放《民防知识》手册 10000 余册和各种人防宣传资料，配备了应急救护器材。推进人防知识进课堂，在初级中学开设人防知识课程 24 期，培训 10000 多人，向广大机关干部和学生传授防空防灾应急疏散及避险知识。

【行政执法】 结合民防建设融入经济社会发展体系的实际，开展民防建设重点难点问题的研究，探索民防建设与人民防空方针政策相配套的制度措施。组织开展人防执法检查，2017 年进行执法检查 3 次。加大政策执行力度，向市政府提出了严格收费标准的请示，调整行政审批大厅工作人员，2017 年收取易地建设费 7200 多万元。

（邱法振　姜莉　王浩　袁健）

法 治

综 述

【概况】 2017年，全市政法综治维稳工作紧紧围绕为党的十九大胜利召开营造和谐稳定社会环境为总目标，着力推进维护社会政治稳定、治安防控体系建设、政法队伍建设等工作，深入推进社会治理体系和治理能力现代化。年内，落实国家《社会治安综合治理综治中心建设与管理规范》（GB/T33200－2016），在全市启动市、镇（街区）、社区、行政村四级综治中心标准化建设，整合资源集中办公，1处市级、13处镇级、70处社区级和419处村级综治中心建成并投入使用。推进网格化服务管理，2017年全市共划分1153个单元网格，整合1280名警务助理，共配备2811名网格员，利用手持终端上报流转各类信息2556条。“雪亮工程”建设持续推进，天网一期接入监控图像2363路，投资3.26亿元的“生命安全防护工程”正在建设，截至2017年底，已完成全部点位的挖坑、浇筑工作，实现立杆数2510个，借杆2998个，完成设备安装8238个，监控联网回传数达到1660路。各级综治信息平台与天网信号对接，实现了综治维稳信息的全面联通、共享共用。

【社会矛盾化解工作】 2017年，深入开展“社会矛盾问题百日集中攻坚化解”专项行动和“察民情解民忧、强基础促和谐”下基层大调研活动，实行市、镇两级领导干部公开接访，共化解各类矛盾纠纷740多件、重点信访案件133起。对184起重点案件交办相关责任单位，并落实包政策落实、包困难救助、包教育转化、包查找稳控“四包”措施，上报化解和稳控方案181起。积极探索特殊群体社会矛盾预防联动协调机制，加强军队退役人员党建工作，成立市、镇街区、社区三级转退军人服务中心，提升对军队退役人员服务水平。加强易肇事肇祸精神病人管理服务，创新建立各部门信息比对核验平台，实现卫计、公安等部门动态信息共建共享，对349名严重精神障碍患者落实监护人以奖代补资金110万元，实现精准帮扶、快速救助。推行四类风险隐患排查整改活动，确定22个牵头单位，共排查各类风险隐患2854件，全部调处或整改完毕。

【法律服务工作】 2017年，受理案件5906件，审结5262件。开展“百日会战”，合力破解执行难，新收执行案件结案率达80%。新建成全省首家“社区矫正联动工作中心”，实现了社区矫正和检察监督工作双提升。加快公共法律服务体系建设，12个镇（街区）的公共法律服务中心实现规范运行；“148”热线解答法律咨询1600余件。办理公证事项3200余件，办结法律援助案件318件，司法鉴定203件，法律服务诊所建设稳步推进，典型做法被省法学会推广。“一村一法律顾问”工作全面推开。

【突出问题整治工作】 2017年，深入推进以“平安指数”为引领的平安高密建设，把治安、刑事警情、交通事故、火灾事故、重点人员管控等安全风险点纳入测算体系，精准指导打防管控。组织开展“破案会战”，共打掉各类团伙144个，抓获团伙成员212人。开展“打霸治痞”行动，严厉打击霸痞、黑恶势力，共打掉犯罪团伙2个，抓获犯罪嫌疑人6名，为村“两委”换届工作打造良好的环境。开展反恐怖、反邪教、反毒品专项行动，加强重点人员服务管理，确保不发生引发群众恐慌事件。

【安保维稳工作】 成立了市级领导牵头的市应急处置联合指挥部，实行分工值守和线上线下运作法，对发生的涉稳事件第一时间预警、综合研判、联合处置。成立全市15个安保维稳专项督导组、6个市委派驻督查组、13个重点领域矛盾排查化解小组，不断完善情报预警、会商研判、人员包靠稳控、战时拦截查控、值班备勤、应急处置等机制，从严从细从实抓好政法综治维稳等工作。

（市委政法委）

公安工作

【概况】 2017年，高密市公安局有17个内设机构，具体是指挥中心、政治工作室、纪委和警务督察室（合署办公）、警务保障室、法制案审大队、国保大队、经侦大队、治安大队、特警大队、刑警大队、禁毒大队、监管大队、交警大队、网安大队、保安监管科、出入境管理大队、食药环侦查大队。25个派出所，其中城区有9个：东关所、西关所、南关所、北大王庄所、交通所、孚日所、朝阳所、开发区所、机场所派出所；乡镇有16个：夏庄所、河崖所、柏城所、李家营所、柴沟所、注沟所、井沟所、呼家庄所、拒城河所、阚家所、双阳所、康庄所、仁和所、姜庄所、大牟家所、周戈庄所。截至2017年12月，高密市公安局共有在编人员591人，其中民警580人，工勤11人。

2017年9月29日，“迎接十九大忠诚保平安”治安清查启动仪式　　（庞建辉　摄）

【公安基层基础建设】 加强公安装备，推动公安装备规范化建设。投入近90万元，为派出所购置防刺背心、防割手套、警棍等防护装备；为特警购置排爆服、排爆罐等搜排爆装备。为开展“专业化处警，常态化巡防”工作，投资10余万元购买了防刺背心、防爆小圆盾、喊话器等装备；投入35万元，购买特警达标装备。加强基础设施建设工作，年内完成第三消防站项目规划验收、节能验收、消防验收和竣工验收，投资100余万元进行了绿化、亮化及智慧消防指挥中心信息化建设，2017年6月份投入使用。投资520万元对原公安局顺河路办公楼进行改造，2017年年底西关派出所搬入使用。投资10万余元对民警训练基地标识及相关制度进行了完善。2017年上半年注沟新所完成建设并投入使用，下半年李家营新所完成建设并投入使用。投资110余万元，建设智能化档案室，2017年10月份全部完工并搬迁使用。

【打击刑事犯罪】 全年共抓获各类犯罪嫌疑人1476名，同比提升38.43%；其中侵财犯罪嫌疑人249名，同比提高68.24%；破获刑事案件1434起，同比提高18.61%，其中侵财案件448起。逮捕261人，同比提高24.88%；起诉636人，同比提高11.18%。5起命案现案全破。打掉涉恶团伙13个，抓获团伙成员56名，打掉“村霸”4名。打击电信诈骗犯罪取得重大突破，成功打掉一跨国电信诈骗犯罪团伙，抓获犯罪嫌疑人 3 名，其中外籍犯罪嫌疑人 1 名。全年追捕上网逃犯 296 名，其中历年逃犯 54 名。

视频侦查　2017 年，在不断推进天网工程建设基础上，充实视频专业力量、增加专业设备投入、完善视频侦查规范，充分发挥视频侦查新的破案“增长点”作用。2017 年，全局共采集涉案视频 501 起，应用视频破获刑事案件 270 余起。在“4.22”故意杀人案、“2017.09.10”特大抢劫案等重特大案件侦破过程中，视频侦查均发挥了举足轻重的作用。2017 年 11 月 20 日，“全潍坊市公安局机关视频侦查现场会暨视频侦查模拟对抗检验比武竞赛”在高密市召开，高密市公安局在会上就“视频侦查体系建设”做了经验汇报。

潍坊市公安局机关视频侦查现场会暨视频侦查模拟对抗检验比武竞赛现场　（赵光　摄）

刑事科学技术实验室建设　投资 500 余万元，对刑事科学技术实验室进行升级，建设了包括痕检、文检、熏显、影像、足迹、心理测试、食品检验、毒品检验、解剖检验等多个实验室。高标准配备多功能现场勘查箱、单反数码相机、录像机、执法记录仪、快速录入平板、基站信息采集仪、多波段光源、激光物证搜索仪、超宽光谱摄录系统、现场勘查服、多功能现场勘查车等现场勘查设备，达到公安部一级实验室标准。按照公安部三级实验室标准，投资 200 余万元配备生物物证自动提取仪、高速冷冻离心机、DNA 扩增仪、24 道基因测序仪设备，建设了包括初检、试剂、样本提取、微量提取、测序、PCR 检测、加样、模板存放等多个检测室。

Y 数据库建设　历经家系摸排、图谱绘制、血样采集等工作步骤，共录入 Y 数据库内家系 43124 个，录入家系内男性人员共 892819 人，以及 66588 个血样数据的采集、分析及上传。开展外来人员的 Y 数据采集工作，年内排查外来人员 3000 余人并采集血样。Y 数据库的成功建设，对全市各类案件的侦破提供了有力的数据支撑。

派出所刑侦检验室建设　2017 年，在全市的派出所设立刑侦检验室，配备多功能现场勘查箱、足迹提取箱、单反数码相机、现勘信息快速录入设备、警戒带等必要的现场勘查设备。特别是在生物检材提取配备生物检材提取液、棉签悬置盒、车载冰箱等生物物证无污染提取、即时保存设备。视频勘查配备多功能视频现场勘查包，配备 U 盘、固态移动硬盘、快速下载软件、工具箱、数据线、激光测距仪、视频解析单兵等基础视频采集与解析的工具设备。

刑事科学技术实验室　（张永欣　摄）

禁毒教育基地建设　投资 150 余万元建设市禁毒教育基地，并在各镇街建设了社区戒毒、社区康复办公室，落实了人员、机制和保障，并利用电子屏、宣传板、宣传角在全市开展立体化宣传，使“三年禁毒人民战争”真正深入到群众当中。12 月 28 日，省厅禁毒总队窦清波政委在检查中对高密市禁毒工作给予了充分肯定。

专项打击行动　2017 年，先后组织“平安守护”、三打击一整治、“破案会战”、三年禁毒人民战争、打击整治食药环违法犯罪行动等专项行动，共抓获各类犯罪嫌疑人1476名，破获案件1434起。

【治安管理】 2017年，对全市党政机关、重点单位区域加强治安管理，注重利用微机信息系统对旅馆业进行治安管理，年内全市旅馆业装机开业旅馆共计323家，全年通过利用旅馆业信息系统抓获逃犯90余名。

【交通管理】 交通秩序管理 在城区交通秩序管理上，进一步深化交通秩序网格化管理，推进了交通管理方式从被动处置问题向主动发现和解决问题转变，从事后执法追责向前端服务管理转变。强化路面执法，先后开展了酒驾、工程车、校车、危化品运输车等交通违法行为专项整治行动、“平安行·你我他”行动，紧盯“重点区域、重点路段、重点时段、重点车辆、重点违法”，常态化严查严处交通违法行为。

交通设施建设 与山东交通学院进行紧密合作，对城区各主要路口、路段的交通流量进行实时检测和分析，按照“需求控制、平峰协调”的控制策略，形成了“单点优化、绿波协调、区域控制、从点到面”的交通信号控制体系。对路口进行车道优化，设置左转可变车道，更新智能交通信号机，使城区人民大街、凤凰大街、康成大街、昌安大道、夷安大道、利群路、月潭路“三街四路”55处路口实现了“绿波带”。累计建设标牌106套，新建自适应信号灯6处，完成标线施划10万平方米，完成城南两处环岛信号灯建设、城北环岛拆除后信号灯建设任务。完成了康成大街和夷安大道部分路段机非隔离护栏的设置。

车辆及驾驶人管理 截至2017年年底，全市机动车拥有量共计212851辆，其中汽车180506辆，轿车111961辆；驾驶人303197人，其中汽车驾驶人284155人。2017年车管所共办理车驾管业务总计36万多笔。其中：车管业务计28.1386万笔（新车注册共计13756辆、含小客/货12695辆），驾管业务计7.8628万笔，驾证满分学习4345受理人次（已结业2421人次）、体检及信息采集人数3.6956万人次。车辆购置税收缴7676多万元。

（马伟娜）

检察工作

【概况】 2017年，高密市人民检察院内设办公室、组织人事科、研究室、监察室、公诉科、侦监科等19个科室（含自侦部门），另有派驻阚家、柏城、夏庄、井沟4个检察室。2018年1月，自侦部门5个科室完成转隶（反贪污贿赂局侦查一科、二科、三科，反渎职侵权局，预防局转隶至高密市监察委员会，转隶干警20人，并向高密市监察委员会划拨政法编制24个）。截至2017年底，市检察院共有在职干警71人（含工勤）。2017年，市检察院先后荣获全国检察机关“保障律师执业权利示范单位”、全省检察机关“六型”建设示范院、“检察文化建设示范院”等荣誉称号，被省委、省政府表彰为“全省社会治安综合治理先进单位”。

院领导与转隶人员合影 （李俊 摄）

【刑事检察】 2017年，共批捕各类刑事犯罪嫌疑人253人，起诉693人，积极参与全市“打霸治痞”专项行动，配合公安机关依法打掉霸痞团伙1个、惩治“村霸”1人。在2017年度潍坊市社会治安群众满意度电话访问中，市检察院群众满意率达99.49%，位列全市各基层检察院和本地政法部门第一名。

【查办和预防职务犯罪】 2017年，共立查各类职务犯罪18件21人。围绕促进解决群众反映强烈的入学难、看病难等问题，积极开展查办职务犯罪专项行动，立查教育、医疗领域相关职务犯罪8件。针对群众反映强烈的吃拿卡要等问题，立查行政执法人员索贿受贿、损害非公企业合法权益的职务犯罪案件2件，着力营造法治化营商环境。与邮政部门联合开展“预防职务犯罪邮路”活动，组建服务队15支，选聘志愿者74名，开展活动13次，打通了“社情民意绿色通道”。

【刑事诉讼检察监督】 全年依法监督立案7件，督促撤案8件，追捕追诉35人。提出抗诉5件，法院改判或发回重审3件。通过提前介入杜某污染环境案，引导公安机关深挖细查，一并查处山东省及邻近省份周边区域土(小)炼油作坊11家，抓获犯罪嫌疑人36人。

【民事行政检察监督】 年内先后办理诉讼违法监督案件9件，执行监督案件10件，行政执法检察监督案件29件，公益诉讼诉前程序案件7件，其中1起案件被评为全国检察机关典型案例。对一起非法采砂破坏基本农田案件依法向法院提起行政公益诉讼，实现了市检察院以直接起诉方式办理公益诉讼案件“零的突破”。

【刑罚执行活动监督】 2017年，清理纠正判处实刑未交付执行罪犯6名，监督纠正监管违法10件，开展羁押必要性审查36件，实现了看守所33年无超期羁押。

【控告申诉检察】 妥善处理群众来信来访96件，实现连续9年无信访积案、无涉检进京访和赴省访案件。对5名因遭受犯罪侵害或民事侵权、生活陷入困境的当事人或其亲属发放救助金11万元。

【打造“护航少年·检察e站”工作品牌】 年内高标准建成面积达3000余平方米、涵盖“五区一庭七室”的青少年法治教育基地，基地被确定为省检察院青少年法治教育基地。配套研发“高密未检e站”手机APP，设立高密市首家“检爱”留守儿童关护基地，着力打造“护航少年·检察e站”工作品牌，在2017年潍坊市检察机关创新亮点工作评选中，连续第五年位居基层院榜前3名。

山东省人民检察院青少年法治教育基地揭牌仪式 （李俊 摄）

【设立全省首家“社区矫正工作联动中心”】 针对社区矫正检察监督工作中存在信息不畅等困难，在市检察院派驻阚家检察室设立全省首家“社区矫正联动工作中心”，构建“一个中心、三项机制、三个载体”（一个中心即联动中心，三项机制即联动工作机制、社区矫正信息研判机制、调查评估环节监督机制，三个载体即社区矫正信息管理平台、社区矫正警示教育基地、联动中心专业功能室）的工作新模式，实现了社区矫正与检察监督工作的“双提升”。

7月，在市检察院派驻阚家检察室举行社区矫正联动工作中心揭牌仪式 （李俊 摄）

【建立完善“1+4”党建工作新模式】 建立完善以党员积分制为主线、以加强“四化”建设(四化建设指党建工作的规范化、本土化、特色化和实效化)为途径的“1+4”党建工作新模式，高标准建成5500余平方米的“党员之家”，建成党建文化长廊、宣誓墙等3处体验式教学点，机关党建与业务工作的深度融合，成为潍坊市组织工作半年总结现场观摩会中唯一的机关党建观摩点，被表彰为全省53个“六型”建设示范院之一，成为基层院建设的“山东样本”。

7月，潍坊市组织工作半年总结现场观摩会代表到高密市检察院参观 （李俊 摄）

（盛君来 孟彬）

法院工作

【概况】 2017年，高密法院内设办公室、政治处、刑庭等22个职能科室，下辖柴沟、夏庄等4处基层派出法庭。共有干部职工147名，其中员额法官43名。全年共新收各类案件9562件、结案9511件，结案率99.5%，结案标的额18.3亿元，先后荣获“全省精神文明单位”“全省繁简分流示范法院”等荣誉称号，10个集体和20名个人受到省、市以上表彰，“分调裁”改革成果得到最高法院、省法院领导的高度关注和充分认可。

2017年11月29日，省法院党组书记、院长白泉民到高密法院作十九大精神宣讲并督导检查工作

【刑事审判】 全年共受理各类刑事案件530件665人，审结516件650人。把打击的重点始终对准“两抢一盗”、故意伤害、诈骗等多发性、暴力性犯罪，全力支持“打霸治痞”，对流窜高密、胶州、平度三地，两个月作案50多起的刘某抢劫团伙，依法判处二至七年不等有期徒刑；审结贩卖、持有、容留吸毒等涉毒品案件24件37人；审结覆盖全市13个摊点、涉案病死猪肉5.8吨、涵盖病死猪生产、收购、屠宰、销售等各个环节的重大食品安全案件，刘洪某、刘龙某等12名被告人全部判处实刑，并处罚金；加大打击醉驾、毒驾等危险驾驶行为；依法严惩贪污、贿赂、渎职等职务犯罪15件18人。

【民事审判】 依法审结离婚、抚养、赡养等民事案件1106件。加大对涉民生案件的审判力度，妥善审理商品房买卖、物业纠纷、追索劳动报酬等案件152件，及时维护群众合法权益；依法审理交通事故、人身损害、工伤赔偿等侵权类案件，积极采取财产保全、鉴定前置、督促履行等手段，共为1132案1380名当事人追回赔偿款3.2亿元，保障当事人尽快拿到“救命钱”。

【商事审判】 全年共审结买卖合同、加工承揽、票据纠纷、股权转让等商事案件708件。先后为孚日家纺、豪迈集团、康地恩公司等全市重点企业，追回外部债权1.2亿余元，其中，通过查封账号、开庭调解，帮助孚日家纺一次性挽回经济损失500余万元，有力助推了企业发展；成立金融审判庭，审结银行借款、担保追偿、保险合同、信用卡纠纷等金融案件1229件，结案标的额1.5亿元；对政府招商引资项目和重点企业提供法律咨询12次，依法支持全市“重点企业提升行动”。组织回访涉诉企业27家，发出司法建议17份，帮助企业解决涉法难题11个。

2017年6月1日，高密法院举行首批员额法官任职宣誓仪式

【行政审判】 全年共受理工伤、房屋登记、治安处罚、婚姻登记等各类行政诉讼案件86件，非诉执行案件90件。出台服务房屋征迁工作的9条具体意见；对关系千家万户的环保、食品安全等涉诉行政案件，采取“零容忍”态度，坚决支持依法行政。

【执行工作】 全年共执结2776件，全执全结案件936件，执行标的额3.2亿元。“基本解决执行难”已取得重大阶段性成果，潍坊、高密两级人大专题视察调研；积极争取市委、市政府两办发文，与政法部门联合出台“打击拒执罪”实施意见；共查封土地55宗32万平方米、房屋321套、车辆268台，并全部实施“网拍”；共录入失信被执行人信息3500余条；依法拘留被执行人243名，向公安机关移送拒执案件7件。

【分调裁机制建设】 研发推出全国首家“分调裁平台”软件；全省法院“分调裁”改革工作推进会在高密召开，高密法院提供观摩现场并作典型发言；自2018年元月1日起“分调裁平台”软件在全省三级法院上线使用；被最高法院、省法院领导肯定为繁简分流的“高密模式”，《法制日报》《人民法院报》《民主与法制时报》等媒体重点报道。高密市人民法院被确定为“全省繁简分流示范法院”。

2017年9月7日，全省法院“分调裁”改革工作推进会在高密召开

（市人民法院）

司法行政工作

【概况】 2017年，高密市司法局内设办公室、政工科、财务科、研究室、政策法规科、法制宣传教育科、基层工作管理科、法律服务管理科、社区矫正科9个职能科室。派出15个镇（街区）司法所。下辖市社区矫正工作办公室（正科级）、市公证处（副科级）、市法律援助中心（股级）3个事业单位，其中，市公证处于2017年进行了取消行政级别、改制公益三类事业单位的改革工作，实施企业化管理，推行新的绩效工资制。另有市普法依法治理办公室、市安置帮教工作领导小组办公室设在该局。实有政法专项编制57人、机关工勤编制1人、事业编制19人。2017年，高密市司法局被中华全国人民调解员协会授予“人民调解宣传工作先进集体”荣誉称号，在“关爱明天、普法先行”青少年普法教育活动中被中国关心下一代工作委员会、司法部、中央社会治安综合治

理委员会办公室联合评为优秀组织奖。

市司法局局机关办公场所一角（徐文明　摄）

【律师事务所、基层法律服务所、司法鉴定所】（1）律师事务所。2017 年，全市共有律师事务所 12 家（其中合伙所 3 家，个人所 9 家），执业律师 71 人，实习律师 8 名。全市律师事务所全年共办理各类案件共 1444 件，咨询和代书法律文书 1726 件，担任 126 家单位的法律顾问。（2）基层法律服务所。全市有基层法律服务所 16 家，基层法律服务工作者 104 人，全年共办理诉讼案件 1199 件，非诉讼案件 309 件，法律援助 47 件，参与镇（街区）接访 88（人）次，担任 174 家单位的法律顾问。（3）司法鉴定所。有凤城法医司法鉴定所 1 家司法鉴定机构，全年完成鉴定案件 336 件。

【公共法律服务体系建设】　进一步整合公共法律服务资源，建成包含社区矫正中心、法律援助中心、矛盾调解中心、法律服务信息中心、市公证处，涵盖社区矫正、安置帮教、法律援助、人民调解、法治宣传、“148”综合法律服务热线等法律服务功能的县级公共法律服务中心，采取综合性、窗口化、一站式服务模式。2017 年 12 月，高密市公共法律服务中心被山东省司法厅授予“山东省公共法律服务示范中心”称号。2017 年，全市建成镇级公共法律服务中心 13 个，社区司法行政工作室 113 个，初步形成完备的市、镇（街区）、村（社区）三级公共法律服务平台。依托平台广泛开展公共法律服务：全年接收社区矫正人员 438 名，解除 483 名，安置帮教 1162 人次；法律援助中心全年受理各类法律援助案件 480 件，办结 472 件，为当事人提供法律咨询 1252 人次；排查化解纠纷 4725 件，调解成功 4571 件，调解成功率 97.06%；通过“148”综合法律服务热线平台解答法律问题 1861 件；市公证处全年共办理各类公证事项 3600 余件，其中民事经济类公证 2800 件，涉外、涉港澳台共 800 件。

高密市公共法律服务中心　（徐文明　摄）

【普法依法治理工作】　年内，制定下发《高密市 2017 年普法依法治理工作要点》，对全年普法依法治理工作进行部署。（1）普法队伍建设。组织优秀执法、司法人员和律师深入机关、村社、学校、企业进行专题法治宣传；组建以 40 余名政法、执法部门业务骨干为主要力量的市“七五”普法宣讲团，巡回各镇街举办法治讲座，并将普法宣讲团成员及全市律师、公证员纳入市普法专家人才库；在全市选聘 300 余名机关工作人员充实进普法志愿者队伍。（2）普法宣传。市普法办联合教育局制定下发《关于开展全市青少年法治书画大赛的实施方案》，共征集全市青少年法治书法、绘画、剪纸等优秀作品 1100 余幅；建设“互联网 + 法治宣传”阵地，利用普法微信、微博、法治短信、宣传栏、法治灯箱、大型普法户外广告等形式，定期发送、刊登法律知识，不断更新普法内容，营造立体化法治宣传氛围。市普法办官方微博“@高密普法”获得“2017 年度全省最具影响力司法系统政务微博”“2017 年度中国创新型‘互联网 + 政法服务’平台”荣誉称号，市普法办“今日头条”客户端影响力逐步上升，在全国司法行政系统排名中名列前茅。《法制日报》记者对高密市法治文化建设进行了考察采访，对高密市的法治宣传工作经验进行推广。

【一村（社区）一法律顾问工作】 根据中央和省、市关有关部署要求，在全市开展“一村（社区）一法律顾问”工作。8月，高密市委办公室、市政府办公室印发了《关于开展“一村（社区）一法律顾问”工作的实施方案》。12月12日，高密市“一村（社区）一法律顾问”工作推进会在市司法局召开。截至2017年底，在全市113个村（社区）落实一社区一法律顾问，聘请法律顾问64人，为镇（街区）、市民提供土地征用、房屋拆迁等涉及民生领域的法律服务。初步建立起社区法律顾问每周至少到社区服务1天、每季度至少举办1次法治讲座的工作机制。

2017年12月12日，高密市“一村（社区）一法律顾问”工作推进会在市司法局召开，高密市副市长、市公安局长冯效栋出席会议并讲话 （徐文明 摄）

（徐文明 宋鹏）

经济管理与监督

宏观经济管理

【概况】 高密市的宏观经济管理工作由高密市发改局负责。2017年，高密市发改局设有办公室、国民经济综合科、审批服务科、工贸科、体改科5个科室，下属事业单位为产业发展办公室，共有工作人员34名。2017年1月14日由人民大街1643号市政府三楼迁入融智商务综合体4号楼四楼办公。

2017年，全市实际完成地区生产总值643.2亿元，同比增长5.6%；实现一般公共预算收入49.14亿元，增长5.3%；城乡居民人均可支配收入分别达到3.59万元、1.69万元，同比分别增长8.1%、8.3%。在“第十七届全国县域经济基本竞争力百强排行榜”中居第59位，比上届提升3个位次；在中国工业百强县中居72位，比上届提升13个位次；在中国县域成长竞争力排行榜中居第17位。

【固定资产投资】 2017年，全市完成固定资产投资529.3亿元，同比增长3.1%。共审批、核准、备案项目289个，总投资323.52亿元。其中：工业项目137个，总投资116.77亿元；房地产项目18个，总投资46.56亿元；社会事业项目28个，总投资35.78亿元；服务业项目11个，总投资8.97亿元；农业项目10个，总投资3.58亿元；能源交通项目62个，总投资20.30亿元；城建基础设施项目12个，总投资15.64亿元；仓储物流项目11个，总投资75.92亿元。

【重大项目建设】 2017年，高密市重大项目建设包括省级重点建设项目、潍坊市级重点建设项目和潍坊市重点调度项目三个部分，共168个项目，总投资1436.93亿元，其中2017年完成投资371.09亿元，占总投资额的25.8%。

省级重点建设项目 2017年列入省重点建设项目1个，即山东宝润硼业科技有限公司年产250t硼稳定同位素系列新材料项目，总投资10.6亿元，2017年计划投资2.4亿元，全年完成投资2.8亿元，占年度计划的116.7%。

潍坊市级重点建设项目 年内全市列入潍坊市级重大项目有16个，分别是：孚日集团高档家纺产品生产项目、山东豪迈机械科技股份有限公司高端模具智能制造项目、高密火车站片区综合改造项目、孟家沟水库及农田水利建设项目、高密市城区道路建设项目、高密市交运集团五龙河湿地公园、高密市冠祥置业开发有限公司红木奇石文化艺术中心、山东宝润硼业科技有限公司硼稳定同位素新材料项目、山东顺达绿化工程有限公司农林科技观光生态园项目、高密市铁运物流项目、山东豪迈机械制造有限公司精密锻件项目、高密市豪沃机械科技有限公司汽车覆盖件模具及冲压件增资扩产项目、高密高粱红文化发展股份有限公司金耀红高粱生态酒店项目、高密市红高粱文化旅游开发股份有限公司东北乡文化旅游项目、温氏集团养殖项目、山东安佑生物科技有限公司安佑二期建设项目。总投资268.04亿元，2017年计划投资57.53亿元，全年完成投资69.85亿元，占年度计划的121.4%。

潍坊市重点调度项目　2017年申报列入潍坊市重点调度的过亿元项目151个，总投资1158.29亿元。2017年计划投资286.72亿元，全年完成投资298.44亿元，占年度计划的104.1%。

【新旧动能转换工作】　年内，研究制定《高密市新旧动能转换重大工程工作方案》，成立了由市政府主要领导牵头、有关市级领导和部门负责人组成的新旧动能转换重大工程战略规划领导小组，对新旧动能转换工作进行抓总指挥。设立领导小组推进办公室牵头新旧动能转换各项重点工作的推进落实，编制完成《高密市新旧动能转换重大工程实施规划》（初稿）。围绕“四新”（新技术、新产业、新业态、新模式）、“四化”（产业智慧化、智慧产业化、跨界融合化、品牌高端化）梳理谋划新旧动能转换项目146个，总投资1049.8亿元。

【服务业发展】　2017年，全市服务业主要包括现代物流、电子商务、金融服务、文化旅游、健康养老五大行业。从结构优化看，全市实现服务业增加值276.93亿元，按可比价同比增长5.7%，占GDP比重为43.05%，比2016年提高1.69个百分点；从质量效益看，全市实现服务业税收28.32亿元，同比增长29.7%；从投资拉动看，全市完成服务业固定资产投资167亿元，同比增长0.1%，占固定资产投资比重为34%；从消费市场看，全市社会消费品零售总额达到223亿元，同比增长6.8%，其中，限额以上社会消费品零售总额完成62.9亿元，同比增长4.1%。

现代物流业　年内，现代物流业规模、质量有了较大提升，涌现晟绮港储国际物流、盛德物流、泰运物流等骨干物流企业，形成开发区临港产业园、姜庄半岛物流园、晟绮通关物流园等大型物流园区。以打造物流企业品牌为抓手，大力培育物流龙头企业，至年底，共有国家A级物流企业7家。其中，5A级1家、4A级5家、3A级1家，另有省级四星级物流企业1个。

电子商务业　全市90%以上的企业都实现了“触网”，2000多家企业利用互联网开辟了新的销售途径，各类电商网店超过3000多家，电子商务年交易额实现190亿元以上，年网络零售交易额达到24亿元，同比增长40%。

金融服务业　全市共有上市公司2家，“新三板”挂牌企业3家，齐鲁股权交易中心、蓝海股权交易中心等区域性股权交易市场挂牌企业75家。引导企业通过发行企业债、公司债、短期融资券、中期票据等实现直接融资，降低融资成本。2017年新增直接融资20.53亿元。全市金融机构本外币各项存款余额530亿元，比年初增加44.6亿元，增长9.2%，本外币各项贷款余额404亿元，比年初增加43.4亿元，增长12%。

文化旅游业　先后规划建设了东北乡文化旅游区、“印象·中国微电影文化基地”、青檀植物园等一大批优质项目，促进了文化产业持续向好发展。全市有国家三星级以上旅游饭店4家、国家AA级以上旅游景区5处、省农业（工业）旅游示范点3处、省二星级以上旅游餐馆9家、国家“金牌”农家乐1家、省二星级以上“好客人家”农家乐3家、省旅游强乡镇和旅游特色村5处、省精品采摘园2处。

健康养老业　至2017年，全市共有公办养老机构13处（包含市社会福利优抚救助中心项目），床位4391张；民办养老机构3处、床位650张，在建2处，筹建3处；建成农村幸福院41处、在建10处，建成幸福院拥有床位1060张；建成城市日间照料中心16处。截至2017年底，建成床位总计6101张，每千名老年人拥有床位33张。

【区域合作】　坚持全面对接青岛的战略理念，围绕高点定位，打造知名的先进制造业基地和青潍组团式发展先行区，密切与青岛、胶州等地发改部门联系沟通，加强信息规划、人才交流等区域合作，全力对接胶州机场临空经济区，密切产业合作，力促区域协同发展。截至2017年年底，济青高铁主体工程基本完工，高密北站站房主体工程建设基本完成，周边广场建设中。

【公车处置】 2017年，开展5场（次）公有车辆的拍卖活动，处置车辆583辆。其中，拍卖车辆407辆，拍卖款773.1万元，报废176辆。

（楚永梅　孙明）

价格管理

【概况】 根据《高密市人民政府职能转变和机构改革实施意见》（高发〔2014〕17号），2014年，高密市物价局调整为市发展和改革局直属行政单位，副科级规格。内设办公室、综合科、物价检查室、成本监审科4个科室。2017年，市物价局机关人员编制17名，实有人数21人，其中正科级领导职数4名，副科级领导职数3名。高密市物价局所辖高密市价格认证中心，为物价局管理全额拨款事业单位，核定编制13人，实有17人。2016年5月，办公地点由永安路（南）935号搬至高密市融智商务综合体4号楼二楼。

【价格调整】 年内新增市立医院、第二人民医院取消药品加成（含二类疫苗，中药饮片除外）；2017年7月31日下调非居民天然气价格，基准销售价格由每立方米3.32元调整为每立方米3.02元，供需双方可以在基准销售价格基础上浮动10%。

【市场价格监管】 开展电力价格、殡葬服务业收费专项检查，开展春季市场价格行为专项整治行动和春节、五一、中秋、十一等重大节假日期间市场价格的巡查和专项检查行动；做好商品房销售备案工作，规范房地产开发企业明码标价行为；开展涉企收费检查，完成对行政审批中介服务收费、行业协会商会收费、电子政务平台收费等重点涉企收费的摸底工作；规范明码标价行为，3月份开展了明码标价规范月活动；不断完善“12358”价格举报信息服务平台，畅通12358、“民声在线”等价格维权渠道，严格执法，维护企业和群众的合法权益。

【价格认定服务】 认真开展涉案物品价格认定工作，完成盗窃、毁坏财物、破坏生产经营、放火等价格认定案件253起，涉案金额580多万元，为公安机关打击犯罪提供价格依据；开展行政征收、征用和有关项目工程所涉标的物价格认定工作，完成地上附着物补偿价格认定32起，认定额1亿元；开展扶贫资金抵押物价格认定13起，认定额1200多万元；开展其他协助性价格认定项目3起，认定额156多万元。

【成本监审】 开展孚日自来水公司向乡镇供水成本监审工作，核减成本8883041.2元，核减比例为42.15%；开展银鹰热电公司向盛源热力公司供暖价格的成本监审工作，核减成本21656567.83元，核减比例为14.79%；开展市水业公司供水价格成本监审工作，核减成本17393941.38元，核减比例22.55%。

（孙思江　张文峰）

粮食管理

【概况】 高密市粮食局是高密市发展和改革局所属正科级事业单位，参照公务员法管理，内设办公室、政工科、社会调控科、监督检查科、财务科5个科室，2017年有在职人员27人，其中：科级干部8人。下辖山东高密国家粮食储备库、高密市地方粮食储备库、高密市军粮供应中心3家企业。2017年，全市粮食行业建成标准化粮仓 0.1 万吨，维修改造仓容 0.20 万吨；完成粮食购销总量 261.7 万吨，其中购进 126 万吨、销售 125 万吨、转化 10.7 万吨；粮油加工企业共加工粮油 40 多万吨，其中面粉 20 万吨、油脂 15 万吨、馒头包子挂面 5 万吨、手抓饼生产 0.1 万吨、春卷皮生产 0.7 万吨。

【粮食储备】 2017 年，根据潍坊市政府下达的高密市地方储备规模，经市政府批准，新增小麦储备 5000 吨。夏粮收购期间利用 15 天时间圆满完成增储任务，为全市应急储备安全奠定了坚实基础。

高密市地方粮食储备库仁和库区
（李强　摄）

【粮库智能化升级建设】 2017 年，共投资 180 万元，对全市国有粮食企业的 4 个库区进行粮库智能化升级改造，安装储备库系统 1 套，收纳库系统 3 套，提高了国有粮食企业的信息化和智能化水平。

高密市地方粮食储备库粮库智能化升级建成后的库区一角　（李强　摄）

【粮食产后服务中心建设项目】 利用中央财政扶持资金 300 万元和企业自筹资金 300 万元，依托山东高密国家粮食储备库、高密市地方粮食储备库、高密市双胜粮油购销有限公司、高密市宏基农业发展有限公司、高密市南洋沃农饲料有限公司 5 家涉粮企业，购置清理筛、输送机、铲车、烘干机、运输车、检化验等设备 69 台（套），在咸家、姜庄、阚家、柴沟启动建设 5 处（其中咸家 2 处）粮食产后服务中心，为农民提供粮食产后代清理、代储存、代烘干、代加工、代销售“五代”服务，解决种粮农民的晒粮和卖粮难题，增强农民市场议价能力，促进粮食提质进档，推动产后节粮减损，提高种粮农民收益。2017 年 10 月由粮食局与财政局联合上报了项目申报材料，11 月获上级批复，12 月 15 日通过潍坊市政府采购网站发布财政资金采购项目设施设备需求公示，进入招标采购程序。截至 2017 年底，各项目企业完成企业配套部分设备投资共 230 万元。

2017 年 10 月，在高密市宏基农业发展有限公司举办粮食烘干技术培训班
（刘劲涛　摄）

【粮食质监站建设】 2017 年利用中央、省财政扶持资金 300 万元和高密市财政配套 300 万元，依托高密市检验检测中心，购置粮食检化验仪器设备 30 台（套）、检测车 1 辆，建设县级粮食质量监测站。2017 年 12 月，上报省粮食局设备采购清单，由省粮食局统一进行招标采购。

高密市检验检测中心一角　（刘劲涛　摄）

【"放心主食"工程建设】 2017年，承办企业山东望乡食品有限公司累计投资4000万元，新建中央厨房和速冻米面车间10000平方米，引进水饺、春卷皮等技术设备，实现了产品和加工能力的提档升级，主食产品种类不断丰富，2017年新研发主食产品3个，包括速冻水饺、春卷皮、油条，满足百姓生活和市场需求。截至2017年年底，主食产品共发展到6大类，57个品种。

【产业发展】 2017年，以望乡、环丰、新春为代表的粮油骨干企业不断延长产业链条，加强质量管控体系和品牌建设，积极推进粮食全产业链经营，逐步淘汰落后产能，增加绿色优质粮食产品供给，全年实现工业生产总值36亿元，高密粮油产业集群初步形成，区域经济带动作用不断增强。2017年8月，省粮食局局长杨丽丽到高密市调研，对高密市推动粮食产业发展的做法给予肯定。

8月，省粮食局局长杨丽丽（左二）到高密调研　（任鑫　摄）

10月25日，省粮食局"放管服"及"大讨论"工作座谈会在高密召开（后排左三为省粮食局政策法规处处长吕明，左四为潍坊市粮食局局长陈玲玲）　（刘劲涛　摄）

【行政执法与督查】 开展"粮食流通执法督查创新示范县"创评。从人防、技防、法防、群防四个方面加强监管能力建设，不断提升监管能力、创新监管方式、完善监管制度、消除风险隐患。截至2017年底，10名工作人员通过山东省行政执法资格考核，3人具有粮食监督检查证件，2人具备行政复议行政应诉资格。年内实现了国有企业库点远程监控系统、粮情监测及应急网点远程监控的信号集并，对全部国有企业政策性粮食及应急成品储备实施24小时实时监测。12月，经县级自评、市级初审、省级复审和网上公示，高密市粮食局以总得分省内第一名的成绩入选省粮食局组织的创建"全国粮食流通执法督查创新示范单位"首批推荐名单。

开展政策性粮食和面向社会粮食流通监督检查。联合市财政局、农发行高密市支行成立检查领导小组，按照在地检查原则，圆满完成全市政策性粮食库存大检查任务。5家列入粮食库存检查范围的企业均做到严格执行国家粮食收购政策，库存粮食账账相符、账实相符，粮食质量安全，企业制度齐全。严格实行应急成品粮储备管理量化评分考核制，每月联合财政局对应急成品粮储备企业各库点进行检查，对应急储备粮储存条件和设施、库存数量、质量情况等逐项打分，现场指出问题，督促企业及时整改，保证应急成品粮数量真实、质量良好。

10 月，省局相关处室领导检查指导应急成品粮管理工作　　　　（刘劲涛　摄）

涉粮案件查办和处罚信息公开。2017 年共开展库存检查、政策性粮食出库、安全生产等专项检查 6 次，综合检查 2 次，出动人员 427 人次，检查企业 156 个次。新办理粮食收购资格企业 4 家，到期延续企业 8 家。2017 年全年查处纠正违规违法案件 2 件，下达责令整改通知书 27 份。立案并执行处罚案件 2 件，其中：对高密市祥鑫粮食收购中心、高密市鸿瑞农业科技有限公司未按要求报送粮食经营数据行为进行行政处罚，罚没资金总计 0.15 万元。所办案例清晰，依据充分，程序完备，裁量得当，处罚案件全部在政府门户网站公示。

粮食安全隐患大排查快整治严执法集中行动。制定《高密市粮食局安全隐患大快严集中行动实施方案》，在企业自查基础上，开展县级普查。按照“全覆盖、零容忍、快整治、严执法”的原则，共检查政策性粮食储备企业 6 家，发现问题 11 处，建立了专门问题整改台账，组织专人驻点包靠，对发现的问题逐一整治，确保问题及时整改落实到位。

9 月，山东省粮食行业“大快严”集中行动潍坊市联合工作组到高密市地方粮食储备库检查　　　　（刘劲涛　摄）

（赵华伟　夏继叙）

国土资源管理

【概况】　2017 年，高密市落实新增建设用地指标 181.9322 公顷，159 个重大项目用地实现应保尽保。至 2017 年底，高密市国土资源局有 8 个职能科室：办公室（挂组织人事科牌子）、财务审计科、耕地保护科、土地利用科、地质矿产管理科、测绘管理办公室、审批服务科、地籍与不动产登记管理科，行政编制 21 人，实有 21 人(其中公务员 19 人)；下设 4 个事业单位，分别是：高密市土地储备中心（正科级）、高密市土地开发整理中心（副科级）、高密市不动产登记中心（副科级）、高密市土地文化博物馆（股级）。国土资源分局（所）11 个。2017 年 6 月 2 日，正式由凤凰大街 111 号搬迁到朝阳街道花园街东首地产大厦办公。2017 年 7 月 29 日，根据高密市机构编制委员会《关于撤销高密市土地经营开发管理办公室的通知》(高编〔2017〕9 号)，土地经营开发管理办公室的职责并入市土地储备中心，其 8 名工作人员划入土地储备中心。至 2017 年底，全局事业编制 117 人，实有 117 人。年内，《高密市土地利用总体规划（2006–2020 年）调整完善方案》通过省政府批复，增加建设用地区 9555

亩；投资 1000 多万元启动不动产登记工作数据融合和平台建设，“高密市城镇地籍数据更新试点”工作通过省厅验收，解决了一系列历史遗留问题，被潍坊市局、省厅推报为“全国百佳不动产登记示范窗口”；规范土地管理秩序，高密市代表潍坊市顺利通过省厅对部级卫片的验收；完成 2016 年大比例尺地形图更新的数据整合及城镇 1:500 基础地理信息数据更新和入库工作，开展高密市社区警务平台等 4 个地理信息公共服务平台推广项目，高密市大比例尺基础地理信息数据库和地名地址库更新项目荣获“2017 中国地理信息产业优秀工程银奖”，数字高密地理信息公共服务平台及示范项目荣获山东省国土资源科学技术奖三等奖。市国土资源局连续 8 年保持“省级文明单位”称号，省国土资源厅、省人社厅“全省国土资源系统先进集体”等 10 多项荣誉。

6 月 24 日，由高密市国土资源局与中国国土资源报社联合举办的庆祝第 27 个土地日暨建党 96 周年土地文化拓片展在高密开展，中国国土资源报社社长陈国栋（右二）、中国国土资源作家协会名誉主席常江先生（左四）到现场观展　　（王玮　摄）

【耕地保护】 2017 年，基本农田划定 85241.5333 公顷，占耕地总面积的 88.48%。耕地占用补充 131.1109 公顷，连续 18 年实现耕地占补平衡，基本农田保护率 88.48%。完成高密市 2018 年度高标准农田项目、高密开发区张鲁集村土地整理项目、高密市东北乡文化发展区高平庄等两村土地开发整理项目的立项工作，建成高标准农田 39 万亩，完成计划的 100%。

【不动产登记】 至 2017 年底，共发放不动产登记证书 10291 本，登记证明 16678 份，不动产信息查询 42477 份，查封登记 2071 份，注销登记 5313 份。启动了“互联网 + 不动产”服务群众模式，开通“高密不动产”微信公号，引进自助查询系统，建立实时评价系统、意见箱等信息反馈渠道，开设开发企业批量业务办理窗口。不动产登记信息查询、注销、查封、异议登记业务实现当场办结；抵押登记 5 个工作日内办结；首次登记、转移登记在 10 个工作日内办结。

3 月 31 日，省国土资源厅副厅长宋守军（左二）在市委副书记、市长王文琦陪同下到高密市调研不动产登记工作　　（陈志辉　摄）

【建设用地管理和土地利用】 2017 年，报批建设用地 21 批次，面积 197.3979 公顷。其中：单独选址批次 1 个，面积 13.8490 公顷；项目报批 18 个，面积 176.9486 公顷；村镇批次 2 个，面积 6.6003 公顷。补充耕地与被占用的耕地数量、质量均符合上级要求，所有用地项目在报批前均已落实耕地占补平衡。全年供应土地 56 宗，面积 124.0486 公顷；盘活存量建设用地 141.49 公顷。

【矿业管理】 2017 年，科技管矿远程监控系统及监管平台完成建设。对全市探矿权、采矿权审批出让情况进行清理，完成年度采矿权人矿产资源开发利用与保护年度报告及年度检查工作。年内出让采矿权 0 宗，采矿权人年检合格率 100%。全市有高密市金坤诺矿业矿业公司 1 个矿山企业，从业人员 25 人，年产矿石量 47.14 万吨，工业总产值 942.8 万元。

【地质环境保护】 印发突发地质灾害应急预案，完善各项防灾措施，深入排查和巡查全市重点隐患。开展矿山地质环境治理，截至2017年年底，井沟镇金宝山复绿项目完成野外验收，阚家镇双羊店废弃矿坑复绿项目完成土石方工程的80%，后张秋废弃矿坑复绿项目完成土石方工程的70%。完成重晶石矿采空区调查评价，积极开展废弃矿井封闭工作。

【执法监察】 2016年部级卫片整改工作通过省厅验收。向高密市综合行政执法局移交疑似违法案件材料221宗。全年共处理各类信访案件107件（次），通过政务热线、民生在线等方式受理群众反映有效事项911件（次）。依法依规当场给予合理答复率为100%，办结率为100%。

（陈志辉）

审计监督

【概况】 2017年，高密市审计局有工作人员45人，其中高级职称4人，中级职称11人。内设办公室、财政金融审计科、固定资产投资审计科、法制科、执行科5个科室，下辖高密市经济责任审计办公室。审计工作主要任务是：对公共资金、国有资产、国有资源及领导干部履行经济责任情况实行审计监督全覆盖。2017年，完成审计项目54个，查处违规金额60623万元，管理不规范金额851782万元，决定上缴财政80968万元，已上缴70752万元，审减工程造价节省政府性资金11815万元。移送案件线索5起，其中移送纪检监察机关4起。年内，先后有4名省审计厅副厅级以上领导干部到高密市审计局调研指导。市审计局连续8年获“省级文明单位”荣誉称号。

【政策措施落实情况跟踪审计】 按照上级统一部署，年内，先后对精准扶贫政策落实及资金管理使用情况、2017年度简政放权放管结合优化服务政策落实情况等项目进行了跟踪审计，涉及市编办、市发展和改革局、市人力资源和社会保障局、市卫生和计划生育局、市林业局、市市场监督管理局、市政务服务中心等部门单位。通过审计，维护了政令畅通，促进了“稳增长、促改革、调结构、惠民生、防风险”等重大政策措施落地生根和不断完善。

【预算执行审计】 年内开展了2016年度本级预算执行和其他财政收支情况审计，对市财政局、市地方税务局、中国人民银行高密支行具体组织市本级预算执行，以及市委党校、市金融管理办公室、市住建局、市粮食局、市残疾人联合会、市农机局、市园林管理处7个市直部门单位的预算执行、落实中央八项规定精神等情况进行了审计。审计情况总体良好。各部门单位认真执行预算管理规定，健全内部控制制度，加强财务管理，积极贯彻落实厉行节约反对浪费各项规定，“三公”经费持续下降。但审计也发现，在预决算编制、预算执行、资金管理等方面还存在一些问题。

【经济责任审计】 年内主要开展了领导干部离任审计、任中审计和离任经济责任事项交接三项工作。完成33个经济责任审计项目，包括市农机局、市教育局、市财政局、市统计局、醴泉街道、胶河生态发展区、姜庄镇、柏城镇、第三中学等离任审计项目29个，市水利局、市交通运输局、市园林管理处、市妇幼保健计生服务中心任中审计项目4个。开展了夏庄镇自然资源资产离任审计。按照全市党建工作3年行动计划安排，会同有关部门制定了《高密市村级审计实施方案》，在试点的基础上全面铺开。市审计局负责村级审计的组织协调、监督指导，顺利完成全市960个村（社区）的审计工作。

【政府投资审计】 审结完成2014–2015年度市政工程，城区路灯改造等市政工程，胶河综合改造工程，利群路、康成大街电力综合改造等五项电力工程，住建局 2015、2016 年度城建工程等审计项目。审计总金额 52672 万元，核减工程造价节省政府性资金 11815 万元。完成市政府交办的东北乡文化旅游道路灰土以上结构造价认定、2016 年度住建局图审面积认定等审计核查任务。

【审计制度建设】 2017 年，出台《高密市领导干部离任经济责任事项交接办法（试行）》，进一步规范领导干部经济责任行为，完善经济责任审计制度建设。市人大出台《关于改进向市人大常委会报告审计工作及审计查出突出问题整改机制的意见》，强化市人大对审计工作的监督。

【审计服务】 2017 年，开展了为期一个多月的环保资金专项审计调查，摸清了环保资金管理、使用情况，形成了内容详实的审计调查报告，为领导决策提供了参考依据。配合潍坊市巡查组开展了对夏庄镇和密水街道的巡查工作。抽调人员参加了审计署、省审计厅和潍坊市审计局统一组织的保障性住房审计、中央国有企业审计、政府引导基金运营和管理情况审计等审计项目。

【审计科研工作】 2017 年，实施审计工作创新驱动工程，成立多个由业务骨干组成的课题小组，深入研究探讨大数据审计、领导干部自然资源资产离任审计、环境保护审计、村（社区）审计等新课题，在审计内容、审计环节、审计标准、审计评价等方面积极探索，积累经验。

（赵立刚　田晋铭）

统计工作

【概况】 2017 年，高密市统计局有工作人员 33 名，按机构编制“三定”方案的规定，内设办公室、综合统计科、工业统计科、能源统计科、政策法规科、统计执法监督大队 6 个行政科室，下辖高密市统计调查队、招商统计办公室 2 个事业单位。先后荣获“山东省统计系统文明单位”“山东省第六次人口普查先进集体”“全省统计宣传工作先进单位”“县级粮食产量抽样调查先进单位”“山东省第三次经济普查先进集体”“第三次农业普查省级先进集体”“2017 年度潍坊市级文明单位”等荣誉称号。

【统计管理】 2017 年，高密市统计局深入贯彻落实山东省统计局《关于加强统计基层基础工作提高统计数据质量的意见》、高密市委市政府《关于加强统计基层基础工作规范化建设的意见》等文件精神，加大省级示范站“八有”“八化”措施建设，严格按照标准配备，以有效保证基层统计工作顺利高效开展。建立机制坚持考核导向。按照《镇（街、区）统计工作考核办法》，对基层统计数据质量及统计工作进行量化考核。成立统计执法监督大队，股级规格，行政编制 4 人，统计局内部调配 3 人，其中行政编制 2 人，事业编制 1 人；经高密市机构编制委员会批文，全市各镇街区按照“8 万人口以上配 4 人以上、8 万人口以下 3 人以上”标准配统计人员，界定统计职能。全市 15 个镇（街区）共有统计人员 59 人，其中专职（或主业从事统计）39 人，兼职 20 人。

【农业普查】 根据国务院发布的《全国农业普查条例》第八条规定，农业普查每 10 年进行一次，尾数逢 6 的年份为普查年度，标准时点为普查年度的 12 月 31 日 24 时。第三次农业普查于 2017 年 1 月开始。普查时点为 2016 年 12 月 31 日 24 时。普查时期为 2016 年 1 月 1 日至 12 月 31 日，开始入户登记标准时间为 2017 年 1 月 1 日。登记对象是境内的农业经营户、农业经营单位、居住在农村且有确权（承包）土地的住户；填报对象是列入农业普查范围的村（居）民委员会、乡镇（街道）；遥感测量对象以农作物种植地块为主，并包括其他与之相关的土地覆盖要素。普查的主要内容包括：农业从业者基本情况；农业土地利用与流转情况；农业生产与结构情况；新型农业经营主体与农业规模化、产业化发展情况；新农村建设情况；农村人居环境与农民生活方式变化情况。

【抽样调查】 市统计局每年除全面统计外，还进行农产品产量、畜牧业、规模以下工业、规模以下商业、餐饮业、劳动工资、农产品价格、房地产价格、小规模固定资产投资、集团调查、景气调查等10余项抽样调查。抽样调查数据用以推算全市的总量。根据《山东省人民政府办公厅关于建立年度全省1%人口抽样调查制度的通知》要求，从2016年度起每年开展1%人口抽样调查任务。2017年，圆满完成全省1%人口抽样调查任务。根据《国务院办公厅关于进行全国投入产出调查的通知》和国家统计局、工业和信息化部、财政部、海关总署、国家邮政局、中国铁路总公司联合下发的《关于认真做好2017年全国投入产出调查工作的通知》要求，2017年是开展全国第七次投入产出调查和编制投入产出表的年份，根据工作安排高密市共承担8家规模以上工业企业的投入产出调查任务，截至2017年年底，完成了前期培训、摸底调查等工作，调查企业开始数据收集整理工作。

【城乡一体化住户调查】 通过调查点住户日常收入支出情况记账，反映城乡居民收入、消费及其他生活状况。1986年，全市农村住户调查点由1982年的6个村60个户，扩大到10个村100个户。1997年，农村住户调查点每镇（街）3～4村，调查户30～40户，共设有100个村1000户。2000年，每镇（街）保留3个村30个户，共设60个村600个户。依据样本轮换原则，2001年启用新调查点10个村100个户。2006年又对2001年启用的调查点样本进行轮换，依然保持10个村100个户，此方案执行到2013年。2014年启用新调查制度，全市调查点由之前农村10个村100户转换为全市15个村150户，指标农民人均纯收入更换为居民可支配收入。

【统计普法】 《中华人民共和国统计法实施条例》是根据《中华人民共和国统计法》制定，由中华人民共和国国务院于2017年5月28日发布，自2017年8月1日起施行。借助新实施条例施行的关键时机，市统计局结合统计“七五”普法活动和日常统计工作，利用电视、报纸、悬挂横幅等有效方式，加大普法宣传力度抓好统计普法宣传。

【统计宣传】 2017年，市统计局借助各种媒体媒介集中宣传“第八届中国统计开放日”。中国统计开放日是由国家统计局创办，旨在庆祝“世界统计日”成立，同时推动中国统计公开透明，更好地服务于社会。从2010年起，每年9月中旬即为“中国统计开放日”。2017年9月20日，第八届“中国统计开放日”活动如期举办，主题是“统计新动能，服务新常态”。活动期间，市统计局在《今日高密》报刊、高密电视台、中国高密网站等新闻媒体，以及“高密统计”微信公众平台等网络新媒体上集中展示统计部门主动适应新常态新要求，推动新产业新业态新商业模式等新动能统计监测改革创新，以及统计优质服务的新成果，开展宣传咨询活动。

（王磊）

市场监督管理

【概况】 高密市市场监督管理局，系高密市政府工作部门，正科级，加挂高密市食品安全委员会办公室、高密市食品药品监督管理局牌子。2017年，局内设有13个机关科室，企业注册局、公平交易局2个直属局，市场监管执法大队、计量检定测试所、技术监督信息所、个体私营经济服务中心、消费者投诉中心5个下属事业单位，设14处镇街区市场监管所（其中经济开发区市场监管所为年内新设），共有工作人员337人。获潍坊市依法行政先进集体称号，两次获潍坊市食品药品稽查办案技能竞赛团体一等奖。

【商事制度改革】 2017年，上级下放的各类审批和许可事项全面落实到位，根据要求停收“计量器具强制检定收费”，至此市场监管局已无涉企收费项目。率先推行“企业登记全程电子化”“企业简易注销登记”两项改革。大力推进“多证合一、一照一码”和个体工商户“两证整合”工作，实施“双随机一公开”（即在监管过程中随机抽取检查对象，随机选派执法检查人员，抽查情况及查处结果及时向社会公开）和“双告知”（指在办理登记注册时，市场监管部门要告知申请人需要申请审批的经营项目和相应的审批部门，申请人书面承诺告知在取得审批前不擅自从事相关经营活动）制度，加强事中事后监管，不断优化“大众创业、万众创新”环境，切实为市场主体降成本添活力，促进市场主体提质增量。全年新登记各类市场主体10500家，注册资本金197.053亿元。全市市场主体总量达到82119家，2016年度市场主体年报公示率为92.38%。

【省级食品安全先进县创建】 利用2016、2017两年时间，市食安办牵头协调各相关部门，创新宣传方式，市农业、畜牧、公安、卫计、综合执法、市场监管等相关食安委成员单位，立足职能，加强从种养源头到餐桌的全过程监管，集中力量完善档案资料，加强示范点打造，先后三次迎接省、潍坊市考核评估，于2017年底成功创建为省级食品安全先进县。

12月10日，省级食品安全先进县创建工作验收组到高密市对创建工作进行验收，图为验收会议现场　　　　（仪秀　摄）

【质量强市战略】 组织开展“全国质量月”宣传咨询服务活动，发放《质量发展纲要（2011—2020年）》等宣传资料2600余份。根据年度产品质量抽检计划，完成81家企业的特种劳动防护用品、生活鞋、纺织品、有机肥、橡胶制品等四大类别的87批次样品抽检。加强生产许可证获证企业及强制性认证企业的证后监管，开展了实地监督检查。认真落实工业生产许可证获证企业年度自查报告公示制度，截至2017年底，66家获证企业全部按要求进行了网上自查公示。

2017年全市工业产品生产许可证获证企业名单（66家）

企业名单	企业名单	企业名单	企业名单
海宇股份有限公司	高密市德润劳保用品有限公司	山东邦泰散热器有限公司	山东孚日电机有限公司
山东省健坤防护用品有限公司	高密市丰润劳保有限公司	山东固邦鞋业公司	高密建滔化工有限公司
山东连安劳保用品有限公司	高密市鹿原劳保用品有限公司	潍坊和信生物科技有限公司	山东三利化工有限公司
高密市振原水泥有限公司	高密市永康化工有限公司	潍坊市裕丰化肥有限公司	高密市长隆木制品厂
高密市荣基水泥有限公司	山东天科生物科技有限公司	高密市泰航劳保用品有限公司	高密市美登鞋业有限公司
高密市云盛水泥有限公司	山东全宇生物科技有限公司	高密市登顺化工有公司	高密市致远劳保用品有限公司

（续表）

企业名单	企业名单	企业名单	企业名单
潍坊巴盾防护用品有限公司	山东鼎固劳保用品有限公司	山东高密高源化工有限公司	潍坊埃克特密封科技有限公司
潍坊双捷劳保用品有限公司	潍坊市合利劳保用品有限公司	高密市众合化工有限公司	山东盛德鞋业有限公司
高密市铭固劳保用品有限公司	山东凤墩皮革制品有限公司	潍坊安保来鞋业有限公司	山东力王鞋业有限公司
山东铭泰防护用品有限公司	高密市永发装饰板厂	山东宏龙鞋业有限公司	山东君之安鞋业有限公司
山东锦峰鞋业有限公司	山东顺强鞋业有限公司	高密市通宇鞋业有限公司	山东固尔顿鞋业有限公司
山东米高生物科技有限公司	高密恒阳化工科技有限公司	高密市海晟鞋业有限公司	山东高密佳怡包装有限公司
潍坊鲁禾肥业科技有限公司	高密市凯旋消毒制品有限公司	山东天犬鞋业有限公司	高密市鹏晖包装制品有限公司
山东畅通路桥股份有限公司	山东昊霖劳保用品有限公司	高密市顺江劳保制品有限公司	高密市坤利塑料包装有限公司
高密市助安达劳保用品有限公司	高密市喜登枝劳保用品有限公司	高密市杰豹压缩机制造有限公司	山东菲达电力电缆股份有限公司
劳士（天津）安全设备有限公司高密分公司	中铁一局集团物资工贸有限公司高密西制梁场	山东沃得格伦中央空调股份有限公司	高密市隆昊通劳保用品有限公司
山东孚晟安全防护用品有限公司	潍坊市太华鞋业有限公司		

【品牌战略实施】 根据年度工作计划，召开商标名牌企业座谈会，实施商标行政指导，建立品牌培育后备企业库，建立起商标、名牌梯次培育机制，实行上门指导服务。2017 年，全市新增国内商标注册申请 769 件，有效注册商标总量达 5520 多件。全年新增山东名牌 3 个，豪迈公司总工杜平被潍坊市政府授予第七届潍坊市市长质量奖荣誉称号。

2017 年全市新增山东名牌产品名单（3 个）

企业名牌	品牌	产品名称	获奖年份
山东凤墩皮革制品有限公司	凤墩	多功能安全 / 防护鞋	2017
山东孚晟安全防护用品有限公司	孚晟	多功能安全 / 防护鞋	2017
山东华汇家居科技有限公司	华汇	棕纤维弹性床垫	2017

2017 年全市新增潍坊市市长质量奖（1 个）

单位名称	获奖类型	获奖人（及职务）	获奖年份
山东豪迈机械科技股份有限公司	贡献奖	杜平（总工程师）	2017

【食品安全监管】 2017年，共完成生产、流通和餐饮环节市级以上抽检792批次，自主监督抽检1440批次，检测结果全部在政府网站和省抽系统进行公示，食用农产品328批次抽检结果全部输入农产品直报系统中。开展了食品快检进市场和“你送我检”活动，28家规模以上食品生产企业实行了赋码追溯。开展了放心示范超市、食安山东示范单位创建工作，成功创建食安山东示范单位5家，其中生产企业1家（山东恒丰食品有限公司），餐饮单位4家（豪迈第二小学食堂、红高粱民俗小吃村、高密市铭记茶餐厅、高密市升盛园馅饼店）。先后完成中高考、市两会、教师资格证考试、全市大观摩等重大活动食品安全保障6次。

市场监管局在全市的大中型超市、市场中开展“食品快检进市场活动”，图为食品安全监管工作人员指导商场开展检测结果公示（仪秀　摄）

【药品药械监管】 2017年，新办药品经营企业35家。认真开展GSP通过企业回头看工作，先后飞行检查企业55家。对全市43家医疗器械生产经营企业和96家医疗机构实施全覆盖监督检查。年内先后开展了麻黄碱类复方制剂、中药饮片、隐形眼镜等10个专项整治，共检查企业323家。认真开展不良反应监测工作，全年共完成药品不良反应病例报告1011例，医疗器械不良事件报告408例，报告数量和质量均位于潍坊市前列。

【保化品监管】 2017年，根据年度检查计划、应急预案等，积极开展保健食品、化妆品生产经营单位的日常监督管理。对辖区内428家保健食品经营企业实现全覆盖、痕迹化监管，共出动检查人员536余人次，制作现场检查笔录、监督意见书526余份，责令整改企业123家，回查86次。检查化妆品生产经营企业369家，责令整改236家。设置化妆品不良反应监测点3个，共报告化妆品不良反应61个案例。

市场监管局保化品监管工作人员在药店中检查保健食品（仪秀　摄）

【特种设备安全监察】 2017年，配合市安监、环保等部门，顺利开展环保清零行动，全市1132台燃煤锅炉于2017年7月底前拆除。大力推进特种设备安全教育进社区、进校园、进企业活动，共培训企业管理人员1600余人次、在校师生3700余人次。新办理特种设备使用登记492台。共开展百日攻坚治理、化工企业“大快严”集中整治、涉氨制冷企业压力容器压力管道等各类专项行动11次。检查企业448家，查出安全隐患595处，整改512处，下达安全监察指令书65份，826台超期未检设备全部联系报检。

7月22日，全市畜禽养殖禁养区关闭搬迁暨涉氨制冷企业特种设备专项整治会议在市会议中心一楼会议室召开（仪秀　摄）

【标准化工作】 2017年，帮助高密市殡葬管理所申报的国家级殡葬综合服务标准化试点项目，被国家标准委立项为第四批社会管理和公共服务综合标准化试点项目。红高粱旅游服务标准化被省质监局列为省级服务标准化试点项目。惠德农产品公司承担的省级菌菇生产标准化示范区被潍坊市政府授予“潍坊市标准应用奖”荣誉称号。年内向市政府申请，为5家企业兑现发放了2016年度标准化奖励资金49.25万元。

高密市2016年主持、参与制（修）订国标、行标企业名单

单位名称	标准类别	标准名称及标准号	主持/参与	奖励资金
山东高天金属制品有限公司	国家标准	GB/T1796.5-2016《轮胎气门嘴第5部分：大芯腔气门嘴》	主持修订	15万元
山东高天金属制品有限公司	国家标准	GB/T1796.1-2016《轮胎气门嘴第1部分：压紧式内腔气门嘴》	主持修订	15万元
	国家标准	GB/T1796.2-2016《轮胎气门嘴第2部分：胶座气门嘴》	主持修订	
	国家标准	GB/T9766.5-2016《轮胎气门嘴试验方法第5部分：大芯腔气门嘴试验方法》	主持修订	
	国家标准	GB/T9766.1-2015《轮胎气门嘴试验方法第1部分：压紧式内胎气门嘴试验方法》	参与修订	3.125万元
	国家标准	GB/T9766.4-2016《轮胎气门嘴第4部分：压紧式无内胎气门嘴实验方法》	参与修订	
	国家标准	GB/T9766.2-2016《轮胎气门嘴第2部分：胶座气门嘴实验方法》	参与修订	
高密市同创气门芯有限公司	国家标准	GB/T9766.3-2016《轮胎气门嘴试验方法第3部分：卡扣式气门嘴试验方法》	参与修订	3.125万元
	国家标准	GB/T1796.5-2016《轮胎气门嘴第5部分：大芯腔气门嘴》	参与修订	
	国家标准	GB/T1796.1-2016《轮胎气门嘴第1部分：压紧式内腔气门嘴》	参与修订	
山东豪迈机械制造有限公司	行业标准	HG/T5108-2016《不锈钢制小径管束螺旋缠绕式换热器》	主持制订	15万元
	行业标准	HG/T5109-2016《无菌级双管板管壳式换热器》	主持制订	
孚日集团股份有限公司	行业标准	FZ/T60046-2016《毛巾产品单位面积质量测试方法》	主持制订	10万元
	行业标准	FZ/T14034-2016《棉冷轧堆染色印染布》	参与制订	2万元
高密市中亚暖通设备有限公司	行业标准	JG/T220-2016《铜铝复合柱翼型散热器》	参与修订	1万元

【智慧电子监管平台建设】 投资251万元，自2016年开始探索建立“智慧电子监管平台”，2017年底监管平台移动终端全部发放到位，各监管模块调试完毕，正式投入使用。基本实现了市场监管业务处理的智能化、信息化、高效化，全面提升了工作水平和业务处理效率。

9 月 20 日，市政协组织开展食品药品安全视察。图为政协委员们观看智慧电子监管平台操作现场展示 （仪秀 摄）

【计量管理工作】 推进诚信计量公开承诺工作，确定 10 家单位为诚信计量公开承诺单位。开展了计量“五进”（进企业、进超市、进社区、进校园、进医院）活动，先后为 157 家企业建立强检计量器具备案，免费检定、校准计量器具 23500 余台件，检测定量包装商品 213 批次，检定非强检计量器具 2322 台件，打造了公平公正的计量环境。

计量检定工作人员在加油站检定加油机 （仪秀 摄）

【市场交易和合同监管】 加大对节日市场监管力度，特别加强了对烟花爆竹等化学危险品以及车辆、棉花、废旧物品回收等市场的监管。开展“红盾护农”活动，组织实施全市化肥质量抽检工作。对 58 户社会加油站经营的成品油进行了质量检测，共抽取样品 124 个。积极开展网络市场监管信息管理工作，牵头组织严厉查处网络虚假宣传等违法行为。指导全市 32 家企业成功申报潍坊市级 2015 至 2016 年度“守合同重信用”企业。加强格式条款合同监管执法，及时查处公益企业领域的合同格式条款工作，共发放行政指导书 5 件，责令整改通知书 5 件。加强拍卖监督管理，依法对 26 起拍卖活动进行了监拍。集中对全市范围内 300 余家废旧物资回收企业和 13 家生产要素市场进行了拉网式监督检查，对 8 家存在问题的废旧物资回收企业和 2 家生产要素市场进行了规范。

【行政执法工作】 年内制定印发了《高密市市场监督管理局案件办理规定（试行）》和《关于罚没物资管理处理的意见》等文件，分类建立案件登记台账，明确案件的管理处理流程。在行政执法工作中引入行政指导。全面推行“双随机一公开”，梳理编制随机抽查事项 33 项，检查对象名录库 12 个。依法严厉打击违法违规行为，全年共核审各类案件 328 件，6 起涉及行政复议和行政诉讼案件均予以维持。

【消费维权工作】 依托全国 12315 互联网平台，搭建 OA 受理分流业务处理平台，实现线上线下快速处置。开展了 3.15 纪念活动，期间组织 24 家执法部门参与，开展现场真假商品对比展示和现场咨询等活动。全年共受理各类投诉举报 3800 余件，其中处理政务热线、上级转来的投诉举报等 1700 余起。

（门小林）

检验检测工作

【概况】 高密市检验检测中心位于高密市人民大街东首，综合实验楼建筑面积 12850 平方米，实验室面积 6200 平方米。中心拥有气质联用仪、液质联用仪等大型先进检测仪器，有专业技术人员 24 人，其中高级职称 3 人、中级职称 7 人，软硬件达全国县级综合检测机构先进水平。检验检测中心主要任务是负责全市食品、农产品、农业投入品、工业产品等各类产品的检验检测。2017 年，共计接收各类检测样品 1581 批次。其中，有关职能部门委托 1521 批次，社会委托 60 批次。食品、农产品样品 1401 批次，工业产品 180 批次，检测业务量同比上年增长 117%。

【检测体系建设】 严格按照《质量手册》《程序文件》开展相关检验检测业务工作，完善食品、农产品、工业产品等产品质量安全检测体系，共计通过 39 个产品认证和 241 个产品中的 3010 个参数认证，其中包括食品类 103 个产品中的 1967 个参数，非食品类 39 个产品和 138 个产品中的 1043 个参数。2017 年参加省质监局组织的食品中着色剂检验能力验证和水质检验能力验证，实验结果全部为满意，检测能力和检测水平在同级检测机构当中位居前列。9 月中旬，省质监局专家组到高密市检测中心进行标准变更现场确认，新变更标准 97 个，新增 103 个产品中的 1097 个参数。

【食品安全检验检测资源整合试点】 为优化全市食品检验检测资源，提高食品检验检测能力，年内开展并落实食品安全检验检测资源整合试点项目。项目总投资 1450 万元，其中中央投资 700 万元，地方财政配套资金 750 万元。建设内容包括：对检测化验综合楼的第 11、12、13 层进行装修，通风系统、气路系统改造，建无菌实验室、恒温恒湿室等；购置气相色谱仪、液相—质谱联用仪、离子色谱仪、液相色谱仪等检验检测设备 87 台 / 套。2017 年 11 月，项目通过省食药局专家组验收。

（朱童）

安全生产监管

【概况】 2017 年，高密市安监局设有办公室、综合科、工商贸科、危化科、教育培训科、职业健康科、审批科、综合监管科、标准化科、事故科 10 个科室，下属事业单位为安全监察执法大队、应急救援指挥中心。共有工作人员 51 名。其中，2017 年考录补充 2 名工作人员，一名参照公务员管理人员，一名事业编制人员。2011 年 10 月 4 日由长丰街与顺河路交叉路口西 100 米路南迁入融智商务综合体 6 号楼 4 楼，2015 年 11 月由融智商务综合体 6 号楼 4 楼迁入融智商务综合体 5 号楼 2 楼。

【安全监管】 2017 年，按照“一镇一册”的要求，将全市 2925 家生产经营单位纳入安全生产“网格化、实名制”监管名册，组织镇街区和市直部门开展安全生产风险点摸底和事故隐患排查整治活动，有 2236 家企业建立安全生产风险点“一企一册”，排查风险点 3281 处，公共领域风险源 275 处，将全市重点监管的 1028 家企业全部纳入安全隐患台账管理，实现“一镇一册”和“一域一册”。创新安全生产监管方式，在工矿商贸等领域，根据每个领域特点，开展常年化、机制性、大密度的安全生产随机抽查工作，将全市 2925 家生产经营单位纳入随机抽查名录库，以两周为一个周期开展执法检查，每个周期抽查 6 个镇街区，每个镇街区抽查 4 家企业，对其中未按要求及时整改隐患的，依法快节奏实施处罚。在全省范围内率先创新综合监管，将全市 15 个镇街区、27 个市直部门纳入综合监管范围，通过建立名录库、制定抽查计划、组织联合执法检查的模式，开展综合监管。2017 年，安监、住建、商务、民政、交通、农业、环保等 10 多个部门联合对 150 家生产经营单位进行了执法检查，查处安全隐患 1024 条，其中重大隐患 102 处，向相关部门单位及相关镇街区每周一次发放联合执法的检查、复查反馈函 265 次，每月一次发放《安全生产综合监管简讯》，2017 年共发放 12 期 2000 多份，撰写并发放致行业主管部门主要负责人的一封信，督促相关部门监督企业按要求整改隐患，根据检查发现的共性问题，在全行业内及行政辖区内进行拉网式隐患大排查，推动全市部门单位安全生产责任落实。

【安全责任落实】 2017年，安监局起草并出台《高密市镇街区、社区、村社、企业安全生产管理权利与责任清单》《高密市企业、中介机构、村社、镇街在安全生产标准化创建过程中的权利与责任清单》，同时配套31种“履职尽责痕迹表”，每两周一次对痕迹表进行随机抽查，每月对15个镇街区抽查一遍，建立每月向市纪委、监察局和组织部报送镇村干部安全生产不作为行为，进行问责的工作机制。出台11个重点市直部门的“安全生产权利责任清单”，并统一印制下发了32种“履职尽责痕迹表”，对市直部门的安全生产工作开展抽查检查，督促市直部门安全生产责任的落实。推行每月一封安全生产公开信制度，即将随机抽查隐患数量、综合监管排查隐患情况、履职尽责痕迹表抽查情况以及相关部门单位近期在安全生产工作中存在的问题等分别以一封信的形式向各镇街区党政主要负责人、市直部门主要负责人通报，年内共发送公开信300封。

【高危行业监管】 2017年，在容易造成群死群伤的危化品、涉氨制冷、粉尘涉爆领域，安监局创新实施精细化监管。通过政府公开招标购买服务方式，聘请高水平安全专家对三大重点领域的企业，每季度进行一次诊断检查和复查，形成“专家查隐患、政府促整改、企业抓落实”的新型安全隐患检查整改模式。对高危行业企业的开停车、检维修、动火、受限空间、吊装、罐装等特殊作业实施“三联单”蹲守作业规定，加强高危工序安全监管。

【安全教育培训】 2017年，安监局创新实施大培训新模式，将全市1.3万人纳入安全生产大培训范围，设置15个培训专题，其中危化品、涉氨制冷、木器面粉等11个专题面向企业厂长、分管厂长、车间主任、班组长、重点岗位人员；安监监管、住建监管、质监监管、消防监管等4个专题面向镇村干部，并印制教材3万多份，增强培训的针对性和实效性，全年共举办大培训225场次。为督促企业加强安全教育培训，落实安全责任，制定出台了《随机执法抽查企业全员安全培训工作办法》和《随机执法抽查企业安全生产责任制工作办法》，并印制9000多份，下发至全市所有企业、镇街区、村社、副科级以上干部等。两个《办法》将部门、企业的安全责任制落实情况、安全教育培训情况、职业病防治情况等内容纳入随机抽查执法检查的重要内容，纳入行政处罚的重要款项，通过执法检查和行政处罚，督促企业落实好安全生产主体责任，实现精细化监管的目标。

【中介机构管理】 2017年，市安监局创新中介机构监管方式，推行中介公司承诺制，出台《高密市中介公司管理办法》，发放《中介公司在企业创建过程中的责任清单》和中介公司《倡议书》4500余份，监督约束中介公司的行为，确保中介公司工作质量，杜绝随意降低创建标准的现象。截至2017年年底，全市1000余家创建企业全部完成了创建，达标率100%，并开始按照标准化规范运转。

【安监平台建设】 2017年上半年，制定了《高密市安全生产信息平台建设方案》，明确平台建设工作思路，并请示高密市人民政府建设安全生产信息平台。2017年9月8日，市政府批复同意建设安全生产监管信息平台，并要求市智慧办论证指导。9月15日，市智慧办根据市政府批复，联合市财政局和市机关事务管理局召开了论证审核会议，形成意见：软件部分由市安委会组织采购，硬件部分由市智慧办结合全市规划统一部署建设。至2017年底，全市的安全生产信息平台建设工作基本完成，实现了与市政府视频信息平台联网运行，提升了安全生产监管的信息化、科技化水平。

（崔健　刘德森）

政务服务

【概况】 2017年，高密市政务服务中心管理办公室有工作人员20人，内设综合科、审批服务科、考核监督科3个职能科室。主要负责对纳入市政务服务中心的事项办理进行监督管理和指导服务，对进驻市政务服务中心的窗口单位及其工作人员进行管理考核，并负责处理裁决市政务服务中心窗口单位在办理审批服务事项中的意见分歧，受理有关举报投诉。截至2017年底，全市有35个部门、单位派驻人员办公，各窗口共受理各类办件160443件，办结145888件，按期办结率100%。

【政务服务】 *服务窗口布局调整* 2017年上半年，对窗口布局重新进行了合理调整，将公安局户籍大厅、出入境、市场监管、公积金管理中心、不动产登记中心等与百姓关联度高、业务量大、即办件多的部门窗口调整到一楼；将涉及固定资产投资项目审批的部门窗口调整到二楼，使项目单位在一个办事区域完成全部关联业务；结合部门区域调整对中介服务区相应进行合理调整；设置便民服务区、自助区、休闲区，增设休闲桌椅、饮水设备、自动售卖机等相关配套设备，调整后整个大厅布局更加明晰，功能更加完善，企业群众办事更加方便。

市场监管局服务窗口现场

（孟凡瑶　摄）

进驻事项清理规范 对上级取消或下放的审批服务事项进行梳理，做好进厅事项的调整和承接工作，及时跟进业务手册和服务指南的编制，并通过政府网站、大厅电子屏幕等媒介做好发布公示。配合市编办开展市级部门、镇（街区）、重点社区公共服务事项的排查、梳理工作，为公共服务事项的分类、分级进驻及政务服务平台向基层延伸做好准备。

流程再造和业务监管 2017年上半年，对固定资产投资项目涉及的审批流程重新梳理、调整，制定《新建房地产类固定资产投资项目有关基本建设审批服务手续办理程序》和《新建工业类固定资产投资项目有关基本建设审批服务手续办理程序》，同步梳理收费流程和节点，结合相关收费政策，制定收费明细，便于企业及时掌握了解相关政策。

投资创业制度落实 年内，办理模拟审批项目6个、告知承诺制项目1个、模块化审批项目1个、否定报备项目10个、代办重点项目10个。加强统一受理、转办、集中收费、统一发证并联审批机制完善，"四位一体"服务窗口共受理固定资产投资项目647个，转办窗口办理各类审批服务手续766项，统一发放各类批复证照1172件，集中收费9009.9823万元。

政务服务平台建设向基层延伸 年内，制定《高密市政务服务平台向镇（街区）、社区延伸工作方案》并由市政府办公室印发实施（高政办发〔2017〕48号），分别于7月份和9月份组织召开全市政务服务平台向基层延伸事项录入培训和系统操作培训会议，选择有关街道进行试点，对可能出现的问题与市编办进行了集中会商；协调市智慧办为镇（街区）及社区开通电子政务外网，试点成功后对全市15个镇（街区）及相关社区事项录入和网络互通工作进行了面对面深入指导和问题的现场跟踪解答。截至2017年年底，全市15个镇（街区）、104个社区、8950个公共服务事项，全部录入平台并对外发布；15个镇（街区）及试点社区网络铺设完成，大部分乡镇可实现网上办公和外网申报办件。

【公共资源交易】 *潍坊市公共资源交易中心高密分中心* 高密市公共资源交易中心于2015年12月根据市编委高编〔2014〕27号文件成立，隶属于政务服务中心管理办公室，为全额拨款副科级事业单位。2017年3月，根据市编委高编〔2017〕1号文件更名为潍坊市公共资源交易中心高密分中心。是月，办公地点由人力资源服务产业园四楼搬迁至市民之家四楼。中心内设综合科、交易服务科、技术服务科三个科室，核定编制12名，有工作人员10名。主要负责为公共资源交易工作提供场所、设施和服务；提出公共资源交易管理制度、交易规则建议方案；受委托或授权实施公共资源交易目录范围内的交易工作；收集、发布和存储各类公共资源交易信息，建立公共资源交易信用档案，为公共资源交易的综合管理、行政监管、监察审计提供支持等。

公共资源交易平台建设　2017年，办公场所搬迁后，新办公场所面积达到1500平方米，规划了公共服务区、开标区、封闭评标区、办公区等相对独立的区域，设立大型开标厅（拍卖厅）1个、小型开标厅1个、电子评标室2个、普通评标室2个，配套设立评委抽取室、监控室、监督部门驻场办公室、答疑室、评委休息室、咨询服务台、远程视频会议室和档案室等，满足了开展公共资源交易业务的需要。安装了电磁门禁指纹锁、安防监控系统，共安装62个高清摄像头，实现了对评标区的封闭管理和对开标、评标区域的实时监控无缝隙覆盖。修订完善《高密市公共资源交易中心进场注意事项》《高密市公共资源交易中心中介代理机构场内交易行为规范事项》《开标室管理制度》《评标区管理制度》《评委抽取室管理制度》《监控室管理制度》等规章制度，为工作有序开展提供制度保障。建立“AB角”工作制度，设立机动业务小组，实现“缺人不缺岗”；建立开评标过程巡查制度，对出现违反相关法律法规行为的交易当事人进行记录、制止、纠正；在开评标过程中启用马甲标识服制度，即在封闭评标区对中心工作人员、监管部门、评标专家、中介代理机构配备不同颜色马甲（黄色为中心工作人员，红色为中介代理机构，蓝色为监管部门，橙色为评审专家），不着马甲人员按规定不得进入评标区，杜绝评标过程中的外界干扰因素，各类马甲标识服统一编号，分类管理；启用保证金管理系统，在实现网上报名、网上下载招标文件等功能的基础上，与潍坊市公共资源交易中心和银行系统对接，2017年10月实现了网上缴退保证金。

公共资源交易中心　　　　（孟凡瑶　摄）

公共资源交易业务　2017年中心共在潍坊市公共资源交易网发布招标公告共363条，其中政府采购类255条，工程类90条，其他类10条，医疗设备类5条，产权交易类3条；中标公告共290条，其中政府采购类205条，工程类74条，其他类7条，医疗设备类2条，产权交易成交公告2条，政府采购合同公示207条。全年组织各类进场交易项目共计287宗，完成交易总额47.6亿元，增效节资3610万元。其中政府采购179项，交易金额5.094亿元，预算金额为5.361亿元，节省财政资金2670万元，资金节约率为4.98%；建设工程82项，交易金额7.096亿元，招标控制价为7.177亿元，节省资金810万元，资金节约率1.12%；其他类项目7项，交易金额609.24万元，预算金额611.74万元，节省资金2.5万元，资金节约率为0.4%。全年产权交易完成2项，成交金额94.4万元；大型医疗设备交易完成8项，交易金额755.65万元，预算金额883.5万元，节省资金127.85万元，资金节约率为14.47%；PPP项目及政府融资项目交易9个，项目总价约35.27亿元。

国有资产管理

【概况】　高密市国有资产管理办公室，原高密市国有资产管理局，2010年更名为高密市国有资产管理办公室，2016年5月，从位于利群路与人民大街交叉路口的交通大厦，搬至康成大街2999号市民之家4号楼5楼,2018年1月，搬至市民之家7号楼7楼。2017年年底有工作人员14人。主要职能：代表市政府履行国有资产出资人职责，主要负责监管企业国有资产的产权界定、产权登记、资产评估监管、清产核资、资产统计、综合评价等基础管理工作；负责对监管企业国有资产的保值增值情况进行监管；负责组织监管企业上交国有资本收益。

【国企国资监管】 年内，完成对融资平台的转型改制工作。根据高密市人民政府《关于成立高密华荣实业发展有限公司的批复》（高政函【2017】478号），于2017年9月1日成立高密华荣实业发展有限公司，以其作为集团公司，将国资办所属的高密市国有资产管理有限公司、高密市国有资产经营投资有限公司和高密市鑫融融资担保有限公司划归华荣公司，实现政企分离、企业实体经营。华荣公司注册资本20亿元，其主要职能是：城市基础设施投资开发建设、土地开发、基金运作、融资租赁等。2017年，为加强国有资产监管机构建设，落实市属企业国有资产基础管理责任，先后出台了“1+6”制度规定，主要包括《关于进一步加强市属企业国有资产监督管理的意见》和《高密市市属企业负责人薪酬管理办法》《高密市市属国有企业负责人业绩考核办法》《高密市市属企业从业人员管理办法》《高密市市属国有企业重大事项报告管理暂行办法》《关于加强市属国有企业财务监督管理的意见》《高密市市属国有企业审计监督实施办法》，以薪酬制度改革为突破口，对企业负责人和管理层进行业绩考核，以业绩确定薪酬，增强企业活力。

【行政事业单位国有资产管理】 对全市行政事业单位国有资产的监管，依托专用网络和山东省行政事业单位资产信息管理系统，实现网络化、信息化、动态化的监管。截至2017年12月31日，全市纳入山东省行政事业单位国有资产信息管理系统的单位共有152户，比上年增加18户，共有资产总计91.55亿元，负债总计60.92亿元，净资产总计30.64亿元，国有资产总量总计30.64亿元，固定资产原值总计28.49亿元，固定资产净额总计25.24亿元。

（王海燕）

招商工作

【概况】 2017年，高密市招商局设有办公室、综合考核科、招商一科、招商二科、招商三科5个科室，共有工作人员21名，办公地点位于融智商务综合体5号楼2楼。2012年10月，从立新街89号农村信用社楼内迁至融智商务综合体6号楼四楼。2015年12月，由融智商务综合体6号楼四楼迁至融智商务综合体5号楼2楼办公。2017年全市共引进招商项目190个，认定实际到位资金121.92亿元，同比下降18.1%，完成目标任务的110.8%。其中，潍坊市考核认定5000万元以上招商项目46个，到位资金60.8亿元，总量列八县市第四位，同比增长21%，增幅列八县市第二位；高密市考核认定2000万元以上项目144个，实际到位资金48.83亿元，同比下降33.8%；向上级争取无偿资金12.29亿元，同比下降2.5%。

【主要招商活动】 2017年3月25日在京举行了高密创新发展北京恳谈会，期间签约项目15个，其中资金类项目6个，院所类项目4个，人才类项目5个。市领导分别拜访和会见9家投资客商。由市招商局带队于5月23至25日参加了上海对接会。其中阚家镇、东北乡文化发展区就门窗项目和红高粱文化小镇项目进行了对接；井沟镇就相关项目技术合作与同济大学进行了交流与沟通。7月22日，在青岛举办了“高密2017年创新发展青岛对接会”，有20个重点项目于会上签约，总投资额逾57亿元，共有安全防护用品产业园项目、医药服务产业园、绿色轮胎、高科技农业示范园等项目，涉及高新技术、先进制造业和现代农业等领域，涵盖资金、人才、院校和实体项目。11 月 29 日参加了潍坊市组织的北京集中招商签约活动，共有 6 个项目于会上签约，总投资额 89.9 亿元。12 月 18 日 –22 日，参加了潍坊长三角地区招商活动，并于 21 日在上海参加了集中签约活动，全市共有 3 个项目签约，总投资额 33.5 亿元。

2017 年高密创新发展青岛对接会

【招商引资政策】 2017 年，制定出台《关于进一步完善招商工作体制机制的意见》（高发〔2017〕10 号）以及《高密市招商发展激励政策》（高办发〔2017〕30 号）和《高密市招商发展激励政策实施细则》（高招合发字〔2017〕1 号）。修订完善了《高密市 2017 年度招商工作考核办法》（高招商办字〔2017〕15 号），增加了新的考核指标，提高招商引资考核权重。

（宋晖）

农 业

农业管理服务

【概况】 高密市农业局是主管全市农业工作的政府组成部门。内设办公室（挂组织人事科牌子）、计划财务科、生产科教科（挂产业化科牌子）、农产品质量监督管理科（挂审批服务科牌子）4个科室。2017年，全局共有干部职工106人，其中工勤人员16人。局下辖山东农业广播电视学校高密市分校、高密市芝兰庄粮食良种场、高密市康庄棉花原种繁育场3个副科级事业单位和高密市农业技术推广站、高密市土壤肥料工作站、高密市植物检疫站、高密市果树站、高密市植物保护站、高密市农村能源办公室、高密市水产站7个事业单位。其间，高密市农业局把服务农业现代化和推进生态循环农业建设作为年度工作的重点，全面履行好管理和服务职能，认真抓好重点项目建设和工作落实，促进了全市农业的发展。

【农业服务】 （1）重要活动。2017年6月，组织南洋食品参加“山东省农业产业化龙头企业重庆行”活动和望乡食品、密水葡萄酒赴美国、加拿大进行技术培训和交流对接活动。9月，组织望乡食品参加第十五届中国国际农产品交易会。7月，组织凯加食品、望乡食品等11家企业参加全省农产品电子商务培训班。全年新建农业龙头企业5家，分别是高密市邦升农业有限公司、高密市九盛现代农业发展有限公司、高密市田纳农业科技有限公司、山东成众农业科技有限公司、山东芙琳园食品有限公司。（2）教育培训。2017年，高密市农业局分别在全市14处镇（街区）举办农业技术培训班14期，培训农民1670人，培训内容为小麦、玉米、土豆、韭菜、大棚蔬菜田间管理及病虫草害防治和农产品质量安全知识，并在“四季田园”栏目录制节目3期。（3）工作指导。年内努力培育发展社会化服务组织。鼓励发展村集体或个人领办创办农业经营性服务组织，支持为农户提供代耕代收、统防统治等服务。

【农产品质量安全监管】 2017年，全面落实农产品质量安全属地管理和职能部门双重监管责任，进一步加强了市、镇、村三级食品农产品质量安全监管体系建设，市镇两级农产品质量安全风险评估和农残检测社会化服务体系基本完善。农产品常态化农残速测、开具产地证明、“二维码”信息追溯“三位一体”质控模式取得成效。农产品质量安全监督抽检和风险监测工作进一步强化，配合省农产品质量抽检148批次，配合潍坊市抽检501批次，自行组织抽检909批次。全面开展农资产品社会共治和信用体系建设，放心优质农资产品的覆盖面进一步扩大，在全市范围内全面禁止销售和使用高毒农药。

【农业园区建设】　（1）财政扶持。2017 年，突出抓了潍河东岸生态农业园区、城西都市农业园区、胶河生态旅游观光农业园区建设。在玉玲珑农业园区实施潍坊市级财政补助 50 万元的潍坊市（葡萄）高标准示范园创建。（2）标准化建设。2017 年，园区建设进一步推行有龙头带动、有生产技术规程、有生产档案、有检测设备、有技术负责人、有管理制度、有产品品牌和质量认证、有包装标识、有质量追溯、有微机联网的“十有”园区建设标准。年内有 3 家园区（胜一农业科技有限公司、琪琳葡萄专业合作社、玉玲珑农业科技股份有限公司）获得省级农业标准化生产基地，有 3 家园区（龙业农业科技有限公司、琪琳葡萄专业合作社、玉玲珑农业科技股份有限公司）获得潍坊市农产品质量安全示范园区，阚家镇获得潍坊市农产品质量安全示范镇。（3）品牌认证。中盛家庭农场、玉玺家庭农场、宇彤果蔬种植专业合作社、瑞源蓝莓种植专业合作社、神泉山农产品有限公司、胶莱农场有限公司、登辉生态农业股份有限公司 7 个单位、10 个产品开展了绿色食品认证工作。

【生态循环农业建设】　（1）测土配方施肥。2017 年，全市共推广测土配方施肥技术面积 223.6 万亩，占作物种植面积的 93% 以上；推广水肥一体化技术 1.55 万亩。共举办测土配方施肥和水肥一体化技术培训班 21 期，培训人数 1500 余人次。（2）沼气建设。2017 年，新建高密市五龙河农场农业科技有限公司规模化大型沼气工程。项目位于醴泉街道李村，五龙河农场农业科技有限公司园区内，总投资 430 万元，其中申请中央预算内投资 150 万元，企业自筹资金 280 万元，建设 1000 立方沼气工程一处，具体包括 1000 立方厌氧发酵罐一处，400 立方沼气贮气柜一处，以及沼气净化利用，沼液沼渣分离等相关配套设施。项目计划翌年投产运行。（3）秸秆综合利用项目。实施 2017 年耕地质量提升项目秸秆综合利用工程，项目申请省级财政资金 300 万元，主要在高密市阚家镇、大牟家镇、醴泉街道和东北乡推广秸秆生物反应堆技术和秸秆精细化还田技术，推广面积 4.8 万亩，年消纳农作物秸秆 5 万吨左右。通过技术推广，带动农户养成良好的秸秆利用习惯，既保护了环境又提高了资源的利用率，提高了农业可持续生产能力，为促进农业生态环境良性循环和永续利用起到重要作用。

（市农业局）

农村经济管理

【农村集体产权制度改革】　2017 年，全面完成农村集体产权制度改革省级试点工作，30 个省级试点村（社区）共确定股份经济合作社成员 24562 人，量化经营性资产 21734 万元，量化资源性资产 8995 亩，发放股权证 12700 本。创新实施“12369”工作法，在试点同时积极探索集体经济发展新路，让合作社成员共享改革发展成果。试点结束，山东省农村集体产权制度改革工作领导小组办公室组织对全省 34 个试点县市区农村集体产权制度改革工作进行了考核评价，通报表彰了 11 个县市区，高密市榜上有名。

【农村土地承包管理】　（1）引导土地流转发展农业适度规模经营。2017 年，高密市经管局组织专业力量对全市引导土地流转发展农业适度规模经营情况进行了专题调研。到 2017 年底，全市土地流转面积达 47 万亩，土地托管面积达 43.6 万亩，占家庭承包经营面积的 73.36%。（2）开展农村土地经营权颁证工作，新增大棚所有权登记颁证业务，积极为农业规模经营主体服务，共办理“两证”（农村土地经营权证和大棚所有权证）52 本，涉及流转面积 7613 亩，抵押贷款 3682 万元。善始善终规范做好农村土地承包确权登记颁证后续工作，整理完善了高密市土地承包确权数据库，并分别通过了省和农业部的验收。

现场颁发农村土地承包经营权证
（牟敦强　摄）

【农村集体资产和财务管理规范化建设】 在全市村级推广“8+N”财务公开模式（“8”是指财务计划、各项收入、各项支出、各项资产、各类资源、债权债务、收益分配和专项公开；“N”是根据实际自行确定公开内容），协助市党建办开展村级“三务公开”检查，实名审计制在全市实施。配合市委组织部完成全市 960 个村（社区）的审计督查工作，相关经验做法得到潍坊市委组织部的首肯。

【发展新型农业经营主体】 2017 年，出台了《关于鼓励村级党组织领办农民专业合作社的意见》《关于规范提升农民合作社的意见》，建立了《正常经营农民合作社目录》《经营异常农民合作社目录》和《优先扶持合作社名录》三个合作社名录，重点探索创办土地股份合作社和党支部领办、村干部创办合作社，积极引导合作社之间联合发展，抱团发展，上规模，扩市场。2017 年新发展农民合作社 152 家，总数达到 2585 家。其中党支部领办、村干部创办合作社达到 302 家；土地股份合作社达到 20 家；合作社联合社达到 38 家。年内新发展家庭农场 44 家，家庭农场总数达到 591 家。

【农村产权交易】 以市级齐鲁农村产权交易中心平台建设为抓手，创新线上＋线下模式，2017 年，全市共发布土地转受让信息 466 条，成交信息 78 条，涉及土地面积 11290 亩，成交额 5078 万元；办理各类抵押贷款合计 387 笔，涉及金额 5745 万元。促进了农村产权流动，激活了农村要素资源配置活力，增加了农民财产性收入。

10 月，举办全市经管站长农村产权交易业务培训班　（牟敦强　摄）

（市经管局）

种植业

【粮食生产】 2017 年，全年粮食面积 203.2 万亩，单产 441 公斤，总产 17.9 亿斤。其中，小麦种植 989533 亩，亩产 375 公斤。玉米种植 1014153 亩，亩产 512 公斤。花生种植 82612 亩，亩产 361 公斤。夏粮种植 101.1 万亩，单产 371 公斤，总产 7.5 亿斤（上述数据为统计局统计年鉴参考数据）。2017 年，实施了全国新增千亿斤粮食产能规划 2016 年田间工程续建项目，争取中央资金 1320 万元。咸家工业园区 2.5 万亩田间工程建设项目，争取中央资金 3000 万元。2017 年粮食高产创建平台项目，争取上级资金 350 万元。2017 年粮食高产创建示范方建设项目，争取上级奖补资金 333 万元。2017 年玉米“一防双减”补助项目，争取上级资金 100 万元。

【果蔬生产】 截至 2017 年，全市果蔬面积发展到 29.79 万亩，其中，果品种植面积 3.84 万亩，亩均产 2039 公斤；蔬菜种植 25.95 万亩，亩均产

4037公斤。果品种植主要是葡萄、桃、苹果、梨4个品种；蔬菜种植主要是韭菜、芹菜、大白菜、西红柿、结球甘蓝、花椰菜、马铃薯等，约20个品种。新建冬暖式大棚、大拱棚11021亩，主要种植西红柿、黄瓜、芹菜、马铃薯、小油菜等10多个品种（上述品种数据为年度蔬菜监测系统和统计年鉴参考数据）。

（市农业局）

畜牧业

【概况】 高密市的畜牧业管理工作由高密市畜牧局负责。2017年，高密市畜牧局共有在编在岗干部职工134人。局内设党政办公室、计划财务科、生产业务科、畜牧兽医行政监察科、社会防疫科五个职能科室。下辖动物疫病预防控制中心、动物卫生监督所、畜牧兽医化验中心、畜牧兽医技术推广中心4个事业单位和15处镇街区畜牧兽医监督管理站。2017年，高密市畜牧局重视发展绿色现代畜牧业，在大力发展生猪、肉鸡、牛羊养殖同时，积极发展孔雀、鸵鸟等特色养殖，取得新的成绩。高密市第11年连续获全国生猪调出大县奖励，获批省级畜牧业绿色发展示范县、省级基础母牛扩群增量项目示范县、省级生猪良种改良项目示范县、省级现代畜牧业示范县和全省畜牧业统计监测工作优秀县等称号。2017年，全市生猪存栏55.33万头，出栏148.21万头；牛存栏0.75万头，出栏1.83万头；羊存栏4.01万只，出栏7.59万只；家禽存栏1628.91万只，出栏7744.07万只；肉蛋奶产量29.98万吨。

高密乳肉兼用牛良种繁育改良中心，位于高密市密水街道姜家屯村驻地，现有职工12人，设有办公室、育种科、市场科三个内部机构。主要职责是为乳肉兼用牛良种的繁育推广改良，乳肉兼用牛的饲养管理技术推广，牛用饲料饲草的技术推广，牛肉及牛奶制品的深加工及研究开发，承担国家肉奶牛科研项目等，是以社会公益性科研和无偿专业技术推广服务为主的市政府直属事业单位。

【生态循环畜牧业】 截至2017年年底，全市共完成新建、改扩建规模化养殖场16个，共创建国家级示范场4个（六和饲料股份有限公司肉鸡养殖一场、山东高密鲁德宝牛养殖专业合作社、山东省万康园生态农业股份有限公司、高密市六和养殖有限公司），省级17个（高密田园肉鸡养殖场、高密市康宁种猪场、山东高密鲁德宝牛养殖专业合作社、高密市鲁京肉牛养殖专业合作社、高密市德盛肉牛养殖专业合作社、高密市世本乳肉牛生猪养殖专业合作社、高密市柏城镇万俊养殖场、高密市五龙河农场农业科技有限公司养殖场、高密南洋养殖有限公司第三养殖场、高密市和牧养殖专业合作社、山东凯加养殖有限公司蔡家庄商品鸡场、高密市腾祥养殖场、高密市六和养猪有限公司、高密市宇洋养殖有限公司、高密市盛德牧业有限公司、高密市格瑞生态农业有限公司、高密市金蹄晟大养殖有限公司），潍坊市级32个。创建全省首批"现代畜牧业产业示范园"1处（山东凯加食品现代肉鸡产业示范园），"山东省优秀家禽场"（高密南洋养殖有限公司第三养殖场、高密市和牧养殖专业合作社第一养殖场、高密凯加养殖有限公司蔡家庄商品鸡场、高密市相旗禽业专业合作社第一养殖场、高密市格瑞生态农业有限公司）和"潍坊市优秀畜禽养殖场"（高密市六和养猪有限公司、高密市德盛肉牛养殖专业合作社、高密市盛德牧业有限公司、高密南洋养殖有限公司第四养殖场、山东万康园生态农业股份有限公司）各5处。通过推广生物有机肥、沼气处理等模式示范带动，全市建设粪污无害化处理示范工程56个、有机肥场5个，其中南洋食品投资3000万元、年产10万吨的标准化有机肥厂年底建成并计划于2018年3月投产。至2017年，全市畜牧合作社达到255家，联合社2家，家庭牧场14家，省级示范社8家（高密市万俊畜牧养殖专业合作社、高密市旺忠畜禽养殖合作社、高密市金日养殖专业合作社、高密市盛发畜牧养殖专业合作社、高密和康源生态种养殖专业合作社联合社、高密市秋玲农副产品专业合作社、高密市世本乳肉牛生猪养殖专业合作社、高密和牧肉鸡养殖专业合作社）；共认证无公害75个、有机1个、绿色2个，“三品一标”总数达到78家。创建“食安山东”畜牧品牌引领企业2家（山东凯加食品股份有限公司、李村养殖专业合作社），“凯加”牌肉鸡及制品获山东省首批农产品知名品牌。

高密市南洋食品有限公司10万吨有机肥厂于2017年底建成　　（刘磊　摄）

【畜牧旅游业】　2017年，继续规范高密市李村养殖专业合作社、世本乳肉牛生猪养殖专业合作社、高密市璞真一品林牧专业合作社、高密交运生态文化产业有限公司五龙河湿地公园、高密市双利达畜禽养殖专业合作社、高密市红高粱影视城6处“省级畜牧旅游示范区”，着力提升全市旅游畜牧业经济效益和养殖环境效益。五龙河农场配套建成拥有孔雀200只及兔、野猪、麝香鸭为主的畜牧乐园和以黑腿鸡林下养殖为主的笨蛋乐园。双利达鸵鸟园存栏非洲鸵鸟、澳大利亚鸸鹋100余只，设有以蛋壳彩绘、镂空雕为主的工艺品展示厅和鸵鸟宴体验厅。璞真一品年内存栏散养笨鸡3000多只，种植林木200亩，新引进巴香猪200余头。交运五龙河湿地公园的动物园初具规模，引进孔雀、豪猪、梅花鹿等10多个品种，共200余头（只）。

省级畜牧旅游示范区——五龙河农场鸵鸟园　　（王元元　摄）

【畜牧业项目选介】

青岛大牧人35万只蛋鸡项目　项目位于高密市柴沟镇良种场北，投资1亿元，按世界最先进水平设计和建设，集“生产—科研—培训—观摩—品牌—有机肥”于一体。项目于2016年7月份投产，截至2017年底，存栏蛋鸡35万只，蛋鸡养殖车间全部建设完毕并投产使用。

温氏肉鸡一体化项目　于2016年7月份签约落户，总投资2亿元，建设主体包括年产15万吨禽饲料厂、年产鸡苗2500万羽种苗生产基地、年销售2000万羽肉鸡营销中心等。采取“公司+家庭农场主”合作模式，公司统一提供鸡苗、饲料、药物和技术服务，根据合同保价回收肉鸡，最大程度确保农户收益稳定。截至2017年底，建成示范养殖小区4个，新建养殖大棚50个。

高密温氏家禽有限公司大牟家镇北斜沟养殖示范小区　　（王元元　摄）

高密市盛德牧业有限公司肉羊产业链示范项目　位于柴沟镇驻地后鹿家庄村，由盛德路桥建设有限公司投资。该项目于2015年6月开工建设，主要从事湖羊养殖、牧草种植、饲料加工、有机肥生产及肉羊屠宰深加工等产业，集“繁育—养殖—屠宰—深加工—有机肥”于一体。其中投资1亿元的现代化养殖基地，占地200亩，截至2017年底，一期建设全部完工，现存栏湖羊近12000头；二期投资5000万元的肉羊屠宰深加工基地，占地50亩，主体工程建设预计2018年年底开工，配套建设了1000吨冷库及污水处理系统；项目建成后，可存栏母羊2万头、年可出栏3万头，消化秸秆10余万吨，日屠宰肉羊700只。

盛德牧业有限公司万头湖羊养殖基地
（刘磊　摄）

【畜禽防疫】　围绕全年防控工作任务目标，进一步健全防控责任体系，重点抓好检测预警、应急管理、防疫队伍建设等工作。2017年春季，开展了H7N9流感紧急防控专项行动，及时关闭市场活禽交易摊点，加强消毒灭源，对全市965家养殖场、6265家散养户进行了突击免疫监测和消毒灭源，确保全市无疫情发生。按照“对规模饲养场进行程序化免疫、对散养畜禽进行集中免疫”的原则，开展春秋冬三季集中免疫注射工作，并进行适时补免，做到应免尽免；突出做好重点场所的疫情监测和流行病学调查，统筹推进家禽H7N9流感剔除计划，强化疫情风险分析和预警预报，严格疫情上报制度，及时消除隐患；山农大、省羊产业创新团队在高密市开展规模羊场布病净化及防控示范场创建，6月份盛德牧业顺利通过省级布病净化场项目验收。

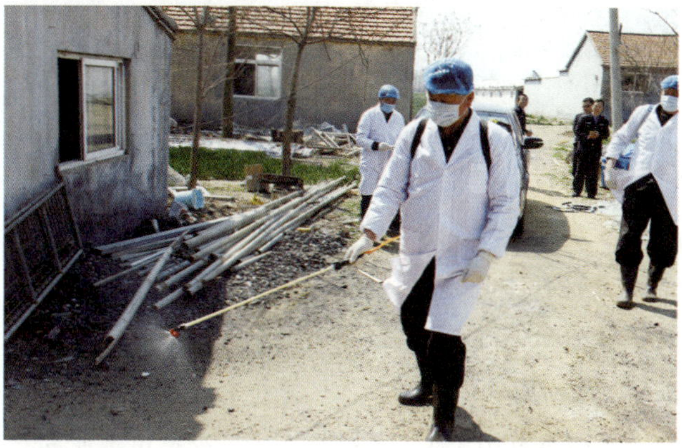

重大动物疫病防控消毒灭源　（刘磊　摄）

【畜产品质量安全监管】　2017年创建省级食品安全城市，逐级签订畜产品质量安全监管责任书，强化联合执法办案严厉打击私屠滥宰违法行为治理，规范动物检疫检验程序，确保畜产品质量安全监管长效体系建设。结合高密市农资打假专项治理行动，每季度开展兽药饲料专项整治行动，6月份开展了生猪定点屠宰专项整治行动。2017年3月，高密市政策性畜牧业保险工作正式在全市范围内有计划、有步骤地展开。截至年底，高密市生猪共投保2076户，投保生猪319196头。政策实施一年基本达到预期效果，形成“政策补贴与保险联动、理赔与无害化处理结合”“保险勘验－无害化处理－畜牧监管”的环环相扣，确保畜产品质量安全。

病死畜禽无害化集中处理与保险联动
（王元元　摄）

（栗磊　刘磊）

林　　业

【概况】　2017年，高密市围绕道路绿化、农田林网建设、村庄绿化、成片林建设、河流及湿地绿化等五大森林体系建设，大力开展植树造林工作。全年完成造林1.2万亩，植树240多万株；建设沿海防护林2000亩、绿色通道30公里、高标准农田林网3万多亩。成功创建省级森林镇1个、森林村3个，潍坊市级森林镇1个、森林村5个。高密市林业局先后荣获“潍坊市创建国家森林城市工作先进集体”“潍坊市参展第十四届中国林产品交易会先进单位”“山东省林业科技工作先进集体”等荣誉。被省林业厅授予“山东省林业科技工作先进集体”“山东省第九次森林资源清查工作先进单位”，被潍坊市委市政府授予“潍坊市创建国家森林城市工作先进集体”，顺利通过潍坊市级文明单位复查。王永春、马海燕二人被潍坊林业局评为“潍坊市参展第十四届中国林产品交易会先进个人”。

【林业资源管护】　（1）林地变更调查工作。以2014年度林地变更调查结果为基础，利用林地管理档案信息和卫星遥感技术，结合现场林地调查，完成了林地动态监测暨2016年度林地变更调查。将林地“一张图”数据更新到2016年底，调查数据顺利通过上级部门审核验收。（2）第九次森林资源连续清查工作。2017年，高密市林业局成立外业调查队，对全市95处样地展开外业调查，摸清全市森林资源本底和动态变化趋势，完善森林资源数据库，顺利通过国家林业局华东院检查验收。（3）林地管理自查工作。对照“林地一张图”，对国家林业局抽取的178个疑似图斑进行综合分析、研判，顺利通过国家林业局县级林地管理例行检查。（4）林业资源管护。严格落实保护发展森林资源目标责任制，在高密市范围内开展森林资源管理专项行动，破获林业行政案件16起，调解林地林木纠纷68起，协助公安机关办理刑事案件6起，治安案件215起，办案率100%。加强了林地管理，代表潍坊接受了省科学发展林地管理保护指标考核。

6月，全国第九次森林资源连续清查
（王泽　摄）

【林业有害生物防控】　高密市森林防火与林业有害生物防控指挥办公室分别于7月18日和7月26日召开“高密市林业有害生物飞防工作会议”，通报杨树食叶害虫发生和预测情况，安排部署飞防工作任务。7月29日至8月1日，高密市组织实施第一次飞防作业，对济青高速公路、潍胶路、双羊路、横一路、平日路、旅游路、阚兴大道、谭西路、胶王路、西外环等重点路段两侧40米林带和以密水林场核心林区为中心的重点区域实施飞防，飞防面积12余万亩。8月15日至16日，组织实施第二次飞防作业，对济青高速、旅游路以南（含济青高速、旅游路北300米）、胶王路以北所有区域进行飞防，飞防面积10万亩。两次飞防面积共计22万亩，飞防虫情死亡率在98%以上。

7月，高密市林业局组织人工防控林业有害生物作业　（谭晓庆　摄）

7 月，实施飞机防控林业有害生物作业
（谭晓庆　摄）

【林业产业结构优化升级】　（1）2017 年新增经济林面积 1925 亩，同比增长 1.75%。形成规模较大的特色经济林基地 5 处，面积 2 万亩。对总投资 422 万元、占地 1000 亩的山东省农业综合开发新丰核桃基地示范项目进行评估验收，通过省级绩效考评。（2）成功申报山东省级龙头企业 2 家、十佳观光果园 1 家、合作社 3 家、经济林标准化示范园 1 家；潍坊市级龙头企业 2 家、合作社 2 家、林下经济示范基地 1 家、经济林标准化示范园 3 家。（3）组织企业参加第十四届中国林产品交易会，参展产品获得“三金一银”，获奖数量在潍坊各县市区排第一名。2018 年 1 月 12 日，举办了“全市食用林产品质量安全暨林业相关工作培训班”，对全市林农及林业大户等共计 100 余人进行技术知识培训。扎实推进食用林产品质量安全体系建设，完成食用林产品省、市、县三级干果抽检共计 145 批次。

8 月，市林业局对全市林业站长进行烟雾机使用培训
（王泽　摄）

高密市食用林产品质量安全暨林业相关工作培训班开班仪式
（王泽　摄）

（孙颖　王泽）

水　利

【概况】　高密市水利局是全市水利工程建设、管理的政府职能部门。2017 年，局内设有办公室、财务科、发展规划科、水政法规科、水土保持监督管理科 5 个职能科室，下辖高密市城北水库管理站、高密市王吴水库管理站、高密市马旺水库管理站、高密市水利机井队、高密市峡山水库灌区管理站、高密市孟家沟水库管理站、高密市水利工程管理站、高密市农水站、高密市水利勘测设计院、高密市水资源与河道管理处 10 个事业单位。共有在编人员 141 人。辖区内共有潍河、北胶莱河、南胶莱河、五龙河、胶河等 11 条主要河流，高密市峡山水库灌区干渠、王吴水库灌区干渠 2 个灌区，王吴水库、马旺水库、孟家沟水库（新建）3 座中型水库，拒城河水库、李家庄水库、城北水库三座小（1）型水库，矮沟水库、泊子水库、柴北水库、城南水库、东丁水库、东锅框水库、东化山水库、东双庙水库、鸢庄水库、巩家桥水库、河北水库、河南水库、后水西水库、空冲水水库、李家太洛水库、梁东水库、林家庙子水库、鲁家园水库、南村水库、潘家村水库、平市水库、山庄水库、柿子园水库、孙家鸢庄水库、窝洛水库、西方戈庄水库、

西沟水库、西锅框水库、西双庙水库、西杨岭庄水库、辛庄水库、新胜屯水库、徐家楼子西北水库、徐家楼子西水库、尤河头水库、曾家店子水库、张戈庄水库、赵家街水库、仲家庄水库、朱公水库、朱翰水库41座小（2）型水库。

【重点水利工程建设】 孟家沟水库工程 孟家沟水库是一座具有灌溉、供水、防洪和下游河道生态用水等综合功能的中型水库，总投资8.16亿元，总库容2406万立方米，兴利库容1730万立方米，工程于2015年5月正式全面开工建设，2017年12月底主体工程建设全部完成，水库具备蓄水条件。这是高密市自20世纪60年代以来投资最多、影响最大的水利工程，是高密市继王吴水库和马旺水库之后的第三座中型水库，该水库的建成对高密市胶河防洪、水资源保障和生态文明建设将发挥重要作用。

孟家沟水库工程 （李作家 摄）

农田水利项目县2017年度工程 2015年10月30日，经山东省水利厅、财政厅评审，高密市入选2016年新增农田水利项目县，建设年限为2016–2017年。2015年12月28日，山东省水利厅以鲁水农字〔2015〕51号文对高密市农田水利项目县建设方案（2016–2017年）进行了批复。2016年6月27日，潍坊市水利局、财政局以潍水农字〔2016〕28号文对《山东省高密市农田水利项目县实施方案（2017年度）》进行了批复。工程概算总投资2996.58万元，建设管道节水灌溉面积2.42万亩，在东北乡文化发展区和大牟家镇16个村建设高效节水灌溉面积2.4万亩，工程于2017年6月底完工。

农田水利项目县2017年度工程 （王超 摄）

河道治理工程 （1）孟家沟下游1.5公里河段生态修复工程。总投资2162.85万元，2017年5月10日开工，同年底建设完成。主要对胶河城子前村与郝家村之间1530米河段开挖疏浚、新建堤防及护岸、新建防汛道路、排水管涵等。

孟家沟下游河段生态修复工程 （李作家 摄）

（2）墨水河防洪治理工程。于2017年5月8日开工建设，总投资2667万元，按照20年一遇防洪、5年一遇除涝标准，对境内墨水河13km河道进行扩挖、疏浚，堤防加固20.23km，新修管理道路13.89km。新建亲水台阶1处，改建涵洞4座，生产桥2座，闸附桥1座。工程计划于2018年6月竣工。

墨水河防洪治理工程现场

（王修强 摄）

亚行项目二期——拒城河水库增容工程

（朱永斌 摄）

（3）北胶新河防洪治理工程。于 2017 年 5 月 8 日开工建设，总投资 2655 万元，按照 20 年一遇防洪、5 年一遇除涝标准，对北胶新河—周戈庄秦家庄子桥向下至高密昌邑界 6.3 公里河段和柳沟河—铁路桥向下 100 米处至北胶新河入口 5.6 公里河段进行扩挖、疏浚河道 11.9km，两岸堤防加固 22.252km，堤顶路面硬化 4.25km。新建亲水平台 4 处，新建涵闸 2 座，改建涵闸 3 座，维修涵闸 2 座，新建生产桥 1 座，维修生产桥 5 座。工程计划于 2018 年 6 月竣工。

亚行项目二期——拒城河水库增容工程　总投资 9913 万元，2017 年 5 月开工，预计 2019 年汛期前完成。拒城河水库增容工程为高密市利用亚行贷款地下水漏斗区域综合治理示范工程二期工程，总投资 9913.28 万元，共包括四项内容：一是开挖库区并外运土方 270 万方，恢复并增加有效库容；二是对水库围坝进行加固处理，包括上下游坝坡压重，上游护坡采用干砌方块石，下游增设排水反滤体，坝基截渗，坝顶增设 0.8m 高防护墙；改建溢洪道，满足水库蓄水和泄水要求；三是建设拒城河水库出库泵站，新建 DN700mm 涂塑复合钢管输水管道 1.43km; 四是新修筑环库道路 4.1 公里并进行生态绿化。

【抗旱保供水】 由于连年干旱，高密市境内可利用水资源接近枯竭，面对异常严峻形势，高密市采取有效措施积极应对：（1）积极向上争取客水调引指标，利用已建成的引黄入高应急调水工程、峡山水库向阚家水厂应急调引水工程、峡山水库至城北水库管道输水工程三大调水工程，2017 年共计调引客水 3700 万立方。（2）最大限度挖掘胶河地下水源地和王吴水库库底水源，基本能够满足全市日均 10 万方以上的用水需求。（3）积极发挥已建在建小型农田水利工程，鼓励支持农民开展小水源建设，挖掘一切可挖掘的水源，确保农业灌溉用水。

【“河长制”工作】 河长制是党中央、国务院改革河湖管理保护的重大决策部署，是落实绿色发展理念、推进生态文明建设的重要举措。高密市按照省、市要求，2017 年 4 月份开始实行河长制，完成了市、镇、村三级河长组织体系建设，境内 11 条市级河流、2 个灌区干渠和 21 条镇级河流全部纳入河长制管理。先后以两办名义印发《高密市全面实行河长制实施方案》（高办发〔2017〕16 号文件）和《高密市河长制市级会议制度》等七项制度（高办字〔2017〕44 号文件）。6 月份印发《高密市全面实行河长制实施方案》，明确了加强水资源保护、加强河湖水域岸线管理保护、加强水污染防治、加强水环境治理、加强水生态修复、加强执法监管六个方面 36 项工作任务。8 月份组织实施了“清河行动”，对全市 32 条中小河流和两个灌区干渠“清河行动”工作任务、职责分工、完成时限等进行了明确安排。排查出的432处“八乱”问题，全部清理完成。11月完成了河长公示牌安装。12月底完成入河排污口综合整治工作。

【水资源管理】 2017年，高密市积极做好依法管水科学治水文章，开展全方位、多渠道的水事法律法规的普法宣传工作，积极倡导全民节水，切实增强全社会的水忧患意识和水法治观念。加强对河道内非法采挖、栽种林木等违法行为的查处力度，有效维护了全市良好水事秩序。落实最严格水资源管理制度，积极开展水资源费改税前期准备工作，全面推进入河排污口综合整治，完成水资源费征收工作，推行企业节约用水工作强化水资源开发利用控制、用水效率控制和水功能区限制纳污“三条红线”管控。

（张坤乾　张书恺）

农业机械

【概况】 高密市农机管理部门是高密市农业局所属事业单位。局下辖高密市农机技术推广站、高密市农机管理服务站、高密市农机产品质量监督管理站3个事业单位，下设党政办、计财科、科管科3个科室。2017年，全市农机系统正式在职干部职工共有31名，其中局机关有11名。2017年1月局机关由人民大街102号迁入康成大街2999号融智商务综合体4号楼。到2017年，高密市农业机械总动力达到150.88万千瓦，共有拖拉机33681台，其中大中型拖拉机8524台、联合收割机5424台，拖拉机机引农具75486台（套），机具配套比为1∶2.24；全年完成机耕、机播、机收作业面积分别为103.21万亩、226.56万亩、221.46万亩，农作物耕种收综合机械化率达到95.5%。2017年年底，在潍坊市农机局组织评选的6个“潍坊市农机化工作先进县”中列第二名，并入选“全国主要农作物生产全程机械化示范县”创建对象。“全国主要农作物生产全程机械化示范县”是农机系统的最高荣誉。

【支农惠农政策落实】 2017年，高密市农机局共承担国家农机购置补贴项目、省玉米生产全程机械化项目、省机械化深松项目、省基层农机技术推广体系改革与建设补助项目等上级惠农项目4个，到位无偿资金2395万元，截止到2017年底，全部项目均实施完毕。通过组织实施强农惠农项目，使机械化深松、玉米籽粒直收、粮食烘干等农机新技术推广迅速“破题”或持续推开，走在了潍坊地区前列。

【农机社会化服务体系建设】 （1）农机专业合作组织。2017年，高密市农机局开展了“农机专业合作社建设提升年”活动，成功实施“抓两头、促中间”计划，一头抓宏基农机专业合作社等国家和省级示范社示范，另一头抓农机专业合作社规范运营，中间在面上推动大部分合作社上档次、上水平、上等级，全市农机专业合作社发展到149个。（2）示范合作社。宏基农机专业合作社作为“全国农机专业合作社示范社”突出发挥了“龙头”带动作用；雨佳农机合作社作为“山东省农机合作社示范社”在土地规模化经营方面作出了有益尝试；向群农机专业合作社在鼓励农村党支部带头创办农民专业合作社方面发挥了引领作用。2月23日潍坊市农机局命名表彰了“潍坊市农机专业合作社市级示范社”，高密市宏基农机专业合作社、鑫鹏程农机专业合作社、新孚高农机专业合作社、邦农农机专业合作社、成达农机专业合作社、向群农机专业合作社、欣丰农机专业合作社、瑞民农机专业合作社、田森农机专业合作社9个农机专业合作社入选。（3）为农服务体系建设。2017年高密市农机局推动农机专业合作社与为农服务中心共建，以促成农机专业合作社、为农服务中心“强强联合”的方式壮大基层农业服务力量，优化提升“3公里土地托管服务圈”模式，加快构建农业全程社会化服务体系。年内，促成宏基农机专业合作社、鑫鹏程农机专业合作社、新孚高农机专业合作社、邦农农机专业合作社、成达农机专业合作社、向群农机专业合作社、欣丰农机专业合作社、瑞民农机专业合作社、田森农机专业合作社9个农机专业合作社融合为农服务中心发展，已经由鑫鹏程农机专业合作社牵头成立了金鹏程农机合作联社，另有宏基、新孚高两个农机专业合作社联社初步建成。（4）“大田托管”服务。高密市农机局组织农机专业合作社开展“大田托管”服务，鼓励和支持宏基农机专业合作社在咸家工业区大胆尝试大规模土地托管，托管咸家工业区24个村3.1万亩土地。另有新孚高农机专业合作社、向群农机专业合作社也推出或拓展了大田托管业务，年内全市新增土地托管面积4万多亩、总面积达43.6万亩。

【农机新机具新技术推广】 （1）农机购置补贴购买机具。2017年，高密市农机局通过农机购置补贴推广机械838台。全市粮食烘干机数量达到18台，日烘干粮食能力达到2000多吨，在全省居前列。3月14日，受山东省农机局委托、依托宏基农机专业合作社开展的历时两年的粮食烘干设备试验对比工作圆满完成，得出“山东省适宜用烘干塔烘干粮食”的结论，为全省的粮食烘干机推广工作提供了借鉴。（2）全程机械化作业。2017年，继续对3000亩马铃薯生产全程机械化示范区加强技术管理和示范工作；新建3100亩玉米生产全程机械化示范区，在项目区内实施从整地到籽粒收获等各个环节全程机械化作业；结合种植业结构调整，新建110亩花生生产全程机械化示范区；实施小麦免耕播种35.8万亩、机械化深松作业5万亩。举办大型机械作业、新技术推广、新技术培训等现场会议6个，全年累计培训、指导6000多人次。

3月2日，高密市春季农机化生产暨马铃薯机械化播种演示培训会议在胶河生态发展区张家庄村召开　　（焦利　摄）

6月1日，2017年山东省农机手实用技术暨高密市玉米生产全程机械化培训班在在宏基农机合作社咸家基地举办　　（焦利　摄）

6月15日，高密市夏花生机械化播种现场会在大牟家镇新河村召开　　（焦利　摄）

【农机手职业技能比赛】 （1）高密市首届农机手职业技能大赛。2017年7月5日，高密市在大胜农用车销售有限公司举办首届农机手职业技能大赛，比赛设置“倒车移库”“蛇形垂钓”“穿针引线”三个项目，来自全市15个镇街区的100多名精英农机手参加了比赛，经过三个项目的比赛，咸家工业区的朱兆启、楚志斌获得冠、亚军，冠军朱兆启获得1000元现金和“五征”品牌农机10000元代金券，并被授予“高密市技术能手”荣誉称号以及获得“富民兴高”劳动奖章。高密市首届农机手职业技能大赛是高密市第八届职业技能大赛中的一项内容，由高密市人民政府主办，高密市人力资源和社会保障局、高密市总工会、高密市农业机械管理局承办，山东五征集团有限公司、高密市亨通农机销售有限公司、高密市大胜农用车销售有限公司、高密市宏基农机专业合作社协办，山东五征集团有限公司为比赛提供用车。在潍坊市各县市区中，高密市是首个也是唯一举办农机手职业技能大赛的单位。（2）省级以上农机手比赛。2017 年 8 月，高密市农机局选拔比赛成绩优异的选手代表潍坊市参加了“第三届‘技能兴鲁’职业技能大赛 2017 年山东省农机职业技能竞赛暨第四届‘五征杯’中国农机手大赛山东省选拔赛”，有 3 人进入全省前 30 强，其中 1 人获得全省第 4 名，其他 2 人分别获得前 23、25 名，团体荣获全省第 4 名。10 月份，组织晋级全国总决赛的机手参加了“五征杯·第四届中国农机手大赛全国总决赛”，选手孙克强、张锡志进入前 100 强，分别列 39 名、56 名。

高密市首届农机手职业技能大赛开幕式现场　（李玉胜　摄）

高密市首届农机手职业技能大赛比赛现场　（李玉胜　摄）

【农机牌证管理】　2017 年，高密市农机局新挂拖拉机号牌 468 副、联合收割机号牌 84 副。检验拖拉机 1295 台次，检验合格拖拉机 980 台、拖拉机运输机组 28 台；检验联合收割机 464 台次，检验合格联合收割机 286 台。

（陈康伟　王明波）

农业综合开发

【概况】　高密市农业综合开发工作由市农业综合开发办公室负责。2015 年 5 月，高密市农业综合开发办公室办公地点由朝阳大街与夷安大道交叉路口西 80 米处迁入融智商务综合体四号楼。2017 年，农业综合开发设 3 个科室，分别为综合科、土地治理科、产业化经营科，有在编干部职工 13 人。年内，全市累计投入农业开发资金 8303 万元（其中：上级财政资金 4247 万元，自筹资金 4056 万元），拉动银行贷款 2350 万元。实施土地治理项目 4 个，建成高标准农田 1 万亩；实施产业化经营项目 4 个，扶持农业产业化龙头企业 1 家，农民专业合作社 3 家。

【土地治理项目】　2017 年，高密市投入土地治理项目资金 1167 万元，在醴泉街道、大牟家镇和注沟现代农业发展区 8 个行政村，建成“旱能浇、涝能排”的高标准农田 3 处共 1 万亩。项目围绕高标准农田建设，新打、修复机电井 137 眼、大口井 25 眼，安装射频卡灌溉控制器 80 套，配套机井房 65 座，埋设电缆 18.9 公里，安装变压器 4 台，埋设管道 28.9 公里，安装出水口 808 个，新建及修复桥涵 87 座，开挖疏浚沟渠 23.15 公里，修筑田间道路 34.59 公里，植树 10530 株。

醴泉街道 0.5 万亩高标准农田建设项目区航拍图

【产业化发展项目】 2017 年，高密市围绕粮食、蔬菜、畜牧等主导产业，以扶优、扶强为重点，累计投入产业化发展项目资金 2851 万元，实施项目 4 个，扶持山东省农业龙头企业——高密市惠德农产品有限公司以及金日养殖专业合作社、世本乳肉牛生猪养殖专业合作社、百香蔬菜种植专业合作社 3 个农民专业合作社，增强企业与合作社的发展实力，也带动了相关产业的发展。据第三方统计，项目的实施，实现年新增总产值 8637 万元，新增就业岗位 21 个，季节工 600 多人，其中：财政补助项目达产后，年新增蔬菜产量 51.5 万公斤，新增白羽鸡出栏量 18 万羽；新增增加值 306 万元，新增利税 210 万元。

【高标准农田建设模式创新试点项目】 高密市 1 万亩高标准农田建设模式创新试点项目，于 2016 年 7 月 27 日全省竞争立项成功落户。项目总投资 4285 万元，建设期为 2016、2017 两年。项目设计了“两片一区一配套三带动”（“2113”）运行模式，即建设高标准蔬菜种植基地 2 大片区 1 万亩（大牟家镇 8000 亩、密水街道 1200 亩）；在项目承办主体——高密市瑞丰食品有限公司扩建一处蔬菜加工仓储区。通过合作社、土地流转、订单农业三条途径实现对农民增收带动。项目围绕打造一、二、三产业融合发展的现代化农业示范区，建成高标准蔬菜种植基地 1 万亩，配套建设排灌站 1 座、加固方塘 1 座，新打、修复机电井 219 眼，埋设电缆 39 公里，安装变压器 7 台，埋设管道 28.8 公里，发展节水喷灌 1600 亩，新建各类桥涵 188 座，开挖疏浚沟渠 24.66 公里，改良土壤 1400 亩，建筑机耕路 36.01 公里。围绕企业产业化发展，配套新建绿色蔬菜保鲜库 5144 平方米、加工车间 7770 平方米，新建育苗棚、管理房、库房、晒场等 6103 平方米，购置蔬菜加工生产线、制冷设备及配套服务设备 93 台套。围绕延伸蔬菜产业链、提升价值链，完善利益链，组织企业开展蔬菜规模种植、新品种引进与推广、精深加工、品牌创建及“互联网+”销售与流通等业务环节的有机结合与提档升级，实现产、供、加、储、销一体化全产业链的运行模式。将试点项目与精准扶贫相结合，引导瑞丰公司和合作社与项目所在村——大牟家镇张肖寨村签订扶贫协议。截至 2017 年年底，高标准农田建设项目完成新打机电井 205 眼，维修机电井 14 眼；埋设电缆 10km；开挖疏浚排水沟 24.66km；埋设管道 5km；新建各类桥涵 50 座；喷灌 1400 亩；机耕路路基全部完成；土壤改良 1400 亩，进行了深耕深翻。产业化发展项目新建育苗棚 3520 平方米，管理房 273 平方米，库房 1310 平方米，晒场 1000 平方米；购置配套服务设备 16 个台套。新建蔬菜加工车间 2600 平方米；新修路面 5400 平方米；购蔬菜加工生产线及配套设备 20 台套。加工车间 5170 平方米，完成总体土建工程的 80%。新建蔬菜速冻保鲜库 2544 平方米；购置配套设备 6 台（套）。完成 2600 平方米保鲜库的地基铺设工程。

（王恩惠　李世萍）

扶贫工作

【概况】 高密市扶贫开发领导小组办公室成立于 2016 年 1 月 19 日，单位是议事协调机构的办事机构，负责全市扶贫开发工作的统筹协调、服务指导和监督管理工作。2017 年 2 月，办公地点由人民大街老民政局搬迁至老工商局 5 层西。2017 年，共有工作人员 6 名，其中主任 1 名，副主任 1 名。内设综合协调组、政策调研组、信息统计组、项目管理组、财政金融组五个科室。

2017 年，继续推进“五帮扶一保障”工作，即干部帮扶、行业帮扶、产业帮扶、社会帮扶、金融帮扶和兜底保障，促进贫困村、贫困户稳定脱贫。全市 10 个省定贫困村 2016 年达标后，2017 年“五通十有”（通路、通电、通自来水、通广播电视和信息；有旱涝保收田、致富项目、办公房、卫生室服务、卫生保洁制度、学前教育、文化活动室、健身场所、良好生态环境、就业保障措施）水平又有新提升；2016 年底脱贫的 346 户贫困户住房安全、医疗、义务教育政策全面落实，汇总生产经营、低保补助、项目收益、慈善救济、干部帮扶等收入，年人均纯收入稳定在 5000–8000 元；2014 年和 2015 年脱贫的 1.9 万户贫困户保持了稳定脱贫。

【扶贫责任落实】 强化党政一把手负总责责任制，与各镇（街、区）签订《2017 年脱贫责任书》，制定《2017 年扶贫开发工作要点》，落实脱贫攻坚年度计划。印发镇街区、市直部门分工方案，细化目标措施。

【扶贫措施】 2017 年，全面落实“五帮扶一保障”措施。（1）干部帮扶。根据 2017 年扶贫对象动态调整结果，调整了《市委常委帮扶省定贫困村、副县级以上干部和市直部门主要负责人帮扶贫困户实施方案》，10 名市委常委联系帮扶 10 个省定贫困村，市级党政领导成员、人大、政协主要领导每人帮扶 4–5 户贫困户，其他副县级干部、市直部门主要负责人每人帮扶 2–3 户，镇村干部采取“一帮几”或“几帮一”方式进行帮扶。发放《帮扶（关爱）联系卡》到户，促进经常化联系帮扶。结合作风建设年走访调研，各级帮扶干部全年走访贫困户 3 次以上，直接帮扶款物 21 万余元。（2）行业帮扶。发挥行业部门职能优势，对照脱贫标准，整合政策、资源、资金。市委组织部利用补缴党费，为 333 户因病致贫户发放生活补贴 66.6 万元；民政局提高低保标准到 3800 元，发放救助金 3858 万元；教育局落实建档立卡农村家庭困难学生资助政策，发放助学金 18.6 万元，资助学生 117 人次；卫计局实施健康扶贫，确定定点医疗机构 12 家，建立家庭医师服务团队 119 支，贫困人口全部落实“八个一”工程，即确定一所定点医疗机构、明确一个家庭医生团队、签订一份服务协议书、制定一张健康卡、进行一次健康查体、建立一个健康档案、组织一次健康会诊、发放一张健康明白纸，对 261 名患病贫困人口开展集中救治，就医实现“一站式”报销；住建局为 23 户贫困户改造危房，每户增加市级补助 1.5 万元；畜牧局整合涉农资金 180 万元，以现代畜牧业平台项目实施企业为载体，通过代购代养畜禽、劳务用工、按股分红等形式，带动 255 户贫困户增收；人社局专设 25 个贫困人口公益岗位，发放岗位补贴 11.6 万元；农业局在 10 个省定贫困村实施粮食高产创建平台、小麦“一喷三防”统防、玉米“一防双减”项目，共补助资金 140 万元，户均节约成本 1110 元。（3）产业帮扶。抓好项目管护及收益分配，制定印发《财政专项扶贫资金产业发展项目收益分配办法》（高扶贫组办字〔2017〕4 号），保障项目持续发挥效益，贫困户长期受益。2015 年至 2017 年，共实施产业扶贫项目 40 个，产生收益 78.4 万元，带动贫困人口 589 人，实现了应享受项目收益贫困人口全覆盖。在保障项目 50% 以上收益精准发放基础上，利用剩余资金，在各镇（街、区）和 10 个省定贫困村设立扶贫基金，统筹帮扶已脱贫户中因病因灾导致暂时性生活困难的建档立卡贫困人口。（4）社会帮扶。孚日、豪迈、城投、供电、星宇、银鹰、人保、烟草、工行、金达双鹏、交运等帮扶企业 2016 年投资 600 余万元，帮助省定贫困村改善基础设施、发展扶贫项目。2017 年，市供电公司又投资 35 万元为帮扶村安装 2 台农灌变压器，架设输电线路；银鹰集团追加投资 30 万元用于帮扶村冷库建设。慈善总会收到各界捐款 1300 万元，发放救助金 674 万元，救助困难家庭 3400 户、学生 1103 名。市妇联和女企业家联谊会募集资金 2 万余元，对 48 户贫困户进行走访慰问。团市委建立“OTO”爱心微超市，为500名孩子送去爱心物品2000余件；开展希望工程圆梦行动，发放助学金12.2万元，帮扶贫困青少年113名。（5）金融帮扶。市农商行出台《扶贫贷款考核办法》，激发支行放贷积极性，累计发放扶贫贷款791万元，其中富民农户贷191万元、富民生产贷600万元，惠及贫困人口311人。（6）兜底保障。市里出台《建档立卡贫困人口救助办法》，每年从“慈心一日捐”资金中筹措足够资金，对因病因残因失能致贫且收入低于扶贫标准贫困人口、每年返贫和新纳入贫困人口，按家庭困难程度，实行“阶梯式”补差救助，确保应助尽助。以先缴后补形式，为262名贫困人口补助缴纳基本医疗保险费3.93万元，为589名贫困人口缴纳医疗商业补充保险费6.93万元。

【扶贫协作】 2017年，印发《高密市－阳谷县扶贫协作实施方案》（高扶贫组办字〔2017〕2号），建立月调度制度，13个协作部门分别与对口部门签订协议，开展了农业、畜牧、文化旅游、创业就业、招商引资、人才交流等协作。市里选派一名副县级、三名科级干部赴阳谷挂职，援助200万元资金用于阳谷第二人民医院基础设施建设，帮助新建（高密－阳谷）友谊中学。市教育局、卫计局承接阳谷县选派的81名教师、医生到高密市进行为期1–3个月的交流实习。市人社局建立4个劳务用工对接平台，2家人力资源公司签订中介协议，举办招聘会2次，输入劳务200人次，实现劳务收入660万元。市旅游局优选4家旅行社，推出高密－阳谷旅游专线，带动两地群众增收。

（张健）

工业和信息化

工业综述

截止到2017年底，全市有规模以上工业企业495家，国家级高新技术企业21家。中国驰名商标11个，山东省名牌28个、山东省著名商标43个。全市495家规模以上工业企业，2017年完成现价工业总产值1539.9亿元，同比增长5.0%；主营业务收入1548.0亿元，同比增长6.4%；利税总额142.5亿元，同比增长3.9%；利润总额93.9亿元，同比增长6.1%；高新技术产业企业81家，2017年完成工业总产值260亿元，同比增长3.4%，占规模以上企业工业总产值比重为16.9%。

2017年，高密市棉纱产量46.3万吨，同比增长7.6%；布43.7亿米，同比增长15.1%；粘胶短纤维8.3万吨，同比降低0.2%；化纤纤维用浆粕14.4万吨，同比降低10.1%；鞋4498万双，同比增长18.6%；模具2.6万套，同比增长13.9%；家具245.4万件，同比增长7.6%。

2017年，纺织服装、机械装备、安防用品、食品加工、化工建材等五大支柱产业合计完成现价工业总产值、主营业务收入、利税总额、利润总额分别为1311.5亿元、1310.4亿元、119.6亿元、79.4亿元，同比分别增长4.2%、5.1%、3.1%、5.7%，总量占规模以上工业比重分别为85.2%、84.6%、83.9%、84.6%。

纺织服装业

【概况】 纺织工业是高密市最大的支柱产业，主要生产棉纱、棉型坯布、化纤坯布、装饰布、床上用品、巾被、服装等产品。现已形成以家纺用品、人棉布、印染服装为主的700亿级产业集群，年产纱40多万吨、布30多亿米，家纺产品出口额连续多年保持全国同行业首位。高密市先后获得“山东省十大工业产业集群”“山东省纺织服装产业基地”“中国家纺名城”等荣誉称号。2017年，206家规模以上纺织服装企业完成工业总产值734.9亿元、主营业务收入740.9亿元、利税总额68.4亿元、利润总额44.4亿元，同比分别增长7.7%、9.9%、5.8%和4.6%。

【重点项目建设】 孚日集团5.88万锭纺纱、毛巾扩产项目　该项目总投资5.2亿元，其中，5.88万锭纺纱项目占地面积2.8万平方米，引进德国清梳联、瑞士并条机、日本和意大利的自动络筒机等先进装备150台套，部分车间已经投产。毛巾扩产项目占地6000平方米，引进日本丰田高速织机72台套、东申印花机2台。部分设备已安装，其他设备陆续到厂安装调试。

高密市正德纺织有限公司家纺项目　该项目由

高密市正德纺织有限公司建设，总投资 2.7 亿元。2017 年，1–6 号车间、部分附属配套设施已建成，部分已上设备安装调试完成，7–10 号车间正在建设。

【行业大事记】 （1）2017 年 4 月，高密市组织部分企业赴武汉纺织大学考察学习、洽谈合作事宜，参观了科技馆、纺织材料国家重点实验室、际华 3506 工厂等，与学校领导及专家洽谈武汉纺织大学高密研究院、智能化工厂、产学研合作等事宜。

（2）2017 年 5 月至 6 月，由市纺织服装产业咨询指导委员会牵头，组织人员到孚日集团、银鹰化纤、大昌纺织、思美尔服饰、富源印染、宏昌纺织等企业调研，全面掌握产业发展情况，进一步摸清了产业状况和企业需求，并针对企业存在的具体问题，提出应对措施和建议。

（3）2017年9月，在中科智谷科技创业园召开“武汉纺织大学高密研究院揭牌仪式暨 2017 高密纺织服装产业集群创新发展恳谈会”。武汉纺织大学校长彭育园、高密市委书记杨建华共同为研究院揭牌。

机械装备业

【概况】 2017 年，机械装备行业规模以上企业 98 家，共完成现价工业总产值 249.5 亿元，实现主营业务收入 238.1 亿元，实现利税总额 29.6 亿元，其中利润总额 21.2 亿元，同比分别增长 –5.9%、–9.0%、–0.3%、6.4%。四项指标占规模以上工业比重分别为 16.2%、15.4%、20.7%、22.6%。

【科技研发】 2017 年，全市机械装备企业共申报山东省技术创新项目 47 项，共计投入项目研发经费 4.6 亿元。豪迈科技获评中国机械工业科学技术奖一等奖、潍坊市第二届市长杯工业设计大赛一等奖、潍坊市科学技术最高奖、潍坊市专利一等奖、山东省知识产权示范企业等多项荣誉称号。在潍坊市第二届“市长杯”工业设计大赛中，豪迈集团的“双金属组合片式无气孔轮胎模具”获一等奖，泽普医疗、惠影科技等企业获二等奖，恒阳重工、正道电器 2 家企业获三等奖。2017 年，豪迈集团李德群、金永和公司的冯显英等通过了鸢都产业领军人才初审。

【行业大事记】 （1）2017 年 6 月，由组织部组织企业负责人及经营管理人员参加了深圳大学等高校的专题培训，提升了企业家的经营管理水平，开拓了思路和眼界。

（2）2017 年 12 月高密市模具职业教育集团成立，该集团由豪迈科技职业中等专科学校牵头成立，有中职院校 3 所，高职院校 2 所，企业 8 家。集团致力于培训模具设计、制造领域的高技能职业人才，为内企业转型升级提供人才储备。

【企业选介】 豪迈集团股份有限公司 2017 年该公司实现营业收入 50.96 亿元，工业总产值 59.52 亿元，利润总额 13.16 亿元，利税总额 16.70 亿元，同比分别增长 21.1%、32%、2.8%、1.1%。2017 年，公司《微细深孔立式加工中心关键技术研究及示范应用》等两个项目列入 2017 年山东省重点研发计划（第二批），在轮胎模具、大型装备部件、油气装备等领域，开展了 26 项技术创新项目。年内共申请国内专利 220 项（包括发明 88 项）；清洗轮胎模具的设备等申请国际发明专利 4 项。中机联及机械学会授予该公司中国机械工业科学技术奖一等奖，工信部授予该公司“绿色工厂”、全国质量标杆，中国机械工程学会授予 2017 年中国好设计银奖，获得了国家级两化融合管理体系贯标试点企业、山东省优秀发明人、山东省知识产权优势企业、第七届潍坊市市长质量奖、省级加工贸易转型升级示范企业、山东省第十届“发明创业奖”二等奖、省级加工贸易转型升级示范企业、2017 年度潍坊市科学技术最高奖、潍坊市专利一等奖、山东省知识产权示范企业、山东省国际科技合作示范基地、潍坊市第二届市长杯工业设计大赛一等奖、第七届潍坊市市长质量奖等荣誉称号。公司积极引进高层次人才建立了院士工作站，公司李德群等获得鸢都产业领军人才、潍坊市会计领军人才、鸢都产业领军人才等荣誉称号。

金永和精工制造股份有限公司　2017年公司主营业务收入为31306万元，工业总产值31336万元，利税总额2800万元，同比分别增长17.8%、19.2%、56.4%。成功申报“山东省一企一技术研究中心”和潍坊市鸢都产业领军人才；被北京国富泰信用管理有限公司评定为“AAA级信用企业”；授权实用新型专利10项，申报发明专利两项。

山东高密高锻机械有限公司　2017年，该公司完成工业总产值22526万元，主营业务收入21684万元，实现利润132.45万元，上交税金1262.9万元，同比分别增长51.57%、56.95%、95.41%、25.07%。公司产品主要包括机械压力机及汽车冲压件产品，机械压力机产品年产能为300台套，拥有各类大中小型数控金切设备、冲压成型设备、树脂砂铸造设备共计464台套。年内新投资496.65万元新购数控平面磨床等生产设备7台。2017年5月投入专项科研资金530万元，与山东科技大学合作研发了大型闭式压力机单机自动上下料作业系统，已出样机，投产后将极大提升汽车冲压行业单机生产自动化水平。2017年9月与中国海洋大学联合开发了“机械电气互联网+”工程，实现了产品远程监控、操作。被中国机械工业联合会授予“中国机械工业质量诚信企业”。

安防用品业

【概况】　2017年，全市注册安防用品工商业户3000多家，年产各类鞋近2亿双、防护手套40多亿双；全市37家规模以上安防用品企业实现主营业务收入88.12亿元，同比增长19.4%；工业总产值86.85亿元，同比增长18.5%；利润总额4.46亿元，同比增长7.7%；利税总额6.83亿元，同比增长8.6%。

【项目建设】　（1）星宇公司投资1800万元，新上智能印花生产线、包装生产线，提高工效3倍，节约成本达1000万元，荣获首批山东省79家制造业企业“单项冠军”。

（2）登升公司投资3600万元，新上四条智能化防生化手套生产线，实现了高端产品的放量生产，被认定为“省级企业技术中心”。

（3）海宇公司投资1200万元，对制鞋生产线全程实施智能化改造，新上智能切割机、缝纫机和一次性成型圆盘注塑机，不仅提高了产品品质，而且使生产效率提高了30%，荣获山东省首批198家中小企业“隐形冠军”和国家级“高新技术企业”。

【科技研发】　（1）2017年，星宇公司重视产业创新，从青科大引进两名德国留学归来的“泰山学者”夫妇，联合成立“功能性胶乳材料与工程研究院”，在胶乳防喷霜、水性胶乳合成、橡胶组合定量分析等领域取得重大突破。

（2）登升公司引进天津科技大学高分子材料学科带头人王昶教授，合作研制开发的“老顽固”系列防护手套，一举获得发明、实用新型和外观设计3项专利，被业界誉为“颠覆传统、全球首创”。

（3）海宇公司开发的降压保健鞋、祛湿清凉鞋获得2项国家发明专利；新开发的磁元按摩鞋、换气保健鞋等产品获得8项实用新型专利。

【行业大事记】　1. 2017年1月20日，高密市举办2017年度安防产业集群十大亮点新闻发布会，公布了2017年度全市安防产业集群十大亮点、安防产业集群2017年度新闻人物名单及荣获2017年度全市安防产业发展获奖企业名单。对荣获2017年度全市安防产业发展一等奖、二等奖和优秀奖的企业进行颁奖，奖励了六位年度新闻人物。

2. 2017年，组织企业参加第94届中国春季（上海）和95届中国秋季（青岛）安防展，搭建起“中国安防用品产业名城”集中展示区，携手全市多家安防企业组团参展。展会上，高密市首次推出大型T台模特走秀活动，展示了高密市各类防护用品，全景式、立体化地向中外宾客进行了现场演示。

食品加工业

【概况】 2017年，全市共有食品加工企业160余家，其中规模以上企业36家，涉及农副产品加工、食品制造、饮料制造等三大行业类型，包括粮油加工、畜禽加工、果蔬加工、饮料加工等10多个子行业。代表性企业有以肉食鸡加工为主的山东凯加食品股份有限公司、以小麦面粉和面制品加工为主山东望乡食品有限公司、以加工速冻蔬菜水果为主的高密瑞丰食品有限公司、以粮食购销和面粉加工为主的山东环丰食品股份有限公司，2017年，全市规模以上食品加工企业实现工业总产值100.09亿元，主营业务收入100.29亿元，利润3.96亿元，利税6.04亿元，同比分别增长–3.35%、–3.1%、–9.0%、–15.1%。

【科技研发】 2017年，全市食品加工业重视科技研发工作，充分利用企业科技研发机构进行技术攻关和研发新产品。2017年，全市食品加工业企业的研发机构、名牌产品、著名商标见下列表格。

2017年全市食品加工企业工程技术研究中心名单

序号	中心名称	依托单位	备注
1	山东省凯加煎炸肉制品工程技术研究中心	山东凯加食品有限公司	省级
2	潍坊市密水红葡萄栽培工程技术研究中心	山东密水葡萄酿酒有限公司	潍坊市级
3	潍坊市果蔬饮品工程技术研究中心	高密鸿源饮品有限公司	潍坊市级
4	潍坊市生物酶制剂工程技术研究中心	潍坊康地恩生物科技有限公司	潍坊市级
5	潍坊市珍稀菇工程技术研究中心	高密市惠德农产品有限公司	潍坊市级
6	潍坊市食药用真菌工程技术研究中心	山东保益生物科技有限公司	潍坊市级
7	潍坊市百合深加工工程技术研究中心	山东泰华食品股份有限公司	潍坊市级
8	潍坊市天然酵母预拌粉工程技术研究中心	山东恒丰面粉有限公司	潍坊市级

2017年全市食品加工企业山东名牌产品名单

序号	产品名称	企业名称
1	“望乡 wangxiang”牌挂面	山东望乡食品有限公司
2	“环丰”牌小麦粉	山东恒丰面粉有限公司
3	“惠和”	高密市惠德农产品有限公司

2017 年全市食品加工企业著名商标名单

序号	企业名称	商标	认定商品	备注
1	山东泰华食品有限公司	鲁金泰华	食品	中国驰名商标
2	山东泰华食品有限公司	金满缸及图	酱菜、速冻菜	山东省著名商标
3	山东望乡食品有限公司	望乡 WANGXIANG	面粉、挂面	山东省著名商标
4	山东恒丰面粉有限公司	华丰	面粉、挂面	山东省著名商标
5	高密市惠德农产品有限公司	惠和及图	鲜食用菌	山东省著名商标
6	山东密水葡萄酿酒有限公司	密水庄园	葡萄酒、果酒	山东省著名商标

化学工业

【概况】 2017 年，全市有规模以上企业 27 家，主要产品包括橡胶轮胎、双氧水、甲苯、甲醛、稀释剂、石油助剂、轻化油、硬脂酸等。山东新永辉化工有限公司、山东振泰股份有限公司、山东金达双鹏集团公司、高密建滔化工有限公司、潍坊密恩化工有限公司等化工企业，是高密市石化、生物、轮胎、酸碱盐化工和新型化工材料等产业的骨干企业。全市化工行业拥有“振泰”农用车轮胎、山东聚丰橡胶有限公司“聚丰”轮胎两个山东省著名商标；振泰集团“昱升”牌农用车轮胎、山东金达双鹏集团有限公司“密河 mihe”牌硬脂酸、山东聚丰橡胶有限公司“聚丰”牌工程机械轮胎等 3 个山东名牌。

【园区规划建设】 2017 年 10 月 18 日，高密市以高政字〔2017〕29 号文件向潍坊确定申报高密市仁和化工园。高密市仁和化工园东至夷安大道，西至小康河及孚园西路，南至潍胶路，北至北胶新河及孚园后街，总规划面积约为 8.16 平方公里，建成区面积 3.89 平方公里，距离主城区 2 公里，至 2017 年，园区内化工企业主要有山东新永辉化工有限公司、山东省振泰集团有限公司、山东宝润硼业科技有限公司、山东义兴橡胶有限公司等企业。

【行业大事记】 根据潍坊市“化工生产企业新一轮评级评价实施方案”工作要求，年内高密市制定了“化工企业新一轮评级评价”工作实施方案，制定了评级评价工作规范。同时展开第三方机构的招标工作。安监局、环保局、经信局、市场监管局向市政府申请专项资金，用于聘请第三方评级机构。新一轮评级是安全、环保、节能、质量评级，评价转型升级综合评价，目的是通过评级评价推动化工产业安全生产转型升级，加快实现新旧动能转换。全市化工企业新一轮评级评价工作年内开始实施。

医药工业

【概况】 高密市医药工业起步于改革开放后的 20 世纪 80 年代中期。是期，高密飞机场在其场地东侧创办制药厂，主要生产柴胡系列针剂、片剂、颗粒剂和外用溶液剂，2002 年该厂停止生产。九十年代，山东天达药业有限公司成立，主要生产医用药胶囊、粉针剂、片剂等和农业用植物细胞膜稳态剂。进入 21 世纪，境内制药业发展较快，不仅医用药业得到较大发展，而且进军到医学界的多个领域。生物医药由比较单一的生物分解酶、兽药和中药，发展为多品种多领域的微生物、疫苗、干细胞开发分离技术、康复医疗、生物工程酶等多个系列。产品数量也大幅提高，产品品种达300多个。2017年6月1日，高密市生物医药产业集群咨询指导委员会成立。

2017年，高密市新引进生物医药产业项目3家，即山东斯达克生物科技有限公司、上海杰隆生物科技有限公司、山东御施堂医疗科技有限公司，新投产生物医药企业有山东瑞普生物科技有限公司、高密市丽美化妆品有限公司、高密市大德酵素有限公司和高密泽中医药产业园管理公司4家。截至2017年年底，高密市生物医药产业企业发展到20多家，其中规模以上企业8家，即山东仙普爱瑞科技股份有限公司、山东泽普医疗科技有限公司、潍坊宇洋药业有限公司、山东天科生物科技有限公司、山东安佑生物科技有限公司、山东米高生物科技有限公司、潍坊康地恩生物科技有限公司、潍坊普力美动物药业有限公司。主营业务年收入超过亿元的5家：潍坊宇洋药业有限公司、山东天科生物科技有限公司、山东安佑生物科技有限公司、山东米高生物科技有限公司、潍坊康地恩生物科技有限公司。2017年新扩产项目有兴瑞的基因检测项目、仙普爱瑞的新型抗菌肽项目和宇洋生物的中药材种植项目，项目建设实现了新突破。

【产业创新】 截至2017年底，高密市生物医药企业共创建了15家企业技术中心及重点实验室，其中康地恩3家：潍坊市生物酶制剂工程技术研究中心、潍坊市生物酶制剂企业重点实验室、潍坊康地恩生物科技有限公司企业技术中心；宇洋1家：潍坊市兽用大环内酯类药物新剂型研发重点实验室；泽普4家：潍坊市康复医疗设备工程技术研究中心、山东泽普医疗科技有限公司工业设计中心、潍坊市医学检验科学仪器工程实验室、山东泽普医疗科技有限公司企业技术中心；仙普爱瑞4家：潍坊市微生物工程研究中心、潍坊市兽用生物制品工程技术研究中心、潍坊市蛋白质药物分子生物学研制重点实验室、山东仙普爱瑞科技股份有限公司技术中心；兴瑞3家：潍坊市干细胞与免疫治疗工程技术研究中心、潍坊市遗传病基因检测工程研究中心、潍坊市干细胞和基因工程企业重点实验室。3家产业创新战略联盟，即潍坊康地恩生物科技有限公司的生物酶制剂产业技术创新战略联盟、高密市惠德农产品有限公司的药用菌产业技术创新战略联盟、山东仙普爱瑞科技股份有限公司的微生态动物保健品产业技术创新战略联盟。2家院士工作站，即山东省康地恩生物科技院士工作站、高密市瑞普生物科技有限公司院士工作站。新备案1家省级生物医药科技企业孵化器（山东省高密市生物医药专业孵化器）。同时产业企业加强与山东大学、中国人民解放军海军总医院、中科院、哈尔滨工程大学、广州市微生物研究所等科研院所的合作，开展技术的研发及新产品推广应用。

【企业选介】 新华制药（高密）有限公司 位于高密高新技术产业开发区高新二路（西）6号。2012年1月，山东新华制药有限公司收购山东天达生物制药股份有限公司的医用药品生产部分，注册资本1900万元，成立新华制药（高密）有限公司。截至2017年底，公司累计投入6000余万元，建成了口服固体制剂车间，共有13个产品文号，剂型分为片剂、颗粒剂、干混悬剂、硬胶囊剂，着重发展大环内酯类抗生素产品、解热镇痛类药品，年产能10亿片（粒），年产值可达3000万元。2017年度主营业务收入1960万元，研发费用投入为259万元，占销售收入的比例为7.4%。2018年，公司计划投入900万元，争取获得3个产品一致性评价批件，提高自主产品的国内竞争力，增加公司经济增长点。

潍坊康地恩生物科技有限公司 位于高密高新技术产业开发区，成立于2008年8月，是青岛蔚蓝集团投资1.5亿元建设的全资子公司。康地恩公司致力于酶制剂研究、开发和生产，主要产品有植酸酶、纤维素酶、木聚糖酶、露聚糖酶、果胶酶、蛋白酶、复合酶等100余种酶制剂。公司共有员工150余人，其中国家“千人计划”专家1位，泰山学者2位，硕士18位，拥有国家发明专利20余项，先后获得“十强工业企业”“全国酶制剂行业重点生产企业”“战略新兴产业标兵企业”“科技创新先进企业”等多项荣誉称号，是中国发酵工业协会副理事长单位。公司与中国科学院、中国农业科学院、南开大学等10余家科研机构和大学合作，搭建研发平台，参与研发的多个项目荣获国家纺织工业协会科学技术和省科技进步奖项，承担多项国家科技攻关课题。2017年康地恩公司实现销售收入2.3亿元，利税6000万元。

山东兴瑞生物科技有限公司　成立于2014年3月27日，位于高密高新技术产业开发区科技孵化器内，由海外留学归国博士创办，注册资本1300万元，员工50人。是集肿瘤生物治疗、干细胞研发与临床应用、基因检测三位一体的国家高新技术企业。设有潍坊市干细胞与免疫治疗工程技术研究中心、潍坊市细胞和基因工程重点实验室和潍坊市遗传病基因检测工程研究中心。拥有具欧盟标准的净化实验室3000平方米，与多家高校、科研院所开展合作。截至2017年底，公司在生物治疗领域研发出CAR-T细胞、肿瘤疫苗、干细胞治疗产品等多种临床治疗产品，取得具有国际领先水平的发明专利20项。

山东泽普医疗科技有限公司　成立于2013年12月6日，位于高密高新技术产业开发区高新一路188号，占地面积51.3亩，注册资本1010万元，员工100人。公司产品主要包括康复医疗设备和临床检验科学仪器两大系列，均为自主研发，具有自主知识产权，拥有5项发明专利，30项实用新型专利，1项软件著作权。公司业务涵盖智能与数字化康复医疗产品开发与应用、临床检验医学技术创新与应用、微流控芯片技术开发与应用、科学仪器开发与集成服务等领域，是国家高新技术企业、山东省“一企一技术”研发中心、潍坊市康复医疗设备工程技术研究中心。到2017年，公司有康复医疗设备、疼痛治疗设备、康复器材家庭康复设备三大系列100多个品种的产品线，产品销往全国各地的各级医院、残疾人康复中心、养老院以及家庭，深受用户的好评。到2017年底累计实现销售收入4000万元，较2016年增长40%，利税750万元，自主研发的智能运动康复机嵌入式软件获得国家财政退税130万元。

（张作顺　单超）

潍坊宇洋药业有限公司　成立于2009年，位于高密市凤凰大街7777号，占地面积16600平方米。公司总投资6500万元，员工42人。公司建有符合GMP标准的口服溶液剂、粉剂、散剂、预混剂、固体消毒剂，液体消毒剂车间，中药提取、片剂、颗粒剂等多条生产线。公司引进加拿大、德国、日本、中国上海等先进的制药设备，并有大批多年从事畜牧、兽药、科研、生产的专家，组建了兽药研究团队，主要从事兽药研发、生产和销售。2016年，公司建立“兽用大环内酯类新剂型重点实验室”，并被评为潍坊市重点实验室，主要进行纳米乳制剂研究，固体分散体制剂研究和缓释制剂研究。2017年公司获得专利8项，并获得潍坊市级“守合同重信用企业”“十强农业龙头企业”等多项奖励。

（岳耀辉　杜鹏）

潍坊普力美动物药业有限公司　成立于2002年，位于姜庄镇域内，占地40亩。2016年，公司有职工40人，主要生产兽用粉剂、散剂、预混剂、口服溶液剂、最终灭菌小容量注射剂、消毒剂（固体、液体）。2009年，公司获得潍坊市兽药生产十佳企业称号。2013年，产品泰达舒获第13届中国（潍坊）现代畜牧业博览会金奖。是年，新一代霉菌吸附剂——普力酶获得国家级星火计划项目证书。2015年，成为潍坊市兽药协会理事单位。2016年，成为微生态动物保健品产业技术创新战略联盟理事单位。2017年，普力美药业完成总收入15030万元，产值9573万元，利税339万元，利润78万元。

（丁娟）

潍坊金海龙生化科技有限公司　成立于2008年1月，位于高密市北外环夏庄路口西（原仁和工业园区内），占地面积20000平方米，固定资产5000万元，员工120余人。公司有国际一流的GMP生产线，生产能力过亿元，是一家集畜禽和水产养殖用药以及有关化工药品研发、生产、销售和技术服务为一体的高新技术产业企业。主要生产消毒剂（固体）、杀虫剂（固体）、消毒剂（液体）、杀虫剂（液体）、粉剂、预混剂、散剂等，并开展生物技术开发、服务、转让、咨询。公司与中国农大、华南农学院、河北农大、中国海洋大学等科研机构建立了合作关系，所开发研制的产品畅销全国。2016 年公司成立广州金海龙生物技术发展有限公司。至 2017 年底，公司产品销往全国 30 余个省、市、自治区，销售总额 100 多万元。

（王成功）

山东仙普爱瑞科技股份有限公司　成立于 2013 年，公司占地面积 100 亩，注册资金 5500 万元，总资产 7053 万元。主要从事兽药、饲料添加剂、兽用生物制品的研发、生产和销售，年生产兽药 5000 吨，微生态制剂 600 吨、饲料添加剂 3000 吨。公司为高新技术企业、新四板挂牌企业、山东省瞪羚企业、潍坊市兽药协会理事单位、微生态动物保健品产业技术创新战略联盟理事长单位。公司有省级创新平台“山东仙普爱瑞科技股份有限公司技术中心”（2017 年 10 月建）1 处；潍坊市级创新平台 3 处，分别是“潍坊市微生物工程研究中心（2016 年 1 月建）”、“潍坊市兽用生物制品工程技术研究中心（2016 年 12 月建）”、“潍坊市蛋白质药物分子生物学研制重点实验室（2017 年 12 月建）”。2016 年与广州市微生物研究所合作建立了“仙普爱瑞微生态实验室”，与青岛农业大学、鲁东大学、广州市微生物研究所等多个高校院所建立合作关系。先后实施国家星火计划项目 1 项、山东省技术创新项目 10 项，主要技术指标国内领先。拥有授权发明专利 3 项，受理发明专利 11 项。2017 年实现销售收入 5300 万元，实现利税 440 万元。年内，公司与福建圣农集团合作成立“福建圣维生物科技有限公司”，总投资 5.3 亿元，建设集兽用疫苗、微生态制剂、中药制剂、兽药粉剂 / 散剂 / 预混剂、口服溶液剂、小容量注射剂、消毒剂（固体、液体）等剂型齐全的兽药生产厂家。至年底，仙普爱瑞科技股份有限公司研发的“肝脏解毒酶项目”完成小试和集团用户试验，准备进入中试阶段。2017 年郭海岩获得“鸢都产业领军人才”称号，公司获得 2017 年度“全国企业员工全面质量管理知识竞赛”优胜集体奖，获得三个个人三等奖。

（于敦臻）

电力工业

【输变电工程】　国网山东省电力公司高密市供电公司是山东省“西电东送”的重要枢纽。境内拥有 220 千伏及以下变电站 33 座，主变 63 台，总容量 300.44 万千伏安。其中，220 千伏变电站 3 座、变电总容量 117 万千伏安，110 千伏公用变电站 17 座、变电总容量 154.1 千伏安，35 千伏公用变电站 13 座，变电容量 29.34 万千伏安。有 110 千伏线路 23 条、335.34 千米；35 千伏线路 27 条、263.16 千米；10 千伏公用配电线路 221 条、2746.69 千米；公用配电变压器 3632 台，总容量 73.5 万千伏安，0.4 千伏低压线路 4784 千米。

电网建设　2017 年，争取省市公司投资 6.61 亿元，实施了九大电网工程：一是 5 月 29 日，建成投运了 110 千伏土庄输变电工程，安装 50MVA 变压器 1 台，110kV 出线 2 回，10kV 出线 24 回，新建土庄至高密站、福盛站线路 18.3km，获国家电网公司“优质工程”；二是 9 月 8 日建成投运了 110 千伏张家埠输变电工程，安装 63MVA 变压器 2 台，110kV 出线 2 回，10kV 出线 28 回，新建张家埠站至福盛站、高密站线路 6.7km，改造原张家埠站 10kV 线路 8.61km；三是 11 月 29 日，建成投运了 110 千伏商羊输变电工程，是全省首座智能变电站模块化示范工程，安装 63MVA 变压器 2 台，10kV 出线 28 回，新建商羊至仁和站、高密站线路 3.1km；四是年底完成 110 千伏于家站扩建工程，扩建 31.5MVA 变压器 1 台，10kV 出线 10 回，35kV 出线 1 回；五是建成投运了高密月潭站 35 千伏双电源工程，新建月潭站至高密站 35kV 电缆线路 2.2km；六是完成 220 千伏苓芝输变电工程主体工程建设；七是实施济青高铁高密北牵引站供电线路工程，2018 年 5 月投运；八是实施 220 千伏苓芝变电站 110 千伏配出工程，新建苓芝站至咸家站、姜庄站线路 80.3km，新建苓芝站至姚哥庄站线路 20.4km，新建苓芝站至夏庄站线路 12km，2018 年 11

月建成投运；九是实施220千伏苓芝变电站35千伏配出工程，新建至河崖站、张鲁站线路23km，2018年5月投运。所有项目投运后，可满足高密未来5年经济社会发展需要。

配网建设　投资7900万元，12项小城镇（中心村）改造工程投产达效，13项常规农网改造与维修工程按期竣工，新建、改造10千伏线路251千米、0.4千伏线路1444千米，新增配变596台。农村户均容量提高到2.3千伏安。110千伏夏庄站配套送出工程获省公司“配电网优质工程”。

“机井通电”工程　投资1.63亿元，新建10千伏线路295千米，新建0.4千伏线路2225千米，新增配变788台，解决了农灌用电难题。

【供电及用电服务】　2017年，高密全社会用电量41.14亿千瓦时，其中：工业电量30.7亿千瓦时，商业、住宿和餐饮业用电量1.07亿千瓦时，农、林、牧、渔业用电量1.4亿千瓦时，居民生活用电量5.97亿千瓦时。市供电公司实现主营业务收入18.01亿元，上交税金7324.5万元，被评为山东省三星级“厚道鲁商”品牌形象上榜企业，公司荣获高密市“十强服务业企业”“十强纳税企业”“二十强工业企业”。

2017年市供电公司坚持“你用电・我用心”，落实供电服务十项承诺，建立社会监督评价体系，强化服务质量的监督检查，提高供电服务质量。完善“一站式”服务，实行“一口对外”“内转外不转”，深化“一站式”办公；深入推行急事急办、特事特办，为企业用电畅通绿色通道。服务电能替代发展，完成替代电量3.4亿千瓦时，在潍坊率先完成电能替代指标。

【发电】　高密市共有发电企业2家，分别是高密万仁热电有限公司和山东银鹰化纤有限公司热电分公司，总装机容量114MW，年发电量6亿KWH。

高密万仁热电有限公司下设高密万仁热电公司城北电厂、高密万仁热电公司城南电厂、高密万仁热电公司高源电厂。总装机容量90MW，锅炉产汽能力1210t/h。现有规模为2×75T/h、6×130T/h次高温次高压循环流化床锅炉、8×35T/h中温中压锅炉，1×12MW汽轮发电机组、3×24MW汽轮发电机组、2×3MW背压汽轮发电机组。现有35KV输电线路10条，10KV输电线路10条。2017年发电量33732万KWH。

山东银鹰化纤有限公司热电分公司，截止2017年底，总装机容量24MW，35千伏输电线路有3条，10千伏线路有29条，2017年全年发电量13437万KWH。现有规模为35T/h链条炉五台，75T/h循环流化床锅炉二台，12MW汽轮发电机组二台。

信息化

【概况】　2017年，全市信息技术应用领域不断拓展，企业两化融合程度稳步提高，“两化”融合示范试点建设取得新的进展。4月，高密市开展了2017年两化融合管理体系贯标试点申报工作，所推荐上报山东豪迈机械科技股份有限公司、山东恒涛节能环保有限公司、山东星宇手套有限公司三家企业获全部通过，其中山东豪迈机械科技股份有限公司被列为全国试点企业，另外两家被列为山东省试点企业。年内组织327多家企业、500多人次参加了省中小微企业巡回大讲堂、潍坊市企业信用管理培训、潍坊市企业首席信息官培训班（5月和10月共两期）、省精益管理专题培训、深圳大学企业家专题培训、四川大学“两化深度融合”专题培训班等培训学习活动。7月份，根据省经信委的要求，全市开展了2017两化融合整体性评估和区域评估工作，共组织50家重点企业进行系统填报，经测评，50家重点企业平均得分70.06分，比2016年提高15分。孚日集团贯标工作圆满完成并通过工信部现场验收，山东豪迈机械科技股份有限公司成功入围2017年工信部两化融合管理体系贯标试点企业。

【重点企业】 高密电信公司 中国电信股份有限公司高密分公司（简称高密电信公司），截止到2017年年底有职工67人，主要经营有线宽带安装、维护、建设、销售以及移动手机业务。其间，公司先后对本地网、城域网、数据网等进行全方位建设，并在全市城区小区进行FTTH改造。逐步完善建设安装、维护修理、业务销售的三位一体的管理体系。截至2017年底，各类电话总计5.33万部，其中：移动电话4.1万部、固定电话1.23万部。互联网宽带用户达到4.5万户。

高密联通公司 中国联合网络通信有限公司高密市分公司(简称高密联通公司),下设9个营服中心，4个职能部室，服务范围从传统的语音通信、电路出租等基础通信拓展至云数据、互联网、信息化、服务外包等新领域，公司拥有覆盖全市、通达全国的4G网络、宽带网络和本地电话网络，实现光缆全覆盖；宽带网覆盖全市城区和所有行政村。公司于2014年7月建成移动4G网络。2015年6月建成高密光网城市。2017年，全年总投资253.61万元。全年在34个小区新建设施，新增用户覆盖10039户，对425处区域进行扩建和延伸，完成宏站建设32个，开通4G基站32个。完成108个单位的光纤接入，56处天网和组织部视频监控光缆布放。新增光缆49.5皮长公里，2552芯公里，实现了重点区域通信网络的有效覆盖。完成高密6万NGN交换机用户，由上挂潍坊NGN交换机割接至省公司IMS交换机，完成高密NGN的退网工作。

高密铁通分局 中国铁通集团有限公司高密分局（简称高密铁通分局），管辖市内部分移动有线宽带安装和维护、建设和销售工作。2017年，有职工45人。其间，铁通分局先后对本地网、城域网、数据网等进行全方位建设，初步实现市区内主干的环网保护及模块局的光缆接入，为分局经营的快速发展奠定了基础。

高密移动公司 中国移动通信集团山东有限公司高密分公司（简称高密移动公司）地处高密市人民大街152号。公司设有22处自营营业厅，1268家社会合作代办点。其间，主要加大G网、TD-LTE网基站建设，并专注于4G网络建设和移动光宽带的发展。2017年后，重点推进“智慧高密”的建设。针对企业大力推广专线、IMS、物联网、位置通等集团信息化业务，并扩大针对教育、医疗、物流、安监等行业的服务力度。全市移动用户达到68万户，年上缴利税过千万元。截至2017年底，各类电话总计63万部，其中，移动电话63万部；互联网宽带用户数达8.1万户。同时，加大4G基站建设的力度和投资力度，4G基站累计达到700多处，提升客户的上网速度。

高密铁塔公司 铁塔公司高密办事处成立于2015年，截止到2017年年底，在职在岗职工7人（不包括日常施工人员），主要经营基站租赁、广告挂载等业务。2017年，公司新建4G基站78处，共享基站260处，新增覆盖面积约4200万平方米，全市有效通信基站总量达到1109处。

（唐秀荣 郭刚）

交通 邮电

交通运输

【概况】 高密市交通运输事业的主管部门是高密市交通运输局，2017年，共有在编在职干部职工158人，其中行政编制15人。局机关内部设置办公室、财务审计科、政工科、综合业务科、安全生产办公室、审批服务科、群众工作办公室7个科室。局下设县乡公路管理处、运输管理所、交通运输监察大队3个科级事业单位。2017年，全市新修及改造农村公路共计290.4公里，新建改建大中桥梁2座，至当年底，全市公路通车里程总里程4195公里。其中县道336公里，乡道283公里，村道3576公里。引导鼓励公交企业购置使用符合要求的新能源公交车，新能源公交车的比例达80%以上。

【县乡道路建设】 2017年，高密市重点公路建设项目共31个项目，包括姚前路改建、北平路改建、醴泉工业园路改建等，建设长度66.3公里，投资2.9亿元。其中，姚前路改建段长5.6公里，路面由12米拓宽至18米，解决开发区劳保产业园拥堵问题；醴泉工业园路长9公里，进行高标准改建，彻底改变醴泉工业园交通基础设施落后的面貌。至2017年年底，全市农村公路通车总里程4195公里，公路密度每平方公里达2.7公里。

2017年正在建设中的柴沟镇沂胶路中修工程 （张磊 摄）

2017年正在建设中的开发区纵四路工程施工现场 （薛军 摄）

【公路养护】 2017年，全市县乡公路专业化养护总里程达446.4公里。投入资金3000多万元，对部分主要乡村公路的安全隐患进行了综合整治，在主要道路设置多处红绿灯和黄闪灯，并对县乡公路全部进行公路标线，对设置红绿灯的多处十字路口进行人行道和行车导向标线。严格路域治理，全年共出动路政宣传车 80 余台次，发放路域环境明白纸 26000 份，拆除违法非公路标志标牌 150 块，清理违法障碍物 520 处。

2017 年正在进行养护的开发区姚哥庄中心大街 （郭杰 摄）

【客货运输】 （1）货运。至 2017 年底，道路货物运输业户数 5802 家，其中普通货运 5787 家，货物专用运输（集装箱）10 家，危险货物运输 5 家；其中企业 227 家，个体运输业户 5567 家。全市共有载货汽车 7486 辆、92893 吨位，完成货运量 2945 万吨，货运周转量 622498 万吨公里。（2）客运。至 2017 年底，全市有营业性载客线路汽车 225 辆，全年完成客运量 610.23 万人次，客运周转量 46547 万人公里。是年，全市有出租车 332 台，当年客运量达 560 万人次。

【运输管理】 2017 年，是交通行政执法综合改革的一年，交通运输监察大队的职能由原来的道路货物运输监管，增加到道路旅客运输、出租车和网约出租车，以及县乡道路的部分路政管理。在编执法人员由 33 人增加到 48 人。执法中队由 8 个增加到 10 个。按照交通运输部、公安部延长整治公路货车违法超限超载行为专项行动的意见，继续与公安交警大队联合执法，重点整治超限超载行为。按照省交通运输厅部署，开展为期两个月道路危险货物运输专项治理，在潍胶路、胶王路设置了两处检查站点，对重点路段加大流动检查密度，对危险货物运输车辆，见车必查，违章必纠，对检查的每台危险货物运输车辆做好详细记录。全年共查处道路危险货物运输违章车辆 83 台次。重点加强了道路旅客运输、出租车和网约出租车管理。开展了两次大规模集中整治，每天保持 2 个执法中队，14 名执法人员，4 台执法车辆，实行专项监管。截止 2017 年底，查处非法经营网约出租车 57 台次。

（刘允欣）

省道建设与管理

【概况】 高密市境内的省道建设、管理与养护由高密市公路局负责。2017 年，高密市境内的省道有平日路、潍胶路、胶王路、平营路 4 条。高密市公路局设有办公室、组织人事科、财务审计科、工程养护科、路政科、安保科共 6 个科室，1 个公路养护应急（保障）中心，并设官庄、柴沟、苗家屯、李家营、姜庄 5 处公路站，公路养护应急（保障）中心设在苗家屯公路站。全局共有干部职工 125 人，其中在编 125 人。

2017 年，市公路局新实施了平日路（平度界—青银高速路口）拓宽改造工程，并全力推进济青高速（高密段）改扩建工程、高速两侧绿化美化工作的协调对接工作。自 1999 年以来，持续保持了“省级文明单位”荣誉称号。

【改造工程】 平日路（平度界—青银高速路口）拓宽改造工程项目属省立项，2016 年 5 月 19 日，该项目获省发改委立项批复。由省和沿线地方政府共同投资建设。高密市境内全长 9.48 公里，路基宽度由原 14 米、35.5 米加宽到 50 米、53.7 米，双向六车道，一级公路标准，设计速度 80 公里 / 小时。总投资 3.65 亿元，其中省财政投资 2.1 亿元（包括路面、交安设施及桥梁工程建设等费用），地方政府配套工程投资1.55亿元。施工过程中，市公路局统筹组织调度，强化责任落实，加强与施工单位、姜庄镇等的协调对接，拨付拆迁款587.37万元（包括自来水管道、地下管线、征用土地及房屋拆迁等费用），圆满完成清障工作，保障了工程建设的顺利推进。2017年2月底，完成路基、小桥涵的招投标工作；是年3月开工建设，2017年12月12日，该路段通过交工验收，解除交通封闭，顺利通车。

2017年7月，平日路（平度界—青银高速路口）拓宽改造工程水稳碎石铺筑施工中（陆建宝　摄）

2017年12月，平日路（平度界—青银高速路口）拓宽改造工程完工通车（吕伟　摄）

【济青高速改扩建工程协调管理】 济青高速（高密段）改扩建工程全长31.8公里，起点桩号为K68+481，终点桩号为K100+311，承建单位为中铁十四局，概算投资15.5亿元。2015年10月份开始征地拆迁，2016年5月动工建设，预计2019年4月竣工通车。

工程涉及沿线夏庄镇、姜庄镇、大牟家镇、东北乡文化发展区、经济开发区5个镇街区，需征地2060亩。为保障济青高速高密段改扩建工程顺利推进，市成立"济南至青岛高速公路高密段改扩建项目推进工作领导小组"，在其领导下，通过市公路局和有关部门、镇区的通力合作，2016年圆满完成全线清表、168万方取土场选取、42条管线迁改工作。2017年，累计完成投资7.6亿元；67条管线迁改工作全部完成；土地组卷工作基本结束。

按照潍坊市关于高速两侧绿化美化工作部署，2017年7月10日，制定了《青银高速公路高密段绿化美化实施方案》，紧扣时间节点，高速两侧各50米宽的绿化美化工作全面展开，截至2017年12月，2422.79亩绿化用地全部清理完成，完成绿化面积584亩。

【公路养护】 绿化美化工作　2017年，争取地方政府投资1935万元对平日路南段18公里进行了高标准绿化；同时，为进一步提升高密形象，美化城市环境，计划投资3100万元对平日路北段9公里新拓宽路段实施两侧各6米宽的绿化带建设，并获高密市政府批准，计划于2018年春季实施。

日常养护保洁　2017年8月，市公路局改变了以往的日常养护保洁承包责任制的模式，公路日常保洁由公路站直接负责管理。优化公路站人员配置，配齐设备，对养护、清扫机械设备进行集中统一管理，统一调配使用，在有效控制有限养护资金、保障养护质量的前提下，严格计划、考核、奖惩，实现了养护资金效益的最大化。

附属设施的维护、保养　2017年，继续加大附属设施的清洗、维护、保养力度，随坏随维修更换，对管养全线埋设道口桩1100余根、里程碑70余个、轮廓标1450余根，更换维修车损波形防撞护栏1300余米，保证了公路设施整洁美观、功能完好。

桥梁养护管理　2017年，继续认真落实"四个一"制度（每一座管养桥梁，落实一名行政领导、一名技术员、一名路政员、一名养护员），定期进行桥梁体检，健全隐患排查记录，及时掌握技术状况，实施动态监管，发现问题及时处置。投资106万元对管养桥梁进行了板底勾缝、桥面铺装等施工；投资40万元粉刷桥梁1.2万米；集中清理大中桥桥下空间，保证了运营安全。

路面病害处置　2017年3月，市公路局组织养护人员10余人集中开展了路面和桥梁病害摸底调查工作。根据潍坊市公路管理局下达的养护计划，集中处置路面病害，投资170余万元完成路面灌缝3万米；挖补、铣刨1万余平方米及泄水槽、路基维修等，确保了公路处于良好技术状态。

【路政管理】　（1）路政巡查。依法治路，加强执法队伍建设，严格规范执法，维护好路产路权。封堵潍胶路、平日路中央护栏开口52处，整治平交道口193处，路政巡查9.6万公里，办理路政案件32件，收取路赔费30万元，办理非标、涉路工程许可9件，收取国有资产资源有偿使用收入13.8万元。（2）安全监管。2017年，重点加强境内国、省道施工的安全监管，路政、安保提前介入，签订安全协议5份，疏导交通，确保公路安全畅通。（3）路域环境综合整治。加强与沿线镇街及公安、城管等部门的协调配合，集中开展集市贸易、乱搭乱建、非标及打场晒粮等专项治理，形成治理常态化。2017年，累计清理违法非公路标志28块，清理流动式非标495块、经营摊点164处；拆除违法建筑42间（$529m^2$），清理违规填埋边沟渣土2000方，路容路貌焕然一新。

2017年3月，潍胶路东外环中央隔离护栏开口封堵施工中　　（吕伟　摄）

（吕伟）

铁路运输与管理

【高密火车站】　高密火车站始建于1901年，后历经多次改造、扩建。2005年站场全面改造、电气化施工，2006年动车组试车成功并正式开通。2006年8月中旬行包房启用，2006年11月因站台施工停业，2015年7月行包房重新开业。2007年4月28日开始至2016年，动车组共开行4趟，其中：直通1趟、管内3趟。2008年7月20日客货分线，高密站设立客运车场和货运车场。为扩大候车室内部候车面积，2013年1月24日始售票房由候车室内搬迁至西侧宏达宾馆一楼，设立8个售票窗口，面积180平米。为缓解二站台上车旅客通行能力，2013年6月5日，一至二站台跨铁路天桥开始施工，2015年12月1日天桥投入使用。到2016年高密火车站没有大的变化。

【其他火车站】　截止到2016年，高密境内尚有姚哥庄火车站（1901年建）、高密南站（2003年10月建成投运）、土庄站（2005年建成投运）、高密东站（2014年下半年投运）4个四等火车站，上述火车站只作为停靠火车用，不办理客、货营运业务。

（高密火车站办公室）

邮　政

【概况】　2017年7月7日，为规范企业机构编制设置和管理，根据潍坊市公司《潍坊邮政市、县经营组织架构调整实施方案》（潍邮政〔2017〕337号）文件，结合高密邮政实际情况，中国邮政集团公司山东省高密市分公司将公司组织架构再次进行调整。将原部门分类前端部门、后端部门、职能部门，对应调整为市场经营部门、经营支撑部门、综合职能部门。

其中，市场经营部门与经营支撑部门统称经营部门。原设6个部室，其中综合办公室、市场营销部、包裹快递部不变。原代理金融部更名为金融业务部，其中代理车险业务划归渠道平台部管理；渠道平台部接收代理车险业务，其他业务管理不变；文化传媒部更名为集邮与文化传媒部，业务结构管理不变。除金融业务部和渠道平台部因业务交接相应人员跟随业务调动外，其他各部门人员编制不变。下辖共34处支局（车站支局、皋尧支局、东城支局、凤城支局、城南支局、醴泉支局、开发区支局、大学城支局、顺河路支局、柏城支局、姚哥庄支局、大栏支局、河崖支局、夏庄支局、姜庄支局、仁和支局、周戈庄支局、大牟家支局、蔡家站支局、康庄支局、阚家支局、双羊支局、井沟支局、呼家庄支局、注沟支局、土庄支局、柴沟支局、李家营支局、王吴支局、拒城河支局、田庄支局、初家支局、咸家支局、张鲁支局），其中农村支局25处。全公司共有工作人员323人，其中在编202人。2017年被市委、市政府评为“十佳服务企业”。

【邮路】 至2017年7月，高密邮政新增投递班组和城区支局线两条支线邮路，由原四条支线变为六条支线，部分支局开通了二频作业，由原来的每天一次变为每天二次，大大提高了邮件运输速度，减少了在途时间。（1）东线：夏庄、河崖、大栏、张鲁、姚戈庄、柏城；（2）西线：呼家庄、井沟、田庄、双羊、阚家、初家、注沟；（3）南线：拒城河、李家营、王吴、柴沟、土庄；（4）北线：仁和、姜庄、咸家、大牟家、周戈庄、蔡站、康庄；（5）投递班组线：投递一部、投递二部、机场；（6）城区支局线：顺河路、凤城、车站、东城、开发区、大学城、醴泉、皋尧、城南。2017年，乡村邮路新增两条，共58条；城区（郊）邮件投递段道仍为20条，均保持上年数量。

【邮运设施】 2017年，高密邮政公司新增邮运车辆一部，共计有邮政运输车35辆。新投产使用邮件处理中心一处，原邮件处理中心改为包裹揽投处理场地。

【邮政业务】 函件 2017年出口函件64.6万件，进口函件53.4万件。

包裹 包裹分普通包裹和直递包裹两大业务种类。符合包件准寄范围，按一定时限规定传递的物品，可按普通包裹收寄；直递包裹指装入带有邮政标志的封装容器，实行直收、直运、直投处理方式的批量包裹。国内包裹的单件重量限度是：一般物品为15公斤，易碎或流质物品为10公斤，快递小包为500克，证件不能拆开的为1公斤。为便于包裹发运，规定每件包裹的最大尺寸和最小尺寸限度，国际包裹的重量、尺寸限度每件包裹重量不超过20公斤，每件包裹的长度不超过1.5米，其横周长不超过3米。2017年出口包裹91.1万件，进口包裹9.9万件。

汇兑 2007年开通网汇特别业务，用户直接在网上汇款，手续费为千分之五。

集邮 1991年县集邮协会成立，是年高密县邮政局设立集邮门市部。主要销售部分纪特邮票、首日封、明信片、邮折、集邮册等，品种100多种。2017年集邮业务量为5599套。

特快专递 1993年，邮政局开办国内、国际邮政速递业务，并相应成立了邮电局速递公司，实行专人专车上门服务。2008年突破10万件。至2017年达到18.8万件。

报刊发行 高密市邮政公司负责全市报刊订阅、零售和图书的销售业务，提供全国各地报刊的订阅服务和报刊图书的订阅。自1989年报刊提价和部分报社杂志社自办发行以来，报纸、刊物逐年递增，发展迅速，但自2008年以来，特别是近些年移动数据网络的发展使邮政报刊发行受到很大影响。但2017年市邮政克服困难，采取小批量期刊订阅等方式，2017年共实现订阅报纸770多万份，杂志39万多份。

（李晓辉　王晓）

建设 环保

城乡规划管理

【概况】 高密市规划局的主要职能是统筹全市城乡规划，负责本行政区内城乡规划的组织研究、编制、协调、审查和报批工作。局内设办公室、财务科、人事科、检查科、审批科、工程科、用地科、市政科、信息中心、政策法规科10个科室及规划展馆，共有工作人员50名。2017年，规划局注重“海绵城市”“中水回用”“高密元素”“口袋公园”等城市建设管理理念的实践落实，修订完善了《高密市建设工程规划批后管理办法》《高密市修建性详细规划方案调整管理办法》《高密市规划局对规划设计不良行为的管理办法》等多项制度。高密市城乡规划委员会组成人员于2017年9月做了调整。城乡规划委员会主任由市级主要领导担任，研究市域发展战略规划、城市总体规划、专项规划等重大规划事项；规划审查专业委员会主要负责控制性详细规划和修建性详细规划的审议。年内规划审查专业委员会共召开四次会议，对28个规划方案进行了审议。

【城市总体规划】 年内，高密市规划局通过对接中规院、潍坊市规划局、省住建厅，深化完善高密市总体规划修编及纲要成果编制。4月，将修改后的成果报潍坊市规划局审查；10月，通过潍坊市规划局将总规纲要成果转报至省住建厅，等待专家评审。

【控规及专项规划】 2017年，编制完成南洋河北片区、金冠红木片区、柴沟镇五龙河片区、凤凰宾馆片区4个重点片区控规，委托省院完善了老城区28平方公里控规成果调整工作。此外，以城区功能项目全覆盖为目标，编制了《胶河滨水区域概念规划》《孟家沟水库水利风景区景观设计方案》；启动了《高密市历史文化遗存保护利用规划》；配合有关部门编制了《高密市中小学幼儿园布局规划》《城市消防专项规划》等专项规划，并搞好规划成果衔接。

【专家评审】 2017年3月、7月、9月先后召开了高密市第四十八、四十九、五十次规划方案专家评审会议。对《高密市公共体育设施布局规划》《高密市高铁站片区规划》《高密市美丽乡村建设规划》等5个规划方案进行了专家审议。

【镇村规划】 2017年7月《高密市美丽乡村建设规划》通过专家评审，该规划包括规划基础、现状概括、规划总则、乡村建设规划、乡村风貌整治指引、近期建设规划六大部分，2018年1月经市政府批复实施。

高铁北站规划设计图

【夜景亮化工程建设】 2017年11月夜景亮化建设工程启动。市规划局专门制定《高密市夜间照明实施方案》，并组织20余家开发企业负责人赴青岛市区现场学习夜景亮化。以城区“七街七路”（横向道路由北向南依次为：站南街、文昌街、人民大街、立新街、凤凰大街、康成大街、密水大街；纵向道路由东向西依次为：月潭路、曙光路、晏子路、夷安大道、利群路、顺河路、昌安大道）、四个城市公园（凤凰公园、南湖植物园、文体公园、小康河公园）为重点，完成亮化工程40余项，审批亮化规划方案60余个。

文体公园夜景　　　（赵鹏　王欣　摄）

【项目审批】 2017年，高密市规划局对行政审批事项要素目录进一步梳理，完成新调整权力事项业务手册编制、联审联办事项清单等。全年共接件受理536件次，审批“一书两证”319件，其中《建设项目选址意见书》8件；《建设用地规划许可证》59件，批复用地面积157万㎡；《建设工程规划许可证》243件，批复建筑面积195万㎡；市政项目核发《建设工程规划许可证》9件。发放《临时建设工程规划许可证》9件；《竣工规划验收合格证》75件。

【优秀规划评选】 2017年4月揭晓的2016年度潍坊市优秀城乡规划设计成果评选活动中，高密市规划局报送的规划方案获得9个奖项。其中《高密市柴沟镇总体规划（2015-2030）》《高密市第一中学规划》获得一等奖，《高密市豪迈职业教育园区规划》《高密市乡村建设规划》《高密市月亮湾文化园区规划》3个方案获得二等奖，《高密市城乡电网规划》《高密市红木奇石文化艺术中心—红木文化广场规划》《高密市醴泉街道张新庄乡村规划》《潍河流域高密段保护与区域开发利用总体概念规划》4项规划方案获得三等奖。

【规划督察】 2017年，高密作为规划督察集中派驻、定期巡察制度的试点，规划局积极配合省城乡规划第八督察组完成生态保护和容积率调整、城乡规划工作专题调研、违法图斑专项处置三项巡察。研究制定了《高密市规划疑似违法图斑核查工作实施方案》，对遥感监测的25个疑似违法图斑开展了核查工作，按一斑一案、一案一档的要求，进行了督促落实，查处整改，并将5处图斑涉及的违法建设移交市综合行政执法局依法处理。

（徐先余　赵海峰）

综合行政执法

【概况】 高密市综合行政执法局为市政府直属行政执法机构，正科级规格，2017年，内部机构包括综合行政执法局、综合行政执法大队、环卫处、城市管理局4个正科级单位，下设办公室、政治工作室、财务装备科、法制科等12个科室和综合行政执法机动中队、经济开发区综合行政执法中队、密水街道综合行政执法中队等16个执法中队。共有干部职工489人（其中在编235人）。6月，在全省组织的铁路沿线环境综合整治中，提前半年完成工作任务，以潍坊市第一名的成绩顺利通过省级首批验收；城区环境整治工作成效明显，顺利完成在国家级园林城市复审和省级卫生城市复审中承担的各项工作任务。

【体制改革】 2017年，高密市综合行政执法局按照创建高密模式和创建可复制样板的“两个创建”要求，初步形成“上下贯通、内外联动、运转顺畅、推进有力”和“优化、协同、高效”的综合执法运行机制，强力推进“全域服务”引领下的“执法扩面”。（1）制度创新。丰富完善“权责清单、协作配合制度、责任追究办法”三项重要制度，构架起“上下贯通”“左右衔接”“内联外通”“相互支持”的部门单位间和谐融洽的协作配合关系。2017年2月，修订完善了《高密市综合行政执法局管理考核办法》。（2）完善内设机构。2017年4月，在局内部新增国土执法办公室、农业执法办公室、文化市场执法办公室、安全生产办公室等机构，承担“对上承接、对外联络、对下指导”职责。在国土、农业、文化市场等领域，与潍坊市级业务主管部门实现无缝衔接，争取了一些政策支持，包括为执法通提供了网络支持，开展相关的业务培训等。（3）拓展执法领域。在履行原有城市管理8项行政处罚权的基础上，针对“非法占地”“涉农制假”“扫黄打非”等群众反映强烈突出问题，开展“精准执法”。2017年共计办理一般程序执法案件810件，其中农业执法26件、国土执法191件、文化市场执法220件，“新领域”案件数超出“传统领域”案件数，执法向民生领域深度拓展。

省督导组督导综合执法体制改革（门青 摄）

【市容管理】 （1）日常管理。按照“一条街路、一套方案、一个干部、一抓到底”的要求，开展领导干部包街路活动，实行网格化管理，现场解决基层矛盾问题600余个。按照省验收标准，督促铁路沿线7个镇街区，开展以卫生清理、以绿遮丑、整治黑臭水体为主要内容的整治活动，清理积存垃圾3千余吨，拆除乱搭乱建600余处，栽植绿化苗木1万余株，整理不平整地块60余处。（2）重点治理。开展“城市管理提升年”活动，按照“一月一个整治主题”的要求，组织开展露天烧烤、户外广告、民生市场、积压投诉等专项集中整治12次，组织开展“夏季三乱”和市容环境“十项严管”大规模综合整治各1次，全力整治乱摆乱卖、乱停乱放、乱搭乱建等现象，消除“脏乱差堵”。（3）专项整治。综合整治齐鲁纺织城，拆除乱搭乱建377处；规划建设凤凰大街东首新民生市场1个，田家庄市场300个流动摊点整体搬迁到新民生市场；在人民大街西首开放菜农夏季临时市场，缓解古城路“摊贩饱和”带来的交通压力。同时，抽调执法力量，帮助各镇街区依法拆除违建，已拆除10.6519万平方米。

拆除乱搭乱建（门青 摄）

【城乡环卫一体化管理】 2017年，高密市综合行政执法局坚持“以克论净”和“精细检查”，推行街面保洁标准化作业，每月组织两次政协委员和人大代表对城区保洁进行现场评议，根据评议结果奖优罚劣。督促人和保洁有限公司、芙蓉物业服务有限公司、康利保洁有限公司、和盛物业有限公司4家保洁公司投资240万元，新购4台大型洗扫车辆。安装400个太阳能垃圾箱，推行垃圾分类回收。加强对垃圾焚烧发电厂（位于周家屯）的日常管理，2台垃圾焚烧发电厂里的发电机组同时运行，日处理城乡生活垃圾600吨以上，垃圾处理末端实现“无害处理”和“资源利用”。协调调度各镇街区，突出抓好保洁队伍建设、基础设施建设、清理“三大堆”、垃圾处理费征收4项重点工作，城乡环卫全覆盖率逐年稳步提升，乡村居住环境大为改观。

现场督导铁路沿线治理　　（李奕良　摄）

新式洒水车正在作业　　（李奕良　摄）

【市政基础设施完善】　投资180万元，初步改造火车站广场，整修广场路面，开设专用通道，安装交通标识，更新楼顶广告，火车站广场成为城市“新亮点”。投资1600万元，建设公共自行车二期工程，在新一中、豪迈工业园等城市新区新建60个站点，安装2千个锁车柱，增投1千辆自行车，实现城市公共交通“优化、加密、扩容”。投资400万元，在利群路、百脉湖大街等11条

改造后的火车站广场　　（李奕良　摄）

街路安装改造路灯552基，提升了城区公共照明系统。

（李扬　门青）

城镇与农村建设管理

【概况】　高密市城乡建设由高密市住房和城乡建设局负责。2017年，局机关内设办公室、组织人事科、财务科、安委办、村镇科、住房保障科、行业管理科、燃气科、审计科、政策法规科、供暖科、城建科12个科室，共有工作人员66人，其中工勤人员2人。局下辖2个正科级单位：高密市园林管理处、高密市城市房屋征收与补偿管理办公室，7个副科级事业单位：高密市建设工程质量安全监督站、高密市建筑工程管理处、高密市物业管理办公室、高密市市政管理处、高密市房地产交易中心、高密市小康河综合管理办公室、高密市建设投资管理办公室，3个股级事业单位：高密市招投标管理办公室、高密市城建档案馆、高密市新型墙体材料应用领导小组办公室。住房和城乡建设局的主要职能是负责住房和城乡建设的行业管理(城市建设、村镇建设、住房保障、房地产开发、建筑业管理、物业管理、供暖燃气、城市供排水、建筑工程质量安全、造价、工程招投标、建筑节能等)，研究提出住房和城乡建设重大问题的政策建议。

【城市基础设施建设】　根据《高密市2017年城市建设计划》，年度内投资2.6亿元，实施了中心城区路网完善提升、市政设施维修、城区绿化提升等工程。

街路改造　完成投资1.5亿元，实施密水大街、晏子路、祥云路、曙光路4条主街主路，醴泉大街、顺河路、永安路、城南二街、嘉源街、梓潼路北延、纵一路、杏坛西街8条背街小巷改造工程，疏通完善断头路、瓶颈路，对南北转盘高标准改造，共改造路面13万平方米，铺设雨污管道3.2公里。2017年6月，对人民大街人行道进行改造，共计铺装人行道28000平方米，同时对立新街、凤凰大街、月潭路、

康成大街等城区主要街路破损部位进行了全面维修，共计修补路面约12000平方米，修补人行道近10000平方米，市政基础设施精细化管理水平大幅度提高。

街道绿化 2017年，实施城区绿化提升工程，对潍胶路、夷安大道等8条街路的行道树进行了补植，栽植各类苗木6万余株；在城区主要路口及广场游园栽植草花12万盆。面对春季严重旱情，持续抗旱作业100余天，对绿化苗木日浇水量达300余吨，确保了苗木健康生长，国家园林城市复审工作扎实推进。

高铁北站道路配套建设 2017年11月开工建设了济青高铁高密北站配套设施项目，包括站前路、北站一路、公园东路、公园西路、规划二路等7条道路，并配套建设1公里的地下综合管廊。

北转盘路口改造工程 （张学琳 摄）

【乡村建设】 2017年，美丽乡村建设按照“中心城区跨越发展、小城镇全面提升、农业农村联动并进”的战略规划有序推进，根据建设局牵头编制的《高密市人口市民化规划（2016–2020年）》，截至2017年高密市总人口达到92.46万人，三类人口转移达到近2万人，城镇化率达到60.5%。

农村综合改造。（1）危房改造。2017年，完成潍坊市分配给高密市危房改造任务4户。（2）厕所改造。在顺利完成2016年改厕任务的基础上，将2018年任务提前到2017年全部完成，2017年共计完成农村厕所无害化改造64420户。（3）环境整治。年内，按照村容村貌整治提升计划，从基础设施建设、公共服务设施配套建设及周边环境建设入手，开展了“三清四改四通五化”建设为重点的村庄整治行动，89个村实现了村容村貌整治提升。各镇街区主要道路硬化率达100%，公交网络延伸至各个镇区、社区。美丽宜居村庄创建工作取得成就，夏庄镇王家官庄村被评为山东省第四批美丽宜居村庄。东北乡开创了“文旅融合”的特色小镇发展模式。(4) 饮水工程。安全饮用水工程实现了城乡一体化，供排水系统日趋完善，全市小城镇自来水普及率达100%。（5）社区服务中心建设。完成投资6.05亿元，建设16个“四全一特”社区。其中，潍坊市级示范社区1个（朝阳街道东小庄社区），县级示范社区2个（密水街道丰华社区、南洋河社区），镇街区示范社区13个（姜庄镇仁和社区、夏庄镇南直社区、醴泉街道昌安社区、醴泉街道康庄社区、经济开发区新城社区、阚家镇双羊社区、柏城镇柏城社区、柴沟镇柴沟社区、井沟镇吴家庄社区、大牟家镇官厅社区、东北乡文化发展区河崖社区、咸家工业区咸家社区、注沟现代农业发展区方市社区）。完成投资3463.1万元，按照“一厅一校十室”建设标准，建设提升社区服务中心34个，其中新建12个（柴沟镇的马旺社区、注沟现代农业发展区的方市社区、经济开发区的芝兰社区、胶东社区、井沟镇的草泊社区、福胜屯社区、咸家工业区的岔河社区、夏庄镇的南直社区、胶河生态发展区的李家营社区、南山社区、王吴社区、姜庄镇的后屯社区），提升续建22个，辐射村庄314个，服务人口20.11万人，建筑面积3.89万平方米。（6）天然气“镇街通”。投资5220万元，铺设燃气管道160.31公里，全市15个镇街区管道天燃气实现全覆盖。

天然气“村村通”工程 （张学琳 摄）

【生态环境建设改造】 2017年，深入开展“深化‘三八六’环保行动”，加快推进绿色发展，实施了河流综合治理、污水处理厂升级改造、城北污水管道改造、城区集中供热等工程。（1）“三河治理”。投资7000万元，完成小辛河、五支沟、南洋河三条河流综合治理。（2）污水处理厂升级改造工程。完成城区现有三座污水处理厂升级改造，将出水水质标准从现在执行的一级A类排放标准提高到五类水排放标准。（3）集中供热扩面增容。总投资4200万元，铺设密水大街西段DN500高温水管网1360米，建设了康河馨苑、万顺成、凤凰永安居、高密三中高温水支线，建设了6座计量间、4个小区换热站，供热能力进一步提高。

城区换热站建设城区换热站建设
（张学琳　摄）

（张学琳　张明）

房地产开发和棚户区改造

【概况】 2017年，高密市房地产工作由2011年10月新组建的高密市城市房屋征收补偿办公室（高密市房地产开发管理办公室与高密市城市建设房屋拆迁办公室合并）负责，具体管理执行1999年5月市政府出台的《高密市城市房地产开发经营管理办法》。

2017年，高密市房地产开发总投资54亿元，新开工面积153万平方米，竣工183万平方米，共开发24个项目：民旺嘉苑、康成福地、豪迈社区、菲达广场、豪迈城市花园、上海国际城、华安·凤城丽景、华洋·和谐家园、凤凰·永安居、凤城国际、交运·金水岸、世佳·康成大院、帝和世纪城、御林华府、城嘉·东方名都、新隆·中央城、城北工人新村、诺贝尔文苑小区、仁和新城东区、莹俊·书香漫步、康馨花园、凤凰艺术中心、红木奇石文化艺术中心B区—金冠文化大院、都市名邸商住楼。

【房地产开发企业】 至2017年，全市有房地产企业77家，其中，有二级开发资质的9家，有三级开发资质的5家，有四级开发资质的48家，暂定开发资质的15家，具体情况见表。

高密市2017年房地产开发企业一览表

序号	企业名称	资质等级	组建时间	改制时间	职工人数	专业技术人员			注册资金（万元）	备注
						高级	中级	初级		
1	高密市城建开发有限责任公司	二级	1984.06	2001.03	151	6	11	3	5000.87	
2	高密市城市建设投资集团有限公司	二级	2002.06		69	5	15	36	21950	
3	高密家成置业有限公司	二级	2010.03		27	6	15	6	5000	
4	山东中海房地产有限公司	二级	2005.4		30	6	13	1	8250	
5	高密市大华房地产开发有限公司	二级	2005.09		35	7	16	12	3200	
6	山东星合建业集团有限公司	二级	1995.5		107	6	16	57	3000	

序号	企业名称	资质等级	组建时间	改制时间	职工人数	专业技术人员			注册资金（万元）	备注
						高级	中级	初级		
7	高密市顺达置业有限公司	二级	2009.11		38	5	11	5	3000	
8	高密市交运置业有限公司	二级	2006.04		32	6	9	13	5000	
9	高密市群邦置业有限公司	二级	2011.07		46	6	9	12	3000	
10	高密市方圆置业有限公司	三级	2005.4		26	3	11	3	2800	
11	高密市孚日地产有限公司	三级	2006.04		20	3	13	4	10000	
12	高密市金达置业有限公司	三级	2008.05		19	3	7	5	3000	
13	高密市锦远房地产开发有限公司	三级	2009.06		32	3	10	8	5000	
14	高密市一建房地产开发有限公司	三级	1992.08	1997.10	27	3	7	5	1820	
15	高密市安居工程开发有限公司	四级	1995.08	1995.08	10	2	6	2	1000	
16	高密市华鲁房地产开发有限公司	四级	1998.07	2003.05	11	2	6	2	1018	
17	高密市华海房地产公司	四级	1992.07	2003.03	12	2	6	3	1000	
18	高密市交通房地产开发有限公司	四级	1994.06	2000.09	20	2	6	2	1360	
19	山东三佳（集团）房地产开发公司	四级	1994.06		18	2	6	2	1000	
20	高密华夏房地产开发有限公司	四级	1998.08		19	2	6	2	1441	
21	高密市天和置业有限公司	四级	2002.04		14	2	6	2	1000	
22	高密市北洋置业有限公司	四级	2003.09		10	2	6	2	2000	
23	高密市胶河花园开发有限公司	四级	2002.03		12	2	6	2	1000	
24	潍坊金地源置业有限公司	四级	2005.06		22	2	7	1	1200	
25	山东天海工贸有限公司	四级	2003.07		12	2	6	2	1000	
26	山东宇田房地产开发有限公司	四级	2006.05		12	2	6	2	3000	
27	高密市海盛房地产开发有限公司	四级	2006.07		12	2	7		1000	
28	潍坊浩宇世纪房地产开发有限公司	四级	2005.08		14	2	6	2	1100	
29	潍坊福城置业有限公司	四级	2006.09		12	2	7	1	1000	
30	高密市晟龙地产开发有限公司	四级	2008.08		12	2	6	2	2000	
31	高密博海置业有限公司	四级	2008.04		16	2	6	2	1000	
32	潍坊盛天城置业有限公司	四级	2009.08		12	2	7	1	1000	

（续表）

序号	企业名称	资质等级	组建时间	改制时间	职工人数	专业技术人员			注册资金（万元）	备注
						高级	中级	初级		
33	山东金孚隆置业有限公司	四级	2009.04		16	2	6	2	1000	
34	山东海亚置业股份有限公司	四级	2019.05		12	2	8		2000	
35	高密市豪迈置业有限公司	四级	2009.07		59	2	7	1	1000	
36	潍坊融通置业有限公司	四级	2009.11		12	2	6	2	1000	
37	山东城嘉博海置业有限公司	四级	2010.04		24	2	6	4	2000	
38	高密市宏宇建业有限公司	四级	1998.03		20	2	6	2	3020	
39	高密路通置业有限公司	四级	2011.4		12	2	8		1000	
40	山东瑞云置业有限公司	四级	2010.09		40	2	6	2	1000	
41	山东天筑置业有限公司	四级	2009.09		12	2	6	2	3000	
42	高密今海岸置业有限公司	四级	2011.08		24	2	6	2	1000	
43	高密市华源建业有限公司	四级	2011.08		120	2	8		2047	
44	高密市成邦置业有限公司	四级	2011.06		12	2	6	2	1000	
45	高密市恒基置业有限公司	四级	2009.12		16	2	6	2	1800	
46	高密市恒嘉置业有限公司	四级	2011.12		15	2	8		1000	
47	高密国瑞置业有限公司	四级	2009.11		12	2	6	2	999 万美元	
48	高密市鑫呈房地产开发有限公司	四级	2010.02		15	2	6	2	1000	
49	高密青建博海中心置业有限公司	四级	2013.03		18	2	6	2	1000	
50	山东盛博置业有限公司	四级	2010.04		12	2	6	2	2000	
51	高密市世佳置业有限公司	四级	2011.07		35	2	8		1200	
52	山东菲达置业有限公司	四级	2003.12		14	2	6	2	3018.3	
53	高密市万顺置业有限公司	四级	2013.08		12	2	6	2	1000	
54	高密市华恒房地产开发有限公司	四级	2013.08		15	2	6	2	5000	
55	高密市家兴置业有限公司	四级	2010.01		12	2	6	2	1000	
56	高密恒宇置业有限公司	四级	2013.10		12	2	8		1000	
57	高密市昌泰房地产开发有限公司	四级	2011.04		16	2	8		1200	
58	高密舜城置业有限公司	四级	2013.02		16	2	8		1000	

（续表）

序号	企业名称	资质等级	组建时间	改制时间	职工人数	专业技术人员			注册资金（万元）	备注
						高级	中级	初级		
59	高密民旺置业有限公司	四级	2013.06		10	2	7	1	1000	
60	山东凯宇置业有限公司	四级	2005.10		12	2	6	2	11198	
61	高密市红高粱集团有限公司	四级	2008.09		36	2	8		10000	
62	高密锦城置业有限公司	四级	2013.06		12	2	8		1000	
63	潍坊齐鲁国泰置业有限公司	暂定	2005.06		15	2	6	2	6376.4	
64	高密市华为房地产投资有限公司	暂定	2011.03		15	2	8		1000	
65	高密帝和置业有限公司	暂定	2013.07		36	2	8		2353	
66	高密市惠影置业有限公司	暂定	2013.07		12	2	8		1000	
67	高密市煜翔房地产开发公司	暂定	2011.08		12	2	8		1000	
68	高密市金冠房地产有限公司	暂定	2012.08		10	2	8		1000	
69	高密市星宇置业有限公司	暂定	2015.09		12	2	8		1800	
70	高密菲达房地产开发有限公司	暂定	2013.12		12	2	7	1	6000	
71	高密市卓越置业有限公司	暂定	2015.03		12	2	8		2000	
72	潍坊乘进置业有限责任公司	暂定	2015.05		12	2	8		1000	
73	高密市华洋建业有限公司	暂定	2015.03		15	2	6	2	2000	
74	高密市冠祥置业开发有限公司	暂定	2016.07		13	2	7	1	2000	
75	高密市东城置业有限公司	暂定	2006.04		10	2	6	2	1000	
76	高密市远大投资建设发展有限公司	暂定	2017.03			2	6	2	14000	
77	高密泰昊置业有限公司	暂定	2016.01		12	2	6	2	1000	

【棚户区改造】 2017年高密市共搬迁改造17个“棚改”片区，分别是：姚哥庄片区、南湖西片区、凤城小区片区、张家埠五金建材市场片区、田家村王家响疃片区一期、田家村王家响疃片区二期、高家岭小木田片区、葛家庄西片区、卣坊南片区、火车站片区、气象局二期片区、经信局宿舍片区、西关桃园片区、北大王庄片区、十里堡片区、管家苓芝片区、堤东片区。共计搬迁5100户，建筑面积92万平方米，征收土地3600亩。

【房地产“去库存”工程】 2017年，集中领导、集中力量、集中时间，对全市68家企业的100个在建在售房产开发项目开展拉网式检查，对发现问题的项目，及时下达限期整改通知并督促完成了整改。截至12月底，商品房销售约85万平方米，同比上升53%，房地产去库存工作取得初步成效。

【住宅小区管理】 2017年，持续开展了物业服务行业文明创建活动，完成了文庙巷小区、东小庄居民小区、农行西院、实验中学宿舍、高源小区、娘娘庙锻压宿舍等40个老旧小区改造任务，斑驳小区实现“大变脸”，提升了城市形象。出台了《高密市住宅小区停车管理办法》《关于开展物业用房专项检查活动的通知》，住宅专项维修资金实行专户管理，全市物业服务质量进一步提高。

（潘守城　付春玲　李森）

建筑业

【概况】 2017年，高密市建筑业进一步发展，建筑业生产总值达到76.8亿元，新签工程承包合同额68亿元，全市累计施工面积376万平方米，实缴税金2.9亿元。完成绿色建筑71万平方米，城嘉·湖光金色项目通过省建设厅运行二星标识评审，清华园项目通过省建设厅设计标识一星标识评审，各项工作都走在潍坊市前列。2017年6月，以“全面落实企业安全生产主体责任”为主题，开展了建筑施工“安全生产月”活动，共监督单体工程788个，建筑面积529.5万平方米。创“潍坊市建筑施工安全质量标准化管理示范工地”3个，上海国际城四期3号楼商住楼工程被省厅评为“泰山杯”，高密市上海国际城4.2#、4.6#和4.10#楼三个工程获2017年度潍坊市建筑质量鸢都杯奖，2017年上半年4项QC成果获得潍坊市级荣誉，获奖数量在潍坊市名列前茅。

【建筑企业】 2017年，高密市建筑业从业人员15943人，建筑业企业96家，其中建筑工程总承包企业36家（一级资质1家，二级资质14家，三级资质21家），专业承包企业45家（涵盖环保、钢结构、商砼、送变电、机电安装、起重设备等专业），装饰装修企业5家，劳务分包企业10家，门类较为齐全。

高密市2017年建筑业企业主要指标情况表

序号	企业名称	建筑业总产值（万元）	新签工程承包合同额（万元）	房屋建筑施工面积（平方米）	实缴税金（万元）	建筑业平均人数（人）
1	盛德路桥建设有限公司	124520.00	124520	0	4130	180
2	山东畅通集团股份有限公司	120813.00	90021	0	4168	680
3	盛世国际路桥建设有限公司	96606.21	99254	0	4893	330
4	山东高密市广安第一建筑工程有限公司	52011.20	71408	1045199	1467	911
5	高密市宏宇建业有限公司	24380.00	0	276289	1078	510
6	高密市金地建筑有限公司	23891.00	39226	146471	175	150
7	山东省高密市海建建筑工程有限公司	19137.00	22263	642902	190	950
8	高密市路通路桥工程有限公司	18217.81	23158	0	1181	186
9	高密市交运置业有限公司	17426.00	680	167500	56	110
10	山东菲达电力工程有限公司	15996.00	15996	0	1001	595
11	高密市城建建筑有限责任公司	15060.00	15060	240299	505	280
12	高密市华鲁建筑有限公司	13367.91	5567	39457	596	396

（续表）

序号	企业名称	建筑业总产值（万元）	新签工程承包合同额（万元）	房屋建筑施工面积（平方米）	实缴税金（万元）	建筑业平均人数（人）
13	高密市华洋建业有限公司	12688.00	2045	218175	385	300
14	京高园林工程有限公司	11180.78	11203	0	405	100
15	高密市华夏建筑安装公司	9800.00	9800	57893	291	1585
16	高密市大华建筑安装有限公司	9176.00	11061	87286	360	300
17	高密市交通建筑工程有限公司	9014.00	2480	78689	135	120
18	高密市水利建筑安装公司	8664.00	11000	0	661	276
19	高密市华建建筑有限公司	8317.00	8417	90459	292	224
20	潍坊市建信集团有限公司	8200.00	0	71000	242	281
21	高密市西关建筑工程公司	8168.00	0	13592	361	690
22	高密市东方建筑安装有限公司	8157.00	2236	185851	281	273
23	山东星合建业集团有限公司	8002.00	8123	32237	104	700
24	潍坊合石建材有限公司	6276.00	4315	0	51.2	45
25	高密市市政工程建设有限公司	6116.00	7884	0	272	78
26	高密市建华路桥工程有限公司	5021.13	4138	0	278	160
27	山东菲达电器有限公司	4453.00	5200	0	797	20
28	高密鸿盛砼业有限公司	4385.00	2155	0	215	22
29	高密市万隆建筑有限公司	4268.00	4268	17088	296	369
30	高密市华源建业有限公司	4169.00	5042	51830	134	139
31	高密市华运建筑装饰有限公司	4124.00	4124	18944	347	285
32	高密市博创混凝土有限公司	4020.00	4200	0	167	40
33	高密市荣基商品混凝土有限公司	3992.00	3600	0	114	41
34	高密市盛强工程科技公司	3886.00	3886	0	210	200
35	高密市昌华市政工程有限公司	3643.00	3904	0	135	180
36	高密新和消防设备有限公司	3358.00	859	0	148	132
37	高密市永利建筑有限公司	3300.00	3300	0	0	330
38	高密市新祥建筑工程有限公司	3100.00	3250	26430	132	260
39	山东高密泰和建筑有限公司	3020.00	0	24563	24	80

（续表）

序号	企业名称	建筑业总产值（万元）	新签工程承包合同额（万元）	房屋建筑施工面积（平方米）	实缴税金（万元）	建筑业平均人数（人）
40	高密市康大建安有限公司	2990.00	130	0	87	65
41	高密市安顺建筑安装劳务有限公司	2870.00	3339	0	28	142
42	高密市德泽市政工程有限公司	2868.80	4277	0	902	130
43	山东国风空调工程有限公司	2825.20	9330	0	0	140
44	高密市宏安建工有限公司	2799.00	2209	45444	124	94
45	山东省高密市东岭建筑安装开发公司	2780.00	2780	28000	111	218
46	山东省高密市建兴建筑公司	2756.00	0	38470	0	0
47	山东隆泰暖通空调设备有限公司	2615.00	0	0	117	160
48	高密市瑞安建筑安装工程有限公司	2430.00	2907	26320	128	210
49	高密三利环保科技有限公司	2428.00	2632	0	75	160
50	高密市振兴东城建筑有限公司	2416.20	2851	38286	107	260
51	高密市润浩商砼有限公司	2411.00	1513	0	79	14
52	山东沃得格伦中央空调设备安装有限公司	2400.00	1100	0	17	110
53	高密市永安小区配套工程有限公司	2149.60	2107	0	93	221
54	山东高密蓝天环保工程有限公司	2028.99	2029	0	66	78
55	高密市万泰钢结构工程有限公司	1990.00	0	0	68	94
56	高密市天一建业有限公司	1780.00	0	5588	39	36
57	山东恒涛节能环保有限公司	1750.00	1800	0	240	340
58	高密北方创业市政工程有限公司	1500.00	45	0	35	130
59	山东恒阳重工科技有限公司	1360.00	260	0	271	35
60	高密市亮亮幕墙安装有限公司	1268.00	1306	0	38	80
61	高密市泽天建筑工程有限公司	960.00	843	5435	28	55
62	高密市亿源新型建材有限公司	910.00	100	0	30	27
63	高密聚安建筑工程有限公司	820.00	827	6673	21	20
64	高密市景远建筑节能开发有限公司	813.00	500	0	44	35
65	潍坊恒阳环保工程有限公司	802.00	860	0	20	45
66	高密辉煌装饰工程有限公司	746.00	542	0	11	40

（续表）

序号	企业名称	建筑业总产值（万元）	新签工程承包合同额（万元）	房屋建筑施工面积（平方米）	实缴税金（万元）	建筑业平均人数（人）
67	高密城嘉融智建设有限公司	652.89	542	0	21	0
68	高密市东泰建材有限公司	624.00	0	0	22	12
69	高密市远景装饰工程有限公司	580.00	580	0	18	50
70	山东锐光电子工程科技有限公司	560.00	360	0	28	67
71	山东恒利装饰工程有限公司	439.70	440	0	13	15
72	高密市绿苑建筑工程有限公司	400.00	0	0	9	295
73	山东奥立达智能电力工程有限公司	300.00	300	0	2.5	37
74	山东凯宇混凝土有限公司	275.00	280	0	2.8	16
75	高密菲达装饰工程有限公司	190.00	138	0	6	10
76	高密市安一建筑设备安装有限公司	150.00	18	0	4	26
77	山东万通安装工程有限公司	39.00	0	0	3	20
78	高密市博大装饰工程有限公司	29.00	29	0	1.1	27
79	高密市瑞泽混凝土有限公司	16.00	19	0	5.5	8
80	高密市芝兰保温设备科技有限公司	5.00	0	3000	0.2	10
	合计	767651	680637	3759370	29219	15943

（倪福钢　张晶）

环境保护

【概况】 2017年，高密市环保局内设办公室、法规宣教科、生态监督科、污染防治科、环境应急科5个职能科室，下辖高密市环境监察大队、高密市环境监测站、高密市污染物排放总量控制中心3个副科级事业单位，共有工作人员82名。2017年，高密市以省和中央环保督察为契机，进一步深化绿色发展“十大工程”（产业提升绿色发展工程、清洁能源替代改造工程、工业点源深度治理工程、车辆污染综合管控工程、城建环卫精细管理工程、集中供热扩面增容工程、城镇废水综合利用工程、河流湿地生态保护工程、农业面源污染防治工程、环境安全风险防控工程），统筹推进环境治理、能源结构优化、绿色产业发展和生态文明制度完善，年度任务目标全面完成。

【省环保督察整改落实】 2017年3月24日至4月12日，省环境保护第一督察组进驻潍坊市开展环保督察，4月6日至4月7日对高密市进行现场督察。省环保督察期间，高密市共受理督察转办件81件，涉及环境问题76个，其中，大气污染问题24个，水污染问题18个，畜禽养殖污染问题12个，噪声污染问题5个，扬尘污染问题6个，固废危废污染问题4

个，其他问题 7 个。高密市及时组织查处，并逐一认真组织了“回头看”，转办的 81 件举报材料全部办结，并整改落实到位。其中，不属实 14 件、基本属实 28 件、属实 39 件。对于属实和基本属实的问题，分别采取了关停取缔、行政处罚、责令改正等措施。期间，责令整改企业 52 家，立案处罚 30 起，处罚款 117.1 万元。同时，结合督察问题整改，同步推进环保重点问题自查自纠，开展了燃煤小锅炉“清零”、“小散乱污”企业清理取缔、禁养区内养殖场搬迁、饮用水源地规范化建设等专项行动。

【中央环保督察整改落实】 2017 年 8 月 10 日至 9 月 10 日，中央第三环保督察组进驻山东省开展环境保护督察。中央环保督察期间，高密市共受理督察转办件 75 件，其中，涉及环境问题 158 个，大气污染问题 35 个，水污染问题 39 个，固废污染问题 13 个，噪声污染问题 8 个，重金属污染问题 3 个，垃圾污染问题 4 个，土壤污染问题 4 个，扬尘污染问题 6 个，养殖问题 10 个，生态问题 2 个，其他问题 34 个。高密市及时组织查处，并逐一认真组织了“回头看”，转办的 75 件举报材料全部办结，并整改落实到位，其中，属实 66 件，不属实 9 件。对于属实的问题，分别采取了关闭取缔、行政处罚、责令改正等措施。期间，关闭取缔企业 25 家，责令整改企业 28 家，立案处罚 20 起，处罚款 158.4 万元。同时，结合督察问题整改，同步推进环保重点问题自查自纠，开展了燃煤小锅炉“清零”、“小散乱污”企业清理取缔、禁养区内养殖场搬迁、饮用水源地规范化建设等专项行动。

【污染物总量减排】 从严格源头把关、严格执行排放标准、燃煤锅炉淘汰、燃煤机组超低排放改造、畜禽养殖粪污综合利用等方面入手，实施减排项目 53 个，全年减排化学需氧量（COD）605.4 吨、氨氮 78.6 吨、二氧化硫 518.7 吨、氮氧化物 498.4 吨，分别较 2016 年削减 2.4%、3.7%、6.1%、7.2%。其中，山东银鹰化纤有限公司热电分公司 2017 年 3 月对厂区 5*35t 链条炉进行超低排放改造，新建脱硫塔一套，SCR 脱硝五套，锅炉烟气检测二套，管束除尘一套，渣库一套，总投资 2000 万元，于 2017 年 10 月建成运行。运行后各污染物排放浓度分别为：烟尘≤ 10 毫克 / 立方米，二氧化硫≤ 50 毫克 / 立方米，氮氧化物≤ 100 毫克 / 立方米，年可削减二氧化硫 213 吨，氮氧化物 285 吨。高密万仁热电有限公司于 2017 年 4 月对城北电厂 #3–5 机组（#5、6 锅炉）、高源电厂 #1、2 机组（#6–8 锅炉）进行了超低排放改造，并在城南电厂新建了一座脱硫塔（#2 脱硫塔），实现一炉一塔。城北、城南电厂脱硫工艺采用石灰石石膏法，脱硝工艺采用低氮燃烧加 SNCR 法，除尘工艺采用电除尘加管束式除尘除雾器；高源电厂采用脱硫除尘一体化烟塔合一工艺，除尘工艺采用布袋除尘加管束式除尘除雾器，脱硝工艺采用低氮燃烧加 SNCR 法加氧化法补充。项目总投资 5000 余万元。该项目于 2017 年 10 月建成运行。运行后各污染物排放浓度分别为：烟尘≤ 10 毫克 / 立方米，二氧化硫≤ 35 毫克 / 立方米（高源电厂小于 $50mg/m^3$），氮氧化物≤ 100 毫克 / 立方米，年可削减氮氧化物 450 吨，二氧化硫 675 吨。

2017 年 10 月投入使用的万仁热电城北电厂超低排放改造工程　（王彦秀　摄）

2017 年 10 月投入使用的银鹰热电燃煤机组超低排放改造工程 （张杰 摄）

【水环境治理】实施第一、第二、第三污水处理厂提标工程，出水水质由 1 级 A 标准提高到五类地表水标准，达到 COD ≤ 40mg/L、氨氮≤ 2mg/L、总磷≤ 0.4mg/L、总氮≤ 15mg/L 的控制目标。实施五支沟、小辛河综合治理工程，城区河道生态逐步恢复。禁养区内 474 家畜禽养殖场（户）全部完成关闭搬迁。开展水体垃圾清理、沿河排水管道集中整治行动，整治问题 425 处。31 家加油站完成地下油罐防渗改造，整治饮用水水源保护区环境问题 17 个，整治纳污坑塘 9 处。

【大气污染治理】 2017 年 6 月 23 日，市委市政府制定出台《关于深入推进大气污染防治的实施意见》及配套方案，开展了燃煤锅炉“清零”、“散乱污”企业清理取缔、环保突出问题综合整治攻坚、秋冬季大气污染综合治理等环保行动，层层分解任务，明确落实责任。2017 年，高密市空气中细颗粒物 (PM2.5)、可吸入颗粒物 (PM10)、二氧化氮 (NO_2)、二氧化硫 (SO_2) 年均浓度分别为 54 微克、94 微克、37 微克、28 微克 / 立方米，同比分别下降了 12.9%、14.5%、5.1%、17.6%，完成控制目标。2017 年关停小火电机组 4.8 万千瓦，完成任务的 40%（2017–2019 年关停小火电机组 6 台，容量 12 万千瓦）。配送环保型煤 9 万吨，入户安装节能环保型炉具 1 万台（套）。全市 10 吨以上燃煤锅炉全部完成超低排放改造；淘汰燃煤小锅炉 1269 台，兑现补偿资金 2261.17 万元。取缔“散乱污”企业 246 家，停产整治 82 家。建成区 31 家加油站完成三次油气回收治理；126 家企业完成挥发性有机物治理。继续推进集中供热扩面，投资 4200 万元新铺设高温水管网 1360 米，建设 6 座计量间、4 个小区换热站。严格执行环保检验标准，11832 辆机动车因尾气检测不达标而未通过环保检验。加快发展绿色交通，新能源运营车辆达 720 台，建成运营 CNG 加气站 7 家，建设充电站 2 个，充电桩 34 个。

【执法监管】 （1）贯彻落实环保法律法规，强化事前、事中、事后监管。2017 年，加强建设项目环境准入管理，审批建设项目环评文件 121 个，组织建设项目环境保护竣工验收 112 个，完成房屋建筑工程验收项目 46 个，受理环保违规建设项目备案 364 件。严格辐射安全许可证审批，初审转报新领证单位 2 家，重新申领 7 家，办理许可证延续单位 2 家，许可证变更单位 1 家。组织开展放射源安全检查行动，整改 2 家放射源使用单位。继续推进清洁生产，9 家企业通过清洁生产审核专家现场评估验收，7 家企业纳入潍坊市 2017 年度清洁生产审核名单。认真做好排污许可，2 家热电企业、3 家水泥企业颁发排污许可证。对全市 82 家工业企业、22 家农业源、5 处集中式污染治理设施进行了表格调查，按时保质完成 2016 年全市环境统计年报工作。加强对流域断面、饮用水源地、环境功能区噪声、国控省控污染源等监督性监测和比对监测，完成各类监测数据 18349 个，出具各类监测报告 469 份。（2）建成网格化环境监管体系和覆盖镇街区的环境自动监控系统。浏览在线监测数据 2630 余万个，处置异常、超标数据 9700 余个，处置和接收企业、第三方运营公司在线异常情况和各类报告 455 份，向上提交国控污染源自动监测数据有效性审核材料 98 套。（3）完善国发软件基础库信息，录入在线自动监测数据有效性审核材料 64 套。新安装在线自动监控设备 70 套（VOCs10 套，锅炉、窑炉 25 套，总磷总氮 10 套，废水 25 套）。保持执法高压态势。坚持人工监管与在线监控相结合，日常监察、双随机抽查与专项行动相结合，依法严查严处违法行为。出动执法人员 8200 余人次，检查设施 3170 家次，设施正常运转率 100%。立案查处环境违法行为 695 起，处罚金额 1101 余万元。责令停止生产或使用 631 件，责令改正违法行为 82 件，取缔土小企业 22 家。向公安局移交行政拘留案件 6 件，涉嫌刑事案件 9 件，申请法院强制执行 6 件。对 316 家排污企业依法征收排污费 562 万元。处结各类环境信访 3070 件，对重点信访进行了后督察，对留有联系方式的信访人进行了回访，处结率 100%，没有行政复议和行政诉讼案件发生。

【环境宣传教育】 组织开展“六五”世界环境日集中宣传活动，开展环保“十进”活动，分发张贴宣传海报 700 张，分发《环境保护宣传读本》1500 本，《环保知识手册》240 本，宣传明白纸 8000 张。抓好学生的环境教育，组织参与由中华环保基金会主导支持的“青少年环境知识科普课堂——生命之水”项目，在全市 51 所小学中开展水科普知识培训，开课班级 163 个，培训学生 7958 人，获奖金 8100 元，14 名教师获“优秀讲师”称号，其中 9 名教师获“百优讲师”称号。组织开展“环保小卫士”评选活动，2 名学生被授予“齐鲁环保小卫士”荣誉称号，18 名学生被授予“鸢都环保小卫士”荣誉称号。开展“振泰杯”第二届中小学生利用废旧物品手工制作评选活动，获奖学生 58 人。开展了绿色社区创建活动，新创建省级绿色社区 1 处，潍坊市绿色社区 2 处。

“六五”世界环境日集中宣传活动
（栾厚永　摄）

环保宣传进校园活动　（栾厚永　摄）
（栾厚永　宫文婷）

财政 税务

财政工作

【概况】 2017年，高密市财政局设有办公室、组织人事科、研究室、信息中心、行财科、国库科、社保科、企财科、综合科、预算科、农财科、基层财政管理办公室、政府采购监督管理科13个科室，辖国资办公室、会计管理中心、非税收入管理中心、财政预算评审中心、农业综合开发办公室、政府和社会资本合作中心、财政监督办公室、农村综合改革办公室8个单位，共有工作人员86人，其中所辖单位23人。荣获山东省文明机关、高密市特殊贡献奖等多个荣誉称号。

全体党员干部观看《不忘初心继续前进》纪录片 （薛培英 摄）

高密市财政局工作人员前往莱州市财政局考察学习 （薛培英 摄）

【财政收支】 2017年，一般公共预算收入完成49.1亿元，同比增长5.3%。2017年，一般公共预算支出完成51.5亿元，同比增长1.6%。社会保障和就业事业发展支出6.9亿元、教科文卫支出22.35亿元、节能环保支出2.22亿元等。

【支持经济发展】 2017年，财政给予企业税收让与，落实出口退税、免抵调库等税式支出13.4亿元。开展降成本"711"专项行动（降低7大领域成本、促进企业降本增效、专项清理历史遗留问题的"711"专项行动），扩大行政事业性收费、政府性基金减免范围，落实小微企业税收减免等结构性减税政策，累计减轻企业负担10.8亿元。为全市59家企业办理担保贷款113.49亿元，为30家企业提供过桥资金8.29亿元。先后上报项目57个，申报资金1.2亿元，到位资金9800

万元，惠及企业单位100多家。安排专项资金1500万元用于支持企业进行规范化公司改制及上市挂牌融资工作，推进企业转型升级。拨付资金3200多万元用于兑现企业优惠政策，支持企业发展。筹资19.8亿元用于棚户区改造，保障了各项重点工程的推进。

高密市财政局牵头主办2017年全市行政事业单位会计业务培训班　　　　（薛培英　摄）

【民生保障支出】　2017年，全市民生支出达到42.2亿元，占财政支出比重达到82%。其中，投入17.2亿元，解决城镇普通中小学大班额问题，保障学前教育、高中、中职生均公用经费等教育惠民政策，支持红高粱文化节等。安排资金6.9亿元，支持居民参加基本医疗保险、落实医疗政策、提高工资标准。

【重点项目建设支出】　累计拨付资金11.6亿元用于高铁高密北站项目征地和拆迁、火车站综合改造等重大项目。拨付5.7亿元支持凤城小区等老片区加快改造进程；1.91亿元完成孟家沟水库、小型农田水利重点县项目工程建设等。

【发展三农支出】　2017年，投资3.8亿元进行美丽乡村、特色镇村建设和用于精准扶贫。核实核准耕地地力保护补贴1.18亿元、农机购置补贴1976万元，及时发到农民手中。拨付2353万元实施农村厕所无害化改造。拨付6612万元用于东北乡、胶河生态发展区乡村连片治理和注沟太阳能路灯3个一事一议项目。投资2300万元，在全市各镇街区设立为农服务中心。拨付1.39亿元，用于村级组织运转和管理服务保障。顺利开工农业综合开发项目5个，总投资5976万元。

【国企改革】　制定出台以《关于进一步加强市属国有企业监督管理的意见》为主体的“1+6”（“1”即《关于进一步加强市属国有企业监督管理的意见》，“6”即《高密市市属企业负责人业绩考核办法》《高密市市属企业负责人薪酬管理办法》《高密市市属企业从业人员管理办法》《高密市市属国有企业财务监督管理办法》《高密市市属国有企业审计监督实施办法》《高密市市属国有企业重大事项报告管理办法》）配套管理制度，对市属国有企业分类整合、统一监管。顺利完成融资平台转型改制，实现政企分离、企业实体经营，2017年9月成立注册资本20亿元的高密华荣实业发展有限公司。

【财政监管】　2017年，国库集中支付46.8亿元，其中，直接支付24.7亿元。加大公务卡改革力度，公务卡使用单位比上年增加28个，基本实现行政事业单位公务卡使用全覆盖。对采购项目实行跟踪核查，共处理各类投诉5起。全年完成采购预算5.63亿元，实际支出5.21亿元，节约资金4231万元，节支率达7.5%。升格高密市财政预算评审中心为市政府直属正科级事业单位。制定出台了《政府投资项目管理暂行办法》，完成了晏子路故献大桥重建项目、高密一中新校校园文化建设以及校史馆装修项目等总计36个工程的评审任务。制定出台《高密市财政局部控制制度执行考评办法（试行）》和《高密市内部控制风险事件处置办法（试行）》，建立健全了内控考评机制。

高密市财税工作调度会顺利召开（薛培英　摄）

【推广实施PPP模式】 2017年市政府加强项目库、专家库、社会资本库“三库”建设，共储备PPP项目25个，总投资额约400亿元，其中运作实施项目16个，投资额约147亿元，签约落地项目8个，项目总投资额约35亿元，列入省级以上PPP项目库项目10个，分别是：月亮湾文化园区项目、生命安全防护工程（天网二期工程）、社会福利优抚救助中心项目、高密市第二人民医院（精神卫生中心）项目、高密市职业教育中心学校（一期）、高密市解决城镇中小学大班额问题和危旧校舍改造项目、健康产业大厦项目、城乡道路建设PPP项目（项目一）、高密市城乡道路建设PPP项目（项目二）、高密市2017–2018年城建工程PPP项目；列入国家级第三批PPP示范项目3个：月亮湾文化园区项目、生命安全防护工程（天网二期工程）、社会福利优抚救助中心项目，争取上级奖补资金1971万元。2017年4月，在全省率先创新成立高密市PPP资产管理运营有限公司，统筹做好项目公司“三会”人员派驻、项目工程和资金流向监督，有效防范和控制项目运营风险。PPP工作在潍坊市2017年度科学发展综合考核中列各县市区第一名。

全市重点PPP项目评审会议召开（薛培英　摄）

（李健　薛培英）

政府和社会资本合作

【概况】 高密市政府和社会资本合作中心成立于2015年10月21日，是市政府直属公益一类事业单位，正科级规格，核定编制12人，负责人1正2副，设综合科、业务科、监管科三个科室，2017年有工作人员10名。截至2017年年底，全市共储备PPP项目25个，项目总投资额约400亿元；启动实施项目16个，总投资额约147亿元；签约落地项目8个，总投资额约35亿元。全市共有10个项目列入财政部PPP项目库，3个项目被列为国家级第三批PPP示范项目，分别是月亮湾文化园区、生命安全防护工程、社会福利优抚救助中心项目，争取上级奖补资金1971万元。

【重点PPP项目选介】 月亮湾文化园区PPP项目　总投资约4.8亿元，项目公司注册资本1.5亿元，政府方出资0.15亿元，占项目公司股权10%。规划占地面积58102平方米，建筑面积34450.2平方米，主要建设内容包括莫言文学馆、莫言创作坊、高密老县城景区等。项目以高密市东北乡文化发展区管理委员会作为实施机构，采用BOT模式运作，可行性缺口补助回报机制，合作期12年，项目建设计划于2018年5月启动，2020年全部竣工。

生命安全防护工程PPP项目　总投资3.68亿元，项目公司注册资本0.98亿元，政府方出资约980.98万元，占项目公司股权10%。建设内容主要包括：5454处道路监控点等前端系统建设、公安局和交警监控中心建设、全市24个派出所二级平台及配套设施改造等。项目以高密市公安局作为实施机构，采用BOT模式运作，可行性缺口补助回报机制，合作期16年。项目建成后可实现信息管理与集成、大数据分析与应用、视图实战及可视化指挥等功能。项目建设于2017年9月启动，2018年全部竣工。

社会福利优抚救助中心PPP项目　位于高密市夏庄镇官庄社区南侧，规划用地面积65747平方米，总建筑面积86475.14平方米，总投资3亿元。项目将配套建设敬老院、优抚中心、军休中心、康复中心（医疗运作）、社会福利中心、救助中心、救灾仓库等，共建设17栋单体楼，设计总床位2021个（其中医疗床位126个）。项目以高密市民政局作为实施机构，采用BOT运作模式和可行性缺口补助回报机制，合作期限25年。计划于2018年启动项目建设，2020年全部竣工。

第二人民医院（精神卫生中心）PPP项目　建设地点位于高密市朝阳街道立新街以南、秦岭路以东地块，总投资3.9亿元，项目公司注册资本0.78亿元，政府方出资390万元，占项目公司股权5%。建设内容主要包括颐养护理楼（含床位177个）、精神卫生楼（含床位218个）、门诊病房综合楼（含床位382个）、污水处理站、地下停车场（含车位395个）等。项目以高密市卫生和计划生育局为实施机构，采用BOT模式运作，可行性缺口补助回报机制，合作期15年。计划于2018年启动项目建设，2020年全部竣工。

健康产业大厦PPP项目　建设地点位于高密市康成大街以南、月潭路以东，项目总投资估算为3.06亿元，项目公司注册资本0.3亿元，政府方出资150万元，占项目公司股权5%。总占地面积15997平方米（约24亩），建筑面积36752平方米，主要建设健康产业大厦一栋，分A、B两座，A座17层，B座9层，建筑面积约9000平方米，AB两座1–2层相连接，连接部分建筑面积约6000平方米。项目以高密市卫生和计划生育局为实施机构，采用BOO模式运作，可行性缺口补助回报机制，合作期20年。计划于2018年启动项目建设，2020年全部竣工。

2017–2018年城建工程PPP项目　总投资10.19亿元，项目公司注册资本2.67亿元，政府方出资0.13亿元，占项目公司股权5%。项目总体包括城区道路改造、河道治理、海绵城市及综合管廊建设。项目以高密市住房和城乡建设局作为实施机构，采用BOT模式运作和可行性缺口补助回报机制，合作期12年。

城乡道路建设PPP项目（项目一）　总投资1.35亿元，项目公司注册资本0.27亿元，政府方出资135万元，占项目公司股权5%。建设内容包括高城路（南环路—故献大桥）、北平路（大牟家镇驻地段）等县乡道路改建工程，醴泉石泉街—永吉路、注沟大寨路西延（田注路—滨河大道）等重点园区道路改建工程，李家太洛南桥加宽、葛家大浒红绣河桥改建工程。项目以高密市交通运输局为实施机构，采用BOT模式运作和政府付费回报机制，合作期12年。计划于2018年启动项目建设，2020年全部竣工。

城乡道路建设PPP项目（项目二）　总投资1.31亿元，项目公司注册资本0.26亿元，政府方出资132万元，占项目公司股权5%。建设内容包括下海路（高双路–双井路）、姚前路（康成大街–沂胶路）等县乡道路改建工程，醴泉富泉大街（永吉路–小辛河）、醴泉盛泉大街（永吉路–小辛河）等重点园区道路改建工程，王吴三孔桥改建工程。项目以高密市交通运输局为实施机构，采用BOT模式运作和政府付费回报机制，合作期12年。计划于2018年启动项目建设，2020年全部竣工。

2017年11月，第二人民医院签约仪式

（王教峰　摄）

（王教峰　孙健）

住房公积金管理

【概况】　潍坊市住房公积金管理中心高密分中心属于潍坊市住房公积金管理中心分支机构，正科级非法人事业单位，编制9人，配备主任1人，副主任2人，2017年有在职在编8人，设置业务科和综合科两个科室，服务窗口设在市民之家一楼。根据潍坊市住房公积金管理中心授权，负责本辖区内住房公积金各项业务管理工作。2017年被潍坊市住房公积金管理中心评为综合管理工作一等奖。

【主要业务】（1）公积金缴纳与使用。2017年，高密市公积金归集额4.34亿元，比上年度增长26.3%；新开户单位61家，新开户职工4373人，其中扩面1431人。2017年正常缴存单位441个，使用网厅单位225个，单位网厅使用率达到50%以上。缴存信息完善率达到96%以上。住房公积金覆盖率27.68%。2017年提取额2.26亿元，比上年增长31%；提取人数2.15万人，比上年增长111%；发放贷款1036笔，贷款金额3.08亿元，比上年增长27%。个人贷款逾期0.8万元，贷款逾期率处于低位。合作企业达到40家，可贷楼盘46个。期房预抵押登记转现房正式抵押登记207户。（2）服务平台建设。2017年，继续通过网站、网上服务厅、12329热线、短信、微信等多种渠道，为单位和职工提供便捷服务。2017年完成全国异地转移接续平台的接入工作，实现异地转移接续线上操作，缴存职工在转入地一次申请即可办结。上线运行支付宝刷脸认证查询公积金。在全市经济总量较大、职工人数较多的夏庄镇农行银行设立网点受理住房公积金缴存、提取、贷款等业务。2017年，举办两期网上服务厅业务培训班，225个单位实现网上自主办理缴存、信息变更基础业务。

（江海波　田作亭）

国家税务

【概况】 2017年，高密市国家税务局有干部职工300人，其中在职干部214人，离退休干部86人。内设办公室、政策法规科、税政科、收入核算科、纳税服务科、征收管理科、人事教育科（机关党委办公室）、监察室、税源管理一科和二科、财务管理科11个职能科室。下设稽查局1个直属机构，高密市国税局信息中心一个事业单位，城区税务分局、醴泉税务分局、经济开发区税务分局、密水税务分局、姚哥庄税务分局、夏庄税务分局、仁和税务分局、双羊税务分局、柴沟税务分局9个税务分局。

2017年9月，全省国税系统基层工作会议在高密召开。2017年，高密市国税局在潍坊市国税局绩效考评中取得总成绩第3名，连续12年位列前三，连续20年保持山东省文明单位称号。高密市国税局尉迟衍玲被中央文明办评为“中国好人”，吴宗海被评为山东省国税系统“感动国税”十大人物。

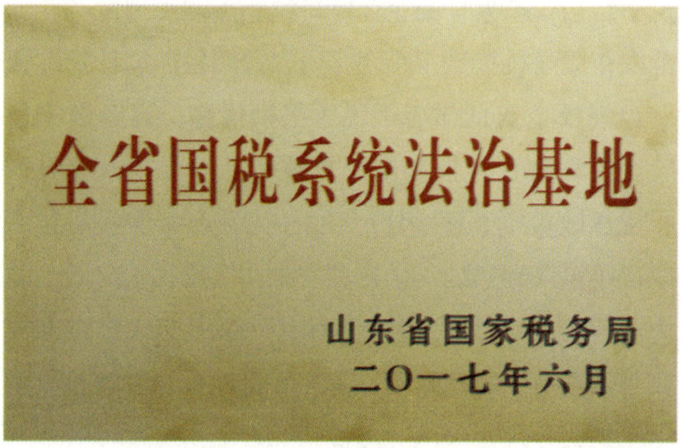

高密市国税局被山东省国税局评为“全省国税系统法治基地”

2017年9月，全省国税系统基层工作会议在高密召开　（刘瑞雪　摄）

【组织税收】 2017年，高密市国税局坚持组织收入原则，向管理要收入，全局收入规模和质量实现双提升。2017年，完成税收27.36亿元，增收5.31亿元，增长24.1%。其中，完成地方收入12.45亿元，增收3.59亿元，增长40.48%，县级税收总量在潍坊八县市中居第四位。组织税收工作得到了潍坊市国税局的表彰。

【落实税收优惠政策】 2017 年，高密市国税局以税收政策为抓手，发挥税收杠杆调控作用，助推“三去一降一补”（即去产能、去库存、去杠杆、降成本、补短板五大任务）、深化供给侧结构性改革。持续深化营改增，全市建筑业、房地产业、金融业和生活服务业“四大行业”共 2749 户减税 8164 万元。以落实国务院 6 项减税政策（国务院常委会议提出的从 6 方面减税的举措：继续推进营改增，简化增值税税率结构；扩大享受企业所得税优惠的小型微利企业范围；提高科技型中小企业研发费用税前加计扣除比例；创投企业抵扣应纳税所得额优惠；商业健康保险个人所得税税前扣除试点政策推至全国；部分税收优惠政策延长至 2019 年底）为重点，切实将各项减税政策落到实处。固定资产抵扣增值税 1.91 亿元；为 1860 余户次企业办理出口退税 6.16 亿元；全面落实小微企业、高新技术、节能环保以及惠农等税收优惠政策，办理各项减免退税款 5.13 亿元。

国税局干部在企业走访调研

（刘瑞雪 摄）

【征管改革】 2017 年，高密市国税局积极探索征管体制改革。（一）该局对全市 35 个大行业，分别实行行业管理，实现管理专业化，基于专业管理下的产品税收模板化管理，被省局专门邀请在全省征管改革培训会议上授课。（二）2017 年，高密市国税局按期保质保量地完成了 2016 年度企业所得税汇算清缴工作，调增所得额 5231 万元，弥补亏损 1906 万元，补缴税款 831 万元。（三）加大对重点税源检查力度，全面打击遏制发票违法犯罪活动，加强税收专项检查和专项整治工作，形成打击涉税违法犯罪合力。2017 年共查结入库 90 户，入库税款 5806 万元，增长 101.95 %；与公安经侦部门联合查处涉税违法犯罪 27 户次，入库税款 991 万元，有效地震慑了涉税违法行为，进一步规范了纳税秩序。

【纳税服务】 2017 年，高密市国税局持续开展便民办税春风行动，创新优化纳税服务。（一）完善离厅式 24 小时自助办税服务厅，实现纳税人办理涉税业务由“独木桥”到“快车道”的升级。高密市国税局 24 小时自助办税服务厅，于 2016 年 11 月份正式投入使用，约为 270 平方米，配置 26 台自助办税设备。按照标准化建设理念，厅内主要分为“八区一站”，即导税宣传、报税认证、发票领用、发票开具、网上办税、自助体验、地税自助和移动办税八个功能区和一个主要用于纳税人与国税机关之间资料传递的快递驿站，集智能化自助办税、网上办税、移动办税为一体。2017 年，自助办税分流了该局同期全部业务量的 51%，平均每日 200 户次纳税人办理自助业务；纳税人非工作时间自助办税占同期自助办理总户次的 10.7%。（二）国地税联合对 2983 户纳税人进行信用等级评定，利用纳税信用级别评定的“大数据”，与 9 家银行携手推出“银税互动”合作项目，为全市纳税信用等级 B 级以上的企业提供利率优惠、无抵押信用贷款及相关金融产品。2017 年，成功发放贷款 1.3 亿元，惠及企业及个体 289 余户。

24 小时自助办税厅 （郭佳 摄）

（刘瑞雪 汤秀秀）

地方税务

【概况】 2017年，高密市地税局内设有办公室、法规税政科、征管和科技发展科、税源管理科、收入核算和财务科、人事科、机关党委、监察室8个科室，设有直属征收局、稽查局2个直属机构，高密地税信息中心（纳税服务中心）1个事业单位和密水中心税务所、醴泉中心税务所、夏庄中心税务所、阚家中心税务所、经济开发区中心税务所5个派出机构，共有正式在岗干部职工147人。2017年，完成地税收入总量32.27亿元，可比口径同比增收3.65亿元，增长12.77%。其中县级收入完成29.38亿元，可比口径同比增收2.60亿元，增长9.7%。2017年，高密市地税局在潍坊地税系统绩效考核中以指标得分、总分“双第一”成绩位列潍坊地税系统绩效考核第一名。

2017年10月，潍坊市税收征管基础建设年工作推进会在高密召开（臧龙 摄）

【税收征管】 2017年，开展“税收征管基础建设年”活动。一是开展政策集中宣讲、户源税源清盘、执法风险防控“三项行动”。年内，清盘核实纳税人6147户，依法下达和规范各类执法文书230户次，补缴入库地方税收560万元。二是实施团队化风险防控。建立税收风险防控团队，以第三方信息为基础，建立起以纳税人识别号为基础的数据分析平台，加强数据关联利用，2017年通过传递、分析、处理各类信息20.7万条，入库地方税收8004万元，同比增长26%；推送、应对风险任务124户次，入库地方税收7432万元，风险命中率100%。三是加大欠税管理力度。年内对37户纳税人实施欠税约谈，对8户纳税人采取强制执行措施，清理入库欠税331万元。

3.15期间，工作人员在金孚隆广场集中宣传税收政策（祝有真 摄）

【纳税服务】 （1）深化国地税合作。联合建设办税服务厅，实施发票代开联合办理，推广24小时自主办税服务终端和电子税务局，构建一人、一机、双系统的“一窗通办”模式和“前台一家受理、后台分别处理、限时办结反馈”的运转机制，实现“进一家门、办两家事”。（2）创新纳税服务手段。推行补正承诺服务、涉税业务“容缺受理”“免填单”服务、“二维码”一次性告知、首问负责制、导税预审制等，简化顺畅办税流程，提高办税效率；探索发票、税票邮局代开办法，依托税收专家团队实施“订单式”“互动式”辅导培训和个性化税法宣传，进一步便利纳税人。

【税收执法】 （1）开展土地使用税、房产税“两税”清查。2017年，清查入库“两税”3080万元，下达税款催缴执法文书416户次，对130余户纳税人实施欠税公告。（2）土地增值税管理清算。全年清算补缴入库土地增值税4024万元。（3）评估稽查。重点围绕加强企业所得税、个人所得税、车船税、印花税、房产税等税种管理，对重点税源企业、纳税疑点企业和建筑业、保险业、交通运输业等重点行业实施评估检查。全年评估检查企业109户，入库地方税收2846万元，罚款36万元，加收滞纳金223万元。

（禚金平 祝有真）

金 融

综 述

【概况】 2017年，全市银行业金融机构本外币各项存款余额530.21亿元，比年初增加44.60亿元，占潍坊市增量的8.59%，居潍坊八县市第三位，较年初增长9.18%，高于潍坊市平均增速1.86个百分点，居潍坊八县市第二位。年底，全市银行业金融机构本外币各项贷款余额404.33亿元，比年初增加43.38亿元，占潍坊市增量的8.97%，居潍坊八县市第一位，较年初增长12.02%，高于潍坊市平均增速2.16个百分点，居潍坊八县市第三位。

2017年，境内新增青岛银行高密支行和高密惠民村镇银行双羊支行。截至2017年12月底，6家小额贷款公司贷款余额7.22亿元，2017年累计发放贷款4.04亿元，上缴税金162.2万元；2家融资性担保公司注册资本4亿元，在保责任余额5.86亿元；7家民资公司资产总额达3.24亿元，投资余额2.45亿元，2017年累计投资9.26亿元。

（市金融工作办公室）

银行业

【概况】 截至2017年年底，高密市银行业机构达到14家，包括1家政策性银行农业发展银行，工商银行、农业银行、中国银行、建设银行、交通银行5家国有控股大型商业银行，兴业、恒丰2家全国股份制商业银行，潍坊银行、齐商银行、青岛银行3家城市商业银行，1家农村商业银行及1家村镇银行惠民村镇银行和邮政储蓄银行。

全市银行业有营业网点97处、从业人员1502人。银行业金融机构本外币各项存款余额530.21亿元，比年初增加44.60亿元，居潍坊八县市第三位，增长9.18%，居潍坊八县市第二位；各项贷款余额404.33亿元，比年初增加43.38亿元，居潍坊八县市第一位，较年初增长12.02%，居潍坊八县市第三位。

【中国人民银行高密市支行】 中国人民银行高密市支行始成立于1986年11月。1989年12月29日，从人民大街中段迁至凤凰大街619号。2017年，下设办公室（纪检监察室）、金融服务管理科、货币信贷调统科、金融稳定科、外汇管理科，共有干部职工31人。年初制定《准确把握稳健中性货币政策积极支持实体经济发展的意见》，引导辖内银行业机构加大信贷产品创新力度，不断改善金融服务，进一步加大对重点领域、薄弱环节和弱势群体的信贷支持。2017年末，全市银行业金融机构各项存款余额530.21亿元，较年初增加44.60亿元。其中，住户储蓄存款余额348.82亿元，较年初增加32.35亿元，人均居民储蓄存款首次突破3.8万元。各项贷款余额

404.33亿元，较年初增加43.38亿元。金融精准扶贫进一步深化。各涉农银行业机构以“富民农户贷”和“富民生产贷”为切入点，支持建档立卡贫困户创业和生产经营主体带动贫困户就业，实现建档立卡贫困户收入持续稳定增长。

2017年，中国人民银行高密市支行引导银行业机构积极开办“快易贷”“小额担保贷”“鲁青基准贷”“畜牧业贴息贷”等业务，把创业青年、失业人员等8类人群作为金融服务重点扶持对象和主体，累计发放“鲁青基准贷”3500万元。2017年，进一步深化知识产权质押、税贷通、订单融资、应收账款质押、POS贷以及发票贷等信贷新产品，破解企业抵押担保瓶颈，满足企业融资需求。

2017年继续加强农村金融消费维权联络点建设，至年底，累计建成农村金融消费维权联络点98处，实现了辖区所有镇街的全覆盖，联络点建设数量居潍坊市第一。

（张志宏）

【中国工商银行高密支行】 中国工商银行高密支行成立于1985年1月，地址位于人民大街107号。1990年10月，支行迁址至高密市城南街中段，后改为凤凰大街（西）1235号。2017年，内设三部一室：办公室、风险管理部、公司客户营销部、个人客户营销部，下设7处营业网点，其中二级支行2处，分理处5处，共有干部职工113人。截至2017年12月底，各项贷款余额441254万元；各项存款余额399507万元，较年初下降45379万元，其中，储蓄存款余额267735万元，较年初增长22030万元；对公存款余额124630万元，较年初下降66332万元；同业存款余额7142万元，较年初下降1077万元；实现中间收入2885万元；实现拨备前利润15113万元。

至2017年底，公司贷款余额240504万元，全年累计发放公司贷款188817万元；小企业贷款余额78927万元，全年累计发放小企业贷款83923万元。为有效满足企业短期融资需求，帮助企业多渠道融资193909万元，其中，累计办理票据直贴25753万元，签发银行承兑汇票74177万元，进口开证46936万元，海外代付47043万元。实现国际业务结算量69160万美元，结售汇业务量22604万美元。个人贷款余额194901万元，全年累计发放38129万元；其中，个人住房贷款余额184822万元，全年累计发放32520万元。

立足服务创新，在同业中率先完善智能化银行建设，积极推广网上银行、手机银行、微信银行。构建了以“融e联”为载体的“融e购”“融e行”等能够满足日常工作生活所需的互联网金融服务平台。

（张平）

【中国农业银行高密市支行】 中国农业银行高密市支行成立于1980年10月，地址位于高密市人民银行办公楼（现高密市迎宾楼附近），1981年9月，迁址至原大庆路40号（现夷安大道与人民大街交汇处西北角附近），1997年迁址至夷安大道南100号。2017年，内设六部一中心：综合管理部、运营财会部、风险管理部/信用管理部、公司业务部/机构业务部、个人金融部、国际金融部、个贷分中心，下设16个营业网点，其中支行营业部1处，二级支行1处，分理处14处，共有干部职工225人。截至2017年底，各项存款余额84.09亿元，比年初增加12.72亿元；各项贷款余额37.10亿元；实现中间业务收入4182万元；全年内控管理安全运行无事故。

2017年累计发放重点企业贷款16亿元，项目贷款2亿元。高密市城市基础建设基金投资项目实现提款24亿元，为高密市城市发展及城镇建设提供了资金支持。

年内，深化“三农”服务，助推新型城镇化建设。支持“去库存”政策，满足居民改善型住房消费需求，2017年累计发放住房贷款金额2.92亿元。创新消费金融产品和金融服务模式，大力推广“农民安家贷”“家装贷”“网捷贷”“房抵贷”等特色个人贷款产品，以农民购建房为依托，大力支持农民进城购房，2017年发放农民购建房贷款7129万元。

其间，深入推进网点转型，增配大堂主任，配置低柜柜台，实现网点超级柜台全覆盖，形成集群式超级柜台组，累计上线超级柜台55台。优化网点布局，年内撤并供销大厦分理处，设立“施可丰”模式金穗惠农通服务点、双羊自助银行，实现了自助离行发卡、转账、缴费、小额取现等服务内容，打通了农村普惠金融服务的“最后一公里”。

（董梅）

【中国银行高密支行】 中国银行高密支行成立于1992年8月，地址位于高密市交通路80号。1995年8月迁址到高密市人民大街（西）1111号。2017年，内设三部，即营业部、业务发展部、综合管理部，下设2个网点，共有干部员工70人。截至2017年底，本外币各项存款36.96亿元，其中各项人民币存款余额34.62亿元，各项外币存款余额3572万美元。各项贷款余额37亿元，较年初新增6.96亿元。其中人民币贷款33.46亿元，较年初新增5.6亿元；外币贷款余额5418万美元，较年初增长2254万美元。全年实现国际结算业务量4.5亿美元。

2017年，加大对PPP项目融资、政府融资、实体经济融资的支持力度，实现了人民币公司投放的大幅度增长。成功营销续做了高密市职业教育中心（一期）项目，新增投放3.9亿元；为豪迈集团新增订单融资投放1.35亿元；拓展营销优质中小企业，先后为豪沃机械、仙普爱瑞各投放1000万元。其间，加强不良贷款的清收压降工作，至2017年年底，个贷方面压降262万元，对公不良现金收回500万元，重组重整不良贷款1560万元。注重客户群建设。年内新增代发工资客户9家，增加个人账户1700余户，新增电子银行1.03万户，手机银行9700户。

（李步云）

【中国建设银行高密支行】 中国建行银行高密支行成立于1979年1月，地址位于交通路70号。1995年5月，支行迁址至高密市振兴街43号。2017年，内设二部一室：办公室、公司业务部、个人金融部，下设4个网点，其中支行营业室1处，分理处3处，共有干部职工88人。截至2017年12月底，各项存款余额416454万元，较年初新增34847万元，其中，企业存款余额189816万元，较年初新增10990万元，个人存款余额226638万元，较年初新增23857万元；各项贷款余额302765万元；实现中间业务收入5592万元；实现账面利润13339万元。

2017年新增ETC客户1625多户、云闪付借记卡571户，完成率均排全市第三位；结算通卡发卡新增1656张，全市排名第五。个人电子银行三项产品每月平均累计签约数量达到2360户以上，2017年签约手机银行22928户，个人网银3890户，手机短信13821户，借记卡共发卡73753张。全年销售理财产品121600万元，基金2561万元，实物黄金51807克。

其间，加大不良贷款回收力度，通过风险早期预警、贷后监测、担保人代偿等措施，成功回收存在风险的贷款5户、金额3370万元。2017年成功处置大额及专项分期不良账户65户，处置不良资产本金合计145万元，信用卡不良额实现大幅下降。

（李永辉）

【交通银行潍坊高密支行】 交通银行股份有限公司潍坊高密支行成立于2012年4月19日，地址位于高密市密水街道永安路88号。2017年，内设三部一室：营运部、公司业务部、个人金融业务部、办公室，共有干部职工18人。截至2017年12月底，人民币对公存款余额83284万元，较年初新增20280万元，人民币储蓄存款余额33562万元，较年初新增1500万元；人民币各项贷款余额259038万元，较年初新增106700万元；全年实现国际结算业务量1132万美元；实现非利息收入277万元。2017年，交行高密支行高度重视贷款发放，新增贷款位居全市金融机构前列，同时高度重视不良贷款的清收压降，全年无新增不良贷款。

截至年底，共有一家综合性网点，4处自助银行。

（穆仁亮）

【中国农业发展银行高密市支行】 中国农业发展银行高密市支行成立于1996年10月，地址位于高密市交通路40号。2002年1月，支行迁址至高密市凤凰大街东首，后改为凤凰大街1777号。2017年，内设两部一室：办公室、会计结算部、信贷业务部，共有干部职工21人。截至2017年12月底，人民币各项贷款余额445881万元；人民币各项存款余额155741万元；人民币日均存款154276万元，较年初增加29569万元；办理国际业务结算16462万美元；实现账面利润7044万元，较年初增加1508万元。

2017年，确保政策性收购资金及时足额供应。年内发放地储粮轮换贷款816万元，轮换小麦5500吨；发放增储贷款1243万元，增储小麦5000吨；发放粮食收购贷款2990万元，收购小麦1.2万吨。加大自营性业务信贷资金支持力度，实现银企双赢。2017年，累计向孚日集团发放贷款30000万元、银鹰化纤发放6000万元、望乡食品发放2000万元、新春油脂发放1700万元、瑞丰食品发放690万元。

积极支持农业农村基础设施建设，年内共发放项目贷款15笔、金额196000万元，其中，农村公路建设贷款5000万元，其他农民集中住房建设贷款30000万元，棚户区改造贷款161000万元；审批待发放贷款金额共计126000万元。

（訾玉平）

【潍坊银行高密支行】 潍坊银行高密支行成立于2008年8月，地址位于凤凰大街与顺河路交叉口西侧90米。2017年，内设授信管理部、市场营销部、运行管理部、综合管理部四部，下设3个网点，共有干部职工55人。截至2017年12月底，高密支行各项存款余额28.4亿元，较年初新增2.6亿元；各项贷款余额25.7亿元；不良贷款绝对额1970万元，不良率0.77%，国际结算量达到3.13亿美元，全年纳税1154万元，实现经营利润1.2亿元，各项指标在全市名列前茅。

2017年，注重优化信贷结构，不断提高信贷资产质量。针对业务特点有针对性地多次组织专项风险排查；改革授信流程设置强化风险防控。在做好风控的前提下实现业务的良性发展。

（张雪松）

【高密农村商业银行】 山东高密农村商业银行股份有限公司是由原高密市农村信用合作联社于2012年9月份改制成立的股份制商业银行，地址位于康成大街（东）2088号。2017年，内设十二部一室：办公室、党群工作部、人力资源部、财务会计部、业务部、风险与合规管理部、农村市场部、科技部、审计部、资产管理部、监察保卫部、电子银行部、国际业务部，下设49处网点，其中营业部1处，支行48处，共有在岗干部职工652人。截至2017年12月底，全行各项存款余额176.34亿元，较年初增加16.05亿元；各项贷款余额111.02亿元，较年初增加8.1亿元；不良贷款余额20945万元，占比1.89%，与年初数基本持平；1—12月份，全行实现各项收入10.39亿元，实现经营利润4.26亿元。资本充足率达12.65%，拨备覆盖率达154.71%，贷款损失准备充足率281.94%，各项监管指标均达到银监部门规定要求。

2017年，山东高密农村商业银行股份有限公司创新金融产品，推出“富民农户贷”和“富民生产贷”，完成1.35万户贫困家庭的信息采集和融资需求调研工作，累计发放各类扶贫贷款1454万元，预计带动415人脱贫。开展“两权”抵押贷款试点，与齐鲁农村产权交易中心合作，推出了以农村土地承包经营权和农民住房财产权作为抵押物的“两权”抵押贷款。截至12月底，累计办理该类贷款701笔、7490万元。推出以家庭资产、负债、收入、支出及所有成员的信誉等信息为基础，围绕家庭需求，提供一揽子金融服务的“家庭银行”业务，2017年共投放该类贷款产品6.2亿元。推广财政贴息贷款，助推全民创业，2017年累计发放快易贷、创业贴息贷、鲁青基准贷、畜牧业贴息贷等各类财政贴息贷款1.35亿元，为小微企业及创业者贴息275万元，扶持创业青年及小微企业83余人（家），带动就业1200余人。

2017年累计发放续贷“零等待”贷款48亿元，为企业节省融资成本2304万元。对价值在2000万元以下的抵押贷款，实行“免评估”政策，节省第三方评估费用。2017年累计办理抵押“免评估”贷款586笔，金额22.57亿元，支持中小微企业307户，累计为客户节省评估费用 271 万元。推出分还续贷，缓解企业融资压力。贷款期限延长为 3 年。截至年末，发放该类型贷款 43 笔，金额 2.66 亿元。

畅通结算渠道，构建多层次广覆盖可持续的金融服务体系。截至 2017 年年底，已在全市安装布放农商宝 373 台，各类 POS 机具 3655 台，ATM、CRS145 台，自助银亭 14 处，建设社区银行 4 处，在全市建立起全方位、多层次的金融服务网络。加快推进"金融综合服务平台"上线，搭建"智 e 购"商城，积极构建"跨界"金融服务体系，拓宽客户结算服务渠道。截至年底，"智 e 购"商城注册用户数达到 4.17 万户，较年初新增 4.11 万户；入驻商户 2085 户，较年初新增 2014 户；共发布商品 3743 款，交易订单 30506 笔，商城交易额 2179.9 万元。同时，完善外汇服务功能，2017 年，全行国际业务结算量达 4.82 亿美元，发放贸易融资贷款 2 亿元，有效满足了外汇企业需求。

（楚晓光）

【邮政储蓄银行高密市支行】 中国邮政储蓄银行高密市支行成立于 2008 年 5 月，地址位于高密市夷安大道（北）688 号。支行内设综合管理部、综合业务部二部，下设三个网点，共有干部职工 85 人。截至 2017 年底，邮政储蓄银行高密市支行资产总额 47.04 亿元，其中各项贷款 10.24 亿元，占资产的 21.77%；负债总额 46.79 亿元，其中各项存款 44.74 亿元，占总负债的 95.61%；实现财务收入总额 8288.75 万元，实现利润总额 1254.94 万元。

2017 年，成功实现公司贷突破，实现孚日流贷放款 2 亿元，签发承兑 1.3 亿元；成功向上级行申请通过木器加工、劳保两个行业流水贷项目，是潍坊邮储系统首家获得项目批复和放款的支行，服务高密当地特色产业能力进一步增强。

（李伟）

【兴业银行潍坊高密支行】 兴业银行潍坊高密支行成立于 2013 年 4 月，地址位于醴泉街道振兴街（西）639 号。2016 年，内设综合科、营业厅、零售业务 1 科、零售业务 2 科、公司业务科五个科室，下设 1 个网点，共有干部职工 27 人。截至 2017 年年底，各项存款余额 9.71 亿元，较年初减少 1.62 亿元，其中，人民币对公存款余额 7.36 亿元，储蓄存款余额 2.35 亿元；各项贷款余额 13.89 亿元，较年初新增 3.83 亿元；实现利润 3874 万元。

2017 年，继续强化与信托、证券、租赁等非银机构的合作，积极协助客户对接行外融资渠道。大力推动网上银行、手机银行等电子渠道建设，加快发展电子银行业务，加大企业网银营销力度，畅通资金划转渠道，为客户提供高效优质的金融服务。

（刘鑫）

【高密惠民村镇银行】 高密惠民村镇银行成立于 2011 年 9 月，地址位于利群路 919 号。2017 年，内设五部一室：办公室、风险合规部、审计部、计财运营部、综合业务部、营业部，下设 6 个网点，共有干部职工 91 人。截至 2017 年 12 月底，高密惠民村镇银行各项存款余额 202138 万元，较年初增加 48962 万元；各项贷款余额 103406 万元，较年初增加 17696 万元，增长 20.65%；实现净利润 2333 万元，拨备前利润为 3693 万元。严格控制各类风险，全年无案件发生，无监管部门通报批评事件。

2017 年，推出"诚信贷"贷款品种，累计发放 25 笔，支持农户 25 户，累计贷款金额 122 万元；与政府相关部门联合，推出"创业贷"贷款，累计发放 162 笔、金额 1618 万元，为小微企业及创业青年提供了资金支持。

（王美春）

【齐商银行潍坊高密支行】 齐商银行潍坊高密支行成立于 2014 年 12 月，地址位于密水大街与健康路交汇处银座商城东北角。2017 年，内设二部一室：综合业务部、市场营销部、营业室，共有干部职工 23 人。截至 2017 年 12 月底，齐商银行潍坊高密支行资产总额 9.49 亿元，各项存款余额 9.49 亿元，较年初增长 0.96 亿元；各项贷款余额 7.39 亿元，较年初增长0.80亿元；银行承兑汇票余额11.94亿元，较年初增加1.54亿元，累计授信小微企业125户。

2017年，为小微企业融资提供更加便捷优质的服务。全年累计向小微企业投放贷款67086万元，主要是纺织服装、劳保鞋业、机械加工等企业。

（颜丽华　李鑫）

【恒丰银行潍坊高密支行】 恒丰银行潍坊高密支行成立于2016年3月，地址位于凤凰大街（东）499号。2017年，内设营业室、业务部，设1个营业网点，共有干部职工19人。截至2017年12月底，支行各项存款余额11.50亿元，其中，对公存款余额9.19亿元，居民储蓄存款余额2.31亿元；各项贷款余额5.61亿元；对公本外币结算账户101户，个人结算账户3000余户，其中，授信客户达47户。

2017年，恒丰银行潍坊高密支行在较好地完成行内存款、财务、客户三大经营考核指标的同时，不良贷款余额及占比、小微企业贷款、涉农贷款、保证金存款占比等各类监管指标均符合监管要求，全年未出现违规和不审慎经营行为。

（王婷）

【青岛银行潍坊高密支行】 青岛银行潍坊高密支行成立于2017年9月8日，地址位于山东省高密市朝阳街道花园街107号。内设办公室、公司部、零售部、营业部，设有1个营业网点，共有干部职工15人。截至2017年12月底，支行各项存款余额6.08亿元。

支行自开业以来致力打造“青馨服务”品牌，服务地方经济、服务本地市民。

（王罡）

地方金融组织

【高密市交运小额贷款股份有限公司】 2010年7月，公司经山东省金融工作办公室批准成立，注册资本1亿元，营业地址位于高密市石庵路中段，由高密市交运置业有限公司、盛世国际路桥建设有限公司、高密市彦凯纺织有限公司3家法人企业，自然人王学儒、郭青春、任宪军出资设立，为高密市首家小额贷款公司。经营范围主要是在高密市区域内办理各项小额贷款，开展小企业发展、管理、财务咨询业务。2017年度全年累计发放贷款290万元，其中涉农贷款60万元，小企业贷款230万元。截至2017年12月底，贷款余额13576万元，其中涉农贷款4173万元，小企业贷款9403万元。

【高密市聚源通小额贷款股份有限公司】 公司经省金融办批准，于2011年7月28日注册登记成立，同年8月18日正式对外经营，注册资本1.2亿元，营业地址位于高密市醴泉街道人民大街北、健康路西侧，由山东高密高锻机械有限公司、高密鲁源纺织有限公司、山东伟丽纺织有限公司、山东银邦工贸有限公司、高密市宏光纺织有限公司、高密市大洋金属制品有限公司6家法人企业，自然人单联香、李少强、单宝忠、邓昌坤、邓世忠出资设立，是高密市第二家小额贷款公司。经营范围主要是在高密市区域内办理各项小额贷款，开展小企业发展、管理、财务咨询业务。2017年，累计发放贷款120万元，其中，涉农贷款20万元，小微企业贷款100万元。截至2017年12月末，公司贷款余额7387万元，其中，涉农贷款余额1970万元，小微企业贷款余额5417万元。

【高密市豪迈小额贷款股份有限公司】 公司经省金融办批准，于2012年2月16日注册登记成立，2012年3月6日正式营业，注册资本1亿元，2012年营业地址由高密市利群路东侧变更至高密经济开发区管委会创业总部一楼，由企业法人豪迈集团股份有限公司，自然人马金英、闫宗喜、范兴杰、徐桂芬、徐华兵出资设立。经营范围主要是在高密市区域内办理各项小额贷款，开展小企业发展、管理、财务等咨询业务。2017年，累计发放贷款34642万元，其中，涉农贷款2668万元，小微企业贷款33179万元。截至2017年12月末，公司贷款余额9135万元，其中，涉农贷款余额1041万元，小微企业贷款余额8649万元。

【高密市金孚隆小额贷款股份有限公司】 公司由山东金孚隆股份有限公司作为主发起人，联合高密市惠德农产品有限公司、高密市瑞海食品有限公司、山东沃丰格瑞管业有限公司、山东望乡食品有限公司共同出资组建，经山东省金融工作办公室批准，于2013年1月30日在潍坊市工商局正式登记注册成立，2014年营业地址由高密市密水街道永安路118号变更至高密市朝阳街道月潭路2888号，注册资本1亿元。经营范围主要是在高密市区域内办理各项小额贷款，开展小企业发展、管理、财务咨询业务。2017年，累计发放贷款238万元，其中，涉农贷款188万元，小微企业贷款50万元。截至2017年12月末，公司贷款余额9427万元，其中，涉农贷款余额5862万元，小微企业贷款余额3935万元。

【高密市汇元小额贷款股份有限公司】 公司由高密利华纺织有限公司、山东中汇家具有限公司、山东泰运物流有限公司、山东邦泰散热器有限公司、高密市高农生产资料连锁有限公司、山东金达双鹏集团有限公司6家法人出资设立，经山东省金融工作办公室批准，成立于2013年2月1日，注册资本1.2亿元，2013年营业地址由高密市醴泉街道利群路（北）B3幢137、138号商住楼变更至高密市康成大街东段2166号。公司经营范围主要是在高密市区域内办理各项小额贷款；开展小企业发展、管理、财务等咨询业务。截至2017年12月末，公司贷款余额11629万元，其中，涉农贷款余额5975万元，小微企业贷款余额5614万元。2017年，累计发放贷款3750万元，其中，涉农贷款3510万元，小微企业贷款240万元。

【高密市孚日小额贷款有限公司】 经山东省金融工作办公室批准，公司成立于2014年2月28日，注册资本2亿元，属于孚日控股集团股份有限公司全资子公司，2015年公司营业地址由高密市朝阳大街东首变更至高密市朝阳街道孚日街（东）1号，营业范围为在高密地区发放小额贷款。截至2017年12月末，公司贷款余额21068万元，其中，涉农贷款余额14356万元，小微企业贷款余额6712万元。2017年，累计发放贷款1385万元，其中，涉农贷款1335万元，小微企业贷款50万元。

【高密市鑫融融资担保有限公司】 成立于2010年4月7日，2010年6月至2011年3月份，省金融办对融资性担保公司进行整顿规范。经过规范整顿，高密市鑫融投资担保有限公司通过省金融办审核，获得了省金融办的批复和经营许可证。为进一步规范公司发展，高密市鑫融投资担保有限公司2014年8月经省金融办批复变更名称为高密市鑫融融资担保有限公司。为进一步壮大公司实力，2015年10月公司由高密市国有资产管理办公室增资1.5亿元，使注册资本达到了3亿元，其中高密市国有资产管理办公室出资26000万元，孚日控股集团股份有限公司、山东银鹰化纤有限公司、豪迈集团股份有限公司、山东金孚隆置业有限公司四家企业各出资1000万元。公司营业地址位于高密市立新街西306号，主要经营范围是贷款担保、票据承兑担保、贸易融资担保、项目融资担保、信用证担保、诉讼保全担保、投标担保、预付款担保、工程履约担保、尾付款如约偿付担保等履约担保业务，与担保业务有关的融资咨询、财务顾问等中介服务；以自有资金进行投资。截至2017年12月末，公司在保责任业务55笔，在保责任金额为38604万元。

【山东省安业融资性担保有限公司】 成立于2012年3月12日，注册资本为人民币1亿元，营业地址位于高密市振兴街东段路北570号（金孚隆商场东侧）。由山东华野机械科技有限公司、山东海悦庄园葡萄酒有限公司、潍坊光洋机械有限公司、高密市建华建筑有限公司出资设立。经营范围是贷款担保、票据承兑担保、贸易融资担保、项目融资担保、信用证担保、诉讼保全担保、投标担保、预付款担保、工程履约担保、尾付款如约偿付担保等履约担保业务，与担保业务有关的融资咨询、财务顾问等中介服务；以自有资金进行投资。截至 2017 年 12 月末，公司在保责任户数 544 户，在保责任金额 19982 万元。

【潍坊市高运民间资本管理有限公司】 公司经潍坊市金融工作办公室批准，由高密市交运天然气有限公司与高密市彦凯纺织有限公司共同出资设立，于 2014 年 2 月 24 日注册成立，注册资本金 5000 万元，营业地址位于高密市密水街道密水大街（西）789 号。公司经营范围是在潍坊市区域内针对实体经济项目开展股权投资、债权投资、短期财务性投资、投资咨询等服务。截至 2017 年 12 月底，公司拥有资产 4932 万元，投资余额 5070 万元。

【高密市惠泽民间资本管理有限公司】 由原高密市惠泽投资有限责任公司转型而来，经潍坊市金融办评估，于 2014 年 3 月 24 日在工商部门办理变更登记，注册资本 3200 万元，由山东高密高源化工有限公司联合自然人孙立平、李爱红、王月学、门雅静共同出资设立，营业地址位于高密市朝阳街道孚日街（东）1 号。公司经营范围是在高密市区域内针对实体经济项目开展股权投资、债权投资、短期财务性投资、投资咨询等服务。截至 2017 年 12 月底，公司拥有资产 3199 万元，投资余额 3733 万元。

【高密商汇民间资本管理有限公司】 由原高密市商汇投资有限责任公司转型而来，经潍坊市金融办评估，于 2014 年 7 月 8 日在工商部门办理变更登记，注册资本 3000 万元，由高密市亿升纺织有限公司、山东孚达机械科技有限公司与自然人杜乐成出资设立。营业地址位于高密市人民大街东段城投新视界 4 号楼 B18 号。公司经营范围是在高密市区域内针对实体经济项目开展股权投资、债权投资、短期财务性投资、投资咨询等服务。截至 2017 年 12 月底，公司资产 2999 万元，投资余额 2927 万元。

【高密孚泰民间资本管理有限公司】 公司由山东金孚隆购物广场有限公司和高密市八角楼物资机电有限公司出资组建，2014 年 7 月 7 日经潍坊市金融办批准，并于同年 7 月 14 日注册登记成立，注册资本 3000 万元。公司营业地址位于高密市朝阳街道月潭路 2888 号。公司经营范围是在高密市区域内针对实体经济项目开展股权投资、债权投资、短期财务性投资、投资咨询等服务。截至 2017 年 12 月，公司拥有资产 2973 万元，投资余额 3000 万元。

保 险 业

【概况】 截至 2017 年年底，注册登记在高密市的保险机构共 66 家，其中财险分支机构有 23 家，寿险分支机构 14 家，保险代理机构 29 家。全市年保费收入 11.98 亿元，同比增长 16.88%；各项赔付 4.41 亿元，比上年增长 1.15%。其中，财险机构承担社会经济风险 1500.50 亿元，实现保费收入 4.18 亿元，同比增长 13.68%，位列潍坊 8 县市第 5 位；赔款金额 2.62 亿元，赔付率 62.81%，同比增长 2.25%。寿险公司承担社会经济风险 494.67 亿元，实现保费收入 7.80 亿元，同比增长 18.71%，位列潍坊 8 县市第 5 位；赔款给付 1.79 亿元，赔付率 7.61%，同比增长 1.35%。

2017年高密市保险业业务统计表

机构名称	承保金额（亿元）		保费收入（万元）		赔款支出（万元）	
	本年累计	累计同比（%）	本年累计	累计同比（%）	本年累计	累计同比（%）
合计	2033.24	46.32	102451.12	14.38	29830.17	–15.64
（一）财险小计	1908.85	48.65	36753.12	–10.84	25664.17	19.78
人保财险	661.66	15.06	15712	9	12762	24
太保产险	179.95	27.44	3838	3	2248	–46
平安财险	68.45	22.85	5277	24.91	2188	9
天安保险	7.07	–35.49	192	–38.26	207	–22
大地保险	679.92	–94.31	959	–10	615	–1
永安财险	1.51	–47.20	61	–48	124	5
太平财险	28.27	75.48	796	53.08	311	–35
中华联合	67.49	23.93	2071	27	954	–17
阳光财险	31.08	28.00	1656	9	693	–4
安邦财险	3.78	464.18	311	5	27	–1
安华农险	25.61	23.90	1788	82	684	–32
长安责任	25.28	11.22	814	–32	606	31
人寿财险	156.21	11.32	3845	5	2388	–6
泰山财险	19.34	103.15	647	80.73	184	51
浙商财险	32.54	11.55	1374.51	–24.58	979	45
英大泰和	10.32	–9.39	214	–50.35	480	47.69
安盛天平	2.73	57.8	91	25	118	34
信达财险	13.24	3.76	489	–23	427	69
渤海财险	5.55	496.77	191	536.67	13	1200
都邦财险	6.92	130.67	309	159.66	63	3050
亚太财险	15.26	73.61	1145	922.32	172	3340
（二）寿险小计	494.67	297.68	77991	18.71	5932	1.35
中国人寿	286.33	2167	35969	26.55	4314	3.56
太保寿险	121.76	169	4787	12.95	33	1.17

（续表）

机构名称	承保金额（亿元）		保费收入（万元）		赔款支出（万元）	
	本年累计	累计同比（%）	本年累计	累计同比（%）	本年累计	累计同比（%）
平安人寿	28.16	-14.61	10156	0	624	-
泰康人寿	21.36	76.38	7630	7.31	248	5.66
新华人寿	21.09	24.65	10166	21.03	636	18.51
太平人寿	-	-	1966	33.11	0	-
富德生命	-	-	657	50.34	0	-
阳光人寿	6.43	309.55	2317	87.47	78	72.81
国华人寿	0.18	80	274	-11.90	0	-
华夏人寿	6.81	160.92	3352	109.24	0	-
幸福人寿	-	-	335	2945.45	0	-
德华安顾	2.55	1059.09	382	250.46	0	-

【中国人民财产保险股份有限公司高密支公司】 中国人民财产保险股份有限公司高密支公司成立于1984年1月1日，地址位于高密市永安路759号，公司设有9个营业网点，共有员工157名。2017年实现保费收入1.53亿元，缴纳税金1929万元，支付赔款金额1.25亿元。其中全年车险赔款金额达到5875万元，小麦赔款金额达到2788万元。所有保险公司中纳税金额第一，被评为高密市“十强服务业企业”。

（袁子琪）

【中国太平洋财产保险股份有限公司高密支公司】 中国太平洋保险公司潍坊分公司高密代办所于1995年5月18日成立，当年完成保费收入400余万元。1998年4月更名为中国太平洋保险公司潍坊分公司高密办事处。2000年8月，实行财产保险、人寿保险分业经营，分设为中国太平洋财产保险股份有限公司高密支公司、中国太平洋人寿保险股份有限公司高密支公司。地址位于山东省高密市密水大街翰林苑沿街房1-2号，隶属于潍坊中心支公司。公司设有2个营业网店，共有员工19名，2017年实现保费收入3987.46万元，缴纳税金459.454389万元，支付赔款金额2243.5万元。

（李万春）

【中国平安财产保险股份有限公司高密支公司】 中国平安保险（集团）股份有限公司于1988年诞生于深圳蛇口，是中国第一家股份制保险企业，至今已经发展成为金融保险、银行、投资等金融业务为一体的综合金融服务集团。中国平安财产保险股份有限公司高密支公司成立于2003年，地址位于高密市凤凰大街与夷安大道西南。公司设有1个营业网点，共有员工22名。2017年实现保费收入5278万元，缴纳税金637.63万元，支付赔款2267万元。

（赵婷）

【中国人寿财产保险股份有限公司潍坊市高密支公司】 中国人寿财产保险股份有限公司潍坊市高

密支公司成立于2011年，地址位于高密市站南街阳光嘉园。公司设有7个营业网点，共有员工30名。2017年实现保费收入3974万元，缴纳税金681万元，支付赔款金额2388万元。其中2017年3月份赔付山东孚晟安全防护用品有限公司因火灾导致的理赔金590万元；5月份高密南洋养殖有限公司因火灾赔付金额33.66万元。

（李洪林）

【阳光财产保险股份有限公司高密支公司】 阳光财产保险股份有限公司高密支公司，成立于2006年5月12日，地址位于山东省高密市昌安大道777号。公司设有1个营业网点，共有员工10名。2017年实现保费收入1656万余，缴纳税金67万余，支付赔款金额692万元余。

（单楚涵）

【中华联合财产保险股份有限公司高密支公司】 中华联合财产保险股份有限公司高密支公司成立于2005年，地址位于梓潼路与凤凰大街交叉口南150米路东。共有员工21名。2017年实现保费收入2071.25万元，缴纳税金254.92万元，支付赔款金额954.26万元。

（潘代先）

【安华农业保险股份有限公司潍坊市高密支公司】 安华农业保险股份有限公司潍坊市高密支公司成立于2013年2月4日，地址位于高密市长丰街东首。公司设有1个营业网点，共有员工13名。2017年实现保费收入1788.16万元，缴纳税金303.84万元，支付赔款金额695.17万元。2017年车险客户李某赔付金额50.35万元，是高密支公司赔付金额最大的一笔。

（杨艳）

【永诚财产保险股份有限公司潍坊市高密支公司】 永诚财产保险股份有限公司潍坊市高密支公司成立于2008年，地址位于高密市人民大街中段。公司设有一个营业网点，共有员工8名。2017年实现保费收入709.17万元，缴纳税金97.09万元，支付赔款金额383万元。

（戴学义）

【国任保险股份有限公司潍坊市高密支公司】 国任保险股份有限公司潍坊市高密支公司（原信达保险股份有限公司潍坊市高密支公司）成立于2014年，地址位于高密市开发区家纺路金孚隆花园小区南。公司经营范围主要包括：财产损失保险、责任保险、信用保险、保证保险、短期健康保险和意外伤害保险，及上述业务的再保险业务。公司设有1个营业网点，共有员工7名。2017年实现保费收入421.63万元，缴纳税金91.36万元，支付赔款金额280余万元，理赔服务受到客户一致好评，2017年收到锦旗五面。

（刘平）

【浙商财产保险股份有限公司高密支公司】 浙商财产保险股份有限公司高密支公司成立于2012年5月30日，地址位于高密市朝阳街道农信花园第5号第6营业房，公司设有营业网点一处，共有员工21名。2017年实现保费收入1330.27万元。缴纳税金190.13万元，支付赔偿金额968.58万元。

（臧贻堂）

【中国人寿保险股份有限公司高密市支公司】 中国人寿保险股份有限公司高密市支公司成立于1996年，是高密市成立最早、最大的国有寿险公司，地址位于高密市花园街（东）3399号。公司前身是成立于1949年的原中国人民保险公司。1996年分设为中保人寿保险有限公司高密市支公司。1999年更名为中国人寿保险股份有限公司高密市支公司。公司下辖九个农村保险营销服务部，网点遍布城乡。共有员工28名，个人和团体业务销售人员2600多名。2017年实现保费收入31837.46万元，比上年增长29.61%，缴纳税金449.46万元，理赔给付1212.21万元，荣获全国系统成长和实力“双百强”先进单位。

高密市单某 12 月 14 日突发心脏病猝死，公司及时理赔 20 万元。

（陈宝国）

【中国太平洋人寿保险股份有限公司高密支公司】 太平洋人寿高密支公司于 2002 年成立，隶属中国太平洋人寿保险股份有限公司潍坊中心支公司。地址位于朝阳街道晏子路 2422 号，现地址是于 2016 年 11 月从立新街农信大楼迁址过来。公司设有 1 个营业网点，共有员工 6 名。2017 年实现保费收入 1360 万元，缴纳税金零万元，支付赔款金额 333 万元。2017 年共计理赔 175 起，其中单笔最高理赔金额 330480 元。高密支公司在 2017 年度荣获“人力发展速度致胜”奖。

（杨洁）

【阳光人寿保险股份有限公司潍坊市高密支公司】 阳光人寿保险股份有限公司潍坊市高密支公司成立于 2009 年 9 月 25 日，地址位于高密市立新街与夷安大道交叉口西北角福润花园商业楼。公司设有 1 个营业网点，共有员工 360 余名。2017 年实现保费收入 1200 余万元，缴纳税金 96 万余元，支付赔款金额 154 万余元。2016 年、2017 年连续两年被中国人民银行高密市支行评为反洗钱工作 A 类机构，2017 年在高密市阚家镇捐建阳光之星博爱小学（原阚家镇方戈庄小学），2017 年阳光人寿成为高密市“高粱红了”国际半程马拉松赛唯一保险赞助商。

（王志杰）

【英大泰和人寿保险股份有限公司高密支公司】 英大泰和人寿保险股份有限公司高密支公司成立于 2017 年 8 月，地址位于康成大街 991 号。公司设有 1 个营业网点，在高密供电公司设有英大金融保险服务站，共有员工 160 名。2017 年实现保费收入 245 万元。2017 年荣获“年度最具成长性保险品牌”，英大财富玖盈荣获“最佳养老保险产品”，英大康寿无忧荣获“最佳健康保险产品”。

（王跃杰）

【民生人寿保险股份有限公司潍坊中心支公司高密营销服务部】 民生人寿保险股份有限公司（简称“民生保险”）2003 年正式开业。公司目前在北京、上海成立双总部，拥有民生通惠资产管理有限公司、通惠康养游股份有限公司两家子公司。2017 年底，公司实现原保险保费收入超 110 亿元，总资产超 800 亿元，连续 8 年盈利；拥有 25 家分公司、近 800 个服务网点、4 万余名高素质专业人员，服务用户超 640 万。

（张文君）

证 券 业

【中泰证券股份有限公司高密创业街证券营业部】 中泰证券股份有限公司高密创业街证券营业部成立于 2011 年 2 月份，地址位于高密市创业街南河湾小区 7 号。公司下设营运部、营销部、客服部，共有员工 11 名。截至 2017 年 12 月底，高密创业街营业部实现股票基金交易量 163.67 亿元，佣金收入 1174.31 万元，托管客户总资产为 98.35 亿元；2017 年新开发客户 1017 户，新开客户增量资金 18802 万元；开立融资融券账户 63 户，累计开户 933 户，实现融资融券佣金及利息收入 681.69 万元，开户数及收入居潍坊各经营单位前列；开立期货账户 122 户（含股指期货账户 10 户）；销售基金近 3608 万元，理财产品 48162.03 万元；实现股票质押回购业务 10 笔，为个人、企业机构客户融资 18640 万元；吸引 600 余名客户认购类银行固定收益型理财产品，年底余额近 7959.94 万元。

（禚镇强）

商贸服务业

商业贸易

【概况】 高密市商务局负责全市的商贸流通和外贸外经外资工作，为正科级政府序列部门，下辖中国国际贸易促进委员会高密市委员会（简称高密市贸促会）、商务局安全生产办公室（2017 年 6 月撤消）两个事业单位，下设党政办公室、商务综合科、外贸综合科、外资科、财务科、商贸服务科、市场物流科、企业管理科、安全科、研究室 10 个科室，截至 2017 年 12 月底，共有在职人员 52 人。2017 年，全市完成社会消费品零售总额 223.2 亿元、增长 6.8%。其中，限额以上企业 62.9 亿元、增长 4.1%。按城乡看，城镇实现 172.98 亿元、增长 6.6%，农村 50.2 亿元、增长 7.4%。从行业看，批发业完成 21.1 亿元、下降 2.1%，零售业完成 191.6 亿元、增长 8.2%，住宿业完成 0.4 亿元、增长 7.4%，餐饮业完成 10.1 亿元、增长 1.0%。

【商场超市】 2017 年，高密市建筑面积在 1 万平方米以上的商场超市有青岛维客高密购物中心、供销大厦、金孚隆购物广场、金孚隆凤凰店、金孚隆开发区店、潍坊百货高密购物中心、家家悦凤凰店、银座商城高密店 8 个。

青岛维客高密购物中心　坐落于高密市城区中部，利群路与人民大街东南角，人民大街 668 号。该购物中心原为高密市凤城购物中心，2000 年青岛维客集团股份有限公司购买其全部产权，2001 年 8 月开业，2005 年扩建成现有规模，占地面积 13700 平方米，建筑面积 31000 平方米，使用面积 28000 平方米，地上 5 层，建筑高度 27 米，是人民大街的地标性建筑。经营品类涉及珠宝化妆、鞋帽箱包、男女服饰、家电家居、日用百货、副食等。2017 年完成销售额 1.37 亿元。

供销大厦　位于高密市城区中部，人民大街与顺河路路口西南角，1987 年建成并投入运营，地上四层，建设面积 10000 平方米，主要经营日用百货零售和批发。1993 年实施股份制改造，2000 年改制为高密供销大厦有限公司，2002 年 5 月，与威海糖酒公司合作利用大厦一楼开办家家悦超市，2013 年合作到期后自主经营，一楼引入金孚隆超市，二楼、三楼、四楼主营日用百货、五金交化、鞋帽服装、针织品、烟酒糖茶、文化用品、洗涤化妆品、水产品、副食品等批发零售，拥有员工 300 多人，注册资本 72 万元人民币。2017 年实现销售额 430 万元。

山东金孚隆股份有限公司　创建于 2001 年，是一家集商业零售、超市连锁、物流配送、家居建材、餐饮住宿于一体，业态互补、资源共享的综合性大型股份制企业。公司下设金孚隆购物广场有限公司、金孚隆连锁超市有限公司、金孚隆物流配送有限公司、金孚隆餐饮管理有限公司、高密居然之家家居建材有限公司。连续多年被授予“潍坊市文明单位”“潍坊市 5A 级信誉企业”，连续 6 年被评为“省级消费者满意单位”和“全国百城万店无假货示范店”等荣誉称号。2017年底有员工3000多人，固定资产9亿多元，营业面积13万多平方米，是高密本土商贸流通业界的领军企业，其门店遍布高密城乡，大小门店30多处，其中建筑面积在1万平方米以上的大型商场超市3处（金孚隆凤凰店、金孚隆购物中心、金孚隆开发区店）。2017年实现销售额8.57亿元。

潍坊百货集团高密购物中心　坐落于高密市城区东南部，凤凰大街与夷安大道交汇处东南角，由山东潍坊百货集团股份有限公司拥有全部产权，2014年4月16日开业。总面积10万平方米，占地面积2万平方米，建筑面积9万平方米，使用面积6.9万平方米，建筑高度50米。由佳乐家高密店、中百大厦两部分组成，营业面积2.8万平方米，地上五层、地下一层，地下为停车场，地上二、三层主要经营生鲜食品、粮油食品、洗涤化妆、日用百货、服装鞋帽、小家电文化六大类商品，一、四、五层为场外项目（一层主要经营珠宝、儿童乐园、水吧、移动通信等项目，四层经营大地影院、KTV，五层为餐饮、电玩娱乐与其他项目）。2017年实现销售额2.01亿元。

家家悦超市凤凰店　坐落于高密市西南部，凤凰大街与永安路西南角，2004年1月开业，由威海家家悦集团投资建设，建筑面积12546平方米，使用面积9678.3平方米，地上2层。一楼为超市，主要经营生鲜食品、日用百货、家用电器等，新世纪家电入驻。二楼主要经营服装，号称“女人街”。2017年实现销售额4562万元。

高密银座商城　坐落于高密市南部，密水大街与健康路交界西北角，密水大道717号。该购物中心由银座集团股份有限公司高密银座商城独立经营。2015年2月开业，占地面积10300平方米，建筑面积51800平方米，使用面积35700平方米，地上4层，地下1层，建筑高度20.3米。是一家集购物、休闲、餐饮、娱乐、服务于一体的综合商场，经营品种10万余种。2017年实现销售额2828万元。

【集贸市场】　2017年，高密市有大型城乡集贸市场122处（其中消费品市场121处，生产资料市场1处），各类专业市场18处（农贸中心、密水商场、交运市场、辉煌国际家居广场、邱家洼五金建材贸易市场、KK商贸城、鲁星家居广场、北方家具城、碾头鞋城、高诸路小商品批发市场、汽车市场、木材市场、齐鲁纺织服装城、天和科技市场、基泰国贸大世界、苏州街文化市场、七彩庄园农产品批发市场、居然之家高密店），各类摊点群市场11处。

城区摊点群市场　主要为农民进城经销自产农副产品和部分农副产品商贩自发形成的集贸市场，共有11处，摊位约1900个，有尧头村摊点群（摊位90个）、健康路摊点群（摊位320个）、古城路摊点群（摊位340个）、老高诸路（石庵路）摊点群（摊位160个）、许家庄摊点群（摊位310个）、东小庄（化工路）摊点群（摊位130个）、梓童庙摊点群（摊位100个）、田家庄（凤凰大街东首）摊点群（摊位70个）、葛家庄村委前摊点群（摊位80个）、谭下（豪迈路以西）摊点群（摊位70个）、北大王庄村委前摊点群摊位（摊位230个）。

农贸中心　位于高密市城区南部，顺河路与老高诸路东南角。建成于1992年，占地面积25738.85平方米，建筑面积13000平方米，经营业户272户，经营着八大系列近千种商品，年交易额3亿元，是高密市最大的农副产品集散地和水产品交易中心，是市区居民主要的菜篮子。

密水商场　位于高密市城区中部，人民大街与立新街之间，永安路西侧，永安路128号，始建于1986年，是市区最早的服装、布匹、鞋帽、小百货批零中心。一期工程于1986年建成使用，占地面积8000平方米（12亩），建筑面积6000平方米，2008年投资900万元对市场进行棚式改造，共有营业房252间，分七个区、五大类，现有经营户350户，从业人员1200人，年交易额8000万元。二期工程由南关天和置业房地产开发公司于1998年投资8000万元建设，2002年1月投入使用，占地面积4.84万平方米（72.6亩），建筑面积70000平方米。固定房屋485套，经营业户120户，从业人员1350人，年交易额 3 亿元。三期工程新天地购物广场由光大置业有限公司投资 5000 万元，占地面积 30000 平方米，建筑面积 20000 平方米，经营业户 80 户，经营人员 460 人，年交易额 1200 万元。

交运市场　位于高密市西南部，康成大街与石庵路交界向南路东侧。占地面积 153410 平方米，经营面积 6.5 万平方米，主要分为两部分：A 楼综合贸易大厅一层共有房屋 192 间，其中仓储 111 间、经营房 81 间，主要经营农用三轮车、办公家具、家居家具、水果精品、调味品、小商品、日用百货、粮油、烟酒糖茶、三轮维修、家电维修等；二层是 8500 平方米的摊位经营区，主要经营办公家具、家居家俱、酒店用品、不锈钢系列、铝合金柜台、货架、土产杂品、冰箱、冰柜、空调、电视机等家电系列、日用百货等。B 楼有农产品及粮油贸易厅、蔬菜批发区和水果批发区，是全市主要的蔬菜和水果专业批发市场。2011 年 5 月旧货市场搬迁至此。

辉煌国际家居广场　位于创业街中段，2009 年 5 月，由新加坡外商、高密辉煌装饰工程有限公司和高密农丰置业有限公司三方投资建设，是高密市首家家居建材一站式购物的大型超市型商场。2010 年 5 月 1 日正式开业。总投资 1.72 亿元，其中基础建设投资约 1.17 亿元，经营性装饰 2600 万元，经营商品流动资金投资约 2400 万元，商场公共配套设施投资约 500 万元。

七彩庄园农产品批发市场　位于大牟家镇，由寿光蔬菜产品有限公司（香港）投资建设，总投资 2000 万美元，规划占地 300 亩，分二期建设，总建筑面积 5 万平方米，设有交易区、质检区、配货区、冷藏加工区、商贸区五大功能区，全部建成后年交易农产品 100 万吨。2012 年开始一期工程建设，建筑面积 2.5 万平方米，投资 1000 万美元，2015 年建成交易区、质检区、配货区、商贸区，2016 年筹备建设冷藏加工区，至 2017 年底未动工。

汽车市场　位于城北北脉湖大街以北潍胶路以南，由开发区后埠口社区于 2002 年投资兴建，投资金额 9000 万元，设展厅 13 个，展厅建筑面积 2 万平方米，市场总占地面积 5.73 万平方米，共分两个区域，主要经营家用汽车、商务汽车、二手车交易、小型货车及汽车维修、汽车装饰，市场内现有 30 家区域经销商，经营品种达 100 多个，市场内设立办事处 80 多家，从业人员 2000 多人。是潍坊地区县级市最大的汽车交易市场。

北方木材家具市场　位于凤凰大街中段，2000 年由高密市密水街道梓童庙居委会投资，半岛地区最大的专业家具批发市场。市场总占地面积近 80000 平方米，2015 年 7 月份 B 区和 C 区投入使用，建筑面积近 30000 平方米，2017 年 6 月份 A 区建筑面积近 50000 平方米投入使用。拥有交易摊位 400 余个，从业人员 1000 多人，木制品涉及 30 个系列 300 余个品种，交易网络辐射整个半岛地区以及省内外十几个大中城市，先后被潍坊市文明委评为“规范化文明市场”，被潍坊市消费者协会评为“消费者满意单位”，荣获“山东省规范化文明诚信市场”“山东省十大家具交易市场”等荣誉称号。

居然之家高密店　位于凤凰大街与曙光路交叉口西北角，2017 年 3 月份开业，由山东金孚隆股份有限公司与“中国十佳商业品牌”北京居然之家投资控股集团有限公司合作经营，建筑面积 16000 平方米，汇集国内外 100 多个高端家居建材品牌，是高密唯一一家以中高端为经营定位的“一站式”家居建材主题购物中心，是高密地区品牌结构最优、产品质量最好、购物环境最佳、服务水平最高的一流家居卖场。2017 年实现营业额 7000 多万元。

【电子商务】　2017 年，全市各类电商网店 3000 多家，实现网络零售交易额达 26.5 亿元，居潍坊各县市区第二位（仅次于奎文区）。经济开发区张鲁社区有劳保鞋电商 200 多家，开设网络店铺 500 多个，年销售额 10 亿元以上，形成全国最大的劳保鞋电商聚集区。在 12 月初举办的第五届中国淘宝村高峰论坛上，经济开发区被阿里研究院授予“中国淘宝镇”（潍坊地区首个），张鲁寺村、张鲁集四村、后张鲁沟西村、枣行村 4 个村庄被认定为“中国淘宝村”（潍坊地区共五个）。孚日集团被评为“2017

山东省‘互联网+品牌’创建重点企业”。京东商城农村电商推广项目已发展推广员400多人，建成仓储运营中心2个，京东自营商品实现月单量4万单，月交易额500万元。阿里巴巴集团农村淘宝项目进展顺利，已建成1个市级服务中心和59个村级服务站。初步形成高密市大学生电商创业园、柏城电子商务创业园、中科智谷科技创业园三个电子商务聚集区，累计入驻企业400多家。

高密市大学生创业电商孵化中心　位于高新区，总投资2600万元，总占地面积30亩，建筑面积20000平方米。以电商创意项目成长落地为重点，推动高校毕业生创业，至2017年底有50户电商商户落户基地，其中，大学生创业实体11户，吸纳高校毕业生、失业人员等各类群体260人就业。

柏城电子商务创业园　位于高密市晏子路西侧，崇德大街以南，总建筑面积30000平方米，分为电子商务办公区、物流园区和仓储区三大部分，至2017年底入驻企业150多家，带动就业1000余人，年产值达3亿元。

中科智谷科技创业园　位于人民大街与月潭路路口西北角，于2016年8月建成投入运营，园区建筑面积18096平方米，主要规划有科技企业孵化器、创客梦工场、B2B电商谷、高层次人才创业基地四大功能板块。至2017年底有未来通道、智慧互联网等100余家企业入驻，带动就业人数400余人。

张鲁社区劳保鞋电商聚集区　2017年，高密市经济开发区张鲁社区集中劳保用品网络卖家200多家，开设网络店铺500多个，年销售额10亿元以上，是全国最大的劳保用品电商聚集地，天猫网站上全国劳保鞋销售排名前十位的店铺中有六、七家来自高密张鲁社区劳保鞋电商聚集区，其中，“鼎固”旗舰店列第一位。在12月初举办的第五届中国淘宝村高峰论坛上，经济开发区被阿里研究院授予“中国淘宝镇”（潍坊地区首个），张鲁寺村、张鲁集四村、后张鲁沟西村三个村庄被认定为“中国淘宝村”。

【二手车交易】　截至2017年底，全市共有5家二手车交易市场，其中4家正常运营，1家尚在办理相关手续。2017年全市共交易二手车7234辆，同比增长83.1%，交易额达22750.48万元，同比增长105%。

（赵玮钰　刘江涛）

现代物流

【概况】　2017年，全市营业性机动车辆7731辆，其中，客车245辆，货车7486辆。全年完成客运量610万人次，客运周转量4.63亿人公里；完成货运量2605.9万吨，货运周转量57.28亿吨公里，增长4.4%。截至2017年12月底，有国家“A级”物流企业6家（“5A”级1家、“4A”级4家、“3A”级1家）、省“四星级”物流企业1家。晟绮通关物流园区、半岛姜庄物流园区、开发区临港产业园、东北乡疏港国际物流园四大现代物流园区基础设施逐步配套，发展框架初步搭成；晟绮港储、盛德物流、胶河疏港、开发区临港等企业和园区纳入潍坊市有关重点物流项目。物流业态多样化发展，青岛维客购物中心、金孚隆集团、家家悦超市、潍坊百货、银座商城等各大商场均建有现代化物流配送中心，凤城大药房、中邮快递物流、农资物流等中小型物流连锁店达1000多家。

【重点物流园区】　晟绮通关物流园区　位于夷安大道北段，占地300多亩，总投资5亿元，依托潍坊海关高密通关预录处，提供国际物流货运、集装箱堆场服务、保税仓储物流、报关报检等全球供应链管理和物流业务，是集出口加工、进出口通关放行、国际物流分拨配送于一体的国际加工物流园区。建有占地8万多平方米的保税仓库、6万多平方米的进口棉花检验检疫场站。2017年完成进出口总箱量4.6万TEU（20英尺标准集装箱），进出口报关7.6万票，保税仓库货物出入库年吞吐总量6.3万吨。

半岛姜庄商品物流园区　位于姜庄镇，高速公路高密路口北部，由潍坊元亨建设集团2011年开始投资建设，总用地面积2600亩，总建筑面积112.9万平方米，是由钢材物流区、纺织品物流区、小商品集散区、食品物流区、公共服务区组成的大规模物流配送基地。工程分三期完成，其中一期是钢材建材市场，建筑规划面积12万平方米，占地面积380亩，总投资3.8亿元。钢材市场项目竣工后，2014年8月搬迁五金建材市场到此，有86家经营业户入住，主要经营线材、型材、管材以及机电产品和建筑材料，2017年销售额1.5亿元。

开发区临港铁运物流园区　位于经济开发区，项目投资约8.6亿元，占地1500亩，以胶济电气化铁路改造高密货运站东移为依托，重点建设以铁路大宗运输、中转运输为主的铁路物流区，以公路快速运输为主的煤炭钢材等仓储物流区、散装粮食物流区、物流工业区、餐饮商贸公共服务区。2017年在高密火车站、芝兰庄站按照贯通式卸煤线方案完成增加3条到发线，线路全长9.476铺轨公里，12月份新建货场一期工程主体完成。

东北乡临港物流园区　位于东北乡文化发展区南部，总投资5.6亿元，总规划用地2500亩，建设再生资源物流区、集装箱物流区、大宗散货物流区、临空产业发展区，至2017年底，共落户再生资源、集装箱物流、农产品物流、机械加工类企业7家。

【龙头物流企业】　山东晟绮港储国际物流有限公司　位于高密北部，夷安大道与兴和街路口西北部，国家“5A”级物流企业、全国优秀报关企业，主营业务包括国际货运代理，海关、商检业务，港口功能服务，保税物流业务，外贸综合服务平台，跨境电商，供应链金融，国际贸易，海内外营销策划等。在青岛、寿光、青州、诸城等地设有十几家分公司，整个集团公司年进出口物流总量100多万吨，年代理进出口物流货值接近100亿美元。

山东盛德物流有限公司　位于高密市柴沟镇，国家“4A”级物流企业，项目投资6.5亿，占地面积土地294亩，总建筑面积10万平方米，仓储建筑面积3万平方米，2017年实现营业收入3亿元。

高密市永平再生资源有限公司　位于高密东北乡，国家“4A”级、省“4星”级物流企业，主营业务包括海洋物流配送、废旧资源回收、进出口贸易、港口仓储物流及环保设备等，建有高密市永平港储物流园。年配送钢铁30万吨，2017年实现利税1000万元以上。

山东泰运物流有限公司　位于高密市柏城镇，国家“3A”级物流企业，总投资4.2亿元，规划占地面积600亩，项目总建筑面积10万平方米，建设停车场3万平方米，主要开展货物运输、仓储服务、信息配载等业务，拥有上海、义乌、柯桥、常熟四条物流专线，并在义乌设立分公司，置有大型物流车40辆，2017年周转货物2500万吨。

（赵玮钰　刘江涛）

商业服务

【餐饮住宿】　2017年，全市有大小酒店宾馆700多家。其中四星级酒店2家，分别是凤都国际大酒店和蓝海国际大饭店，其他档次较高的有银鹰商务酒店、四喜大酒店等。11月成功举办高密市第八届职业技能竞赛暨首届“凤都杯”烹饪服务技能比赛，对中式烹调师、中式面点师、餐厅服务员、客户服务员共评出一等奖4人、二等奖8人、三等奖10人。传来食品加工厂的“毛传来元宵”和得意龙虾馆的“十三香龙虾”被评为“潍坊名吃”，在潍坊市第七届烹饪服务技能大赛上，高密市9人获奖，其中中餐热菜金奖1人、银奖2人、铜奖2人，客房服务金奖1人，餐厅服务银奖2人、铜奖1人；高密市凤都国际大酒店荣获“潍坊市第七届烹饪服务技能大赛团体金奖”，高密市蓝海国际大饭店和高密市迎来大酒店被评为潍坊市最具影响力十大品牌酒店，高密市芙蓉儒家酒店管理有限公司、高密市蓝海国际大饭店和高密市海乐龙河湿地庄园被评为潍坊市最受消费者欢迎的十大婚宴酒店，高密市海乐龙河湿地庄园被评为潍坊市绿色酒店。在年底开展的第三批“潍坊老字号”评选活动中，高密万顺源食品有限公司（倪献顺烤鸡）、高密市姚哥庄石磨火烧店（石磨火烧）、高密市文体大酒店（麦秸草抹饼）等三家企业被潍坊市商务局认定为“潍坊老字号”。

凤都国际大酒店　坐落于市区南部，利群路与密水大道东北角，高密市利群路2899号。该酒店由潍坊新世纪酒店有限公司拥有全部产权，2008年12月24日建成营业，总面积22479平方米，占地面积5179平方米，建筑面积17300平方米，使用面积13840平方米，地上12层，建筑高度46米。2017年有员工200人，酒店先后获得高密市餐饮业商会会长单位、高密市旅游工作优秀服务窗口、潍坊市餐饮服务示范单位、山东省诚信旅游示范单位等荣誉称号。

蓝海国际大饭店　坐落于市区东南部，康成大街与曙光路交界东南角，高密市康成大街2166号。该店于2010年建成，原名为天和思瑞大酒店，2014年由山东蓝海酒店集团接手，改名为蓝海国际大饭店。占地面积10000平方米，建筑面积68000平方米，使用面积60000平方米，饭店客房楼高21层，餐饮会议楼高5层，主体建筑高度60米。拥有各类客房311间套，拥有4大特色餐厅、4个豪华无立柱式多功能大厅，可同时承接1500人以上的就餐、会议及演出。

南洋河大酒店　又称市委党校接待中心，坐落于高密市南部，昌安大道与崇德大街东北角。该酒店于2012年按照国际四星级酒店标准兴建，2014年开业，是一家集餐饮美食、商务住宿、会议接待于一体的综合性豪华商务酒店。占地面积3333平方米，建筑面积12671平方米，使用面积8360平方米，地上11层，建筑高度41.7米。

银鹰商务酒店　坐落于市区东部，人民大街与家纺路东北角，高密市人民大街1399号。是高密市第一家挂牌三星级酒店，总面积7000平方米，占地面积1566平方米，建筑面积5600平方米，使用面积4600平方米，地上5层，建筑高度18米。拥有两个婚宴大厅，47间客房，1000个餐位，同时设有多功能的大、小会议室、宴会厅、商务中心、棋盘室、烟吧、茶吧等服务设施。

凤城饮食服务公司　坐落于市区中部，人民大街与利群路交叉口向东50米北侧，人民大街735号。该公司成立于1956年，2000年8月改制为有限责任公司，命名为高密市凤城饮食服务有限责任公司。该公司下设迎宾楼、群英饭庄、曙光照相彩扩中心、凤城宾馆4个经营门店，总营业面积13800平方米，在职员工141名。经营项目有餐饮、客房、照相等。该公司的凤城迎宾高密炉包被评为中国名小吃，凤城迎宾锅贴和凤城迎宾赖皮月饼被评为山东名吃，凤城迎宾粽子、凤城迎宾火烧、凤城迎宾水饺、凤城迎宾花样年饽饽被评为潍坊名吃，凤城迎宾羊肉汤被评为潍坊风味名小吃。2017年11月群英饭庄因纳入周边房地产开发被拆除。

凤凰宾馆　由原市政府招待所改制后而更名，坐落于城区中部，人民大街与利群路交界向东100米北侧，人民大街199号。该酒店由高密市凤凰宾馆有限公司拥有全部产权，1982年建成，占地面积26640平方米，建筑面积28640平方米，使用面积27000平方米，主体地上3层，建筑高度12米。宾馆有员工100人，主要经营客房、餐饮、喜宴等。2016年7月被顺达置业公司收购，2017年11月停止营业，原址用于房地产开发。

【家政服务】　高密家政服务业兴起于20世纪90年代末，主要包括保姆、保洁、搬家、维修等行业。具有一定商誉和规模的家政服务企业主要有芙蓉家政公司、海能人力资源、凤城搬家公司、平安搬家公司、永安物业公司、安凯开锁公司等。1996年成立的平安搬家公司，是高密最早的专业搬家公司。2015年上半年，潍坊市海能人力资源职业培训学校和潍坊市芙蓉职业培训学校成功竞标成为潍坊市农民工定点培训机构，取得了参与转移农村劳动力培训工作的“合格证”。2015-2017年全市培训家政服务人员5998人。

高密市海能人力资源有限公司　成立于2010年2月，是一家具有独立从事劳务派遣、代理招工、职业介绍、劳资事务代理、出国劳务、猎头服务、职业培训等业务资格的综合服务性公司。公司下设潍坊市海能人力资源职业培训学校、海能好大姐家政公司、高密市海能物业管理有限公司、海能广告传媒公司、高密市文昌社区海能日间照料中心等多个子公司。潍坊市海能人力资源职业培训学校现拥有1000平米的教学实训场地以及9名具备相应资质的专、兼职培训教师，年可培训1000余人，设有月嫂、育儿嫂、居家养老、准妈妈课堂等专业课程。海能好大姐家政公司现有家政服务员300余名，常年输出月嫂、育儿嫂、居家养老员、病人护理员、保洁等各类家政人员。其中，月嫂有50多名，分为首席金牌月嫂、金牌月嫂和优秀月嫂。

（赵玮钰　刘江涛）

【医药经销】 2017年，高密市药品经营单位有580家，260家分布在乡镇。其中，高密市鸿生医药有限公司是一家龙头企业，主营中西药品、医疗器械、保健品等万余种商品，下设营销批发部和具有独立法人资格的高密凤城大药房医药连锁有限公司，凤城大药房在城区及各镇街区共设有89处零售店(城区50家、乡镇39家)。另有潍坊凤林医药连锁有限公司经营门店70家（城区47家、乡镇23家）；宝芝林药业连锁有限公司经营门店69家（城区39家、乡镇30家）；鸿阳医药连锁有限公司经营门店49家（城区31家、乡镇18家）；青岛百姓阳光医药连锁有限公司经营门店21家全部分布在城区；潍坊燕喜堂医药连锁有限公司经营门店24家（城区16家、乡镇8家），其他为个体单体店及外地医药连锁有限公司门店。

（市市场监督管理局办公室）

【石油经销】 2017年，全市范围内拥有省经信委核发的《成品油零售经营批准证书》的成品油零售经营企业115个。其中，中石化29个、中石油13个、壳牌5个、中海油3个、山东大唐油气1个以及民营加油站64个。经营的品种主要是汽油、柴油。2017年，全市全年销售汽油59869.16吨、柴油51795.24吨，成品油供应平稳。

（单纯）

供销合作

【概况】 高密市供销合作联合社，为市政府直属正科级事业单位，辖基层社10处，涉社企业13家、出资企业10家，建有各类经营服务网点1165处。2017年全系统实现销售总额50亿元，同比增长16%。连续三年荣膺“全国总社县级百强社”，列24位，被山东省社授予“综合改革试点先进集体”，连续四年荣获潍坊供销社系统综合业绩考核特等奖。2018年1月12日，在中共中央政治局常委、国务院副总理汪洋主持召开的供销合作社改革发展座谈会上，高密市供销合作联合社作为全国唯一县级社作了典型发言。

【村社共建】 2017年，发挥供销合作社经营服务、品牌优势和村级党组织的政治优势，依托基层社和县级社，与村“两委”共建农民专业合作社、农村综合服务社、发展项目和干部队伍，全市共建村达到436个，领办创办农民专业合作社194家，实施共建项目654个，带动共建村集体年均收入普遍达到3万元以上，最高增收14万元。同时，依托农资、农产品等骨干企业组建县级农业服务公司，与农民专业合作社联合社共同打造服务平台，吸收农民社员1.2多万户，服务全市农民及各类新型农业经营主体70%以上。

【农业社会化服务】 2017年，新规划建成为农服务中心14处，全市建成为农服务中心达到29处，在山东省率先实现涉农乡镇“全覆盖”，并建立了“一图（全市的农耕数据地图）、二包（土地托管作业服务包和多层次农产品数据包）、三平台（农机作业调度与协同平台、农机服务评价平台和为农服务竞技平台）”。在咸家、大牟家、井沟等镇（区）探索开展整建制村土地托管、农机网约等服务。在咸家工业区实现了全区24个村整建制土地托管，其中，23个村组建了生产合作社，开展“菜单式”托管，1个村组建了土地股份合作社开展“保姆式”托管，带动全市土地托管服务面积达 43.6 万亩，托管农作物机械化率达到 100%。

【现代流通服务体系建设】高密市作为全省 6 个被授牌的“供销 e 家县级运营中心”和首批中国供销 e 家支持的县市区之一，以供销社出资企业和参股合作社为主体，建立了独立的高密供销 e 家平台，以高密供销电子商务公司为依托，截至 2017 年底在全市建立电子商务示范店 29 家，镇级电子商务运营中心 5 处，发展农村电商线下店 200 多家，“供销 e 家”上线品种达 200 多个，与 4 家物流公司和 30 多家供应商合作完成了 20 个小区蔬菜直供试点，日用品、农产品、农资上线交易额近亿元。

【农业技术升级】 2017 年，社属孚高公司与南开大学合作，成立生物有机肥工程技术中心，投资 1600 万元，在大牟家建设秸秆转化生物有机肥厂；中科院环境所在社属宏发公司设立了博士流动站，推广精准农业、良种培育等新技术，邀请中国农科院郑州果树研究所专家指导建设国际标准的核桃示范园，引领当地农民进行标准化、专业化种植。同时，积极实施玉米生产全程机械化、精准农业示范、规模化种植与农机配套试点及土豆全程机械化等现代农机化转型升级推进工程项目，示范面积 19300 亩，辐射带动 20 多万亩。

（市供销合作联合社办公室）

烟草专卖

【概况】 高密市烟草专卖局（分公司）是政企合一管理体制的央企，负责全市的烟草专卖执法、卷烟经营、烟叶生产经营工作，承担国有资产保值增值责任。2017 年，设有综合办公室、政工科、财审科、安保科、法制科、专卖监督管理科、卷烟营销科、烟叶生产科、专卖稽查大队 9 个机关科室，4 个市场管理服务站、2 个烟叶工作站，以及潍坊泰山 1532 实业有限公司高密分公司；在岗干部职工 191 人。2017 年，企业实现利税 1.83 亿元，同比增加 2189 万元，增幅 13.62%；上缴税收 5532 万元，同比增加 423 万元，增幅 8.28%。

【卷烟销售】 全年共销售卷烟 31175 箱，超年度计划 1.91 个百分点，排名潍坊第 3；卷烟消费结构 25044 元，同比增加 1020 元，增幅 4.2%，高于潍坊平均增幅 1.6 个百分点，排名潍坊第二；卷烟销售收入 7.8 亿元，超年度计划 3.74 个百分点，排名潍坊第二，同比增加 3436 万元，增幅 4.6%，高于潍坊平均增幅 1 个百分点。其中，全年销售鲁产卷烟 18473 箱，同比增加 900 箱，增幅 5.1%；市场占比达到 59.6%，同比增加 2.4 个百分点；重点培育鲁产一二类烟，销售 1316 箱，同比增加 517 箱，增幅 64.8%，排名潍坊第一，鲁产烟结构同比增加 1066 元，增幅 5.9%，排名潍坊第一。全年销售细支烟 3024 箱，同比增幅 50.8%，细支烟销量规模排名潍坊第三。年内，围绕卷烟零售客户盈利水平提升，先后开展“卷烟推介能力提升”“零售终端展示能力提升”等主题活动，全市零售客户终端平均展示卷烟品牌达到 41 个，环比年初上升 6.5 个；平均订购品牌达到 47.1 个，环比上升 10.1 个。拜访覆盖率由年初的 68% 上升到 100%，日目标达成率稳定在 95% 至 103% 之间。品牌培育得分在全年各月份均排名潍坊前列，其中 10 个月份排名第一。年内，成功承办潍坊烟草系统卷烟营销现场会。

【专卖管理】 2017 年，共查办案件 283 起，查获卷烟 172.7 万支，案值 90.1 万元。以“齐鲁之盾”（2017）专项行动为平台，在市综治委的统一部署协调下，年内刑事立案 7 起，刑拘 11 人，排名潍坊第三；判刑 11 人，排名潍坊第二；破获公安部、国家局网络案一起。“12.28”互联网非法经营假冒、走私卷烟案件，落实涉案金额 117 万元，刑拘 4 人，被列为公安部、国家烟草专卖局督办案件。“6.14”互联网经营假冒卷烟案件，落实涉案金额 208 万元，刑拘 4 人，逮捕 3 人，判刑 2 人。在潍坊市局组织的季度案卷评查中，四个季度均排名潍坊第一。

【烟叶生产】 2017年按照行业计划在柴沟镇、注沟现代农业发展区等乡镇共种植烟叶8000亩，全年共收购烟叶1.63万担，烟农收入1624万元，实现烟叶税325.7万元。具体工作中，通过自配育苗肥、提高效率等方式，育苗成本降至76.48元/亩，同比降低15.9元/亩，为烟农节约育苗成本13.1万元。针对烟农规模和实际需求，推出合作社农机作业套餐化产品，各生产环节专业化服务覆盖率整体同比提高13.3个百分点。副业增收方面，引导烟农轮作辣根、丹参、花生、豌豆等经济作物1000余亩；以合作社为平台，与生物科技公司开展订单农业，引导烟农种植福寿花30亩，实现销售收入35.3万元，盈余14.1万元，该致富项目被中国烟叶公司评为“全国烟农增收典型经验100例”。年内，持续申请行业投资48万元对127个烤房进行升级改造。

（梁子敬　李斐）

食盐销售

【概况】 高密市盐业公司于2004年8月迁至人民大街东首2970号，2017年，公司内设办公室、财务科、业务科、盐政科、市场管理一二三科（包含三个执法中队），执法车辆4台，共有干部职工45人。2017年，共销售各类盐23000吨，其中小包装食盐2200吨；实现销售收入3400万元，实现利税160万元，实现利润40万元。

【专营与管理】 （1）规范网点建设，稳定小包装市场。从7月开始，为进一步方便客户，市盐业公司印制市场联系卡3000份，固定了客户经理电话和微信号，公布领导班子的电话号码，在所有网点进行粘贴，畅通与网点的沟通渠道。（2）规范餐饮业户，争取小包装市场全覆盖。市盐业公司利用两个月的时间，对餐饮业户进行规范管理，与其签订食盐安全合同，发放登记手册，张贴通告，并按批发价供应小包装食盐，力争做到送销无缝隙覆盖。（3）运用市场手段，保持工业盐市场份额。到2017年，高密新成立的经营工业盐的公司有近20家。公司运用市场手段，与用户协商小工业盐供应价格，实行差异化策略，发挥主渠道作用，赢得小工业盐市场竞争的主动权，努力保持小工业盐市场占有率。同时做好配送各环节的配套服务工作，实行“24小时服务，全年无休”模式。

【盐政执法】 2017年，即国家盐业体制改革的开局之年，面对食盐打破经营区域界限和价格放开、工业盐监管取消等问题，市盐业市场监管面临着巨大挑战。年内，市盐业公司改变稽查重点、方式、办法，由“查私盐改为查不合格食盐”；印发2万份省市《关于严厉打击涉盐违法犯罪行为确保食盐安全的通告》，分别组织后勤科室到全市900多个村，200多个集市分发张贴宣传，与市地病办、防疫站、教育局、电视台等单位开展“走社区、进学校”等宣传活动。2017年，共查获涉盐违法案件313起，其中，与公安经侦大队、刑警大队联合查处非法经营食盐案件10起，与法院沟通应诉无证经营食盐案件3起，与市场监督管理局联合查办用非食用盐加工食品案件3起；查扣盐产品40.23吨，罚款5.1万元，行拘5人。

（赵强　李斌）

对外贸易

【概况】 2017年，全市实现进出口实绩企业396家，实现外贸进出口总额162.9亿元、同比增长21.9%，其中出口107.3亿元、增长13.6%，进口55.6亿元、增长42.1%。新增进出口实绩企业31家。年进出口额过10亿元的企业4家（孚日集团、豪迈科技、新春油脂、锦昉棉业，其中锦昉棉业为2017年新增），年进出口额过1亿元的14家（银鹰化纤、星宇手套、正丰贸易、金永和精工、奥龙鞋业、海宇股份、凯加食品、密泉工贸、登升劳保、科乐收农机、凤墩皮革、天福家纺、振泰集团、美登鞋业，其中密泉工贸、科乐收农机、天福家纺、振泰集团、美登鞋业 5 家企业为 2017 年新增）。高密市组织 60 多家企业参加第 121 届和第 122 届广交会、法兰克福家纺展、中日韩产业博览会等境内外展会，设展位 200 多个。合同利用外资 56930 万元、同比下降 46.5%, 实际到账外资 87478 万元、同比增长 24.4%。

【外贸出口】 2017 年，全市纺织服装出口 38.8 亿元、同比增长 6.1%；机电产品出口 28.3 亿元、同比增长 25.3%；鞋出口 13.6 亿元、同比增长 10.6%；劳保手套出口 8.9 亿元、同比增长 19.2%；农产品出口 6.3 亿元、同比增长 2.1%。

2017 年全市骨干企业出口情况表

企业名称	出口额（万元）	同比增长（%）
合计	813865	16.5
孚日集团股份有限公司	290549	2.5
山东豪迈机械科技股份有限公司	233753	27.7
山东星宇手套有限公司	54389	34.5
山东高密银鹰化纤进出口有限公司	41836	37.7
山东金永和精工制造有限公司	26620	13.3
山东凯加食品股份有限公司	23952	19.0
海宇股份有限公司	23594	18.3
山东奥龙鞋业有限公司	20570	11.1
山东登升劳保用品有限公司	11838	0.1
山东凤墩皮革制品有限公司	11669	–12.4
山东省振泰集团股份有限公司	11577	49.3
高密市美登鞋业有限公司	11179	52.0
山东高密高源化工有限公司	7697	25.2
高密市海鹏鞋业有限公司	7426	27.9
山东豪迈气门嘴有限公司	7040	67.2
高密市海天木业有限公司	6640	24.0
高密思美尔服饰有限公司	6276	4.7
高密鸿泰木业有限公司	6173	11.9
山东元丰橡胶科技有限公司	5697	0.0
高密市兴隆毛巾有限公司	5390	–7.3

【外贸进口】 2017年，全市进口商品主要是大豆、棉花棉纱、机电设备等，进口额超过3亿元的企业6家，其中，新春油脂进口大豆14.8亿元，同比增长14.9%；锦昉棉业进口棉纱12.2亿元，同比增长53%；孚日集团进口棉花5.6亿元，同比增长87.7%；银鹰化纤进口5.5亿元，同比增长57.1%。

【境外投资】 2017年，豪迈、金永和等企业在美国、东南亚等国家和地区扩大投资，全年实现境外实际投资额324.1万美元、同比下降82.2%，实际到位境外投资项目4个，其中新增境外企业（机构）2家。豪迈科技在印度、金永和精工在美国和德国、惠和农业在韩国持续增加投资，全市企业累计设立境外机构27个。

锦昉棉业科技有限公司 2009年6月由高密市良棉保种厂改制成立，注册资金5576万元。从2011年起，先后到津巴布韦和巴基斯坦投资设厂。2011年，与津巴布韦玛克史朴私人有限公司在津巴布韦合作成立“锦玛克津巴布韦棉花有限公司”，中方分期投资8200万美元，下设自有农场2万公顷，年加工能力1万吨棉花加工公司2家，12万纱锭纺纱公司1家，物流公司1家。2013年7月，在巴基斯坦旁遮普省投资成立“圣山南亚资源有限公司”，开展皮棉购销和棉纱经销业务，先后成立圣迪克矿业有限公司、山东圣山南亚工业园，产业从棉花种植加工扩展到矿业开采、产业园区建设。2017年回运棉花、棉纱等12.2亿元。

【利用外资】 2017年，高密市共合同利用外资56930万元，同比下降46.5%，实际到账外资87478万元，同比增长24.4%。海外投资主要来自德国、韩国等国家和地区。孚日、豪迈、永和、金亿等企业与20多家世界500强开展贸易合作。清净食品、科乐收农机公司等现有外资企业持续增资扩股，科乐收农机公司增资到位2.6亿元。2017年高密外商投资企业参加联合年检57家，往年已转内资16家、吊销营业执照86家、注销营业执照20家、经核查未进行工商注册登记12家。

科乐收农业机械（山东）有限责任公司 位于高密市柏城镇，前身是高密县农业机械厂，始建于1958年，2002年改制为高密春雨机械有限公司，2007年更名为山东金亿机械制造有限公司，主要生产农业机械。2013年12月23日与德国CLAAS（克拉斯）集团合资，成立山东科乐收金亿农业机械有限公司。其中德国克拉斯集团占有95%的股份，山东金亿机械制造有限公司占有5%。新公司总资产10.86亿元，占地面积22.3万平方米，建筑面积13万平方米，400余台（套）主要生产设备，拥有国内最先进的电泳喷涂流水线、收获机柔性装配线、试车场和精良的工艺装备，具备年产3万台套联合收获机的生产能力。德方全面接管生产管理、营销管理、采购管理、质量管理、技术管理等各个方面。2015年起德方持续增资，2016年12月更名为科乐收农业机械（山东）有限责任公司，累计投资6.1亿元，占有100%股权，其中2017年实际到账外资2.6亿元。

山东清净食品有限公司 属韩国独资企业，成立于2005年9月28日，总投资4210万美元，注册资金2893万美元。公司位于高密市夏庄镇境内，夷安大道108号，占地100亩，拥有高标准气调库、低温库和恒温库房1.5万吨，主要生产辣椒产品、冷冻蔬菜产品，拥有BRC、KOSHER、QS、HACCP等食品认证，年生产能力20000吨，产品90%出口、10%内销，主要出口韩国、日本、美国等海外市场。

（赵玮钰 刘江涛）

科 学

科技工作

【概况】 2017年，高密市科技局设有局办公室、管理科、成果科、计划科4个科室，下属股级事业单位1处（生产力促进中心），共有工作人员23人。截至2017年底，全市共有高新技术企业21家，其中2017年新认定高新技术企业7家。年内，五龙河农场备案国家级星创天地，全市备案省农村科技驿站6家。成立生物医药产业集群咨询指导委员会，办公室设在科技局。市科技局被授予“潍坊市级文明单位”称号，被高密市委、市政府授予“突出贡献奖单位”称号。

【科技企业孵化器】 截至2017年底，高密市共有省级科技企业孵化器2家，潍坊市级科技企业孵化器3家。其中，2017年新备案省级科技企业孵化器2家，分别是高密市高新技术产业开发区科技孵化器、中科智谷科技创业园；新认定潍坊市级科技企业孵化器1家，为咸家工业区科技企业孵化器。

2017年高密市科技企业孵化器统计表

序号	科技企业孵化器名称	等级	投入使用时间	业务范围
1	高密市高新技术产业开发区科技孵化器	省级	2013	生物医药
2	中科智谷科技创业园	省级	2016	科技、电商、第三方服务、劳保
3	高密市巽风科技企业孵化器	市级	2016	机械制造
4	高新区第二孵化器	市级	2011	精密机械、节能环保
5	高密市红高粱集团科技企业孵化器	市级	2013	节能环保、新能源、新材料、高端装备制造

【众创空间】 众创空间是在科技创业孵化器发展基础上，通过新模式、新机制、新服务、新文化融合发展，涌现出来的低成本、便利化、全要素的创业服务社区，集聚各种创新创业要素，为大众创新创业者提供工作空间、网络空间、社交空间和资源共享空间。截至2017年底，高密市共有国家级众创空间2家，省级众创空间1家，潍坊市级众创空间2家。其中，2017年，备案省级众创空间3家，分别是和信众创、朝阳创客、智远众创；其中和信众创、朝阳创客在年内又成功备案国家级创客空间。

2017 年高密市众创空间统计表

序号	众创空间名称	运营管理主体	备案级别	备案时间	业务范围
1	和信众创	高密市和信人力资源开发服务公司	国家级	2016年市级、2017年省级、国家级	组建导师队伍、开展创业培训、组织创业路演、举办创业沙龙、举办创业大赛、进行资源对接、建设技术支撑平台
2	天普众创空间	高密市天普创业服务中心	市级	2016 年	整合高密市及周边地区零散电商，搭建大中专毕业生创新创业平台，为创客提供培训、辅导、路演等服务
3	朝阳创客	高密市智源科技创业服务有限公司	国家级	2016年市级、2017年省级、国家级	科技、电商、第三方服务、劳保
4	梦溪创客空间	青岛科技大学高密校区	市级	2016 年	提供创业导师、创业培训、创业路演，举办创业大赛，资源对接，提供公共技术支撑平台
5	智远众创	柏城智远众创空间	省级	2017 年	互联网 + 电子商务创业园

【院士工作站】 截至 2017 年底，全市共有院士（专家）工作站 11 家，其中 2017 年通过省科技厅备案院士工作站 6 家，新引进院士 3 人。院士工作站具体名单见下表。

2017 年高密市院士工作站统计表

序号	院士工作站名称	建设单位	审批年限	研究项目或方向
1	山东省高密市惠德农产品院士工作站	高密市惠德农产品有限公司	2014 年认定，2017 年重新备案	液体菌种的应用研究
2	山东省康地恩生物科技院士工作站	潍坊康地恩生物科技有限公司	2014 年认定，2017 年重新备案	酶制剂
3	山东省莱福特皮革院士工作站	山东莱福特皮革制品有限公司	2016 年	制革环保清洁技术、环保循环经济
4	山东省豪沃机械科技院士工作站	高密市豪沃机械科技有限公司	2016 年	汽车外覆盖件模具及冲压件
5	山东省永进节能环保科技院士工作站	山东永进节能环保科技有限公司	2017 年	污泥碳化系统尾气处理及资源化利用技术等
6	山东省瑞普生物科技院士工作站	高密市瑞普生物科技有限公司	2017 年	维生素等
7	山东省豪迈机械科技院士工作站	山东豪迈机械科技股份有限公司	2017 年	轮胎模具、橡胶机械、高端机械零部件
8	山东省江特新材料院士工作站	高密市江特新材料科技发展有限公司	2017 年	液体蛋白转化蛋白粉的制作技术等
9	高密市人民医院院士专家工作站	高密市人民医院	2013 年	肿瘤放射治疗工作
10	高密江特新材料科技发展有限公司院士专家工作站	高密江特新材料科技发展有限公司	2013 年	废皮渣资源再利用
11	高密市中医院院士专家工作站	高密市中医院	2013 年	“醒脑开窍”针刺法在中风病中的临床应用

2017 年 3 月，豪沃科技院士工作站揭牌仪式，市委书记杨建华和中国工程院院士陈蕴博为院士工作站揭牌

【研发机构】　截至 2017 年底，高密市共有研发机构 181 家，包括国家级 2 家（山东豪迈机械科技股份有限公司的山东子午线轮胎模具工程实验室、孚日集团股份有限公司的孚日集团股份有限公司技术中心）、省级 31 家、潍坊市级 148 家。其中，年内新获批潍坊市级工程技术研究中心 2 家，分别为潍坊市汽车轻量化覆盖件模具工程技术研究中心（依托单位为豪沃机械科技有限公司）、潍坊市高精度数控压力机工程技术研究中心（依托单位为山东恒宇重工机械有限公司）；重点实验室 2 家，分别为潍坊市高效节能变压器重点实验室（依托单位为山东菲达电器有限公司）、潍坊市蛋白质药物分子生物学研制重点实验室（依托单位为山东仙普爱瑞科技股份有限公司）。

【科技项目】　年内，豪迈集团获批山东省品牌国际科技合作基地；立项 2017–2018 省重大科技创新工程，获得省重点研发计划资金 200 万元；豪迈张恭运获批科技部万人计划。联合财政、国税、地税等部门，为豪迈、恒涛等 6 家骨干企业申报山东省企业研究开发财政补助 400 多万元。获批潍坊市级科技计划项目 17 项，孵化器补助 2 家，共获无偿资金 450 万元。安排高密市级科技计划项目 41 项，资金 600 万元。科技局申报获批鸢都产业领军人才 3 人。

【获奖项目】　年内，共推荐潍坊市级以上科技奖励 15 项，其中豪迈科技获批省级科技进步一等奖 1 项，豪迈科技张伟获潍坊市科学技术最高奖，获潍坊市技术发明二等奖 1 项，科技进步一等奖 1 项，二等奖 9 项，三等奖 2 项，共获奖励资金 112 万元。组织 21 家企业参加“山东省中小微企业创新竞技行动计划”，10 家企业入选优秀企业（团队）。

2017 年潍坊市级以上科技奖励项目统计表

序号	项目名称	获奖单位	获奖类别	获奖等级	金额（万元）
1	高端子午线轮胎模具关键技术研究与应用	山东豪迈机械科技股份有限公司	省级	科技进步一等奖	
2	潍坊科学技术最高奖	山东豪迈机械科技股份有限公司	市级	科学技术最高奖	80
3	螺纹管束螺旋缠绕式高效节能型换热器	山东豪迈机械制造有限公司	市级	技术发明二等奖	2
4	节能低排放生物质燃料锅炉设备	山东恒涛节能环保有限公司	市级	科技进步一等奖	8
5	TY–TS2000 型钢管粉末涂塑生产设备的研发与应用	高密天一机械科技有限公司	市级	科技进步二等奖	2
6	半自动多功能防寒埋藤机的研究与示范	高密市益丰机械有限公司	市级	科技进步二等奖	2
7	汽车轻量化覆盖件高端成型模具的研发	高密市豪沃机械科技有限公司	市级	科技进步二等奖	2

（续表）

序号	项目名称	获奖单位	获奖类别	获奖等级	金额（万元）
8	腈纶和粘胶或棉纤维的同浴染色方法	高密市富源印染有限公司	市级	科技进步二等奖	2
9	多方位上肢康复机的应用与研发	山东泽普医疗科技有限公司	市级	科技进步二等奖	4
10	干细胞和免疫细胞用于临床治疗恶性肿瘤的可行性研究	山东兴瑞生物科技有限公司	市级	科技进步二等奖	4
11	新型输水涂塑复合钢管及接口的研制与应用	山东沃亚森曼机械科技有限公司	市级	科技进步二等奖	2
12	老年糖尿病患者合并冠心病的心血管危险因素分析	高密市人民医院	市级	科技进步二等奖	1
13	原发性脑室内出血和大于60ml脑基底节出血外科治疗的临床研究	高密市人民医院	市级	科技进步二等奖	1
14	电缆匀速收线生产设备的研发与应用	山东菲达电力电缆股份有限公司	市级	科技进步三等奖	1
15	可移动式垃圾压缩集运设备的研发与应用	山东恒阳重工科技有限公司	市级	科技进步三等奖	1
总计	共15项				112

（管聪聪）

知识产权

【概况】 2017年，高密市知识产权局内设办公室、业务科2个科室，共有工作人员9人。年内，重点开展了创国家知识产权强县工程试点县工作。2017年12月，高密市作为山东省唯一试点市入选“国家知识产权强县工程试点县”。全年共争取各级无偿资金131.55万元。2018年1月，高密市知识产权局获2017年度“全省知识产权局系统先进集体”称号。

【专利申请与专利授权】 2017年，全市专利申请量共计1020件；全市专利授权总量942件，排名居潍坊市各县市区第3位，增幅居各县市第1位。其中发明专利申请量199件；授权量104件，排名居各县市区第3位，增幅居各县市第2位。承担的“发明专利申请量、授权量及提高幅度”潍坊市科学发展综合考核指标位列各县市第3位。

【企业知识产权管理体系】 2017年，市知识产权局以开展企业知识产权“贯标”活动为切入点，推动企业知识产权管理体系的提升完善，帮助企业争创国家和省级知识产权试点示范企业。年内，豪迈制造、仙普爱瑞、恒涛节能、星宇手套、银鹰化纤、惠影科技、菲达电缆、恒阳重工、富源印染、泽普医疗、孚润机械等11家公司通过知识产权管理体系认证，其中豪迈制造、恒涛节能、星宇手套、银鹰化纤等4家企业被评为山东省知识产权示范企业。

【专利权质押融资】 2017年，市知识产权局建立健全政银企交流平台，完善知识产权质押融资制度，利用省市两级贴息补助和评估费用补贴等激励政策，引导企业盘活现有专利等无形资产，拓宽企业融资渠道。全年新增同创气门芯、豪沃机械、振泰集团、邦泰散热器、蓝天环保、富源印染、菲达电缆、惠影科技、华汇家居等 9 家知识产权质押融资企业，以专利评估总价值 20224.16 万元，共获得高密农商行、中国交通银行、恒丰银行、潍坊银行等 4 家金融机构发放的质押贷款 7065 万元，其中富源印染、豪沃机械、菲达电缆等 3 家企业获潍坊市专利权质押贷款贴息补助，享受贴息数额 53.35 万元，占潍坊市 1/3。

【知识产权宣传培训】 2017 年 4 月 5 日至 4 月 29 日，市知识产权局以“4.26 世界知识产权日”重要节点为契机，开展“第二届知识产权宣传月”活动。宣传月期间，相继开展“知识产权宣传培训进专利大户”“知识产权服务校园行”“知识产权宣传走进节庆会展”“4.26 知识产权日”主题宣传和共度一本书等宣传培训活动 24 次，培训企事业单位管理人员、技术人员等 8000 人次，发放各种宣传读本、明白纸约 15000 份；在潍坊市知识产权局网站、高密电视台等网络媒体发表业务信息、报道 20 多次。

【知识产权执法】 2017 年 7 月，在潍坊市各县市区率先建立“知识产权审理庭”，搭建执法平台并配备摄像机、照相机、投影仪等执法硬件。全年共开展日常执法活动 3 次，专项整治行动 1 次，开庭审理专利纠纷案件 2 件，整改涉嫌假冒专利产品 62 件。8 月份，联合潍坊市知识产权局举办为期两天的“潍坊市专利执法业务骨干培训班”，潍坊市各县市区专利执法骨干及高密市企业和法律工作者代表共 70 多人参加培训。

【获奖专利项目、企业及个人】 2017 年 11 月，高密市知识产权局荣获“全省知识产权系统和公安机关知识产权执法工作成绩突出集体”，一名执法骨干获选“知识产权执法工作成绩突出个人”。2017 年 8 月，山东豪迈机械科技有限公司的张伟获得第五届“山东优秀发明人”称号；11 月，山东豪迈机械制造有限公司的许倍强获得山东省第十届“发明创业奖”二等奖。2017 年潍坊市专利奖评选中，共有 4 个项目获奖，其中豪迈科技的“双金属组合结构的无气孔轮胎活络模具及其花纹块”获一等奖，星宇手套的“一种乳胶热敏机械压纹手套及其制备工艺”获二等奖，豪迈科技的“径向开合轮胎无损新型活络模具”、亚盛重工的“复合板轧制前处理工艺”获三等奖，获奖励金额 40 万元，列潍坊市各县市第一位。2017 年 10 月，高密市第三中学被国家知识产权局办公室、教育局办公厅评为“第三批全国中小学知识产权教育试点学校”。12 月，由山东发明协会、山东省少工委、山东省教育学会组织的第九届“山东省少年儿童发明奖”评选结果揭晓，第五中学陆亚萍发明的“一种保鲜膜夹持和切割设备”以及中等专业学校徐博基、王宁发明的“气吸式除臭坐便器”获铜奖，朝阳小学教师李华获得园丁奖。

豪迈科技“双金属组合结构的无气孔轮胎活络模具及其花纹块”获潍坊市专利奖一等奖

（市知识产权局）

气象测报

【概况】 高密市气象局成立于 1951 年 2 月，属于垂直管理的科技型事业单位。2017 年，设有办公室、气象台、业务科、雷电防护技术中心、人工影响天气办公室 5 个科室，工作人员 8 人。截至 2017 年底，全市共有姜庄、柴沟、朝阳、呼家庄、康庄、井沟、周戈庄、拒城河、夏庄 9 处 2 要素站，东北乡、注沟、李家营、大牟家、双羊、密水 6 处 4 要素站，柏城1处5要素站。

【气象观测】 自1960年6月县气候服务站建立以来，采用气压表和气压计、温度表和温度计、湿度表和湿度计、雨量筒和雨量计、EL型电接风向风速计、日照计、蒸发皿、地温表、冻土器、量雪器等设备观测。观测时间为每日8时、14时、20时，日观测3次（其中1970年6月到1987年4月增加02时观测，日观测4次）。观测项目有：云、能见度、天气观象、气压、气温、湿度、风向、风速、降水、雪深、雪压、日照、地温、冻土等。2017年3月安装启用降水现象仪。

【天气预报】 市气象局自2014年开始通过短信平台、飞信、政府办公网进行决策气象服务。2017年拓展气象信息发布渠道，借助本地信息发布平台——官方微信公众号和微博“高密发布”推送重要天气预报、降水统计和气象灾害预警信号等天气信息。2017年共发布重要天气预报9期，预警信号55次（大雾6次，道路结冰2次，寒潮4次，雷电20次，暴雨4次，高温8次，大风8次，冰雹1次，暴雪1次，霾1次），启动重大灾害性天气（暴雨）应急响应1次，发布决策服务短信140余条，服务受众15万余人次。同时，利用政府办公网、决策服务短信、政府微信公众号、微信群、微博、广播电视、电子邮件等各种渠道和方式做好决策气象服务和公众气象服务。

【农业气象服务】 1960年始，对棉花、小麦、玉米和大豆等农作物，每月逢“8”进行土壤墒情观测。1966年起只观测棉花与小麦。1977年11月始，编发农业气象墒情报，农业气象旬月报。在农作物春秋播种期间的逢“3”进行土壤墒情观测及农事建议，并制作季、年气候评价。1986年始只观测棉花。2001年后，改为观测夏玉米。2014年10月起，在芝兰庄农场设土壤水分自动站，实现自动测墒。2015年11月，在仁和安装土壤水分加密站。

【专项气象服务】 人工影响天气 截至2017年底，全市共有人工影响天气作业点6处，其中4处为高炮作业点，分别位于注沟、大牟家、阚家、柴沟，每处设三七高炮一部；另有一部移动火箭发射架，两处为火箭作业点，分别位于井沟、双羊，每处设火箭发射车一部。共有作业人员30名。2017年共组织开展增雨防雹作业10次，发射炮弹500余发，火箭弹8枚。

防雷减灾 2016年底，根据国发〔2016〕39号文《国务院关于优化建设工程防雷许可的决定》精神，房屋建筑工程和市政基础设施工程防雷装置设计审核、竣工验收备案工作，整合纳入建筑工程施工图审查、竣工验收备案，统一由住房城乡建设部门监管。油库、气库、弹药库、化学品仓库、民用爆炸物品、烟花爆竹、石化等易燃易爆建设工程和场所；雷电易发区内的矿区、旅游景点或者投入使用的建（构）筑物、设施等需要单独安装雷电防护装置的场所，以及雷电风险高且没有防雷标准规范、需要进行特殊论证的大型项目的防雷装置设计审核和竣工验收，由气象部门负责。

2017年通过市政府办公室转发了潍坊市气象局等8部门联合下发的《关于贯彻落实山东省气象局等12部门优化建设工程防雷许可联合发文的通知》，与住建局、编办等部门联合召开专题会议，进行业务交接，明确审批事项和权力清单。

（崔森 梁蕾）

防震减灾

【概况】 高密市地震局成立于1991年6月，单位性质为参公事业单位，内设办公室和业务科两个科室，现有9名工作人员，办公地点位于康成大街2999号。高密市地震局主要职责有贯彻执行国家和省、市有关防震减灾工作的方针政策和法律法规，统一管理全市防震减灾工作，编制并组织实施全市防震减灾事业中长期发展规划和年度计划，承担全市地震监测预报工作，管理和执行以地震动参数和地震烈度表述的抗震设防标准，会同有关部门开展防震减灾宣传教育工作等八项。截至 2017 年，全市共有 12 个宏观观测点，1 个地震监测台（位于綦家村），凤凰公园、文体公园、南湖植物园 3 个应急避难场所，均运行良好。2017 年，高密市地震局指导朝阳街道罗家庄社区成功申报国家地震安全示范社区，与科协、教育局联合，新创建了高密市豪迈第二小学、高密市第五中学 2 个潍坊市地震科普示范学校，被评为“潍坊市防震减灾先进单位”和“高密市文明单位”。

【地震监测预报】 （1）制定《2017 年度震情跟踪工作方案》《重要时段震情保障工作方案》，进一步修订完善《监测预报工作制度》《震情会商制度》《观测资料上报制度》和《观测工作考核制度》《群测群防工作管理制度》。（2）坚持周、月会商制度，规范震情会商报告的编写与上报。（3）加强“三网一员”管理。进一步健全地震宏观观测网络，重新制定防震减灾“三网一员”考核细则，并为各宏观观测点和防震减灾领导小组成员发放新印制的《防震减灾工作手册》。（4）完成甚宽频带地震仪的安装堪选工作，为地震灾害的监测预防提供有力的基础保障。

【地震灾害预防】 （1）做好《中国地震动参数区划图》的贯彻落实，依法做好建设工程的抗震设防标准的复核、确认工作，使各类建设工程达到抗震设防要求。（2）开展创建地震安全示范社区和示范学校活动。朝阳街道罗家庄社区被评为国家地震安全示范社区；加强地震科普示范学校和地震科普示范基地建设。2017 年，与科协、教育局联合，新创建了高密市豪迈第二小学、高密市第五中学 2 个潍坊市地震科普示范学校，并进一步完善地震科普基地建设。（3）组织发放《山东省建设工程抗震设防条例》和《农村房屋建筑抗震技术标准》，按照《防震减灾法》规定，加强防震减灾工作体系建设。

【地震应急体系建设】 （1）重新修订《高密市地震应急预案》，并以市政府文件的形式进行了印发，从震情灾情报告、紧急部署、领导小组成员工作要点、新闻发布等方面做出应急安排。（2）进行应急演练。5 月 10 日参加潍坊市组织的 2017 地震应急救援综合演练，“512”期间组织全市 100 多个学校进行应急疏散演练，市地震局参加了开发区中学和开发区第二小学现场演练，高密市电视台和中国青年网做了宣传报道。

2017 年 5 月 11 日，开发区中学和开发区第二小学应急疏散演练现场

【防震减灾宣传教育】 （1）利用《防震减灾法》实施日、全国防灾减灾日、汶川大地震和唐山大地震纪念日等时机，采取张贴标语、播放专题片、发表电视讲话、举办图片展等各种形式开展防震减灾宣传活动。（2）定期在新闻媒体上宣传防震减灾法律法规及防震减灾基本知识。在学生中广泛开展“生命教育”，协同教育部门把普及防震减灾知识结合进有关课程的教学中。（3）组织开展防震减灾知识进机关、学校活动，先后组织业务骨干到党校、青岛科技大学高密校区、审计局、罗家庄社区等 6 个单位（学校）进行地震知识讲座。

（市地震局）

教　育

基础教育

【概况】　2017年，高密市共投入25亿元，新建改扩建中小学、幼儿园62所，高密一中新校、职教中心一期建成启用。年内，高密市通过全国义务教育发展基本均衡县复查，获评全国青少年普法教育示范区；在潍坊市科学发展考核中，教育工作3项指标总分居各县市第1名；在潍坊市教育督导综合评估中居第2名。截至2017年底，高密市有各级各类学校（幼儿园）312所。其中幼儿园159所，小学112所，初中29所，普通高中6所，特殊学校1所，职业学校4所，高等教育学校1所。

2017年，高密市获得第十五届潍坊市政府教学成果集体奖3项、突出贡献奖3项、教师奖12项、职业教育奖3项、科技创新奖3项、艺体竞技奖3项、改革创新奖1项、其他教学育人奖4项。11所学校被评为潍坊市"互联网+教育"示范学校。2项课题被立项为山东省教育科学规划课题，9项课题被立项为潍坊市教育科学规划课题。推进"教育家成长研究基地"建设，以"名师工作室""名校长工作室""学科虚拟教研室"和"高中教学管理区"等"一区三室"为平台，努力打造一支富有活力的科研型、专家型优秀教师队伍。年内，有1人被评为齐鲁名校长，1人被评为齐鲁名师，1人被评为山东省访问学者；3人被评为山东省特级教师，8人被评为山东省优秀班主任、优秀德育工作者，2人入选"齐鲁最美教师"前60强；5人被评为潍坊市第6批特级教师，104人被评为潍坊市立德树人标兵，10人被评为潍坊市优秀乡村青年教师，7人被评为潍坊市青年教改先锋；14名校长和教师被授予"凤城名校长"和"凤城名师"荣誉称号，18名教师被授予"高密市乡村特级教师"荣誉称号。

【教育基础设施建设】　（1）幼儿园建设。年内，新建幼儿园6所、改扩建幼儿园7所，包括：①新建夏庄镇南直幼儿园，投资650万元，建筑面积2339㎡；②新建井沟镇井沟幼儿园，投资600万元，建筑面积2445㎡；③新建大牟家镇大牟家幼儿园，投资680万元，建筑面积2219㎡；④新建醴泉街道北关小学第一幼儿园，投资700万元，建筑面积2844㎡；⑤新建朝阳第二小学幼儿园，投资1500万元，建筑面积4200㎡；⑥新建开发区中心幼儿园，投资830万元，建筑面积5230㎡；⑦改扩建柴沟中心幼儿园，投资860万元，建筑面积2900㎡；⑧改扩建柏城镇育才幼儿园，投资50万元，建筑面积343㎡；⑨改扩建开发区张鲁幼儿园，投资530万元，建筑面积2025㎡；⑩改扩建醴泉街道蔡站幼儿园，投资87万元，建筑面积631㎡；⑪改扩建京华合木幼儿园，投资300万元，建筑面积987㎡；⑫改扩建密水街道第二中心幼儿园，投资64万元，建筑面积360㎡；⑬改扩建机关幼儿园（第一分园），投资2000万元，建筑面积3100㎡。是年，姜庄镇、夏庄镇、朝阳街道、阚家镇、大牟家5处镇街建成双中心园，醴泉街道、柴沟镇成功创建潍坊市普及学前教育先进镇街，新创建省示范幼儿园7所。

夏庄中心幼儿园教学楼

（2）普通中学建设。2015年至2017年，中学建设的重点是高密一中新校，高密一中新校位于高密市平安大道以北、月亮湾以东、祥云路以西，占地面积908亩，建筑面积16.5万平方米，共建有30座功能楼，总投资10亿元。新校按照“教学综合体”和“标准教室＋学科教室”模型设计，建有120个标准学科教室，可容纳4500名学生，是山东省首家2.0版高级中学。2015年7月开工建设，2017年8月建成并投入使用。

高密一中新校区正门

（3）职业学校建设。2017年5月，职业教育中心一期建成投入使用，高密中专、职业中专合并为新的高密中专后整体迁入。职业教育中心位于青岛科技大学高密校区南侧，总投资4亿元，占地600亩，总建筑面积16.7万平方米，规划建设21个单体楼座。项目分为两期工程，一期工程于2012年7月启动建设，包括一栋教学楼、一栋实训车间、一栋餐厅和两栋学生公寓，总建筑面积5.6万平方米，总投资9000万元。7月，高密中专与京东集团联合办学，成立京东校园实训中心。

【学前教育】 2017年，全市共有幼儿园159处，其中山东省示范幼儿园19所，潍坊市示范幼儿园96所，高密市示范幼儿园121所。3～6周岁在园幼儿23329人，适龄幼儿毛入园率达99.3%以上，幼儿教师1900人。全面完成第二期学前教育三年行动计划，年内市政府出台《高密市第三期学前教育三年行动计划（2018—2020年）》（高政办发〔2017〕113号），加快构建广覆盖、保基本、有质量的学前教育公共服务体系。

【中小学教育】 2017年，全市共有义务教育学校141所，在校生9.398万人。其中小学112处，在校小学生63858人，教职工3739人；初中29处，在校初中学生30123人，中学教职工总数4755人。特殊教育学校1处，在校生77人。有省级规范化学校22所，潍坊市级规范化学校46所。全市适龄儿童小学、初中入学率均达到100%，巩固率分别达100%、98%。全市设立17个学区，加强招生调控、联盟办学，推动中小学对口升学。推进“县管校聘”改革，促进城乡教师有序换岗交流。第一实验小学与永安小学、第二实验小学与红旗小学、恒涛双语实验学校与姜家屯小学组成办学集团。市教育局、机关幼儿园、朝阳小学、银鹰文昌中学被评为山东省家庭教育示范基地。

2017 年高密市小学分布情况表

镇街区	学校名称	数量（所）
密水街道	东关小学　崇实小学　康成小学　密水小学　拒城河小学　卞家庄小学　周阳小学　刘戈庄小学　王柱小学　道乡小学　刘官小学　东施小学　店子小学　杨戈庄小学　蒋戈庄小学　律家村小学　姜家屯小学　苗家屯小学	18
醴泉街道	北关小学　实验学校　尧头小学　康庄小学　蔡家站小学　永安小学　关爷庙小学　钟家屯小学　倪家庵小学　沂塘小学	10
朝阳街道	朝阳小学　朝阳二小　东栾小学　红旗小学　凤城小学　第四实验小学	6
柏城镇	柏城小学　夏家沟小学　崇贤小学　大吕小学　育才小学　店子小学	6
开发区	姚哥庄小学　张鲁小学　大王庄小学　东牟小学　芝兰小学　南曲小学　冯家庄小学　后张鲁小学　张鲁集小学　毛家屯小学	10
夏庄镇	夏庄小学　官庄小学　苓芝小学　伏家庄小学　南直小学	5
姜庄镇	姜庄小学　李仙小学　瑞发学校　崔家小学　老屯小学	5
大牟家镇	大牟家小学　周戈庄小学　官庄小学　毛李小学　李党小学　大孙小学　大迟家小学　和顺小学　官厅华侨小学　秦家庄子小学　魏家坊小学	11
阚家镇	双羊小学　阚家小学　初家学校（九年一贯制）　高戈庄小学　阚兴小学　徐睦小学　坊岭小学	7
柴沟镇	柴沟小学　土庄小学　马旺小学　于戈庄小学　朱翰小学　王柱小学　朱公小学　梁尹小学	8
井沟镇	井沟小学　呼家庄小学　金城小学　田庄小学　实验小学　前院头小学　吴家庄小学	7
东北乡文化发展区	至诚学校（九年一贯制）　河崖小学　东流口子小学　新赵小学	4
咸家工业区	咸家学校（九年一贯制）	1
胶河生态发展区	李家营小学　王吴小学　祝家庄小学　化山小学　杨家栏子小学	5
注沟现代农业发展区	注沟小学　方市小学　刘戈庄小学　滕家庄小学　曹疃小学	5
市直	第一实验小学　第二实验小学　第三实验小学　恒涛双语实验学校　豪迈小学　孚日小学　豪迈第二小学　银鹰育才学校（九年一贯制）　昌安学校（九年一贯制）　滨北学校（九年一贯制）	10

2017 年高密市中学分布情况表

镇街区	学校名称	数量（所）
密水街道	立新中学　向阳中学　崇文中学　拒城河中学	4
醴泉街道	古城中学　康庄中学　蔡站中学	3
朝阳街道	朝阳中学	1
柏　城　镇	柏城中学	1
开　发　区	姚哥庄中学	1
夏　庄　镇	夏庄中学　官庄中学	2
姜　庄　镇	姜庄中学	1
大牟家镇	大牟家中学	1
阚　家　镇	初家学校（九年一贯制）	1
柴　沟　镇	柴沟中学	1
井　沟　镇	井沟中学　呼家庄中学	2
东北乡文化发展区	至诚学校（九年一贯制）	1
咸家工业区	咸家学校（九年一贯制）	1
胶河生态发展区	李家营中学	1
注沟现代农业发展区	注沟中学	1
市　直	昌安学校　四中文慧学校　银鹰文昌中学　豪迈中学 银鹰育才学校（九年一贯制）　滨北学校（九年一贯制） 孚日中学	7

【高中教育】 2017 年，全市有普通高中 6 处，分别是高密一中、高密二中、高密三中、高密四中、高密五中和豪迈高中，其中豪迈高中为民办高中；共有在校生 15655 人。全市 5 所公办高中全部进入潍坊市重点调度高中，高密一中、高密三中被评为潍坊市五星级高中。2017 年夏季高考重点本科进线 1406 人，上线率 26%；本科进线 2965 人，上线率 53%。国际化办学取得新突破：高密一中国际部 2 名学生被加拿大多伦多大学录取，3 名学生被加拿大英属哥伦比亚大学录取；高密三中 3 名韩国学生分别被浙江大学和南京大学录取。

（孙世杰　李元军）

高等教育

【概况】 青岛科技大学高密校区于 2009 年批准成立。2009 年 5 月 20 日，省教育厅下发《关于同意设立青岛科技大学高密校区的批复》；7 月 8 日，青岛科技大学举行青岛科技大学高密校区揭牌仪式；9 月，招收首批新生。2010 年 4 月 16 日，青岛科技大学高密校区二期工程奠基仪式举行。是年 1 月 8 日，学校举行莫言题图书馆名碑石揭彩仪式，标志着青岛科技大学高密校区新建工程项目全部建成并交付使用。

截至2017年底，校区占地800亩，建筑面积22.8万平方米，专任教师（不含走教教师）200余人。本专科学生规模5300余人，其中本科学生1100余人。设有机电、计算机、自动化、化工、经管、外语、艺术、高分子8个教学系和基础教学部，涵盖工、文、经、管、艺5个学科26个专业，配备有化工化学实验实训中心、高分子实验实训中心、机械工程实验实训中心、自动化实验实训中心、虚拟仿真综合实验实训中心、艺术实验实训中心等。校区纸质图书及电子资源与青岛崂山校区、四方校区共享。

（官杰　高靖）

职业教育

【概况】 2017年，全市共有潍坊市高密中等专业学校、潍坊豪迈科技职业中等专业学校、高密市孚日中等专业学校、高密市高级技工学校4所职业学校，在校学生10028人，教职工605人。主要开设数控技术应用、学前教育、汽车运用与维修、机械加工、会计、计算机应用等40多个专业，其中山东省重点专业4个，潍坊市重点专业10个。在第十三届全国中等职业学校“文明风采”竞赛决赛中，高密市职业学校取得优异成绩，共有6人获奖，其中一、二、三等奖各1名，优秀奖3名。在2017年全国中职学校职业技能大赛中，孚日中专获“机械装调”赛项全国金奖，实现历史性突破。高密中专学前教育专业被评为山东省特色品牌专业、潍坊市品牌专业，旅游服务与管理专业被评为潍坊市品牌专业。

（孙世杰　李元军）

特殊教育

【概况】 高密市特殊教育工作主要由高密市特殊教育学校承担。特殊教育学校创建于1986年，学校占地23亩，建筑面积5380平方米。负责全市听障、智障儿童义务教育教学、语言康复、就业培训等工作。现有10个教学班，77名学生。其中，听障生26人，培智生51人。另外，还承担16名中重度残疾儿童的送教任务。在职教职工42人。

特殊教育学校面向全市招生，学制为9年，课程设语文、数学、律动、体育健康、自然、社会、理科、缝纫、扑灰年画、剪纸、烙画、写字、思想政治、思想品德、微机、美工、语言训练、安全环境、书法等，教材使用全国通用课本。同时，全市加强随班就读和送教上门服务，提高残疾儿童教育普及水平。按照就近入学、送教的原则，2017年全市共有109所普通中小学负责为片区内残疾学生提供随班就读、送教服务；其中在普通中小学随班就读的残疾儿童有115人，在家接受普通中小学送教上门服务的重度残疾儿童176人。

（孙世杰　李元军）

文化 旅游

社会文化

【概况】 2017年，全市共举办全市性大型文化活动120多次，送戏下乡1600场，放映公益电影9095场，为农家书屋更新书籍4万多册。高密市继续保持文化部命名的“中国民间文化艺术之乡”称号，被文化部列入2018年度非遗保护传承观察点，以茂腔、扑灰年画为申报项目被命名为山东省民间文化艺术之乡，市图书馆顺利通过“国家一级馆”复评，冯家庄村农家书屋（宝德书院）入围全国“双服务”先进集体并荣获全国示范农家书屋，罗家庄社区被授予全国书香社区，“红高粱影视城”被评为山东省新闻出版广播影视产业重点基地，被评为省考级工作先进单位，《“送戏下乡村村行”文化惠民活动》被评为潍坊市市直机关“优质服务项目”，高密茂腔传承人夏美华入选第五批国家级非遗代表性传承人。

【文化设施建设】 基层社区文化设施建设 2017年，投资120多万元为24个提升社区综合性文化服务中心、15个镇街区综合文化站配齐电脑、打印机、书架、音箱、“一卡通”扫描枪等文化设备，建成公共文化馆分馆39个，综合性文化服务中心覆盖率达到100%。在省、潍坊市公共文化建设测评中，高密市村（社区）综合性文化服务中心建设情况顺利通过第三方测评。

公共文化场馆建设 年内，市艺术剧院获得文化部奖励流动舞台车一辆。建成市非物质文化遗产博物馆并展出非遗藏品524件。建成焦岩峰美术馆并展出焦岩峰书画96件。

公共文化服务体系建设 注重引导建立以政府为主、社会参与的公共文化服务投入机制，新成立白羊山博物馆、龙潭夜雨民俗文化研究会等文化类社会组织，文化类社会组织达到42家，民办文艺表演团体达到51个，人数约1500人。

【群众文化活动】 2017年，全市共举办春节期间系列文化活动、全民阅读主题活动、庆祝首个“文化和自然遗产日”系列活动、全市民办文艺表演团体大赛、“凤城之夏”广场文化活动、庆祝建党96周年系列活动、庆祝十九大召开系列活动、第八届红高粱文化节以及丹青高密书画展、董书府书画展、任勇写意山水画展、李兆虬绘画展、齐辛民作品展等全市性大型文化活动120多次。其中，送演出下乡1600场，为农家书屋扶持图书4万多册，放映公益电影9095场。农家书屋“智能e播宝——总分馆系统”发挥实效。举办读书朗诵大赛、国学经典诵读、优秀图书推荐等阅读推广活动，吸引越来越多群众参与。建立志愿服务队伍40多支，人员350人，开展活动375次。

"美丽凤城　盎然春意"2017春季群众文艺展演

【节庆会展】 2月6日晚，在高密大剧院举行由市委宣传部和市文广新局联合主办、市艺术剧院具体承办的2017年新春戏曲晚会。2月11日上午，在人民大街西段举行2017年春节街头民间文艺大展演，全市15个镇（街区）及机关、建设、交通、农业党工委的920人的表演队伍、22辆彩车进行展演，主要表演形式有舞龙、舞狮、踩高跷、地秧歌等。同日，在市图书馆举行大型有奖灯谜竞猜活动，制作灯谜5000余条。2月11日、12日晚，在市文体公园启动元宵灯会，全市15个镇（街区）及6个党工委共组织展出立体灯组52组，约3万人次现场观灯。3月7日，在市图书馆举办"经典诵读·唱出文化好声音"庆"三·八"经典诵读比赛。6月30日晚，在高密大剧院举行"永恒的旗帜"高密市庆祝建党96周年文艺晚会，共900多人观看文艺演出。9月30日晚，在市大剧院举行"庆国庆·贺中秋·喜迎十九大"京剧晚会。10月28日，第八届中国（高密）红高粱文化节在市大剧院开幕。

市领导集体观看2017年春节街头民间文艺大展演

【群众文艺创作】 2017年，群众文艺团体创作的山东快书《第一书记进村来》、小品《打铁还需自身硬》《孝心不能等待》《曹二鞋底审案》、茂腔《重生》《婆婆和娘一样亲》等20多部文艺作品，得到群众的广泛认可。2017年，高密市艺术剧院先后荣获山东国际大众艺术节优秀组织奖和山东戏曲红梅大赛优秀组织奖。高密市文广新局组织并申报的"'欢乐中国年'街头文艺大展演"被评为潍坊市2017年元旦春节文化惠民活动十大品牌。高密市文广新局获潍坊市薪火相传京剧与地方戏展演活动最佳组织奖，在潍坊市"情系家园"社区合唱大展演中获最佳组织奖和最佳表演奖。

【非遗文化保护】 2017年12月，潍坊市人民政府公布第五批市级非物质文化遗产代表性项目名录，高密银饰錾刻技艺、核雕、席编、面塑、中医传统制剂方法等五项入选，至此全市拥有国家级非物质文化遗产4项、省级8项、潍坊市级28项、高密市级105项，建立5处综合性传习中心、21处传习所和2处传承教育基地，非遗保护与传承体系日益完善。在姜庄镇孙家长村新建王树花扑灰年画艺术馆。北京电子科技职业学院、山东科技职业学院相继在高密市设立非遗教学实践基地，中国民协在高密市设立中国扑灰年画保护基地创研中心。市艺术剧院创排《碧玉簪》《窦娥冤》《王宝钏》《梁祝》《西厢记》《逼婚记》《东京》《姊妹易嫁》《梁祝》《福贵姻缘》10多部传统茂腔戏。5月，"写意乡俗——中国农业博物馆馆藏高密扑灰年画展"在中国农业博物馆开展。年内，举办全市性民间艺术创意大赛、非遗赶大集、非遗进社区进校园、"走进传统文化，探访茂腔历史"系列讲座等大型活动20多次；组织100多人次外出学习培训，10人次出国开展文化交流，传统文化保护传承意识逐步深入人心。2017年，高密市继续保持文化部命名的“中国民间文化艺术之乡”称号，12月高密市被文化部列入2018年度非遗保护传承观察点；以茂腔、扑灰年画为申报项目，被命名为山东省民间文化艺术之乡；高密茂腔传承人夏美华入选第五批国家级非遗代表性传承人；“赶大集唱大戏”非遗月系列活动入选潍坊市2017年“非物质文化遗产月”十大品牌；选送的传统茂腔戏《清风亭》《张郎休妻》在山东省首届茂腔艺术节荣获优秀剧目奖。高密市文广新局在潍坊市首届专业文艺表演团体业务技能大赛中被授予“优秀组织奖”。

（展丽丽　张伟然）

广播电视

【概况】 高密市广播电视中心是市政府直属正科级事业单位，设有办公室、人力资源部、物管科、新闻部、广告部、外宣部、总编室、录制部、财务科、播出部、广播节目部、新媒体开发部等20多个科（部、室）。拥有各种设备90多台（套），其中，摄像机设备42台（套），非线编辑设备50台（套），另有小型特技机和字幕机各2台，长12米、8米摇臂各1套，便携式小摇臂1套，滑轨1套，航拍器1套，直播、导播设备各1套，新闻、虚拟、访谈演播室各1间，虚拟录制设备1套，占地1000多平方米、声光电录播齐全的演播大厅1处。另有78米高的发射塔1座，电视发射机3台（套），调频广播发射机2台（套），其中调频广播95·5兆赫1套，备机1套。远程卫星地面接收系统1套，2017年，高密市广播电视中心继续深化机制体制改革。全年电视自办栏目14个，其中日播电视栏目3档，广播自办节目日播时长720分钟。2017年被山东省新闻工作者协会授予山东省县级广播电视系统“优秀广播电视台”荣誉称号。

【自办栏目】 2017年，高密市广播电视中心在高密电台、高密电视台先后开设“贯彻落实市第十三次党代会精神”“贯彻落实经济工作会议精神”“作风建设访谈录”“深入贯彻落实十九大精神奋力加快‘四个城市’建设”“聚焦农业供给侧改革”等专栏，全年共播发《高密新闻》360多期，稿件近4000篇。民生新闻开设《开票有喜》《凤城先锋》《新闻早知道》《健康高密》等栏目，其中《开票有喜》栏目，每月一期，节目开办后，发票录入量由最初3000多张/每期，增加到后期30000多张/每期，对增强消费者的协税护税意识、增加地方税收收入起到积极的促进作用。

【对外宣传】 2017年，高密市广播电视中心共在潍坊市级以上电视发稿1423条，其中中央台发稿6条，山东台发稿583条，外宣发稿总成绩位列潍坊市前三名。《促为农服务供销社探索新路——山东土地托管：粮食每亩增产超10%》《山东反腐一线排头兵受全国表彰》《融合共享提升百姓获得感》《高密：强化物业服务提升城市品质》《高密：夯实基础设施完善现代公共文化服务体系》等稿件分别在中央台、山东台、潍坊台播出（注：这些稿件属通稿分别在中央台、山东台、潍坊台播出）。先后有41件广播电视节目作品在全国、省及潍坊市广播电视节目奖创优评选活动中获奖，其中，《我市乡村教师单美华一家荣膺“全国文明家庭”》（一等奖）、《日本三菱公司向中国劳工谢罪赔偿》（二等奖）、《为什么豪迈开出了创新之花？》（二等奖）、《高密新闻》（二等奖）、《松兴屯的追梦人》（三等奖）、《我为父亲讨公道》（三等奖）、《高密“国防后备生”回访团行记》（三等奖）、《为时代而歌》（三等奖）8件作品在国家获奖；《高密“国防后备生”回访团行记》（一等奖）、《山东受害劳工抗争26年终获谢罪赔偿》（一等奖）、《最美家庭的美》（一等奖）、《我市乡村教师单美华一家荣膺“全国文明家庭”》（一等奖）、《创新发展看鲁企：山东豪迈用创新领跑世界轮胎模具》（二等奖）、《杨方旭父母：拼搏，发扬女排精神》（二等奖）、《杨方旭：你是我们的骄傲》（二等奖）、

《日本三菱公司向中国劳工谢罪赔偿》（二等奖）、《我市乡村教师单美华一家荣膺"全国文明家庭"》（二等奖）、《日本三菱公司向山东劳工谢罪赔偿26年讨公道终有说法》（二等奖）、《高粱红了——<红高粱>热播带来的收获与思考》（二等奖）、《松兴屯的追梦人》（三等奖）、《高密"国防后备生"回访团行记》（三等奖）、《高密地秧歌》（三等奖）、《我市擦亮东北乡文化旅游品牌》（三等奖）15件作品在山东获奖；《潍坊高密：日本三菱公司与山东受害劳工进行和解说明会》（一等奖）、《日本三菱公司向中国劳工谢罪赔偿》（一等奖）、《我市乡村教师单美华一家荣膺"全国文明家庭"》（二等奖）、《豪迈集团人人创新缔造草根企业的蝶变》（二等奖）、《一个故事，两种结局》（二等奖）、《杨方旭父母：拼搏发扬女排精神》（二等奖）、《松兴屯的追梦人》（电视社教奖二等奖）、《村支书的富民梦》（二等奖）、《最美家庭》（二等奖）、《松兴屯的追梦人》（电视主持奖三等奖）、《主持人，你的语言定位准吗？》（三等奖）、《爱护流浪动物》（三等奖）、《银鹰化纤：以建党领跑促发展领先》（三等奖）、《杨方旭，你是我们的骄傲（上、中、下）》（三等奖）、《法治高密》（三等奖）、《最美笑容》（三等奖）、《高密"国防后备生"回访团行记（三集）》（三等奖）、《两年七战马拉松盲人按摩师家门口圆梦》（三等奖）18件作品在潍坊市获奖。总体获奖数量及等次居潍坊各县市区广播电视台前列。2017年，被山东广播电视台授予2017年度山东电视宣传先进集体一等奖、广播宣传先进集体一等奖；高密电台呼江林、任玉洁被山东广播电台评为广播优秀通讯员二等奖；高密电视台呼江林、孙建国被山东广播电视台评为电视优秀通讯员一等奖，李军、牟乃宗被评为二等奖。

【广播电视和新媒体融合发展】 2017年，高密市广播电视中心继续推动广播电视和新媒体融合发展，着力打造高密手机台、高密网络电视台、"高密广播电视台微信公众号"等新媒体载体。其中，"高密市广播电视台微信公众号"，粉丝量超过5万人，公众关注度提升。持续完善地面无线数字电视建设，信号传输质量逐步提高，辐射区域与用户数日益扩大。推进广播电视采编播设备更新改造，播出机房和网络机房配有UPS，应对突然暂时停电，同时配备了发电车，并专门铺设了相关的专用供电线路，做到不间断供电；改造了发射机房的配电线路，所有与发射及相关的设备均通过UPS供电，保证供电安全；对播出机房空调系统进行了更新，更换了两台吸顶式空调，节省机房空间，又保证机房内的温度均衡；增购了新的预警终端，分别放在播出、发射机房，保证能在第一时间收到上级台发送的预警信息。设备高清化、数字化、智能化、网络化建设水平走在了潍坊市县级台前列。2016年8月8日，"智慧高密"云平台（高密手机台）正式上线。"智慧高密"云平台是一个集视听直播、新闻资讯、社交娱乐、生活服务、电子商务功能于一体的移动轻应用平台。2017年，"智慧高密"云平台继续健康运行。

【大型活动】 2017年，高密市广播电视中心先后举办了"2017年高密春夏秋冬四季汽车展览会""2017年高密房产家居建材博览会""2017年高密第23届汽车博览会""新春农资特卖会"等大型展会，推出"注沟潍河之约樱桃笑了、朋友醉了""第三届南山梨花节""四季田园大篷车""高农乡村大舞台""高密市少儿春晚""开票有喜"等旨在活跃城乡群众文化生活的活动。

（荆兆强　王守祥　周立新）

图书　报刊　电影

【图书】 （1）图书馆建设。8月，市图书馆顺利通过国家一级馆复评实地评估。以一级馆复评为契机，市图书馆全面提升市图书馆功能配置：新购置3台可触摸自助电子书借阅机，预装3500多种正版电子图书以及2000余种畅销期刊报纸，每月更新

1500本畅销电子图书；完善市方志馆建设，馆藏各类志书、年鉴及其他文献资料5000余册；完善图书馆大型网站，全面实现图书采编、流通、检索自动化管理。截止到2017年底，市图书馆日均到馆人数1000余人，双休日突破2000人，书刊借还量日均达500册，双休日超过1000册，办理各类读者证总计6100余张，借还书刊总数超过10万册。年内已建成的夏庄、姜庄、柏城、阚家、井沟、柴沟、大牟家7处镇级图书馆全部完成网络化建设，市图书馆和镇级图书馆实行了“一卡通”借阅，彻底实现了通借通还。（2）古书籍保护。年内对古籍书目进行加工完善，252种古籍数据成功报送山东省古籍保护中心和国家古籍保护中心。（3）培训。全年先后举办农村书屋管理员培训班4次，镇级图书馆管理员培训班6次，全国文化信息资源共享工程基层服务点管理员培训班3次，利用寒暑假举办中小学生阅读培训班，培训学员300人。（4）读书活动。是年3月底，举办“高密市第三届读书朗诵大赛暨第十二届全省读书朗诵大赛高密地区选拔赛”，共有180名选手参加决赛，10名选手最终进入潍坊市决赛。4月19日，在市图书馆举行2017年世界读书日主题宣传暨全民阅读活动启动仪式，下发《关于深入开展“倡导全民阅读、共建书香高密”主题活动的实施意见》；同日，在市图书馆举行新书展览。8月9日，举办高密市第三届暑期讲故事大赛，共有83名选手参与决赛。

（展丽丽　张伟然）

【报刊】　《潍坊日报·今日高密》自2007年12月创刊。2017年，潍坊日报社高密分社内设采访部、编辑部、广告部、高密新闻网编辑部、财务统计科、办公室6个科室，共有事业编制人员20名，建有《今日高密》和高密新闻网、高密新闻网官方微信号三个新闻平台。

《今日高密》　是中共高密市委机关报，于2007年12月4日创刊，为对开四版单面彩色印刷报纸，一周出版两期；到2009年2月，由每周出版两期报纸改为每周出版三期，面向全市机关、企事业单位和村社等发行和赠阅，发行量1.2万份。2012年中共十八大召开后，报社对时政新闻进行改革，改变时政新闻报道形式，减少市领导活动的新闻报道，优化报道结构。对非时政新闻报道，注重把目光聚集于基层，聚焦于民生，突出新闻的指导性和服务性。2017年，共出刊报纸151期，其中对全市经济工作会议、市“两会”、市委工作会议、第八届中国(高密)红高粱文化节等重大事件进行了重点报道。

高密新闻网　是高密市委、市政府指定的网络新闻发布平台，于2008年12月正式开通运行。为拓宽民意诉达渠道，报社于2010年4月创立“高密民声在线”网上互动频道，协调89家政府部门、企事业单位参与，设有“民生新闻”“咨询求助”“投诉举报”“建言献策”“网民反馈”“热点问题”等栏目。截至2017年底，“民声在线”已累计收到网友提交的各类问题69221条，其中有效帖子58260条，网友参与交流评论累计58321条；解决问题56321条。总体回复率为86.53%，满意率为98.13%。各类问题总点击达1942万人次，日均浏览量达12150人次。

高密新闻网官方微信　高密新闻网官方微信公众号自2014年12月试运行，2015年3月正式运行。截至2017年底，高密新闻网微信平台订阅用户已近4万人；2017年，共刊发各类新闻及服务性、指导性稿件2190篇（条）。

（潍坊日报社高密分社）

【电影】　高密历史上第一部茂腔戏曲电影《红高粱》拍摄完成。影片改编自莫言作品《红高粱家族》，在内容上尊重原著，表现形式上突出了高密茂腔曲调质朴自然，唱腔委婉幽怨、通俗易懂等特点。该影片邀请了央视戏曲音乐类资深导演，曾经四次担任中央电视台春节戏曲晚会总导演的许玉琢执导；演员主要由高密艺术剧院青年团演员组成，女主角“九儿”的扮演者是青年团演员别淑君。10月10日，剧组在东北乡景区“十八里坡”红酒坊举行开机仪式，10月底基本拍摄完成。

年内，放映农村公益电影9095场，完成“一村一月一场电影”任务。全市有电影院4家，分别是大地影院、惠影文体店、火车站店、夏庄店。36° 微电影文化创意基地项目于2015年3月开工建设，至2017年12月全面竣工。

（展丽丽　张伟然）

文化产业

【概况】　截至2017年底，全市共有在建文化产业项目16个，其中过10亿元重大项目5个，包括东北乡文化旅游发展区项目、万亩苗木花卉产业园项目、青檀文化园项目、金冠红木奇石文化园项目、五龙河田园综合体项目；过亿元大项目5个，包括龙潭夜雨古迹修复工程项目、花红湾竹柳生态园项目、民艺民俗村项目、高粱地民俗小吃村项目、银杏观光园项目。共完成投资约8.8亿元，建成项目5个，分别是万亩苗木花卉产业园项目、麒麟葡萄采摘园项目、东李民俗村项目、楹联博物馆和树花扑灰年画艺术馆项目。此外还有刘墉文化园项目、潍河文化创意园项目、潍水田园嘉年华项目、汉韵特色小镇等规划项目。有10个项目列入“潍坊市文化名市建设重要支撑项目”。其中，总投资约16.7亿元的东北乡文化旅游区项目，2017年共接待游客约52万人，实现景区收入500多万元，获“山东省第一批中小学生研学实践教育基地”“山东省新闻出版广播影视产业重点基地”“山东省第四批畜牧旅游示范区”等称号；总投资11亿元的金冠红木奇石艺术中心项目，约8万平米的主体工程年内完成，开始进行内外装修；总投资8200万元的36° 印象·中国微电影文化基地项目，被列为“第四批山东省重点文化产业项目”，年内完成A、B两座主楼的外部装修，开始进行微电影企业的招商入驻工作。

【产业发展】　2017年，重点发展文化旅游、民艺民俗、工艺美术、书画古玩、名人文化、节庆会展六大产业。截至年底，全市共有文化企业及经营业户600余家，规模以上文化企业14家，从业人员约4万余人。2017年，红高粱集团有限公司完成对东北乡文化旅游区项目投资约1.3亿元，并获第四届“风筝都文化奖”优秀企业荣誉称号，公司的“高密红高粱旅游服务标准化试点”列入山东省质监局“山东标准”建设行动项目；高密市红高粱文化投资开发有限公司的“泥小虎创意旅游商品”在第十五届山东省旅游商品创新设计大赛中获优秀奖。

【第八届中国（高密）红高粱文化节】　2017年10月28日至11月3日，成功举办第八届中国（高密）红高粱文化节。文化节突出“文化高密，文学高地”主题，共组织和策划开幕式、室内书画展览、第七届中国红高粱诗歌奖、红高粱文学现象研讨会、高密人文学艺术图书展、东北乡文化旅游景区体验活动和“红高粱之约”系列活动等多种文化活动。开幕式上，举行了“中国红高粱文化研究院”“中国诗歌之乡”的授牌仪式，中国美术家协会会员、中央美术学院客座教授齐辛民和中国当代著名青年油画家燕刚两位画家赠与高密市政府《高粱红了》和《今又重阳》两幅画作。

中国当代文学研究会诗歌委员会授予高密市“中国诗歌之乡”的荣誉称号

【成立“中国红高粱文化研究院”】　10月28日，中国民间文艺家协会正式宣布在高密市成立“中国红高粱文化研究院”，成为全国第二家由中国民协命名的文化研究院。中国红高粱文化研究院致力于研究和传播高密文化，成立后将利用研究院的号召力以及“莫言”的影响力，召集知名专家学者组成各领域的研究队伍，开展对高密市地域文化资源和特点的整理和挖掘工作，在历史人文资源的保护，扑灰年画、泥塑、剪纸等民间艺术的创新，茂腔等特色戏剧的创作，红高粱文化节的举办和文化名市建设等方面起到实质性的推动作用。

中国民间文艺家协会授予高密市成立“中国红高粱文化研究院”

（市文化产业管理委员会）

古迹　文物　非遗

【古迹保护】 2017年，高密市大力开展重点文物保护单位安保工程，开展青纱桥维修保护工程、顼王冢维修保护工程、为争取高密首个国保单位“高密汉墓群及城阴城遗址”所实施的城阴城考古勘探工程等。

青纱桥维修保护工程　争取上级资金161万元，主要维修项目包括植筋加固剪断石梁、拆卸归安移位的部分桥面石板、拆除影响文物建筑真实性的后期不当维修、检查更换裸露木地丁、加固一定区域内桥墩下河床、恢复桥体两端青砖挡墙、重做桥体灰土护坡、清理北端土路下掩埋的桥体并补配相关石构件，恢复21孔桥体。2017年12月完成竣工验收。

柴沟汉墓群——顼王冢维修保护工程　主要采取物理手段对顼王冢进行结构性加固、补强保护，主要包括：覆土保护、冲沟回填治理、有害植被治理、坑洞被彻或回填、表面修补、保护性植被种植、退耕、步行道调整、保护性围栏建设等。

城阴城考古勘探工程项目　主要对城阴城遗址进行全面普探，摸清城址范围，探明城墙位置，找出城门以及城内主要街道，结合史料记载，了解城内功能分区及主体建筑分布状况。此次勘探共分两个阶段进行：第一阶段的工作主要是设定基点，对城阴城城墙、城壕进行搜寻式勘探。同时，对部分城内、城外区域进行了考古试探。探清城址的方位、大小、四至以及与周边古文化遗存的相互关系；第二阶段工作是在第一阶段工作的基础上进行的，主要是针对发现的重要线索来进行的，探清城内的功能分区，部分的建筑基址分布及保存情况，为下一步保护规划的编制提供详细、科学、可靠的资料。

年内，组织申报了2018年度柴沟汉墓群安防升级改造工程、杨家岭一至四号墓本体保护工程、山阴冢本体保护工程、城阴城遗址数字化保护、城阴城遗址抢救性保护工程等项目。

2017年11月青纱桥维修保护工程竣工验收

【文物收藏】 2017年，高密市争取可移动文物预防性保护工程项目国家级专项资金335万，为高密珍贵文物修复提供资金保障。接收焦岩峰作品捐赠96件（套），在凤凰公园凤凰阁北厅打造“焦岩峰美术馆”。开展高密市博物馆三级馆申报工作，并通过三级馆申报，“以评促建”，极大地提升了馆藏文物量。截至2017年年底，市博物馆全馆馆藏文物总量达到11123件，其中一级品8件（套），二级品24件（套），三级品480件（套）。

【非遗文化保护传承】 年内，非物质文化遗产博物馆、凤仪服饰文化博物馆、白羊山博物馆三家非国有博物馆通过了潍坊市文物局初审、山东省文物局复审。其中非物质文化遗产博物馆坐落在康成大街西首高密市当代美术馆一楼，面积500余平方米，重点展览国家级非物质文化遗产项目扑灰年画、剪纸、聂家庄泥塑、茂腔及省级非遗保护项目木版年画的珍贵实物，推介国家级非遗传承人吕蓁立、聂希蔚、范祚信及省级非遗传承人王树花、齐秀花、曹兆爱、别世杰的代表作品200余件。凤仪服饰文化博物馆坐落在高密市密州街，面积800余平方米，主要展品400余件。展品主要包括高密首批国家级非物质文化遗产茂腔戏服，高密当地传统服饰、配饰、首饰，传统服饰、文化研究书籍，传统服饰衍生品及部分现代服装等。白羊山博物馆位于月潭路南首，共分怪柳木根雕、柞木根雕、色木根雕、艺盆赏石四个展厅，面积1600余平方米，展品丰富、种类齐全，共有根雕藏品300余件。与李松（著名美术史论家、原美术杂志社社长）签订捐书协议，接受其捐赠的珍贵书籍500件（套）。

【文博活动】 2017年6月出版《历代中国民间祖影像考察》（孙晶著，代金喜、刘术聪主编）。举办“全国十大考古新发现”图片展、第41个国际博物馆日主题宣传、“走进高密市博物馆——读万卷书、行万里路”优秀作品征集等活动10多项。

（代金喜　孙晶）

档案工作

【概况】 截至2017年底，高密市档案馆（局）共馆藏档案17个门类，168个全宗，50423卷，排架长度754米，馆藏资料15224册。另有录音录像带447盘，照片8952张。高密市纳入档案规范化管理的单位有135家，档案室有135个，馆舍面积大概有4200平方米，专兼职档案人员有180人，室藏档案约有4万余卷。2017年共接待查阅档案2461人次，调卷5195卷。2017年，高密市档案馆（局）被为山东省档案局评为宣传工作先进单位。

【档案数字化建设】 高密市档案馆（局）开展馆藏档案数字化加工，于2017年11月完成历时五年的馆藏档案数字化扫描加工工作，共扫描加工档案5万余卷、444多万页。根据上级档案部门安排，通过政府采购程序，在山东省尚德软件股份有限公司公司完成扫描工作后，抽调馆（局）9名工作骨干先后核对校验3次，经潍坊市局信息科验收评定，认定数据合格率在99%以上，顺利通过正式验收。加大投入建设信息技术硬件设施，年内新添置电脑4台，打印机2台，其他设施一宗。做好档案的信息安全工作，于2017年11月6日到省档案馆指定地点泰安市进行专业数字化信息容灾备份，防止出现因设备损坏而丢失数据的现象。

【档案资源】 2015年1月，高密市档案馆（局）启动《高密“十一五”大事记（2006—2010）》编纂工作，经过两年多的搜集、整理、完善，2017年12月正式出版发行。《高密“十一五”大事记（2006—2010）》一书主要记载自2006年1月1日至2010年12月31日，高密市发生的政治、经济、军事、文化、体育、教育、科技、卫生、城乡建设、外事侨务等方面的大事、要事。年内，在《潍坊日报·今日高密》、中国高密网站上发公告征集档案，新征集家谱资料10套，征集罗相诗书法作品、中国书法家会员作品4幅，高密书法协会书法作品50多幅，征集郭文政剪纸作品100张。通过市委办、政府办发文征集棚户区改造、财政、妇联、团委、党史、科技等部门一批实物档案资源；针对高密重点工程，采集高密一中新校区、孟家沟水库、城区自来水供水管网改造、高铁高密站、王吴水库、峡山水库等影像档案；做好党报整理归档工作，有针对性采购图书资料近千册；新接收征集领导干部重大活动声像档案、社会风土人情、家谱、资料入馆共1000余件，丰富改善了馆藏结构。

【档案业务培训与监督】 2017年，组织相关单位人员参加国家档案局业务培训班。并组织人员到济南、青岛、济宁、淄博、威海、烟台市档案馆，到寿光、临朐、青州、诸城市档案馆等参观学习。年内，高密市档案馆（局）以《档案法》和归档文件整理规则、国家档案局8号、9号令为政策依据，申请专项财政资金6万多元，免费举办为期2天、共250人参加的档案业务培训班。

2017年，高密市档案馆（局）按照省档案局出台的新办法、新标准，组织全市十余个单位争创科学化管理单位活动，认真指导完成国家电网高密公司的档案工作科学化示范单位管理测评。组织实施全市150多个企事业单位的立档、归整和年度检查工作。

（迟莹　李宝君）

旅　游

【概况】 高密市旅游局成立于2008年8月，2017年，局内设办公室、规划与市场科、监督管理科三个科室，在编干部职工12人。市内有国家AAA旅游景区2处，分别是东北乡旅游区、文体公园；AA级旅游景区3处，分别是五龙河农场、北胶新河湿地公园、南山万松园；省工业（农业）旅游示范点3个，分别是五龙河农场、密水酿酒葡萄酒厂、望乡食品；省旅游特色村4个，分别是东北乡文化发展区平安庄、姜庄镇聂家庄、夏庄镇东李家村、注沟现代农业发展区李家埠村；省旅游强乡镇1个，为姜庄镇；省休闲农业与乡村旅游示范点1个，为五龙河农场；省畜牧旅游示范区3个，分别是东北乡旅游区、五龙河农场、醴泉街道双利达养殖专业合作社；省精品采摘园2个，分别是五龙河农场、注沟现代农业发展区李家埠采摘园。省AAA级旅行社2家、国家星级旅游饭店3家、省星级旅游餐馆9家、省星级"好客人家"农家乐4家。全年全市共接待国内外游客323.1万人次，同比增长12.1%，实现旅游总收入39.01亿元，同比增长16%。是年，东北乡文化旅游区被评为省研学教育实践基地、齐鲁美丽田园和省畜牧旅游示范区。

【景点建设】 2017年，东北乡文化旅游区累计投资1.3亿元，聘请规划公司完成景区入口、游客服务中心、高密老县城等单体项目规划；新建凤凰岭景点，包括花海、儿童农场、游乐场、动物园等娱乐项目；在"花脖子山寨"内新建情景剧场；此外，影视基地扩建民艺民俗坊、酒坊，改建青草湖北湖，加强停车场、旅游厕所及道路等基础设施建设。高粱地民俗小吃村一期工程建成并入驻业户117家，于9月9日正式营业，小吃村占地面积5.1万平方米，采用陕西袁家村模式运营，包括全国各地特色小吃。五龙河农场投资300万元新建军事体验区，推出特色夏令营项目，为中小学生提供高水准的课外素质教育体验。

【乡村旅游】 自2015年起注重旅游厕所建设管理。截至2017年底，全市完成旅游景区、旅游交通线路、乡村旅游点、旅游集散中心等旅游区域新建、改建旅游厕所39个，其中新建33个，改建6个，共争取到国家、省建设补助资金77.3万元，2017年成功申请到国家、省的旅游厕所奖励资金38.5万元。年内，注沟现代农业发展区李家埠特色村、醴泉街道宇彤葡萄种植基地分别被评为潍坊市乡村旅游标杆示范村和乡村旅游标杆示范项目，共争取到80万元的奖补资金。推荐高密市5名乡村旅游带头人分批次赴法国、西班牙、日本和中国台湾地区进行学习交流。

【旅游节会】 年内，红高粱影视基地举办新春庙会、春季游园会和首届油菜花风铃节等活动，提高景区的旅游吸引力。此外，桃花节、梨花节、樱桃采摘节、葡萄文化节、台湾美食节等乡村旅游节会的举办，有效宣传了各地旅游资源，拉动旅游节会经济发展。

新春庙会　2017年1月27日至2月2日（春节期间），红高粱文化投资开发有限公司在红高粱影视基地举办第一届“新春庙会”，庙会主要活动包括婚俗表演、斗酒大会、吴桥杂技、魔术表演、舞狮、划旱船、扭秧歌、皮影戏、吹糖人、滑稽球等，7天共接待游客9.3万人次，实现旅游综合收入77万元，其中门票收入35.73万元。

春季游园会　2017年清明期间，红高粱文化投资开发有限公司在红高粱影视基地举办首届“春季游园会”，有情景剧表演、民俗表演、山东快书、美食扦饼制作体验、欢乐骑行、放风筝、荡秋千等活动。三天假期共接待游客6.5万人次，实现旅游总收入63万元。

油菜花风铃节　2017年五一期间，红高粱文化投资开发有限公司在红高粱影视基地举办首届“油菜花风铃节”，近2万只风铃装点景区，三天共接待游客8.5万人次，实现旅游总收入142.7万元。

【旅游宣传】 借助潍坊旅发委的宣传资源，在青岛—上海的高铁列车上宣传高密市旅游资源，继续在火车站设置旅游宣传版面，在青银高速公路（G20）的高密至青岛段租赁桥面宣传广告，宣传高密市旅游资源和产品。依托官方微博、微信公众号等网络宣传平台，定期策划线上主题宣传活动，提高旅游知名度，如将高密“泥老虎”卡通化，推出“泥小虎”表情包和伴手礼。指导东北乡文化旅游区举办了2017年度景区推介会，并参加山东国际旅游交易会、潍坊文展会等节会，宣传高密市的特色旅游资源。

（薛涛　张莹）

卫生 体育

医疗卫生

【概况】 2017年，高密市共有医疗卫生单位22处，其中城区11处，镇街卫生院11处；设置一体化管理村卫生室426处。年内，高密市成功创建为“全国健康促进市”“全省卫生计生综合监督示范区”，被授予“第三轮全国艾滋病综合防治示范区”“全国综合健康扶贫项目示范基地”称号。

【医药卫生体制改革】 2017年，在市区5家公立医院分别成立理事会、监事会和管理层，建立和完善法人治理结构，推行现代医院管理制度。继续调整公立医院收支结构，全面取消药品加成，控制医疗费用，降低耗材和药占比，门急诊次均费用同比增长控制在9%以内。4月，代表潍坊市迎接省卫生计生委对2016年度公立医院综合改革的效果评价。继续依托“高康”“密康”“福康”3个集团、6个中心（人力资源中心、会诊转诊中心、医技检验中心、远程诊疗中心、信息管理中心、消毒供应中心），打造分级诊疗“高密模式”，双向转诊病种增加至32种。与市外三级医院开展多种形式的技术合作，引进人才和技术。继续在柏城中心卫生院试点200元包住院制度。深入实施“双百一挂”工程，选派56名医护人员外出进修培训、71名专业技术骨干下乡帮扶。年内，新引进高端医学人才10余名。聘请专家团队开展基本公共卫生服务第三方绩效考核，全面实施项目管理责任制度和资金定期督导制度，推动基本公共卫生服务项目更加规范化。做实做细家庭医生签约服务工作，增加个性签约服务包，签约人数超过16万人。推进智慧医疗建设，推广预约诊疗、在线支付等在线医疗服务，二级以上公立医院全部建立“掌上医院”、院内自助、诊间结算等系统。

【基础设施建设】 2017年12月，市中医院急诊医学中心投入使用，中心建筑面积3.4万平方米，使用面积4500多平方米，设置床位160多张，配备进口呼吸机、除颤仪、多功能抢救床等高端医用设备，新增两台监护型救护车，满足每年3.68万急诊量、1500余例危重患者抢救的要求。市第二人民医院（高密市精神卫生中心）新院完成项目招标，该院为高密市首批PPP模式落地实施的项目之一，位于朝阳街道立新街以南、秦岭路以东，规划面积为67200.54平方米，计划设置医疗床位600张，养老床位177床，计划投资3.9亿，预计于2018年3月份开工。69所农村社区卫生室达到标准化要求，群众就医环境明显改善。

【医疗服务】 2017年，继续抓好重点人群的健康管理，年内为7.6万名65岁以上老年人做免费体检，为9457名儿童提供免费口腔窝沟封闭。实施健康扶贫，为261名患病贫困人口进行分类救治。围绕改善群众看病就医感受，组织开展提升医疗服务质量“百日集中行动”。市人民医院荣获“全国县级医院竞争力百强医院”，市妇幼保健院被评为“全国医患和谐医院”，市立医院顺利通过二级综合医院设置评审，经济开发区卫生院被评为全国“2016–2017年度群众满意的乡镇卫生院”。

【妇幼健康服务】 落实出生缺陷综合防治措施，提高出生人口素质，规范开展出生缺陷“六免”服务，即免费婚检、免费孕前优生健康检查、目标人群免费服用叶酸、免费产前筛查、免费新生儿疾病筛查、免费听力筛查。组织实施4项妇幼重大公共卫生服务项目，即农村妇女增补叶酸预防神经管缺陷项目，农村妇女宫颈癌检查项目，农村妇女乳腺癌检查项目，预防艾滋病、梅毒和乙肝母婴传播项目。以母子健康手册为载体做好孕产妇和儿童系统化管理，3月，承办潍坊市妇幼健康服务及母子健康手册推广使用工作现场会，推广母子健康手册的建册、发放、随访、管理等；4月，迎接潍坊市重大公共卫生妇幼项目督导检查。加强孕产妇妊娠风险评估，在市人民医院建成危急重症孕产妇以及新生儿急救中心的基础上，2017年，在市妇保院建成危重孕产妇救治监护中心和新生儿救治中心。危重孕产妇救治监护中心设在妇保院综合医疗楼12楼，面积80m^2，配备救治床位2张，孕产妇抢救车和急救药品、呼吸机、监护仪、电除颤仪等。新生儿救治中心设在妇保院儿科病区，面积为1400m^2，投入建设资金220万，配备进口科迪娜呼吸机、新生儿辐射保温台等先进设备60余台。2017年度，市人民医院和市妇保院新生儿急救中心共救治新生儿1582人。

2017年4月，潍坊市妇幼健康服务工作暨母子健康手册推广会

【中医药工作】 2017年，市人民医院作为三级乙等综合医院，坚持中西医并重，开展近30项中医护理适宜技术，在中医肝病治疗、胃石症治疗、中医康复、中医治疗方面取得了显著成效，成功创建为“2017年全国综合医院中医药工作示范单位”。市中医院积极宣传推广中医药文化，承办“山东省2017年中医中药高密行”活动，承办2017年基层中医药适宜技术培训活动，举办了“高密市第四届中医膏方文化节”，中医膏方成为高密市及周边地区知名品牌。市妇幼保健院将中医药与妇女儿童保健融为一体，开展了中医督脉、中药熏蒸、产后保健等“绿色、安全”的中医药特色服务保健项目，被评为“山东省妇幼健康中医药特色服务示范单位”。

【卫生应急与监管】 巩固省级卫生应急示范市创建成果，修订完善应对传染病、中毒、生活饮用水、重大自然灾害等各类专项卫生应急预案，落实监测预警制度。承担全国蹦床协作赛、潍坊市击剑锦标赛、“高粱红了”高密2017年半程马拉松等各类大型活动医疗救护任务36次，参与处置高密一中、豪迈小学疑似诺如病毒感染突发事件2起，均圆满完成任务。围绕“五个规范化”的目标要求，被省卫计委授予“省级卫生计生综合监督示范区”称号。

（彭宏　刘莎莎）

疾病预防控制与卫生应急

【概况】 2017年，高密市疾控中心设办公室、传染病防治科、慢病防治科、免疫规划科、艾滋病防治科、基本公共卫生服务科、职业卫生监测科、查体科、质量管理科、生物制品管理办公室、健康教育科、消杀科、检验科、总务科、财务科15个科室，共有工作人员98人（包括临时人员），办公地点在高密市镇府西街1139号。其间，疾控中心认真履行职责，严密防控疫情，确保全年无大的疫情和突发公共卫生事件发生。9月份，顺利通过全国健康促进市评估验收，整体工作居全国先进水平。年度内，高密市疾控中心获全国健康促进市、全省健康教育工作先进集体、省部联合减盐项目先进集体、全省传染病信息与突发公共卫生事件报告管理工作先进集体等荣誉。

【健康促进】 2017年，围绕“全国健康促进市”创建目标，全市出台健康促进政策性文件96件。建设健康教育基地3处，健康促进示范点10处，重点单位100个。对全市108个中心社区、960个村、149所学校、80个机关、59家企业、15家医院，分别按比例要求进行重点创建，并创建健康家庭300个。9月中旬，高密市通过全国健康促进市创建工作评估验收，整体工作居全国先进水平。

【公共卫生服务】 2017年，共组织全市范围师资培训班2期，在12处镇街卫生院开展业务培训20期，培训各级医务人员500人次。采取网络审核和现场访视相结合的方式，对全市从事基本公卫的医疗机构一月一督查。全年共抽查村社72处，覆盖服务人口48874人，浏览审核各类重点人群6640人次。

【传染病防控】 2017年，全市共报告乙类传染病12种1273例，丙类传染病4种1230例。参照《卫生应急队伍装备参考目录》对应急物资进行补充，调整卫生应急机动队成员，修订部分应急工作方案。10月参加潍坊市卫生应急大比武，进行了装备展示、疫情桌面推演、现场采样和消杀操作。

2017年10月25日，高密市疾控中心应急机动队员参加潍坊市卫生应急大比武（吴泮利 摄）

【慢病防控】 2017年，加强居民死因、恶性肿瘤、心脑血管急性事件三大国家级监测项目管理，在全市普遍实施《居民死亡医学证明》使用和规范管理，达到全省先进水平。完成肿瘤结局随访、漏报调查，查明全市慢性病患者生存状态及漏报人数。积极筹备迎接国家慢病综合示范区复审工作，至2017年底，在数据、现场、行动、信息报告等方面初步到位。9月开展硒水平调查，共调查5个村、720人，完成质量位居全国前列。12月开展减盐干预调查工作，覆盖5个乡镇20个村，共调查2400人。

2017年12月13日，高密市疾控中心进行减盐防控高血压干预调查 （黄伟超 摄）

【艾滋病防控】 2017年，围绕"三位一体"艾滋病患者管理模式，严密监测疫情动态，做好宣传和干预工作。创新开展"艾滋病免费抗病毒治疗和职业暴露防护处置一站式服务"，通过制定完整的工作方案和工作流程，对定点医院"面对面"培训指导。联合党校、看守所、市直医疗卫生单位举办宣传教育活动，联合教育局在全市37所初、高中和职业中专、技校开展系列活动，宣传学生48869人，健康讲堂授课率100%。联合公安局培训旅店业从业人员4815人，干预吸毒者、性病门诊就诊者、暗娼、男同5680人次，检测各类高危人群1653人次。

2017年10月30日，高密市疾控中心开展学校艾滋病防治宣传栏 （陈淑霞 摄）

【免疫规划管理】 2017年，全市八苗全程、及时接种率达到95.50%，超出考核指标5个百分点。查漏补种免疫规划疫苗10514人次，2~6岁年龄组儿童八苗全程接种率全部达标；入托入学儿童预防接种证查验26037人，补种3031人次；开展大中专院校新生麻疹疫苗补充免疫4044人次，重点人群补充免疫麻疹疫苗5592人次，接种率等各项指标均达到要求，无接种事故和纠纷发生。

（李丹平 黄伟超）

体 育

【概况】 高密市体育局下设体育总会、老年人体育活动管理服务中心、竞技体育学校、少儿体操学校、体质测定与运动健身指导站和体育彩票管理办公室等体育机构，内设办公室、群众体育科、青少年体育科、体育产业发展科、文体公园管理科（体育中心）、财务科6个科室，体育系统共有工作人员102人。2017年，高密市被国家体育总局授予"国家高水平体育后备人才基地""全国体育彩票工作先进单位"。市棋类协会被国家体育总局授予"全国群众体育先进单位"。高密市体育局副局长李明被授予"全国群众体育先进个人"。高密籍奥运冠军杨方旭被授予"高密人民勋章"。

【群众体育】 2017年，全市共有体育协会36个，镇街区体育总会15个，全年举办各类群众体育活动160多场次，常年参加健身活动的人数达35万人，占全市人口总数的39.3%，健身组织数量、举办活动次数和常年健身人数连续多年居潍坊市各县市区之首；承办全国象棋女子甲级联赛、全国人大象棋联谊赛、黄河流域九省区门球交流赛、全国桥牌公开赛、"高粱红了"高密半程马拉松赛等高端体育赛事10余场次；打造城乡"10分钟健身圈"，各村（社区）健身设施覆盖率达90%以上，人均体育场地面积达1.9平方米。

【"红高粱影视城杯"——"高粱红了"高密国际半程马拉松赛】 是年11月5日，来自世界各地的8000余名运动员齐聚高密参加比赛，3000多人参加展演，3万多人观看比赛，发放"88全民健身特刊"3万多份，组织山东电视台、潍坊电视台、潍坊日报等报纸、网络、电视进行了全方位、多角度、立体式的现场报道，并组织专业航拍团队，对赛事进行了全程记录。潍坊市体育局局长孙沂、潍坊市体育总会主席刘树宏出席开幕式和颁奖仪式。击剑亚洲锦标赛、全国锦标赛和全运会四块银牌得主宋洪杰为运动员领跑。

2017 年 11 月 5 日“红高粱影视城杯”——“高粱红了”高密国际半程马拉松赛开幕式
（王超　摄）

“红高粱影视城杯”——“高粱红了”高密国际半程马拉松赛参赛观赛现场（王超　摄）

【竞技体育比赛】 2017 年，高密市在国家级以上大赛中获得 13 金 10 银 8 铜，列潍坊市各县市区第 1 名。其中宋洁在第 13 届世界龙舟锦标赛获女子精英组小龙舟 2000 米绕标赛金牌、200 米直道竞速赛金牌、500 米直道竞速赛银牌；台晓虎在国际泳联跳水大奖赛圣胡安站获得男子双人 10 米跳台金牌。在全省锦标赛上获得 58 金，占潍坊市金牌总数的 48.9%，列潍坊市各县市区第 1 名。其中，体操学校在全省体操锦标赛上获 13 金，占全省金牌总数的 30%；在全省蹦床锦标赛上获 12 金，占全省金牌总数的 54%。年内，向潍坊市队输送运动员 149 人，向省队输送 1 人，输送总数列潍坊各县市区第 1 名；杨方旭、台晓虎、宋洁、宋洪杰、刘昊宇、曹永昌、王立锋、李慧、刘莉莉等运动员成为我国有望参加 2020 年东京奥运会并且冲击奖牌的有力选手。

第 13 届世界龙舟锦标赛女子龙舟项目队员合影（前起第四排左五为宋洁）

2017 年宋洁获第 13 届世界龙舟锦标赛女子精英组小龙舟 2000 米绕标赛、200 米直道竞速赛两枚金牌、女子精英组小龙舟 500 米直道竞速赛银牌

2017 年高密市参加省级以上体育比赛成绩统计表

运动会（比赛）名称	项目	运动员	名次	教练员	备注
世界龙舟锦标赛	女子精英组小龙舟 2000 米绕标赛	宋　洁	第一名	孙凤玲	
世界龙舟锦标赛	女子精英组小龙舟 200 米直道竞速赛	宋　洁	第一名		
世界龙舟锦标赛	女子精英组小龙舟 500 米直道竞速赛	宋　洁	第二名		
国际泳联跳水大奖赛圣胡安站	男子 10 米跳台双人同步	台晓虎	第一名	滕　健	
国际泳联跳水大奖赛圣胡安站	男子单人 10 米跳台	台晓虎	第三名	滕　健	
亚洲击剑锦标赛	男子重剑团体	宋洪杰	第二名	曹金元	
第十三届全国运动会	男子重剑团体	宋洪杰	第二名		
第十三届全国运动会	男子 10 米跳台双人同步	台晓虎	第三名	滕　健	
第十三届全国运动会	男子排球成年组	寇志超	第三名	郭　强	
第十三届全国运动会	男子体操团体	王永超	第四名	滕　健	
第十三届全国运动会	女子场地自行车团体竞速赛	刘莉莉	第五名	高　艳	
第十三届全国运动会	男子蹦床团体	王洋龙	第七名	滕　健	
第十三届全国运动会	男子蹦床团体	黄程程	第七名	宫恩明	
第十三届全国运动会	女子排球成人组	杨方旭	第八名	高俊兴	
全国场地自行车冠军赛（第一站）	成年女子凯林赛	刘莉莉	第一名	高　艳	
全国男子排球冠军赛	男子组	寇志超	第一名	郭　强	
全国青少年蹦床锦标赛	网上个人	王涵玉	第一名	于　洋 孙娜娜	
全国青少年蹦床锦标赛	团体	王涵玉	第一名		
全国青少年蹦床锦标赛	团体	杜佳妮	第一名		
全国青少年蹦床锦标赛	双人同步	王涵玉	第一名		
全国青少年蹦床锦标赛	网上个人	申　涵	第一名	滕　健 于　洋	
全国体操少年体操分区赛（成都）	体操团体	郎汉城	第二名	滕　健 刘金存	
全国体操少年体操分区赛（成都）	体操团体	肖志颖	第二名	滕　健 刘金存	
全国体操少年体操分区赛（成都）	跳马	肖志颖	第二名	滕　健 刘金存	
全国体操少年体操总决赛（苏州）	体操团体	肖志颖	第三名	滕　健 刘金存	
全国体操少年体操总决赛（苏州）	体操团体	郎汉城	第三名	滕　健 刘金存	

（续表）

运动会（比赛）名称	项目	运动员	名次	教练员	备注
全国青年 15 人制橄榄球锦标赛	男子组	秦 灏	第一名	曹金元	
全国青年 15 人制橄榄球锦标赛	男子组	陈 杨	第一名	曹金元	
全国中等城市青少年排球比赛	男子组	褚 琦	第一名	郭 栋	
全国击剑锦标赛	男子重剑个人	宋洪杰	第二名	曹金元	
全国击剑锦标赛	男子重剑团体		第二名		
全国场地自行车冠军赛（第一站）	成年女子争先赛	刘莉莉	第二名	高 艳	
全国山地自行车冠军赛（第一站）	团体	王立峰	第六名	刘 丽	
全国山地自行车冠军赛（第二站）	团体	王立峰	第七名	刘 丽	
全国山地自行车冠军赛（第三站）	团体	王立峰	第五名	刘 丽	
全国山地自行车锦标赛	成年男子计时赛	王立峰	第七名	刘 丽	
全国青少年蹦床锦标赛	团体	申 涵	第二名	滕 健 于 洋	
全国青少年蹦床锦标赛	同步	申 涵	第二名	滕 健 于 洋	
全国青少年蹦床锦标赛		孙 浩	第二名	胡 伟	
全国青年 15 人制橄榄球冠军赛	男子组	秦 灏	第二名	曹金元	
中国中学生跆拳道联赛（华北赛区）	高水平初中男 63kg	陈飞行	第二名	高俊兴 张 峰	
全国高水平后备人才基地举重锦标赛	少年组 105kg 抓举	贾利军	第三名	孙凤玲	
全国高水平后备人才基地举重锦标赛	少年组 105kg 挺举	贾利军	第三名		
全国高水平后备人才基地举重锦标赛	少年组 105kg 总成绩	贾利军	第三名		
全国场地自行车冠军赛总决赛	成年女子团体竞速赛	刘莉莉	第四名	高 艳	
全国中等城市青少年排球比赛	男子组	赵 航	第五名	范 冰	
全国中等城市青少年排球比赛	男子组	范宣玉	第五名	范 冰	
全国体育运动学校青少年 U17 排球锦标赛	男子组	赵 航	第六名	范 冰	
全国体育运动学校青少年 U17 排球锦标赛	男子组	范宣玉	第六名	范 冰	
全国场地自行车冠军赛（第一站）	成年女子团体竞速赛	刘莉莉	第八名	高 艳	
山东省体操锦标赛	甲 B 团体	肖志颖	第一名	滕 健 刘金存	
山东省体操锦标赛	甲 B 团体	郎汉城	第一名	滕 健 刘金存	

（续表）

运动会（比赛）名称	项目	运动员	名次	教练员	备注
山东省体操锦标赛	甲 B 团体	孙爱科	第一名	滕 健 刘金存	
山东省体操锦标赛	甲 B 全能	肖志颖	第一名	滕 健 刘金存	
山东省体操锦标赛	甲 B 三项全能 A	肖志颖	第一名		
山东省体操锦标赛	乙 B 全能	徐春博	第一名	刘金存	
山东省体操锦标赛	乙 B 鞍马	徐春博	第一名		
山东省体操锦标赛	乙 B 吊环	徐春博	第一名		
山东省体操锦标赛	乙 B 双杠	徐春博	第一名		
山东省体操锦标赛	跳马	张 婷	第一名	孙娜娜	
山东省体操锦标赛	乙 C 跳马	徐子洋	第一名	孙娜娜 赵 倩	
山东省体操锦标赛	乙 A 自由操	鞠文韬	第一名	乔建东	
山东省体操锦标赛	乙 A 鞍马	鞠文韬	第一名		
山东省体操锦标赛	乙 A 吊环	鞠文韬	第一名		
山东省体操锦标赛	乙 A 跳马	鞠文韬	第一名		
山东省体操锦标赛	乙 A 个人全能	鞠文韬	第一名		
山东省体操锦标赛	甲 B 三项全能 A	郎汉城	第二名	滕 健 刘金存	
山东省体操锦标赛	乙 B 跳马	徐春博	第二名	刘金存	
山东省体操锦标赛	乙 B 单杠	徐春博	第二名		
山东省体操锦标赛	甲 D 高低杠	张 婷	第二名	孙娜娜	
山东省体操锦标赛	乙 C 高低杠	刘新雨	第二名	孙娜娜 赵 倩	
山东省体操锦标赛	甲 B 三项全能 B	肖志颖	第三名	滕 健 刘金存	
山东省体操锦标赛	甲 B 全能	郎汉城	第三名	滕 健 刘金存	
山东省体操锦标赛	甲 B 三项全能 B	郎汉城	第三名		
山东省体操锦标赛	乙 B 跳马	马泽森	第三名	刘金存	
山东省体操锦标赛	甲 D 全能	张 婷	第三名	孙娜娜	
山东省体操锦标赛	甲 D 平衡木	张 婷	第三名		
山东省体操锦标赛	乙 B 全能	李婧可	第三名	孙娜娜 赵 倩	

（续表）

运动会（比赛）名称	项目	运动员	名次	教练员	备注
山东省蹦床锦标赛	甲组网上个人	申 涵	第一名	滕 健 于 洋	
山东省蹦床锦标赛	甲组双人同步	申 涵	第一名		
山东省蹦床锦标赛	甲组双人同步	孙 浩	第一名	胡 伟	
山东省蹦床锦标赛	乙 A 组单跳个人	宿王旭	第一名	乔建东	
山东省蹦床锦标赛	甲组网上个人	王涵玉	第一名	于 洋 孙娜娜	
山东省蹦床锦标赛	乙 A 组网上个人	杜佳妮	第一名	于 洋 孙娜娜	
山东省蹦床锦标赛	乙 A 组单跳个人	牟芃霏	第一名	于 洋	
山东省蹦床锦标赛	乙 A 组双人同步	杜佳妮	第一名	于 洋 孙娜娜	
山东省蹦床锦标赛	乙 A 组双人同步	闫 梦	第一名	于 洋	
山东省蹦床锦标赛	乙 A 组团体	杜佳妮	第一名	于 洋 孙娜娜	
山东省蹦床锦标赛	乙 A 组团体	闫 梦	第一名	于 洋	
山东省蹦床锦标赛	乙 A 组团体	赵艺童	第一名	胡 伟	
山东省蹦床锦标赛	乙 A 组团体	牟芃霏	第一名	于 洋	
山东省蹦床锦标赛	乙 B 组网上个人	倪晶晶	第一名	于 洋	
山东省蹦床锦标赛	乙 B 组团体	周 麟	第一名	胡 伟	
山东省蹦床锦标赛	乙 B 组团体	孙瑞全	第一名	于 洋	
山东省蹦床锦标赛	乙 B 组个人	周 麟	第一名	胡 伟	
山东省蹦床锦标赛	乙 B 组同步	周 麟	第一名		
山东省蹦床锦标赛	乙 A 组双人同步	王家豪	第二名	于 洋	
山东省蹦床锦标赛	乙 A 组双人同步	曹新宇	第二名	于 洋	
山东省蹦床锦标赛	乙 A 组团体	曹新宇	第二名		
山东省蹦床锦标赛	乙 A 组团体	楚永富	第二名	于 洋	
山东省蹦床锦标赛	乙 A 组团体	王家豪	第二名	于 洋	
山东省蹦床锦标赛	乙 A 组团体	宿王旭	第二名	乔建东	
山东省蹦床锦标赛	乙 B 组个人	孙瑞全	第二名	于 洋	
山东省蹦床锦标赛	甲组网上个人	孙 浩	第三名	胡 伟	

（续表）

运动会（比赛）名称	项目	运动员	名次	教练员	备注
山东省蹦床锦标赛	乙 A 组网上个人	王家豪	第三名	于洋	
山东省蹦床锦标赛	乙 B 组网上个人	潘光辰	第三名	胡伟	
山东省蹦床锦标赛	乙 A 组网上个人	闫梦	第三名	于洋	
山东省蹦床锦标赛	乙 A 组网上个人	曹新宇	第四名	于洋	
山东省蹦床锦标赛	乙 B 组团体	倪晶晶	第四名	于洋	
山东省蹦床锦标赛	乙 B 组团体	潘光辰	第五名	胡伟	
山东省击剑锦标赛	女子甲组重剑团体	秦振梅	第一名	曹金元	
山东省击剑锦标赛	女子甲组重剑团体	孙晴晴	第一名	曹金元	
山东省击剑锦标赛	女子乙组重剑团体	任憬晨	第一名	曹金元	
山东省自行车锦标赛	女子乙组争先赛	杜佳卉	第一名	高俊兴 张峰	
山东省自行车锦标赛	女子乙组 3KM 团体追逐赛	杜佳卉	第一名		
山东省自行车锦标赛	女子乙组 3KM 团体追逐赛	邓涵	第一名	高俊兴 张峰	
山东省柔道锦标赛	女子乙组 –63kg	唐钰	第一名	高艳	
山东省柔道锦标赛	男子乙组 –55kg	王一冰	第一名	高艳	
山东省自行车锦标赛	女子甲组 4KM 团体追逐赛	李蓓蓓	第一名	高艳	
山东省排球锦标赛	女子乙组	范梦宇	第三名	范冰	
山东省排球锦标赛	女子乙组	刘杰	第三名	范冰	
山东省排球锦标赛	女子乙组	刘锦荣	第三名	单亦刚	
山东省排球锦标赛	女子乙组	卜奕涵	第三名	范冰	
山东省排球锦标赛	女子乙组	刘潇兮	第三名	范冰	
山东省排球锦标赛	男子甲组	褚琦	第二名	郭栋	
山东省排球锦标赛	男子乙组	赵航	第二名	范冰	
山东省排球锦标赛	男子乙组	范宣玉	第二名	范冰	
山东省皮划艇锦标赛	男子乙组 2000 米、四人皮艇	马兵	第一名	刘丽	
山东省橄榄球锦标赛	女子组	黄靖航	第二名	曹金元	
山东省橄榄球锦标赛	女子组	张梦禹	第二名	曹金元	
山东省橄榄球锦标赛	女子组	庄程程	第二名	曹金元	

（续表）

运动会（比赛）名称	项目	运动员	名次	教练员	备注
山东省橄榄球锦标赛	女子组	李慧芳	第二名	高 艳	
山东省柔道锦标赛	女子甲组 -48kg	刘 欣	第二名	高 艳	
山东省柔道锦标赛	女子乙组 -63kg	姜嘉源	第二名	孙凤玲	
山东省击剑锦标赛	男子乙组重剑团体	李小龙	第三名	曹金元	
山东省柔道锦标赛	男子乙组 -81kg	张锡耀	第三名	高 艳	
山东省橄榄球锦标赛	男子组	陈 杨	第三名	曹金元	
山东省举重锦标赛	男子乙组 105kg 总成绩	贾利军	第三名	孙凤玲	
山东省举重锦标赛	男子乙组 105kg 挺举	贾利军	第三名		
山东省青少年跆拳道锦标赛	58kg	王洪旭	第三名	范文栋	
山东省自行车锦标赛	女子乙组团体竞速赛	杜佳卉	第四名	高俊兴 张 峰	
山东省自行车锦标赛	女子甲组团体竞速赛	李蓓蓓	第四名	高 艳	
山东省举重锦标赛	男子乙组 105kg 抓举	贾利军	第四名	孙凤玲	
山东省自行车锦标赛	女子乙组公路个人计时赛	邓 涵	第五名	高俊兴 张 峰	
山东省自行车锦标赛	男子乙组团体竞速赛	刘文超	第五名	高俊兴 张 峰	
山东省自行车锦标赛	女子乙组 2KM 个人追逐赛	邓 涵	第六名	高俊兴 张 峰	
山东省田径锦标赛	女子乙组标枪	秦佳琪	第六名	孙凤玲	
山东省皮划艇锦标赛	男子乙组 2000 米单人皮艇	马 兵	第七名	刘 丽	
山东省田径锦标赛	男子甲组 4*400 米	孙启飞	第八名	高俊兴 张 峰	
山东省击剑冠军赛	男子乙组重剑	李小龙	第一名	曹金元	
山东省橄榄球冠军赛	女子组	张梦禹	第一名	曹金元	
山东省橄榄球冠军赛	女子组	庄程程	第一名	曹金元	
山东省橄榄球冠军赛	女子组	于海珊	第一名	曹金元	
山东省橄榄球冠军赛	女子组	李慧芳	第一名	高 艳	
山东省自行车冠军赛	女子乙组 3KM 团体追逐赛	杜佳卉	第一名	高俊兴 张 峰	
山东省自行车冠军赛	女子乙组 3KM 团体追逐赛	邓 涵	第一名	高俊兴 张 峰	

（续表）

运动会（比赛）名称	项目	运动员	名次	教练员	备注
山东省柔道冠军赛	女子甲组 -48kg	刘　欣	第一名	高　艳	
山东省柔道冠军赛	女子乙组 -63kg	姜嘉源	第一名	孙凤玲	
山东省跆拳道冠军赛	74kg	王文清	第二名	范文栋	
山东省自行车冠军赛	女子乙组争先赛	杜佳卉	第二名	高俊兴 张　峰	
山东省柔道冠军赛	女子乙组 -63kg	唐　钰	第二名	高　艳	
山东省举重冠军赛	男子乙组 105kg 总成绩	贾利军	第二名	孙凤玲	
山东省举重冠军赛	男子乙组 105kg 抓举	贾利军	第二名		
山东省举重冠军赛	男子乙组 105kg 挺举	贾利军	第二名		
山东省田径冠军赛	女子乙组标枪	周　莹	第二名	孙凤玲	
山东省击剑冠军赛	女子甲组重剑团体	孙晴晴	第三名	曹金元	
山东省自行车冠军赛	男子乙组 3KM 团体追逐赛	刘文超	第三名	高俊兴 张　峰	
山东省柔道冠军赛	男子乙组 -55kg	王一冰	第三名	高　艳	
山东省自行车冠军赛	女子甲组争先赛	李蓓蓓	第三名	高　艳	
山东省自行车冠军赛	女子甲组 4KM 团体追逐赛	李蓓蓓	第三名		
山东省皮划艇冠军赛	男子乙组 1000 米单人皮艇	马　兵	第三名	刘　丽	
山东省青少年跆拳道冠军赛	58kg	王洪旭	第三名	范文栋	
山东省自行车冠军赛	女子甲组竞速赛	李蓓蓓	第四名	高　艳	
山东省田径冠军赛	女子乙组标枪	秦佳琪	第四名	孙凤玲	
山东省跆拳道冠军赛	59kg	陈飞行	第五名	高俊兴 张　峰	
山东省自行车冠军赛	女子乙组公路个人计时赛	邓　涵	第五名	高俊兴 张　峰	
山东省自行车冠军赛	女子乙组团体竞速赛	李　阳	第五名	高俊兴 张　峰	
山东省皮划艇冠军赛	男子乙组 2000 米单人皮艇	马　兵	第五名	刘　丽	
山东省自行车冠军赛	女子乙组 2KM 个人追逐赛	邓　涵	第六名	高俊兴 张　峰	
山东省自行车冠军赛	男子乙组团体竞速赛	刘文超	第六名	高俊兴 张　峰	
山东省排球冠军赛	女子乙组	范梦宇	第三名	范　冰	

（续表）

运动会（比赛）名称	项目	运动员	名次	教练员	备注
山东省排球冠军赛	女子乙组	刘　杰	第三名	范　冰	
山东省排球冠军赛	女子乙组	刘锦荣	第三名	单亦刚	
山东省排球冠军赛	女子乙组	卜奕涵	第三名	范　冰	
山东省排球冠军赛	女子乙组	刘潇兮	第三名	范　冰	
山东省排球冠军赛	男子乙组	赵　航	第一名	范　冰	
山东省排球冠军赛	男子乙组	范宣玉	第一名	范　冰	
山东省排球冠军赛	男子甲组	褚　琦	第一名	郭　栋	

【竞技体育培训】 2017 年 3 月，市竞技体育学校荣获国家高水平体育后备人才基地和山东省高水平体育后备人才基地称号（潍坊市各县市区仅此一家），管理期 4 年，每年将获得各级补助 80 万元。山东省体育局把高密市体校列为重点管理的县级体校，并给予 150 万元基层体校建设扶持资金。

【《体育工作常用公文写作手册》编印】 2017 年 6 月，高密市体育局、高密市体育总会编写《体育工作常用公文写作手册》，针对体育工作需要和体育人的特点，从最基本的方面逐一讲解各种体育常用公文的写作，按照“剖析结构、制作模板、提供范例”的基本写法，将复杂的文章简约化，为 20 余种体育工作常用公文分别制作了模板。《体育工作常用公文写作手册》于是年 9 月完成印刷，先后印发 3200 册，为全国第一本县级体育主管部门编写的公文写作指导用书。

【体育产业】 2017 年，全市体育俱乐部总数达 53 个，体育服装、鞋帽等规模以上体育用品生产企业近 20 家，体育用品销售企业、网点 500 多家。截至 2017 年底，全市体彩销售网点 120 家，竞彩店 80 家，商超店 2 家，全年体彩总销量突破 1.55 亿元，居潍坊市第 3 名，同比增长 40%，居潍坊市第 1 名，市场占有率达 51.15%，首次超过福彩。

（张睿　姚璐）

社会管理与生活

民政工作

【概况】 高密市民政局是市政府组成部门，主管救灾救济、双拥优抚安置、社会组织管理、基层政权建设、城乡最低生活保障、社会福利、社会事务、区划地名、婚姻登记等工作。内设党政办公室、财务科、优抚安置科、社会救助科、社会福利和慈善事业促进科、社会事务科、基层政权与社区建设管理科、区划地名科。2017 年，机关有在编干部职工 19 人，其中工勤人员 2 人。市民政局下辖烈士陵园、殡葬管理所、光荣院、社会救助站、军休所、福利厂、社区建设管理办公室、社会组织管理办公室、转退军人服务中心、婚姻登记处 10 个事业单位。

【社会救助工作】 2017 年，各项救助标准提高。城市低保线提高到每人月 510 元，月人均补助 306 元；农村低保线提高到每人每年 4100 元，月人均补助 205 元；城市三无人员供养金提高到每人每月 765 元；农村分散五保供养金提高到每人每年 4500 元，农村集中五保供养金提高每人每年 6200 元。特困救助年最高 5000 元，医疗救助年最高 20000 元，救助比例 70%，重特大疾病救助年最高 50000 元。各项救助资金自 2017 年 1 月起实现月发放。为 859 户城乡低保户、204 户五保户发放“温暖过冬”临时性救助金 40.4 万元。全年共发放社会救助资金约 6400 万元。

【社会养老福利工作】 2017 年残疾人两项补贴标准均为每人每月 80 元，累计为 4130 人发放生活补贴 3975920 元，为 7044 人发放护理补贴 6494160 元，为全市 80~89 岁低保老人每月发放 100 元高龄补贴，为 90~99 岁低保老人每月发放 200 元高龄补贴。积极推进高密市社会福利优抚救助中心项目建设，该项目位于高密市夏庄镇张家官庄社区南侧，东起龙潭西路，南起高周路，西起园区纵一路，北起园区横二路。项目可研批复总投资 3 亿元，规划用地面积 65747m^2，总建筑面积 86475.14m^2，项目将配套建设敬老院、优抚中心、军休中心、康复中心（医疗运作）、社会福利中心、救助中心、救灾仓库等，设计总床位 2021 个（其中医疗床位 126 个），年内，该项目在 PPP 模式运作过程中，争取于 2018 年底前完成建设并投入运营。组织开展全市养老院集中整治行动，对 13 处公办敬老院进行整改，对 14 处民办养老机构进行取缔。截至 2017 年底，全市共有各类养老机构 71 处，其中，公办敬老院 13 处，即：高密经济开发区敬老院、高密市密水敬老院、高密市醴泉敬老院、高密市柏城敬老院、高密市夏庄敬老院、高密市姜庄敬老院、高密市大牟家敬老院、高密市阚家敬老院、高密市井沟敬老院、高密市柴沟敬老院、高密市东北乡文化发展区敬老院、高密市咸家工业区敬老院、高密市注沟现代农业发展区敬老院，民办养老机构 1

处，即高密市养老托老中心，农村幸福院 41 处，城市社区日间照料中心 16 处。

【社区建设与基层政权工作】 年内，协调两办印发高密市《关于加强城乡社区协商的实施意见》，推动社区协商实现制度化、规范化和程序化。2017 年，全市改造提升社区服务中心 6 处，80 处农村社区服务中心达到 500 平方米以上，93 处农村社区建成“一厅一校十室”。加强社区工作人员服务技能培训，全年共培训社区工作人员 1000 多人次。拨付城市社区及城市住宅小区工作经费 158.9502 万元。指导全市 947 处村（社区）圆满完成换届选举各项工作，换届成功率 100%。

【社会组织工作】 2017 年，共登记社会组织 59 家，总数达到 278 家，年检社会组织 222 家，对拒不参检的 9 家社会组织给予撤销登记的行政处罚。依托第三方评估机构，完成对高密市 11 家社会组织评估工作。改建高密市社会组织培育服务中心一处，该中心位于立新街（西）1716 号，建筑面积 1700 平方米，提供政策咨询、人员培训、项目指导、成效评估等服务，年内入驻社会组织 10 家。全市社会组织党建工作受到潍坊市委组织部充分肯定，市志愿者协会被潍坊市委组织部提报为省级联系点。

【退役士兵政策落实工作】 2017 年，共登记符合政府安置工作条件退役士兵 4399 人，落实政策 2784 人，补发自谋职业金、待安置期间生活费、自谋职业金等 1500 多万元，按照“一人一档”原则，对上述人员全部建立纸质及电子档案。安置退役士兵专项公益性岗位 1045 人，其中选岗 713 人，灵活就业 332 人。按照“六有一清”，即有牌匾标识、有固定场所、有办公设施、有工作人员、有宣传资料、有统计登记、人员底数清的标准要求，建立 1 个市级、15 个镇街区级、109 个社区级共 125 个转退军人服务中心（老兵之家），并同步成立党组织。建立健全市级领导、相关部门主要负责人、镇街区主要负责同志定期接访、走访慰问、座谈交流等制度，畅通与退役士兵的沟通联系渠道。对重点上访人员开展个案研究，逐人见面、逐人制定解决措施。截至 2017 年底，共解决 25 个退役士兵诉求个案。

【双拥优抚安置工作】 2017 年，按照每人每月 300 元的标准，按时发放 82 位驻高部队随军家属生活补助金。严格按照上级政策及时提高优抚对象待遇标准，截至 2017 年底共发放 5465.98 万元。其中，按照每户 15589 元的标准为 672 位义务兵家庭发放了优待金共 1167.6 万元。完善优抚医疗保障制度，全市重点优抚对象参加医疗保险率达到 100%。做好与省荣军医院、省职防院、高密市人民医院的协调、沟通，完成 16 位残疾军人的复检，为 10 位带病回乡退役人员、2 位烈士遗属、病故遗属、115 位 60 岁以上农村籍老兵和部分烈士子女、65 位部分参战退役人员、6 位部分参试退役人员办理了相关待遇。做好 2017 年度优抚对象年度认证和相关材料补充扫描、“两参”人员身份认证、残疾军人证、烈士证证明书的换证及换发、补发等工作。积极做好各项双拥创城准备工作，为争创第六届“省双拥模范城”打好基础。接收 2017 年度退役士兵 160 名，举办两期退役士兵技能培训班。

【救灾减灾工作】 高密市五处社区荣获全国级、省级、潍坊级综合减灾示范社区称号：阚家镇阚家社区获评“全国综合减灾示范社区”，朝阳街道罗家庄社区获评“全省综合减灾示范社区”，大牟家镇官厅社区、姜庄镇仁和社区、阚家镇松兴屯社区获评“潍坊市综合减灾示范社区”。

【专项社会事务管理工作】 年内，以两办名义印发《关于扎实做好移风易俗工作进一步提升乡村文明水平的实施意见》《农村留守儿童关爱保护工作实施方案》。会同市政府办公室筹备召开全市移风易俗暨农村留守儿童关爱保护工作会议。被国家标准化管理委员会确定为“第四批社会管理和公共服务综合标准化试点单位”，被中国殡葬协会确定为“中国殡葬协会殡仪礼仪培训基地”。截至 2017 年底，全市新建村社公益性规范化公墓 16 处，共有 6780 户享受惠民殡葬政策，免除资金 685 万余元。办结收养登记 22 份。办理结婚登记 5093 对，离婚登记 1399 对，补领结婚登记 3149 对，补领离婚登记 111 件，婚姻登记量达 9752 件，全年为约 3600 对新婚夫妻提供免费颁证服务。面向社会公开招募婚姻家庭调解员 43 名，2017 年共调解和辅导 800 多人次。年内，市民政局荣获“国家 3A 级婚姻登记机关”。圆满完成地名普查各项工作任务，搜集地名资料 5000 余条，完成《高密市标准地名图集》初稿编写，在 79 条街路上增设街路牌 269 块。社会救助站救助流浪乞讨人员 132 人，街头救助、劝返 149 人次。

【民生综合保险】 民生综合保险是一种通过政府购买服务、市场运作提供保障的形式，建立的民政综合保险制度，应对突发重大自然灾害（大风、大雨、洪涝、干旱等）和部分居家意外事故（火灾、爆炸、煤气中毒、触电等）给全市居民造成的人身伤害和房屋财产损失。2017 年，民生综合保险工程符合承保条件立案 573 起，结案 571 起（有 2 起因未能及时提供材料暂未赔付），共计赔款 380.2 万元，赔款溢出 131.2 万元。

【废旧衣物再生利用工作】 指导市社会捐助发展中心在全市城市社区、住宅小区设立红苹果旧衣回收箱 56 个，回收捐赠衣物 16 万余件，通过再生加工，产出再生纤维近 30 吨，实现社会价值 10 万余元，救助困难儿童 20 余名。

（王妍　邱艳红）

社会保障体系建设

【概况】 社会保障主要指职工医疗保险、居民医疗保险、机关事业养老保险、企业养老保险、城乡居民养老保险、工伤保险、生育保险、失业保险。2017 年，累计实现各项社会保险基金总收入 270122.80 万元（不含上级补助收入），累计支出各项社会保险待遇 248662.95 万元（不含上级支出）。积极推进社会保障卡发行工作，逐步推进以社保卡为依托的就医“一卡通”服务。截至 2017 年底，全市共完成社保卡信息采集 82 万余人，发放社保卡 78 万余张。

【养老保险】 （1）机关事业单位退休人员养老保险。根据潍坊市人民政府《关于印发潍坊市机关事业单位工作人员养老保险制度改革实施办法的通知》（潍政发〔2015〕8 号）等有关文件和要求，高密市机关事业单位养老保险改革自 2015 年 10 月份启动。截至 2017 年 12 月，全市共 8355 名机关事业退休（职）人员，2017 年人均月增 217 元。（2）企业退休人员养老金。全市 31681 名离退休（职）人员，2017 年人均月增 150.67 元。（3）居民基本养老保险。2016 年 7 月，将居民基本养老保险基础养老金最低标准由每人每月 85 元提至 100 元。2017 年度高密市居民养老保险缴费共设置 12 个档次，分别为 100 元、300 元、500 元、600 元、800 元、1000 元、1500 元、2000 元、2500 元、3000 元、4000 元、5000 元。城乡居民执行统一政策，缴费实行县级统筹，对当年缴费的参保居民，选择 500 元及以上缴费档次的，政府按 60 元 / 年的标准给予补助；500 元以下缴费档次的，政府按 30 元 / 年的标准给予补助。1–2 级重度残疾人、低保户、五保户、三无人员、建档立卡未标注脱贫的贫困人员等缴费困难群体，政府为其代缴最低标准的养老保险费。

【医疗保险】 2017 年，城镇职工基本医疗保险统筹金和大额医疗保险基金年度最高支付限额分别为 10 万元和 40 万元，门诊特殊慢性病种 72 种。实行职工重特大疾病保障制度，再报销限额为 50 万元。城镇居民基本医疗保险与新型农村合作医疗并轨，建立居民基本医疗保险制度，年度最高支付限额15万元，居民大病保险最高补偿30万元，门诊特殊慢性病种28种。潍坊市内一档和二档缴费人员在一、二、三级医疗机构的支付比例分别为85%、70%、55%（未转诊38.5%）和90%、80%、65%。

【工伤保险】 工伤待遇实行社会化发放，并开展一年两次的工伤定期待遇领取资格认证活动。建筑业按项目参加工伤保险工作（即“同舟计划”），建筑行业工伤保险参保实现“定活两便”，建筑项目参保率达到100%。实行工伤预防工作，采取集中培训和专项培训相结合方式，有效降低了工伤事故发生率。

【生育保险】 （1）生育津贴。女职工合法生育或流、引产按规定享受生育津贴。女职工生育津贴以生育时上年度所在用人单位职工月平均工资为基数除以30天乘以相应产假天数计算。实行生育费用联网结算；企业职工的生育津贴直接拨付到职工的银行卡，实现社会化发放。根据上级规定，自2018年1月1日起，停止晚育津贴待遇。

（2）产假。女职工产假规定为：①女职工生育产假标准：女职工生育产假为98天，其中产前休假15天；难产的增加产假15天，生育多胞胎的，每多生育一个婴儿，增加产假15天；晚育的增加产假60天。每名生育职工只享受一次晚育待遇。②女职工流产假期标准：妊娠不满2个月，采取药物流产的产假为7天，实施清宫术的，产假为15天；妊娠2个月以上不满3个月流产的，产假为20天；妊娠3个月以上不满4个月流产的，产假为30天；妊娠4个月以上流产、引产的，产假为42天。③女职工因生育引起疾病不单独享受产假待遇。

【失业保险】 自2017年11月1日起，继续提高失业金标准，从1000元/月提高至1080元/月。根据省人社厅《关于贯彻落实人社部发〔2014〕76号文件进一步明确失业保险支持企业稳定岗位有关问题的通知》和《关于做好新形势下失业保险支持企业稳定岗位工作的通知》要求，对采取有效措施不裁员、少裁员、稳定就业岗位的企业，由失业保险金给予稳定岗位补贴，年内，为银鹰化纤、孚日家纺、大昌纺织等219家企业共发放稳岗资金703.07万元。

（张洪军　李梅雪）

人力资源管理服务

【概况】 高密市人力资源和社会保障局是政府序列部门，负责全市的人力资源和社会保障工作。2017年，人社局内设党政办公室、组织人事科、政策法规科、规划财务科、就业促进与劳动关系科、职业能力建设科、工资福利科、社会保险科、信息管理科、工伤保险科、事业单位管理科、公务员管理科12个科室，共有信息管理中心、人事考试中心、劳动人事争议仲裁院、劳动保障监察大队（参公）、社会保险事业管理中心、人力资源管理服务中心、高级技工学校7个局属单位。在职在编人员310人。办公地点在高密市康成大街2999号。2017年，潍坊市社会保险半年总结暨“三化”建设会议、中国大学生精准就业服务暨返乡创业大会先后在高密市召开；人社部社保中心、全国人才流动中心等领导先后到高视察指导，对“柜员制”服务、社保标准化、就业创业培训等多项工作给予充分肯定。

【人才队伍建设】 技能人才　进一步完善职业技能鉴定流程，共鉴定发证6205人，其中初级工4233人，中级工1013人，高级工705人，技师154人，高级技师100人。截至2017年，已经拥有博士后科研工作站2个，国家级大师工作室1个，省级技师工作站1个，齐鲁技能大师特色工作站1个；全国技术能手6人，中华技能大奖1人，省首席技师12人、有突出贡献的技师3人、技术能手7人，潍坊市首席技师29人、专业技术拔尖人才34人，有突出贡献的技师 34 人、技术能手 90 人。60 人被评为“高密市首席技师”，150 人被评为“高密市有突出贡献技师”，619 人被评为“高密市技术能手”。

专业技术人才　年内新增及晋升专业技术资格 1961 人次，其中新增专业技术人员 1536 人，全市拥有正高级职称 60 人、副高级职称 2825 人，享受国务院政府津贴 1 人，潍坊市级专业技术拔尖人才 34 人，高密市级专业技术拔尖人才 68 人，高密市优秀专业技术人员 30 人，发放各类专家津贴 659000 元。

【人才培养与培训】　2017 年，创新举办第八届职业技能竞赛。采取以行业、企业组织举办为主模式，设 12 大类，涉及 43 个工种，3 万多名职工、1000 余名职校学生参赛，共产生一等奖选手 64 名、二等奖选手 257 名、三等奖选手 353 名、先进单位 7 个。高密市高级技工学校被省人社厅确立为山东省技师工作站，同时被设立为潍坊市公共就业实训基地，在校生 3285 人，2017 年全国职业院校技能大赛机械装配技术项目荣获一等奖，实现了高密市国际级技能大赛金牌零的突破。通过“凤城大讲堂”大型公益性培训活动，举办专家讲座 5 场。各类民办培训机构组织开展就业与创业培训 8017 人，其中创业培训 975 人，就业技能培训 7042 人，发放各类培训补贴 287.27 万元。成功举办高密市第二届兴农创业大赛，70 余名创业者参与其中 ,10 名选手脱颖而出，获得现金奖励和创业政策支持，期间通过海选初赛、专项辅导、电视转播等，营造了“大众创业、万众创新”浓厚氛围。11 月 2 日至 3 日，中国大学生精准就业服务暨返乡创业大会在高密市举行，大会主题是“贯彻十九大精神、精准发力促就业、激发活力促双创”。大会由人力资源和社会保障部全国人才流动中心、山东省人力资源和社会保障厅指导，潍坊市人力资源和社会保障局和高密市人民政府主办，高密市人力资源和社会保障局承办，潍坊市星科创业孵化器发展有限公司具体承办，财视传媒、青岛蓝海股权交易中心、潍坊市大学生就业创业联合会协办。人社部，北京、天津、广东、贵州、山西等 11 省人社部门领导，清华大学、中国林业科学研究院等 50 余所重点院校、科研院所负责人和就业创业处室有关人员，潍坊市领导，国内创业领域专家等 450 余人参加大会。

中国大学生精准就业服务暨返乡创业大会
（李梅雪　摄）

【公务员管理】　积极做好机关事业单位考核工作，继续推进公务员考试录用工作，规范新进公务员试用期满考核、任职定级和公务员登记工作。2017 年，全市考录公务员（参公人员）64 名，其中市直机关招考 34 名，镇街机关招考 30 名（高密市辖区乡镇面向本土优秀人才招聘 5 名）。

【事业单位人事制度改革】　2017 年，对全市已进行岗位设置的事业单位下发本年度岗位使用批复，共批复岗位数 1302 个，事业单位工作人员由传统的身份管理转向岗位管理。全面推行事业单位人员聘用制度，286 个事业单位全部实行人员聘用制度，新增 326 名事业编制人员与用人单位签订聘用合同。

【军转干部安置】　2017 年，对军队转业干部，实施自主择业与计划安置相结合。全市共接收安置军队转业干部 24 名，其中计划分配 10 名，自主择业 14 名，全部安置到位。

【市直部门绩效考核】　2017 年，根据《高密市 2017 年度市直部门（单位）工作考核办法》，组织对全市党群部门、政府部门、垂管单位等 91 个部门（单位）进行业务工作考核。做好各部门的表彰奖励审核备案工作。按照全市综合考核工作要求，对各部门的表彰奖励进行审核备案，并对获得国家荣誉，受到省、部级及市级政府表彰奖励的先进个人及先进集体进行统计，掌握全市的表彰奖励情况。

（张洪军　李梅雪）

计划生育工作

【概况】 2017 年，高密市共出生 13531 人，人口出生率 13.04‰，合法生育率 99.0%，出生婴儿性别比为 106.45，其中，一孩出生 3387 人，同比减少 23.35%；二孩出生 9403 人，同比减少 7.61%。全市共有已婚育龄妇女 156992 人，孕情上报及时率为 91.0%，生育登记覆盖率 99.2%；婚检人数 8993 人，婚检率为 91.39%；免费唐氏综合征筛查 8724 例，筛查率 96.93%；免费发放叶酸 4505 份，服用率 100%。高密市连续 24 年被潍坊市委、市政府授予“人口目标责任考核优秀奖”。

【计生清理清查】 落实首接负责制、个人承诺制、及时办结制，全部实现婚育证明电子化。开展春季集中清理清查活动，全年共清理出漏管已婚育龄妇女 31 人，全部纳入规范服务管理。指导所有村社修订完善《计划生育村规民约》和《计划生育管理服务合同》，与 15.78 万已婚育龄妇女签订计生合同。每季度组织 1 次已婚育龄妇女健康查体，为育龄妇女落实长效避孕措施。监督指导各镇（街区）村社规范使用育龄妇女信息报告单等档案簿册，并及时变更信息、安全存放，保证育龄妇女纸质信息准确。

【计生奖扶政策】 认真执行《关于进一步健全完善人口和计划生育政策推动体系的实施意见》，落实好奖励扶助、特别扶助、扶持救助和企业退休职工中独生子女父母以及困难破产企业一次性养老补助。发放 2017 年度独生子女父母奖励费 49647 人（每人每月 5 元），共计 294 万多元。完成 2017 年度新增三项扶助人员的资格确认工作，并将信息录入国家平台，经审核确认，发放 2017 年度农村部分计划生育家庭奖励扶助金 16341 人（每人每月 80 元），共计 1568.7 万元。为 748 名特别扶助对象发放特别扶助金（其中独生子女伤残每人每月 400 元，独生子女死亡每人每月 640 元），共计 516.6 万元；为 639 名独生子女父母伤残（死亡）救助对象发放救助金（独生子女父母伤残每人每月 80 元，独生子女父母死亡每人每月 100 元），共计 33.8 万元。对新增加的 40 个失独计生家庭进行调查和资料审核，并发放一次性抚慰补助金共 31.5 万元。共为困难、破产企业新增退休独生子女父母 369 人发放一次性养老补助金 563.9 万元。落实计生特殊家庭联系人制度，制定《关于建立和完善计生特殊家庭联系人制度的通知》（高人口组办发〔2017〕1 号），市镇村三级分别为 523 个计生特殊家庭建立信息档案。开展计生特殊家庭成员健康查体工作，由各镇（街区）计生办、计生协会组织人员，市立医院承接完成 549 人的查体工作任务。为 1109 个计生特殊家庭成员发放《计划生育特殊家庭方便就医卡》。

2017 年 12 月，市领导走访慰问困难计生家庭　　（王开明　摄）

【流动人口管理服务】 年内，在全市开展以“均等化服务”“关怀关爱流动人口”为主题的宣传教育、服务管理集中活动，为流动儿童争取享有与本地儿童同样的预防接种权利。建立健全流动人口健康档案工作制度，形成“计生办负责组织流入人口到村（社区）卫生室、卫生院负责督导村（社区）卫生室对流入人口即时建立健康档案的协作机制”的工作模式，让流动人口真正享受与高密市常住人口同宣传、同服务、同管理的待遇。全年流出已婚育龄妇女 6442 人，流入已婚育龄妇女 1616 人，全员流入人口 3953 人，建立流出（入）育龄妇女个人档案率为 98%，免费服务率为 100%；建立流动人口健康档案 3950 份，建档率为 98%，流动儿童预防接种率达到 95% 以上，流动人口传染病报告率和报告及时率达到 100%。

【人口性别比综合治理】 年内，连续多次召开全市出生人口性别比综合治理暨整治“两非”工作专题会议（“两非”即非医学需要的胎儿性别鉴定、非医学需要的人工终止妊娠），制定实施《关于建立出生人口性别比综合治理长效工作机制的意见》《高密市 2017 年度出生人口性别比综合治理工作专项考核办法》。建立包保责任制，把自觉抵制“两非”作为评先树优和享受村（社区）集体经济收益分配的重要条件。同时抽调公安、卫计、市场监管等部门工作人员组成专门队伍，排查孕 14 周以上终止妊娠线索，对查证属实的“两非”人员启动行政问责程序，对 B 超执机单位和个人进行逐一清理登记。全年共查处“两非”案件 2 例，其中大要案 1 例；根据省卫计委家庭发展处要求，协助青岛市崂山区卫计局查处一起省重点督办跨区域采血鉴定胎儿性别案。

【宣传教育】 1 至 4 月，以宣传转变群众婚育观念为重点，组织全市各镇（街区）开展春季集中大宣传活动。在市区主要公园、广场以及各镇（街区）大集、社区等人流密集区域，开展“培养科学生育理念，助力妇幼健康发展”茂腔剧巡演活动 50 多场。联合潍坊市宣教中心，邀请潍坊市人民医院生殖保健专家到高密市开展助力高龄妇女备孕二孩优孕优生知识宣传培训。在电视台黄金时间开办《健康高密》《计生之窗》专题栏目，年内共播出 50 多期。在潍坊市级以上媒体发表新闻稿件 800 多篇，营造良好的舆论氛围。

【市计划生育协会】 市计划生育协会致力于推动计划生育基本国策贯彻落实、促进人口长期均衡发展与家庭和谐幸福，发挥桥梁纽带作用，开展计生宣传教育、优生优育指导、计生家庭帮扶等工作。计划生育协会办公室为计生协会的常设办公机构，2017 年有工作人员 5 人，包括主任 1 名，副主任 1 名，科员 3 名。“5.29”协会会员日期间，在市镇村三级设立计生宣传摊位开展宣传服务，共组织活动 350 多场次，宣传服务人员 11000 多人次。6 月，组织“人口关爱基金”募捐及计生困难家庭“手牵手家连家结对帮扶”活动，共计募捐 12.6 万元。元旦春节期间，对全市 61 个计生困难家庭进了帮扶，对 27 个卫计系统困难职工进行走访慰问，共发放帮扶慰问金 14.2 万元。8 月，为 17 名计生特殊家庭大学生发放慰问帮扶金 3.4 万元。开展优生优育进社区暨生育关怀携手行家庭健康素养促进行动，年内有 1/3 的镇（街、区）开展活动。修订完善《计划生育村（居）民公约》，推进示范单位创建，深入开展计划生育基层群众自治工作。

（彭宏　杜春辉　刘莎莎）

老龄事业

【概况】 高密市的老龄事业由高密市老龄工作委员会办公室负责。老龄办是市人力资源和社会保障局局属公益一类正科级事业单位，2017 年，共有工作人员 7 名。年内，高密市“银龄安康工程”理赔服务模式取得良好效果，在全省“银龄安康工程”总结会议上作典型发言；市老龄办被命名为山东省老年人公益维权示范站；东北乡文化发展区、罗家庄老年活动中心、市妇女健身协会老年艺术团分别被评为“山东省敬老文化教育基地”“山东省银龄之家”“山东省优秀老年艺术团体”；姜庄镇尤玲被评为全国“敬老爱老助老模范人物”；密水街道王艳、夏庄镇张付霞分别被评为潍坊市第五届“十大孝星”、潍坊市“十大孝星”提名奖；姜庄镇莳一村老年协会等 9 处老年协会成功创建为首批潍坊市“城乡社区老年协会示范点”。

【惠老政策落实】 2017 年，共发放惠老资金 579.08 万元，其中百岁老人长寿补贴金（每人每年 7200 元），全年共发放 41.12 万元，90~99 周岁老人高龄生活津贴（每人每年 1200 元），全年共发放 357.96 万元。为全市 70 周岁以上老人赠送 10 元“银龄安康”保险、80 岁以上老人增送 30 元“银龄安康”保险；五保、低保和困难老人赠送 10 元“银龄安康”保险，总额 180 万元。城乡居民基础养老金标准提高到每人每年 1200 元，共涉及 16.2 万老年人；五保集中供养和分散供养标准提高到每人每年 6200 元和 4500 元，共涉及孤寡老人 1789 名；城市和农村低保保障线标准分别提高到每人每年 6120 元和 4100 元，其中 80 周岁以上低保老人高龄补贴提高到每人每年 1200 元，90 周岁以上低保老人高龄补贴提高到每人每年 2400 元；困难失能老年人护理补贴每人每年 720 元。全市 65 周岁以上老年人免费健康查体，65 周岁以上老年人免费乘坐市内公交车，所有公园景点门票免费。

【孝德文化建设】“敬老月”和老年节期间，全市各级围绕“敬老爱老、全民行动”主题，开展一法一条例和防诈骗宣传和敬老爱老助老系列活动。市委、市政府、市人大、市政协等领导带头走访慰问敬老院、百岁老人。各镇(街区)党政负责人到敬老院、高龄老人家中进行走访慰问，同时开展庆祝老年节座谈会、老年文化展演、老年象棋比赛等活动。各市直部门单位中，市人社局、公安局、卫计局、司法局等部门组织本单位退休老干部免费查体，并对老干部们进行走访慰问。市教育局组织少先队员到敬老院开展以“敬老、爱老”为主题的爱心活动。市交通运输局组织退休老干部参观所在领域重大项目建设，让老干部们感受市经济社会发展新变化。

【老年文体活动】 年内，市老龄办举办以“长寿高密幸福银龄”为主题的首届老年文化艺术节；组织开展“望乡杯”庆国庆迎中秋文体展演等 9 场大型文艺活动。与镇街联动开展 6 项老人联谊活动，2000 余人次老年人参与。组织泽普医疗科技有限公司参加第九届山东老龄产业博览会。组织人员参加第六届山东省老年书法美术大赛、第四届老年主题摄影大赛、第六届山东省老年健康与长寿理论研讨会，市老年大学学员孙永杰的摄影作品获摄影大赛一等奖，潍坊市银龄家庭传媒大学学员李长江的绘画作品《难忘儿时古树情》和吕尧炳的绘画作品《童年记忆》均获得书法美术大赛一等奖，市老龄办撰稿的《社会文化对高密成为长寿之乡的作用探析》被评为三等奖。

【银龄安康理赔服务】 2017 年，市老龄办采取 5 个方面的措施进一步提升理赔服务质量，分别是：建立一套台账、进行一次信息互动、提高受理材料一次性通过率为主要内容的“三个一”工作模式做好赔前服务；采取对案件实行动态管理、多渠道做好案件勘察工作和落实异地勘查制度三条措施实现理赔增速提效；通过了解理赔资金到账情况，征求客户对案件处理的意见和建议，对符合伤残理赔条件的客户进行残疾鉴定提醒，及时梳理意见建议形成分析报告，对百岁以上老人、五低保老人、困难老人等进行走访慰问等五项延伸服务关爱老年人；通过会议经营，及时研究调度解决理赔中的问题；通过建立微信群实现理赔信息共享。理赔服务模式取得良好效果，分别在全省和潍坊召开的会议上作典型发言。

【银龄家庭传媒大学】 “潍坊市银龄家庭传媒大学”开播以来，市老龄办通过召开会议、编印明白纸、建立微信公众号等举措推动报名招生工作开展。至 2017 年底，共有 64926 名老人报名参加潍坊市银龄家庭传媒大学。老年人通过电视、网络和手持移动设备及时接受党的路线方针政策和国家法律法规教育，选学老年大学课程和其他科学文化知识。是年，在“潍坊市银龄家庭传媒大学”优秀学员和优秀作品评选活动中，高密市8名学员获得“优秀学员”荣誉称号，5名学员作品被评选为“优秀作品”。

（孙宗芳　单亦武）

慈善事业

【概况】 高密市慈善总会于2007年建立，2017年，有工作人员6人。年内，高密市慈善总会坚持“扶贫济困、安老救孤、赈灾助医、兴善助学”的慈善宗旨，广泛募集善款善物，助力扶贫攻坚。2017年，市慈善总会以“慈心一日捐”为主要形式，以冠名、定向基金和定点选项冠名赞助等办法，共募集善款668.66万元，比2016年增加82万元。新增慈善基金12个，基金总额1012.19万元。年内所开展的“阳光助学”“夕阳扶老”“阳光复明”“情暖万家”活动，为困难群众送去温暖和爱心。全年用于助困、助学、复明、扶老等方面共支出782.89万元，救助群众5200人次。

“夕阳扶老”活动现场

“阳光助学”活动现场

【高密慈善奖】 2017年5月，市政府颁发第二届“高密慈善奖”，授予孚日控股集团股份有限公司“最具爱心慈善企业”荣誉称号，授予豪迈集团股份有限公司等10家企业“爱心慈善企业”荣誉称号，授予孙日贵“最具爱心慈善捐赠个人”荣誉称号，授予孙学平等12人“爱心慈善捐赠个人”荣誉称号，授予密水街道等14个单位“慈善工作先进单位”荣誉称号，授予钟向梅等15人“慈善工作先进个人”荣誉称号。

2017年5月，高密市第二届“高密慈善奖”表彰暨“慈心一日捐”活动动员大会

（张振法　张振荣）

镇 街 区

经济开发区

【概况】 高密经济开发区位于高密市东部，面积95平方公里，辖62个行政村，1.5万户，人口4.89万人，耕地面积1万余公顷。2017年，全区完成地区生产总值67亿元，比上年增长8.1%；实现地方财政收入2.13亿元，比上年增长34.4%；实现工业销售收入709088万元、利税79566万元，分别增长9%和8.8%；第三产业增加值达到34947万元，增长10.0%；农民人均可支配收入16567元，增长8.1%。2017年，经济开发区在全省131家省级经济开发区2016年度综合评价考核中位列全省第7名、潍坊市第1名；成为全省省级经济开发区现场观摩会议三个现场之一。

【园区建设】 2017年，全面开展路网提升工程，进一步完善产业园交通网。投资300多万元，建设安防用品产业园复芝路；投资2600多万元，开展豪迈第三工业园配套设施项目；投资3000多万元，开展姚前路综合改造工程和配套设施项目；投资1000多万元，对胶济铁路沿线两侧高标准绿化10公里。成立园区党群服务中心，设立人才管理窗口，实现人才“一站式”服务。加快机械装备产业园（包括豪迈装备产业园、豪迈第三工业园等）、安防用品产业园、现代物流园等特色产业园区的规划建设。

豪迈装备产业园 豪迈装备产业园位于经济开发区康成大街以北、胶河大道以西，总占地面积2300亩。截至2017年底，园区内A、B、C、D四个厂区均形成规模：A区主要包括航空叶片和医用人体置换关节项目、大型压缩机项目、发动机零件项目，涵盖航空、医疗、轨道交通等产业，拥有山东半岛最大的恒温车间，于2016年3月开工建设的航空叶片和医用人体置换关节项目年内投产；B区总投资近20亿元，分8个车间，主要生产油气装备、深海钻采设备、成撬模块、压力容器、高效节能换热器；C区包括高端精密铸造一期二期、铸锻中心等项目，主要承接复杂工艺、高质量要求的铸件，以单件、小批、高附加值产品为主。高档精密重型铸造项目二期总投资2亿元，至2017年底，车间主体建成，开始进行设备安装；D区包括高档轮胎模具、丰东热处理两个项目，总投资近10亿元，其中豪迈高档轮胎模具项目二期至2017年底已打好地基。整个园区全年贡献税收达到2.3亿元。

豪迈第三工业园 年内，利用1个多月时间为豪迈第三工业园流转土地1500余亩，助力豪迈实现个性化、数字化、智能化“工业4.0”目标。

安防用品产业园 安防用品产业园·星宇公司年产1200吨超高分子量聚乙烯纤维项目总投资为36000万元，占地面积为66667平方米，规划建设7座车间。项目建成后，可形成年产1200吨超高分子量聚乙烯纤维的能力，可实现经营收入20400万元，年实现工业增加值为16667.89万元。年内，该项目开工建设，预计2018年6月份投产。安防用品产业园·登升健康防护用品环保产业园项目总投资1.5亿元，总占地面积53360平方米，计划建设5座生产车间和1座仓库。年内完成10000平方米车间建设，预计2018年投产后，可形成年产2亿双劳保手套、3亿双一次性丁腈手套的生产能力，年实现产值5亿元，利税2000万元。

现代物流园　项目计划总投资8.6亿元，规划占地1500亩，是对原有高密站铁路货场线进行拆除改造，建设一个促进青潍日区域一体化发展的大型物流中心。年内芝兰庄货场搬迁工程基本完工，计划2018年投入使用。

木器产业园　年内与红星美凯龙积极洽谈，计划实现集采购、生产、销售、物流、展览于一体的完整产业链。

园区党群服务中心　（赵艳民　摄）

【经济建设】　（1）传统产业转调。年内，24家安防企业进行了增资扩产和技术改造，增资额总计达26.3亿元。豪迈精密铸造、星宇超高分子量聚乙烯纤维等一批重点项目先后开工建设。（2）人才引进。年内，引进“千人计划”专家王启民教授，省泰山产业领军人才鲁汇智、于淼、张伟等高水平人才；积极打造科技创新平台，新增山东豪迈院士工作站1家，省级工程技术研究中心2家（山东省子午线轮胎模具示范工程技术研究中心、山东登升安防科技有限公司技术中心），潍坊市级工程研究中心2处（潍坊市防护手套工程研究中心、潍坊市汽车轻量化覆盖件模具工程技术研究中心）；加快产学研步伐，先后与青科大、华北电力大学合作建设研发中心3所。

【新城建设】　棚户区改造　在前期入户摸底、丈量评估的基础上，研究制定征收补偿方案和奖励补助办法，并报请市政府批准后，于8月29日正式开展姚哥庄西片区搬迁改造工程，成立了片区改造指挥部，抽调区直部门负责人和村（社区）党支部书记进驻工作组，并聘请专业律师全程参与、法律兜底。姚哥庄西片区搬迁改造工程涉及的827户居民，至年底，动迁率达到97%。

搬迁改造现场　（赵艳民　摄）

违法建设治理　开展违法建设专项整治行动，通过广泛宣传、入户走访、实地调查、“地毯”式摸排，先后出动执法队员3000多人次，拆除违法建设1200多处，建筑6万多平方米。

社区设施完善　按照“一厅一校十室”标准，投资800多万元新建芝兰、胶东和张鲁集3个社区服务中心，总面积达3700多平方米，配备社区党校、日间照料中心、老干部活动室、电子阅览室等服务场所。投资7000多万元新建开发区小学、毛家屯小学、芝兰小学3所和开发区幼儿园、张鲁幼儿园、东牟幼儿园3所幼儿园。截至2017年底，开发区小学主体完工，进入内部装修阶段，预计2018年5月份投入使用；毛家屯、芝兰小学于2017年9月投入使用；开发区幼儿园主体完工，进入内部装修阶段，预计2018年9月份投入使用；张鲁幼儿园主体完工，进入内部装修阶段，预计2018年6月份投入使用；东牟幼儿园于2017年

9月投入使用。投资80多万元，对敬老院设施进行了全面升级，对全部的房屋进行了外层维修，并对所有的房间进行了修缮改造粉刷，改造新建厕所5处，改造厨房，更换煤改气，安装室外铝合金，重新改造下水道，安装用电安全保护系统，重新铺了电路，并根据上级要求为敬老院办理了民办非企业单位。全面改善综合性文化服务中心和农家书屋硬、软件设施。12月，宝德书院获选全国示范农家书屋。

芝兰社区党群服务中心　　（陈重阳　摄）

【环境整治】　2017年，经济开发区推行环卫作业市场化运作模式，全区62个村（社区）全部达标验收，环卫一体化在2017年上半年考核获得全市第1名。对辖区内30家“小乱散污”企业、16家禁养区内养殖场（户）、24家水源地保护区内违法项目进行依法取缔。积极开展“清河行动”，对辖区内主要河道内的树木、违法建设等进行了彻底清理。对全区范围内205个小型燃煤锅炉进行了全部清零。大力推广清洁型煤，顺利完成上级任务，全区生态保护取得较好成果。

【主要负责人】

党工委书记：

张英杰（2016年12月任）

党工委副书记：

王晓辉（负责区管委会日常工作　2016年12月任）

（赵艳民）

密水街道

【概况】　密水街道位于高密市中南部，版图面积130平方公里，辖86个村（社区），4.8万户，人口14.58万人，耕地面积7220公顷。2017年，全街道完成地区生产总值52.5亿元，比上年增长8%；实现地方财政收入36200万元，比上年增长9.5%；实现工业销售收入1691132万元、利税270984万元，分别增长11%和12%；第三产业增加值达到212625元万，增长12.5%；农民人均可支配收入18139元，增长9.1%。

【工业】　截至2017年，密水街道共有各类工业企业566家，其中规模企业38家。主要产业有机械制造、纺织服装、制鞋三大产业。2017年，实现工业销售收入297亿元，利税39亿元。年内，全街道工业主要有以下发展变化：

机械制造业　2017年，为豪迈E区倒地307亩用于项目建设。豪迈集团投资7亿元，建设轮胎模具扩产、大型零部件加工、气门嘴扩产三大项目，年内建成气门嘴车间，轮胎模具扩产、大型零部件加工车间完成规划设计。

投资7亿元的豪迈集团E区项目
（姜亮　摄）

制鞋业　2017年，全街道实施新旧动能转换进行技术改造比较突出的制鞋企业有凤墩皮革、美登鞋业、龙润神宇鞋业、海鹏鞋业、力王鞋业、龙飞鞋业、宏冠鞋业 7 家出口型制鞋企业。年内，这些企业新上电脑自动切割机、电脑花样车、德士玛自动圆盘注塑机等先进设备 40 余套，凤墩皮革、美登鞋业、海鹏鞋业 3 家企业成立技术研发中心，加强 3D 开发与设计，“机器换人”提质增效，年出口额突破 10 亿元。

纺织服装业　2017 年，密水街道有耐拉纺织、锦昉棉业、赛斯服装、大禹服装、瑞源纺织、炽炬纺织 6 家年产值过亿元的纺织服装企业加快设备、工艺、产品等更新换代，以技改转型促传统产业创新发展。引进德国“赐来福”喷气织机、进口自动络筒机等高端设备 120 台，织机效率提高 2.2 倍，大批量生产高附加值的针织用纱和竹节纱，比普通涤棉纱每吨高出 1000 元，年内全部投产达效。

【服务业】　截至 2017 年，密水街道共有第三产业企业 2210 家，其中规模企业 6 家。主要从事餐饮、商贸、物流、电商等。至 2017 年底，共有家家悦超市、金孚隆超市、中百佳乐家、银座商场、维客购物中心、豪隆超市 6 处大型超市；另有天和科技市场、辉煌家居广场、北方家具市场、金冠红木广场、密水商场、碾头小商品批发市场 6 大“物流平台”和专业市场，引领全市商贸服务业发展。2017 年完成交易额 185 亿元，实现利税 19.6 亿元。

2017 年，“互联网 +”等新业态发展迅速，京东商城、雅购等知名电商企业均在密水布局设点，100 多家制鞋、服装企业开展了电子商务业务，枣行村被评为“中国淘宝村”。枣行村年内引进高密市欧拓电子商务有限公司，共有员工 150 人，该公司是一家网上销售皮革制品、服装鞋帽、针纺织品的专业电子商务公司，入驻商家 60 家，各平台店铺 120 个，2017 年销售额 1.5 亿元。

【房地产业】　截至 2017 年，密水街道有房地产企业 28 家，其中，有二级开发资质的 6 家，有三级开发资质的 1 家，有四级开发资质的 21 家。2017 年，密水街道房地产开发总投资 29 亿元，新开工面积 81 万平方米，竣工 98 万平方米，共开发 11 个项目：民旺嘉苑、康成福地、豪迈社区、菲达广场、凤凰·永安居、凤城国际、世佳·康成大院、御林华府、城嘉·东方名都、新隆·中央城、红木奇石文化艺术中心 B 区——金冠文化大院。

民旺嘉苑　位于康成大街南，卞家庄村后，占地面积 90 亩，总建筑面积 8.6 万平方米，11 层小高层 3 栋、多层楼 10 栋，2013 年开工建设，2017 年底全部竣工。

康成福地　位于康成大街北，豪迈路东侧，占地面积 160 亩，规划建设 28 栋多层楼，总建筑面积 16 万平方米，2013 年开工建设，2017 年底全部竣工。

豪迈社区　位于杏坛西街南、薛中路西侧，占地面积 172 亩，规划建设 30 栋多层楼，总建筑面积 16 万平方米，2012 年开工建设，2017 年底全部竣工。

菲达广场　位于凤凰大街南、利群路东侧，占地面积 92 亩，规划建设 12 栋 17 层的高层楼，总建筑面积 15.6 万平方米，2014 年开工建设 5 栋高层，2017 年底 5 栋高层楼进行装修。

凤凰·永安居　位于凤凰大街南、永安路东侧，占地面积 70 亩，规划建筑面积 14.6 万平方米，规划 6 栋多层楼，2 栋 11 层、6 栋 17 层的高层楼，2014 年动工建设，2017 年底全部建成。

凤城国际三期工程　位于凤凰大街北，健康路西侧，占地面积 46 亩，规划建设 4 栋 17 层的高层住宅楼，4 栋多层住宅楼，建筑面积 11 万平方米，2017 年底进行装修施工。

世佳·康成大院　位于康成大街与古城路交叉口，占地面积 117 亩，规划建筑面积 17 万平方米，3 栋 17 层高层，26 栋多层楼，2014 年开工建设，到 2017 年底多层楼全部竣工使用，高层楼进行装修。

御林华府　位于昌安大道西、杏坛西街南，占地面积 96 亩，规划建筑面积 23 万平方米，规划建设 7 栋 17 层、3 栋 22 层的高楼层，14 栋多层楼。2014 年开工建设，到 2017 年底，建成 12 栋多层楼，3 栋 22 层的高层楼。

城嘉·东方名都　位于凤凰大街南、梓潼路西侧，占地面积 120 亩，规划 13 栋 21 层的高层楼，建筑面积27万平方米，2015年开工建设，到2017年底进行室内外装修。

新隆·中央城 位于康成大街北、利群路西侧，占地面积75亩，规划建筑面积20.7万平方米，规划建设12栋17层的高层楼。2016年动工建设，2017年底5栋高层楼封顶。

红木奇石文化艺术中心B区——金冠文化大院 位于昌安大道西、崇文街以北，占地面积78亩，规划建筑面积15万平方米，规划4栋联排别墅，7栋多层洋房，5栋9层小高层，4栋17高层，2017年开工建设，年底多层封顶，高层建至7层。

【现代农业】 截至2017年，全街道共有现代农业园区8个，分别是万亩酿酒葡萄基地、怡佳花卉苗木基地、姜家屯大棚基地、瑞丰超大现代农业示范园、中盛家庭农场、福润德生态农业示范园、王家屯村大樱桃种植基地、大尹村科技示范园。其中2017年新建4个，具体有福润德生态农业示范园、中盛家庭农场、大尹村科技高效农业示范园、王家屯村大樱桃种植基地，带动农民新调整种植业结构6600亩。

万亩酿酒葡萄基地 位于密水街道刘戈庄、赵戈庄、薛家村等村，到2017年，基地发展到占地8000亩，完成投资3000万元。基地通过葡萄新品种筛选、技术培训、示范带动等措施，实现酿酒葡萄的早产丰产，亩产葡萄突破5000斤，亩均收入超过5000元。被国家标准化管理委员会授予"无公害葡萄生产基地"，依托葡萄基地，先后建设了葡萄宋、密水、鑫星、海悦等四处葡萄酒加工企业，提升了产业化水平。

怡佳花卉苗木基地 位于梁家屯村后，占地300亩，建于2010年，到2017年，基地内主要苗木有樱花、百日红、紫叶李、小龙柏、黄杨、法桐、金叶女贞等60多个品种，广泛应用于城市绿化、小区绿化、村庄绿化等工程，亩均年收入1万元以上。

姜家屯大棚基地 位于姜家屯村后，占地120亩，建于2011年，到2017年，基地内共有冬暖式大棚17个，主要种植西红柿、黄瓜、樱桃等，亩均年收入2万元以上。

瑞丰超大现代农业示范园 位于密水街道苗家屯村，建于2014年。到2017年，占地1200亩，完成投资2200万元。主要经营农产品种植及初加工，主要产品有冷冻菠菜、青刀豆、胡萝卜、青豆、甘蓝、草莓等农产品二十余种。

中盛家庭农场 成立于2015年2月，位于密水街道北王柱村，占地310亩，注册资金3000万元。到2017年，发展初具规模。主要以大棚葡萄、樱桃、蔬菜种植销售，畜禽养殖，休闲采摘为主。

福润德生态农业示范园 位于密水街道西锅框村，占地300亩，总投资1000万元。于2017年4月份完成一期100亩鲜食葡萄大棚36个，建成集观光、休闲、采摘于一体的高标准农业示范园区。

王家屯村大樱桃种植基地 位于王家屯村，占地200亩，2017年，投资600万，栽植大樱桃120亩；同时，结合村内200亩韭菜基地，成立果蔬合作社，以"党支部+合作社+农户"的模式，带动周边村调整种植结构，发展大樱桃、韭菜等果蔬基地1000亩。

大尹村科技示范园 位于大尹村村前，项目总投资1.2亿元，分三期建设。一期工程规划200亩，投资1000万元，主要建设全自动连栋温室大棚，现已建起4个国内先进的大棚，主要种植西红柿、黄瓜、茄子、草莓等。二期工程规划800亩，主要建设高效农业示范园、采摘园、观光区等。三期工程规划1000亩，主要建设儿童乐园、农家乐、农副产品深加工区等。计划通过3–5年的发展，在大尹村建成一个多功能田园综合体。

【城市建设】 （1）拆迁。2017年，密水街道先后实施了凤城小区片区、南湖西片区和五金建材市场片区的棚户区改造，共搬迁居民620户，搬迁建筑面积10.7万平方米，拆出净地271亩。（2）回迁安置。年内，烟草公司西片区190户居民于8月份顺利回迁，康成大街西拓大胡C区37户居民选房回迁，梓童庙3万平方米的家具市场建成回迁使用。（3）环境治理。全面推进"两河五路"清障倒地，其中拒城河水库增容改造工程清障倒地1400亩，南洋河综合治理2600米，清障工作全面完成；崇贤街、崇德街、纵一路3

条新规划道路清障倒地 305 亩，杏坛西街明渠被覆工程清理拆除 18 户违法建筑，顺河路改造强制拆除两个尾留户，于年内建成通车。

2017 年 6 月 4 日，密水街道召开凤城小区片区搬迁改造动员大会　　（李言开　摄）

【乡村建设】　2017 年，街道高效推进拆违整治、城乡环卫一体化、现代农业提升等工作。年内，先后对平安大道、律家村转盘、拒城河社区驻地等重点区域进行拆违整治，共拆除临时建筑、棚厦 210 余处。对平安大道、横一路等 7 条道路实施改造升级，栽植北海道黄杨、雪松、红叶石楠等绿化苗木 12 万棵，打造绿化景观带。抓好 36 个示范村建设，投资 1600 余万元，实施硬化、绿化、亮化改造提升工程，魏家小庄村列入潍坊市美丽乡村示范村。调整完善环卫保洁长效机制，统一粉刷村庄墙面，每月一次检查评比，实现环卫保洁常态化、长效化，9 月份环卫一体化月度检查居全市第一名。

潍坊市级美丽乡村——魏家小庄　　（赵勇　摄）

【民生事业】　（1）教育。年内，投资 1.4 亿元，启动城区校舍改造工程，对立新中学、向阳中学、东关小学、崇实小学、密水小学、刘戈庄小学进行综合改造，改造面积 6 万平方米，2017 年 8 月底全部交付使用，解决了城区学校校舍老旧、大班额日趋严重的问题。投资 6000 万元，对农村校舍进行深度改造：拒城河小学新建 3100 平方米的教学楼，2017 年 9 月开工建设，2017 年底主体工程已完成；新建崇文中学二期工程和崇文小学、幼儿园工程，总建筑面积 2.5 万平方米，2017 年 10 月开工建设，年内全部完成主体建设。（2）卫生。6 月，投资 1200 万元的密水卫生院新院建成使用，新院于 2016 年 3 月开工建设，位于拒城河社区横一路北侧、防汛路东侧，占地 40 亩，建筑面积 6100 平方米，包括一栋门诊楼和一栋病房楼。

立新中学新教学楼　　（赵勇　摄）

崇实小学新教学楼　　（赵勇　摄）

【主要负责人】

党工委书记：

禚见前（2016 年 12 月任）
办事处主任：
刘广智（2016 年 12 月任）

（栾瑶瑶　赵勇）

醴泉街道

【概况】　高密市醴泉街道位于高密市城区西北部，2007 年 8 月镇街区划调整后，原康庄镇划归醴泉街道，调整后总面积 134 平方公里，辖 76 个行政村（社区），44218 户，人口 11.6 万人，耕地面积 10625 公顷。2017 年，全街道完成地区生产总值 126.8 亿元，比上年增长 8.1%，实现地方财政收入 19233.8 万元，比上年增长 9.2%；实现工业销售收入 2122866 万元、利税 194717 万元，分别增长 1.3% 和 0.3%。年内，辖区 45 家企业顺利通过国家统计局执法抽检。第三产业的增加值达到 19.2 亿元，增长 20%；农民人均可支配收入 16911 元，增长 7.8%。2017 年，街道荣获省级组织建设等荣誉称号。

2017 年 12 月，火车站片区拆除现场

（李储军　摄）

【工业】　截至 2017 年，全街道共有各种工业企业 240 余家，其中规模企业 90 家，主要有纺纱织布、针织服装、玩具制鞋、木器加工、汽车配件、机械制造六大门类。年内实现产值 2322866 万元、利税 194717 万元。2017 年，继续实施工业强街战略，着力抓了园区建设、企业转型升级和招商引资工作，取得重大成效。

园区建设　2017 年，筹集资金 8000 多万元，接续实施盛泉街、富泉街、富华路等“三街六路”铺油罩面工程，通车总里程 21 公里。2018 年，计划筹措资金 6000 万元，实施工业园区“三街六路”再提升工程，达到“五通一平”标准。

企业转型升级　2017 年，街道引导规模以上企业不断进行转方式、调结构，帮扶企业不断拓展销售渠道。高密市信德机电公司开发玉米剥皮机、玉米收获机、土豆收获机，产品远销河北、东三省等地；山东莱福特皮革公司与四川大学合作，于 2017 年 11 月成立国家皮革研究中心，不断推出用于制作皮包、座椅的高档皮革；山东元丰橡胶科技深化与三角集团、双星集团、青岛软控等大企业的合作，投资 1.5 亿元，购进巨胎硫化机等先进生产设备 150 万套，12 月份完成安装调试，达到年产 100 万套全钢载重子午胎生产能力，另 100 万套生产设备 12 月底进厂，预计 2018 年上半年可达到年产 200 万套全钢子午胎生产能力。

新上项目　（1）天燃气热电联产项目。位于醴泉工业园内，由全球新能源企业 500 强之一的协鑫集团投资建设，一期投资 14 亿元。项目装机容量 1×400MW，用地面积 120 亩，2017 年 12 月底完成办理环评手续。（2）联动加工中心项目。位于醴泉工业园，项目占地面积 30 亩，建筑面积 30000 平方米，由山东智拓数控机械科技有限公司投资 1 亿元建设，购置数控加工中心等国内行业领先的生产设备 38 台 / 套。建成投用后，可实现年产 150 台 / 套先进成型模具和四轴、五轴家具联动加工中心的生产能力，预计年可实现主营业务收入 1.5 亿元，利润 1500 万元，税收 1000 万元。计划 2018 年 3 月开工，2020 年 12 月全部竣工。

山东元丰轮胎科技公司载重子午线轮胎新生产线　　（李储军　摄）

2017年6月2日，天然气热电联产项目签约仪式　　（李储军　摄）

【服务业】　截至2017年，全街道共有服务业企业68家，其中规模企业15家。主要有住宿餐饮、百货超市、电子商务、贸易、金融、物流6大门类。

【房地产业】　截至2017年，醴泉街道有房地产企业5家；其中，有二级开发资质的2家，分别为高密市交运置业公司、高密市星合建业公司；有三级开发资质的2家，分别为高密市菲达置业公司、高密市九龙山置业公司；有四级开发资质的1家，为高密市三佳置业公司。2017年，醴泉街道房地产开发总投资1.65亿元，新开工面积5万平方米，竣工2.5万平方米，共开发1个项目：小康河北延改造二期——康桥馨城项目，该项目由高密市星合建业公司投资建设，位于百脉湖大街以北，醴泉大街以南，小康河东岸，用地面积500亩，规划建筑面积34万平方米。2017年，完成主体建设40个楼座，其中包括多层32栋、用于回迁的高层8栋，建筑面积21万平方米。

【旧城改造】　2017年，醴泉街道按照市委、市政府“棚户区改造”三年计划，先后组织实施气象局片区二期、桃园片区、经信局宿舍片区、北大王庄片区、火车站片区五大片区的棚户区改造项目，搬迁居民总户数1247户，搬迁总建筑面积12.3万平方米，占全市年度棚改计划的三分之一。计划2018年上半年启动文化、小王庄、北关、交通片区4个片区、2985户居民征收搬迁以及昭儿玩具厂等片区尾留问题处理。年底，气象局片区一期185户居民顺利回迁。小康河北延综合改造二期400多户居民的回迁计划于2018年下半年组织实施。

【农业】　2017年，街道继续坚持把发展特色农业、农业示范园区、农业龙头企业建设和发展乡村旅游作为农业工作的重点，并注重农业基础设施配套建设，积极引导农民发展优质高效农业，推动产学研结合，取得显著成绩。2017年，街道第一产业产值为65828万元，同比增长3.6%，农民人均可支配收入16911元，增长7.8%。

（1）农业示范园区。至2017年，醴泉街道主要农业园区有五龙河农场、鸵鸟园、北志屯西红柿基地、永安樱桃基地、永丰芍药园等。

千亩五龙河生态农场项目　项目位于醴泉街道李村，五龙河东侧，用地面积1260亩，投资5200万元，主要发展绿色有机农产品的生产、加工、配送以及乡村旅游。2009年开始投资，至2017年，已建成为集种养殖、休闲旅游、科技培训、蔬菜禽蛋配送、餐饮住宿等为一体的农业项目。

双利达鸵鸟园项目　项目位于胶济铁路以南、柳沟河东侧，用地面积26亩，共投资1500万元。一期投资700万元，设有6个栏舍，1个蛋雕工艺品展厅。2016年3月，该园引进恒温孵化设备，2017年底，扩大鸵鸟养殖规模至300只。2017年，投资60万元，建设100平方米展厅、农家乐酒店，引进麋鹿、梅花鹿、绿孔雀等，建成集特色养殖、畜牧旅游、鸵鸟深加工、工艺品展示、农家乐等于一体的特色农业园区。

北志屯西红柿和鲜食葡萄种植基地项目　该项目位于醴泉街道北志屯，自2010年开始，至2017年共发展冬暖式西红柿大棚34个，鲜食葡萄大棚10个，用地面积132亩。其中，西红柿大棚主要种植无限生长型西红柿，品种有太空、粉208等，每个棚用地面积4亩左右，投资11万。建棚资金由村委协调，亦勋蔬菜合作社为社员提供担保。2017年，该项目区年产西红柿140万斤，产值500多万元。产品通过寿光客商销往广东、俄罗斯等国内外市场。

宇彤葡萄基地项目　该项目位于醴泉街道关爷庙社区跃进路西侧，规划占地2000亩，由山东高密宇彤葡萄种植专业合作社总投资7800万元建设，至2017年底已流转土地1600亩，规划建设优质酿酒葡萄区、观光采摘区、葡萄景观长廊、桂花园和黑松园五部分。其中优质酿酒葡萄园1200亩，计划引进法国、德国“紫大夫”“马红密”“蜜桃丝”“阿考文”“小味儿多”等酿酒葡萄新品种；观光采摘区300亩，计划引进“阳光玫瑰”“夏黑”“东方之星”“紫脆无核”“紫甜无核”等欧美鲜食无核葡萄品种，美早樱桃，红阳、翠香猕猴桃等果品。

永安樱桃种植基地项目　该项目位于醴泉街道永安居委会西侧，用地面积200亩，2008年开始建设，至2017年已发展大棚樱桃40亩，晾地樱桃160亩，种植农户41户，是城西都市农业区规模较大的樱桃种植园区。

永丰芍药玫瑰种植园项目　该项目位于胶济铁路以南，永丰村北侧，用地面积200亩，2012年，由高密民生芍药园投资200万元建设。至2017年，已经从菏泽引进油料牡丹、药用芍药、玫瑰等优良经济品种。

（2）农业专业合作社。至2017年底，街道共注册有97家农业专业合作社，其中2017年新增4家（高密市向群农机合作社、北志屯蔬菜合作社、沂东生猪养殖合作社、永丰村作物种植合作社）。如高密市向群农机合作社，于2016年5月登记注册成立，是高密市第一家由村党支部领办的农机专业合作社，注册资金360多万元，会员107名，拥有大型机械64台套，固定资产达1300多万元。在“2017年耕地地力保护试点项目”中标3.6万亩；订单托管6000多亩，年作业面积达13万亩。

（3）农业配套工程。2017年，街道陆续实施土地综合治理、高标准农田建设、中低产田改造、农田机井“井井通电”等农业配套工程。主要有沂塘社区8000亩高标准农田改造，惠及沂东、沂西、北志屯、阎家庄等村庄；秋冬抗旱项目，包括老木田铁路西方塘、于家庄供水管道和大田机井、五龙河农场蓄水池等项目，至2017年底项目建设已完工。

【社会事业】（1）教育。2017年，共投资1.2亿元，完成高密实验学校、古城中学、康庄中学、蔡站中学、蔡站小学、北关小学、永安小学、关爷庙小学、尧头小学、沂塘小学10所中小学校、幼儿园校舍综合改造，新建、改造校舍5.1万平方米。推行城区集团化办学、城乡联盟办学、社会化办学等模式，2017年7月，永安小学成为市第一实验学校分校。（2）环境整治。利用半月时间搬迁养殖场72处、拆除燃煤锅炉108台、清理河道干渠9条。铁路沿线环境综合整治22公里，打造铁路沿线风景线。（3）敬老养老。高密市高天金属公司投资9.7亿元建设颐悦健康养老产业园项目，位于醴泉大街中段，用地面积9.3万平方米，建筑面积16万平方米，12月底完成规划设计，计划2018年上半年动工建设。

高密市实验学校　　（李储军　摄）

【主要负责人】

党工委书记：

钟元国（2016 年 1 月至 2017 年 7 月）

展世祥（2017 年 7 月任）

办事处主任：

李　梅（2017 年 1 月任）

（王军　李储军）

朝阳街道

【概况】 朝阳街道位于高密市东部，面积 30 平方公里，辖 30 个行政村，1.5 万户，人口 5.6 万人，耕地面积 2830 公顷。2017 年，全街道实现地方财政收入 3.02 亿元，比上年增长 17.5%；实现工业销售收入 303.96 亿元、利税 21.63 亿元，分别增长 5% 和 5%；规模以上服务业商品销售总额 36.7 亿元，同比增长 11% 左右；农民人均可支配收入 16911 元，增长 7.8%。

【服务业】 截至 2017 年，朝阳街道的服务业主要有住宿餐饮、商场贸易、物流、金融、电子商务、社会中介、社区服务等。其中重点服务业企业 34 家，2017 年实现营业收入 36 亿元。在上述 34 家企业中，住宿餐饮规模企业有蓝海国际大饭店、凤城故事酒店等 5 家；商场有金孚隆开发区店、金孚隆购物中心 2 家；金融企业有高密市农商行、潍坊银行、青岛银行等5家；电子商务有雷迈网络科技、未来通道、盛扬机器人等 15 家。其他 7 家为高密市海能广告有限责任公司、高密市海能人力资源有限公司、高密市广通网络有限公司、潍坊市华诚工程咨询监理有限公司、高密市平安机动车驾驶员培训有限公司、高密市华美园艺有限公司、高密汽车站有限责任公司。

企业选介：

高密市盛扬科技创业服务有限公司　成立于 2017 年 1 月 11 日，主要业务范围：为客户提供创业指导，创业信息咨询，受托代理代办企业事项及相关许可证手续；企业会计咨询服务；设计、制作、代理、发布国内广告；销售健身器材、灯具、办公用品、家居、家用电器、电子产品、日用品、五金工具；制作安装广告牌。帮助创业者获得产品在研发与落地过程中所需资源，为创业者提供全面的产品研发与生产的后备支持。高密市盛扬科技有限公司，2017 年入选山东省委统战部、省人社厅公布的山东大学生创业泛海扬帆项目。

潍坊雷迈网络科技有限公司　成立于 2017 年，主要业务为微信应用开发、APP 定制开发、政府系统开发、360 全景制作、WIFI 营销全覆盖等服务。年内成功运作高密马拉松线上运营、省农科院 12396 飨农 APP 平台技术服务、青岛罗莎运营技术服务等项目。为青岛市潍坊商会副秘书长单位。

高密市未来通道电子商务有限公司　2016 年 7 月入驻中科智谷科技创业园，未来通道业务涉及四个模块，分别为：数据蓝海、商学院、联合运营和跨境综合服务平台。这四大核心板块对接企业需求，解决企业在跨境交易中实际难题。自主研发推广的“数据蓝海”项目，是针对外贸行业客户的需求精心打造的贸易情报系统，可真正实现外贸情报与国际贸易实践的完美对接。帮助企业监测市场动态，锁定目标客户，分析同行，从而降低贸易风险，拓展业务范围。成立跨境实战商学院，细化国际贸易及跨境人才培训项目。对接“中国制造网—高密劳保板块直通”，促进了中国制造网与高密政府就劳保产业带项目达成战略合作。与展会端（广贸天下、米兰奥特）、线上 B 端平台（中国制造网、敦煌网、全球贸易通）、线上 C 端平台（亚马逊、速卖通、eBay、wish）、跨境物流（斑马物流、UPS、EMS）等跨境行业巨头达成战略合作，合作服务企业 20 多家。

【工业】 朝阳街道的工业主要有纺织服装、安全防护、机械制造、印染、食品加工五大产业门类。

2017 年，规模以上工业企业完成总产值 309 亿元，主营业务收入 304 亿元，利税 21.6 亿元，利润 14.4 亿元，固定资产 56.5 亿元。

【科技】 截至 2017 年，朝阳街道共有科技研发机构 16 家，其中中科智谷科技创业园由政府主导创办，其余 15 家由企业联合高校或科研单位创办。

（1）中科智谷科技创业园。于 2016 年 8 月启用，采取“政府主导，市场化运营”的模式，由高密市智源科技创业服务有限公司运营管理。创业园是由市委组织部、市人社局、市科技局、市经信局和朝阳街道办事处联合打造的高层次人才创业基地、产学研成果转化中心和科技型小微企业孵化平台，位于人民大街东段，占地 340 亩，计划总投资 11.8 亿元，总规划建筑面积 26 万平方米。截至 2017 年底，共有创业人员 526 名，注册公司 168 家。年内，获 2017 年度潍坊市级大学生创业示范平台第一名、省级青年创业孵化基地第二名，被评为国家级众创空间、山东省科技企业孵化器、山东省众创空间，先后承接潍坊市首届创客嘉年华活动和第二届潍坊市职工创新创业大赛。

中科智谷五大产业集群展厅

（2）企业科技研发机构。截至 2017 年，朝阳街道域内有 12 家企业建有科技研发机构。其中天津科技大学高密协同创新研究院、武汉纺织大学高密纺织研究院为 2017 年新建。年内，青岛大学元信纺织研究所、天津科技大学高密协同创新研究院、武汉纺织大学高密研究院等科研院所举办 3 场科技成果路演会，组织 30 余名专家教授与高密五大产业集群进行对接，同大昌纺织、海宇股份、思美尔服饰、真又美服饰、登升安防等企业达成合作协议。

孚日集团引进德国苏拉气流纺设备

（3）专业人才引进。朝阳街道依托高密市中科智谷科技创业园，于 2017 年 3 月下旬，与鲁泰山科技有限公司签订协议，合作建设泰山产业领军人才（高密）创业基地，围绕高密市“1539”现代产业体系，引进由泰山产业领军人才创办的制造业服务化企业和高新技术企业。至 2017 年，有“千人计划”专家 2 名，泰山产业领军人才 8 名。

【旧村改造】 2017 年，朝阳街道共有 7 个棚户区改造项目，其中棚户区拆迁项目 4 个，回迁安置区建设项目 3 个。

（1）棚户区拆迁。年内，陆续启动葛家庄西片区、田家村王家响疃片区、高家岭小木田片区和卣坊南片区改造工作，涉及 7 个社区、981 套房屋、26 家企业，腾出土地 1430 亩，截至 2017 年 12 月，均进入收尾清零阶段，其中葛家庄西片区、田家村王家响疃片区回迁安置区进入建设阶段。

（2）回迁安置。年内，街道在建回迁安置区有东小庄万顺城片区、罗家庄片区、埠口片区。其中，东小庄万顺城片区位于立新街万顺城项目北侧、东小庄社区内，需搬迁 29 户，年内全部回迁完毕，回迁安置 29 户，回迁面积约 5500 ㎡；罗家庄片区高层回迁楼位于曙光路以东、花园街以南、罗府新城项目内，面积约 3.5 万平方米，于 2016 年 3 月开工建设，计划于 2018 年年初进行回迁安置；埠口片区位于夷安大道以东、木材市场以西、嘉源街两侧，总占地面积 330 亩，共需回迁安置 326 户，建筑面积约 65000 平方米，截至2017年12月，共安置46户。

【新城建设】 2017年，朝阳街道共有7个新城建设在建项目。

星合国际城市综合体项目　位于康成大街以北，家纺路以东，花园街以南。由高密星合建业有限公司投资建设，建筑面积58.5万平方米，由14栋26~32层住宅楼和双语幼儿园组成，2016年开工建设，预计2018年竣工并交付使用，截至2017年12月，一期7栋高层商住楼完成交房。

世佳·蘭亭项目　位于滨河西路以西，凤凰大街以南。由高密世佳置业有限公司投资建设，2014年开工建设，预计2018年竣工并交付使用，总建筑面积39万平方米，截至2017年12月，完成建筑面积16万平方米。

天福世纪城项目　原名帝和世纪城，由高密帝和置业有限公司投资建设，总建筑面积48万平方米，截至2017年12月，完成建筑面积15万平方米。位于花园街以南、曙光路以西，总投资50256万元，其中一期高层3栋，二期高层2栋、多层5栋，三期高层3栋、多层4栋。至2017年12月共完成2栋，入住360户。于2017年10月更名为天福世纪城。

罗府新城项目　位于康成大街以北，曙光路以东，花园街以南，由高密市城市建设投资集团有限公司投资2.6亿元建设，总建筑面积18.2万平方米，其中回迁面积1.5万平方米，共建设7栋高层住宅楼、17栋多层住宅楼，截至2017年12月，楼房主体完工并进行配套设施建设。

锦绣花园二期项目　位于花园街以北，曙光路以东，由高密市孚日地产有限公司投资1.2亿元建设，总建筑面积6.3万平方米，其中，3栋高层住宅，2栋多层网点房。2015年开工建设，预计2019年交付使用，截至2017年12月已全部完工。

全宇圣华广场　位于康成大街与晏子路路口东北角，由高密帝宝置业有限公司投资建设，总投资6.5亿元，总建筑面积15万平方米，共建设6栋31层的高层，于2014年开工建设，截至2017年12月，楼房主体完工并进行配套设施建设。

瑞景嘉苑项目　位于高密市夷安大道以东，密水大街以北，由山东高密瑞云置业有限公司投资2.6亿元建设，总建筑面积7.8万平方米，建设8栋高层住宅楼，于2014年开工建设，预计2018年竣工，截至2017年12月，5-8号楼建设完成。

星合国际城市综合体

【社会事业】 （1）学校建设。2017年，朝阳街道共投资7800余万元，全面完成朝阳小学教学楼、东栾小学综合楼、朝阳第二小学新校区、朝阳中学学生2号公寓和埠口幼儿园建设，建筑总面积约34244平方米。

朝阳中学2号公寓项目　位于凤凰大街以北，祥云路以东，总建筑面积3189平方米，占地面积3亩，共计投资约430万元，于2017年9月全部完工并投入使用。

朝阳小学教学综合楼项目　位于人民大街以南、曙光路以东，规划建筑面积约4300平方米，总投资约800万元，可设置20个教室，项目于2017年9月全部完工并投入使用。

东栾小学教学综合楼项目　位于夷安大道以东、kk商贸城以北、东栾家庄村内，规划总建筑面积约3313平方米，总投资约780万元，至2017年12月已进入收尾阶段。

第二小学项目　位于祥云路以东、孚日街以南、朝阳中学校区以北，占地面积24亩，规划总建筑面积约20329平方米，总投资约4000万元。其中综合楼建筑面积约9286平方米，小学教学楼建筑面积约8216平方米，幼儿园建筑面积约2827平方米，建成后可安排45个教学班。截至2017年12月，该项目进入收尾阶段，2018年3月前可全部竣工并投入使用。

埠口幼儿园　位于夷安大道以东、嘉源街以北、今日星城小区东南角，规划总建筑面积约3113平方米，总投资约780万元，规划设置16个教学班，至2017年12月，基础设施已完成并验收通过。

（2）医院建设。高密市第二人民医院（即高密市精神卫生中心）项目位于秦岭路以东、立新街以南，计划投资3亿元，总建筑面积6.5万平方米，按照三级医院标准设计。截至2017年12月，完成PPP招标和项目公司组建。

（3）公共文化。2017年，朝阳街道各社区利用文化站、文体活动室、农家书屋、道德讲堂等公共文化服务场所，结合三八妇女节、建党96周年、九九重阳节等重要节日，举办各类演讲比赛、健身操展演、文艺晚会、象棋比赛、老干部书画展、健康知识讲座59场。罗家庄社区积极倡导全民阅读，被评为“全国书香社区”。

全民读书月汇报演出

【主要负责人】

党工委书记：

郭金桥（2016年1月任）

办事处主任：

李　彬（2016年1月任）

（姚一　刘凤凯）

柏城镇

【概况】　柏城镇位于高密市东南部，面积54.39平方公里，辖35个行政村，12599户，总人口33993人，耕地面积2605.67公顷。2017年，实现地方财政收入11299.71万元，比上年增长16.9%；实现工业销售收入1060656万元、利税109542万元，分别增长4.5%和18.6%。2017年，柏城镇立足建设“生态、智慧、文化、诚信、魅力”新柏城特色品牌发展导向，加快建设特色小镇。年内，柏城镇被评为“科协系统2017年度先进工作单位”“基层财政工作综合奖一等奖”。中国（柏城）电子商务创业园被评为“潍坊市示范园”“山东省创客之家”“省（致远）众创空间”。

【工业】　截至2017年，柏城镇有规模企业31家，主要有玻璃制品、机械制造、服装纺织、家具、劳保用品等。其中，长盛泰玻璃制品股份有限公司、科乐收农业机械（山东）有限责任公司分别拥有山东省著名商标1个。全镇工业年实现销售收入1060656万元，利税109542万元。

（1）扩产企业。

科乐收农业机械（山东）有限责任公司　科乐收机械制造有限公司为德国克拉斯独资企业。2017年增资2.6亿元，累计增资6.1亿元，独创研发神农系列高端收获机械和用于大田耕种的大拖拉机，计划2018年实现批量生产，年产值将突破15亿元。

长盛泰玻璃制品股份有限公司　年内投资5000多万元对1号车间、5号车间进行改造，新上9条生产线，年产玻璃制品能力突破20万吨，生产规模跻身国内玻璃制品行业前20位，年纳税突破千万元。

（2）关并企业。

恒维机械公司停产倒闭后，引进高密盛封包装有限公司租赁盘活该企业资产，与现有的金文雅昌、城建印务等印刷企业连片集中发展，逐步建设占地

100 亩的印刷文化产业集聚区。

长盛泰玻璃制品有限公司升级改造的 1 号车间

【服务业】 2017 年，柏城镇共有第三产业规模企业 11 家，分别是高密新瑞商贸有限公司、山东泰运物流有限公司、山东金孚隆股份有限公司及山东金孚隆物流有限公司、高密市天瑞家具有限公司、高密市汇洋物流有限公司、高密市晏都百盛商务客房服务有限公司、潍坊莹锴邦国际贸易有限公司、高密市宇浩物流有限公司、潍坊宇翔物流有限公司、高密市澳源商贸有限公司、高密金泰华润滑油有限公司，主要涉及电商物流、住宿、餐饮、批发等领域。全年共实现营业收入 31664 万元。中国（柏城）“互联网 +”电子商务创业园作为柏城镇电商服务平台，至 2017 年底共成功孵化 120 余家电商企业。2017 年，重点打造了纺织、服装、机械、劳保用品、玻璃制品五大电商营销平台。创业园先后被评为“高密市示范园”“潍坊市示范园”“省（致远）众创空间”。

【房地产业】 2017 年，柏城镇有高密市华源建业有限公司 1 家房地产企业，属于二级开发资质。至 2017 年，柏城镇共开发交运·金水岸和华安·凤城丽景两个项目。

交运·金水岸 该项目位于晏子路以东、朝阳大街以南，占地面积 13.06 万平方米，建设 29 栋多层，14 栋高层，建筑面积 24.07 万平方米。2014 年 5 月份开工建设，2017 年完成 8 万平方米，预计 2019 年 10 月份竣工验收。

华安·凤城丽景 该项目位于曙光路以东、月潭路以西、密水大街以北，由山东华安房地产有限责任公司投资兴建，总投资 6 个亿，占地 420 亩，计划开发建设 90 个楼座、49.8 万平方米的高档楼群。其中高层 22 栋，建筑面积 30 万平方米；多层 68 栋，建筑面积 19.8 万平方米。至 2017 年底完成 6 栋高层、1 栋商业主体，预计 2018 年底竣工。

【村镇建设】 （1）环境治理。年内，共投资 1570 余万元，硬化街巷道路 3.2 万平方米，栽植绿化苗木 23 万株，新配备路灯 280 盏，喷涂墙面 18 万平方米，共建成村级文化广场 0.2 万平方米。截至 2017 年底，共有 11 个村完成美丽乡村验收。年内开展“燃煤锅炉清零行动”“小散乱污企业治理行动”“关闭搬迁禁养区养殖场、养殖户专项整治行动”“清河行动”四大生态环保攻坚战。至 2017 年底，共拆除燃煤锅炉 83 台；取缔关停“小散乱污”企业 12 家；关闭禁养区内 176 家养殖场和养殖户；全面完成清河行动任务，共清理违章建设和农作物 207 处、乔木 3700 多棵，清理河道、整理河堤搬动土石方 156 万方。

叶家屯村村内大街 （王钦鹏 摄）

（2）镇村建设。

旧村改造 赵家村于 2013 年 4 月 21 日启动旧村改造，2017 年多层楼房的原址回迁工作圆满结束，共涉及搬迁户 240 户，回迁房 451 套；堤东片区搬迁改造。共计 1600 户，占地 1353 亩，一期搬迁工作涉及 993 户，于 2017 年 10 月 21 日召开动员大会；二期涉及 667 户，占地 861 亩，2018 年动员搬迁。根据规划，堤东片区搬迁后，将建设一批高品位的居民小区，新建一批商业、服务网点、休闲广场等设施。

道路建设　实施“路路通”，晏子路、渡槽路、祥云路、新横九路、曙光路、朝阳大街、五支沟清障完成无尾留清障，基础设施建设进一步完善。

晏子路

【社会事业】（1）学校建设。

高密新一中建设　2017年，高密新一中4户尾留户完成清零，高密新一中于9月份顺利开学。

柏城中学新校区建设　柏城中学新校区位于镇大村村内，总投资1.2亿元，占地81亩，建筑面积4.6万平方米，设计36个教学班，年招生可达1800人。截至2017年底，两栋教学楼、学生公寓、风雨操场等全部完成土建，开始进行内外墙装修新修，计划2018年秋季开学启用。

崇贤小学迁建　崇贤小学前身为大村小学，于2017年正式更名为高密市崇贤小学。一期投资2000多万，将学校迁至柏城中学新校区旁，学校共有16个教学班，教职工50人，学生611人。2017年，投资350万元按照省定标准为其铺设塑胶操场。

（2）医院建设。新济医院位于高密市月谭路以西，晏子路以东，朝阳大街以南，胶河岸北。项目总投资10.39亿元建设，总用地面积142.5亩，总建筑面积17万平方米，包括门诊医技楼、病房楼、办公楼、后勤楼等。于9月16日举行奠基仪式，年底实现三通一平，开始动工建设。

（3）青少年法制教育基地建设。位于高密市柏城镇，距离市中心城区4.8公里，总投资1236万元，占地面积10亩，建筑面积2000余平方米，于2017年9月正式启用。是一处集高密地域文化特色、传统美德文化和现代法治教育文化于一体的法治教育基地。设有模拟法庭、法治展厅，配备了圆梦课堂、心理咨询室等功能区，旨在通过知识讲座、体验教学等方式提高青少年的法治意识。

青少年法治教育基地

【旅游文化】　2017年，柏城镇立足柏城资源，以现代农业园区为载体，培育旅游文化亮点工程。实施胶河景点串珠式建设，依托青檀植物园、天香牡丹园、辉煌国际花卉园等打造胶河生态文化旅游发展带。4月29日至5月6日，成功举办第十八届白羊山艺术节和第二届天香牡丹园赏花节，“五一”假期三天共接待游客5.1万人次。

白羊山艺术节

【主要负责人】

党委书记：

张元忠（2016年12月任）

镇　长：

杜银忠（2016年1月任）

（刘瑞雪　李敏）

夏庄镇

【概况】 夏庄镇位于高密市东北部，面积67.6平方公里，辖58个行政村（刘家村二村与刘家村四村于2017年9月合并为刘家村二村），人口4.89万人，耕地面积4133公顷。2017年，全镇完成地区生产总值237.32亿元，比上年增长1.54%；实现地方财政收入29772.4万元，比上年增长9.58%；实现工业销售收入2365600万元、利税212000万元，分别增长1.52%和4.45%；第三产业销售额达到494310万元，增长4.5%；农民人均可支配收入18966元，增长14.14%。

【工业】 至2017年，全镇共有规模企业119家，其中有工业企业79家，高新技术产业开发区有工业企业74家。主要有纺织服装、机械制造、生物医药、节能环保四大产业。2017年，实现工业产值244亿元，利税212000万元。年内，有金永和精工制造、豪沃科技、沃亚森曼等12家企业投资扩产。

（1）新建工业项目。

新华制药高密产业园项目 项目坐落在高新技术产业开发区内，占地10万平方米，总投资10亿元，整个项目分两期建设。2017年9月一期工程建成并正式投产，主要建设普通类综合制剂车间，主要生产克拉霉素颗粒等产品；二期总投资2亿元，建筑面积20000平方米，主要建设2栋双层及1栋4层兽药和粉针制剂加工车间，计划2018年3月开工建设，2020年4月投产。

中民循环项目 项目坐落在高新技术产业开发区，占地4万平方米，总投资2亿元。工程2017年底正式投产，每年可回收废弃衣物10万吨，可生产5万吨可纺纤维。

孚日智能纱线项目 项目位于高密市孚园前街南、辛河东路东，投资6亿元。新建6号车间，主要生产高档巾被，截至2017年底投入全部到位。

孚日智能纱线项目

（2）工业改造扩建项目。

明冠科技二期工程 项目位于夏庄镇高新技术开发区，引进投资1.4亿元的山东润扬环保科技公司项目，2017年下半年进驻，至年底在办理复工手续，2018年上半年投产。

宏浩太阳能项目 项目位于夏庄镇高新技术开发区，待法院判决后，拟成立股份制公司的方式予以盘活。

【服务业】 2017年，加大高端人才创业园、国际贸易中心、科技企业孵化器推介招商力度，至年底，全镇共有第三产业企业191家，包括交通运输、仓储、租赁和商务服务业、科学研究、技术服务等门类，全年第三产业销售额达到494310万元。

高端人才创业园 项目总投资9亿元，占地560亩，规划建筑面积45.6万平方米，主要建设标准化厂房，吸引高科技产业项目入驻，园区分为五大区域：公共服务平台、展示区、路演区、生活区、创业区。项目建成后可入驻项目100个以上，实现直接或间接经济效益500亿元以上。一期投资5.2亿元，建筑面积26万平方米，二期投资3.8亿元，规划建设多层立体车间19.6万平方米。2017年，一期工程6座楼10万平方米已竣工，大德酵素项目、丽美化妆品等项目已入驻。为使更多的高端人才落户高密，在创业园入驻的项目前两年享受100%房屋补贴。园区建立行业联盟和资源交流平台，不仅可以让园区企业间互相交流，通过搭建交流平台实现园区企业和各部门、高校、机构实现信息、技术、资讯、金融的全方位的交流合作。

国际贸易中心 项目采取政府购买服务方式建设，由高新区出资并提供1.5万平方米经营场所，在孵化器东楼建设运营。项目以山东洲际硕远企业发展有限公司为龙头，打造外贸综合服务平台，与海关、检验检疫局、国税局、外汇管理局、银行、中信保等部门紧密合作，向广大中小微企业开展外贸业务提供审证制单、贸易融资、通关、报检、物流、退税、外汇、保险等一条龙的综合服务。拟引进贸易公司50家，先期发展总部经济，着力建设跨境电商，同步配套金融、法律、评估、知识产权等服务机构。2017年有宏盛世、益晨劳保、尚品纺织等15家贸易公司搬迁入驻。

科技企业孵化器 高新区科技企业孵化器分为第一科技企业孵化器和第二科技企业孵化器两部分组成，建筑面积33000平方米。第一孵化器定位生物医药和科研院所成果转化，到2017年，有机械科学研究总院先进技术研究中心高密所及先进成形技术与装备国家重点实验室高密基地（一所一基地）、兴瑞生物国际癌症免疫中心、石学敏院士工作站及中医药研究中心、御施堂医疗器械、斯达克生物实验室等项目入驻。第二孵化器定位机械装备和轻工业态研发和生产，至2017年，医然冷链和普特电子项目已经正常生产，聚信电气自动化项目已经签订入驻合同。

高新区科技企业孵化器

【科技研发】 至2017年底，共有豪沃院士工作站、瑞普院士工作站、康地恩院士工作站、中医院院士工作站、惠德院士工作站5家院士工作站，其中瑞普院士工作站为年内新建；共引进各类人才20人，其中年内新引进国家“千人计划”专家2人。年内，高新区生物医药孵化器成功获批省级科技企业孵化器，新增专利180件。

【现代农业】 至2017年，全镇共有4个农业示范园区和基地，具体有：德立信农业示范园区，面积600亩，主要种植土豆、小香葱、韭菜、菠菜；青岛福生食品蔬菜生产基地，占地500亩，主要种植韭菜、小香葱、菠菜；“三湾”蔬菜生产合作社，占地700亩，主要种植土豆、山药、西兰花；车道口惠和香菇生产基地，主要种植香菇。农业龙头企业有4家：凯加食品有限公司、南洋食品有限公司、清净食品有限公司、惠德食品有限公司。主要从事肉鸡加工和蘑菇种植。

2017年，夏庄镇积极开展与大专院校、科研单位“联姻结亲”活动，引进现代农业发展新技术，促进全镇蔬菜种植升级换代。同时，扩大种植规模，在茂早屯、大赵家庄、孟家屯、魏家屯、五龙庄、西李家村、东李家村、朱家村、任家村、仪家村10个基础条件较好的村实施突破。

【农村建设】 2017年，夏庄镇的农村工作重点是旧村改造和美丽乡村建设。

（1）旧村拆迁。

十里堡片区拆迁 该片区共搬迁居民141户，企业9家。自6月16日开始，利用5天时间全部完成民房签约和5家企业签约；6月21日至25日，利用5天时间全部完成民房拆除。该片区的搬迁，畅通了城区与高新区连接，整个高新区的排水排污管道也顺利接入市级管网。

管家苓芝村拆迁 该村有居民330户，自11月17日开始至11月29日，共13天的时间，全部完成拆除。该村拆除对贯通百脉湖大街，促进东部新城发展有重要意义。

2017 年管家苓芝村拆迁现场 （单超　摄）

（2）农村综合改造工程。2017 年，总投入 900 万元，对夏庄村、东王苓芝、刘家苓芝、西王苓芝、西门苓芝、綦家村、郭家泊子、刘家村 8 个村的道路、排水、绿化、亮化等工程进行改造提升，对綦家村翰林湖等村内湾塘进行修护打造景点，年内，完成工程总量的 80%。投资 500 万元，新建南直社区 2000 平方米，配套修建健身广场等设施。年内工程主体完工。

【基础设施建设】　2017 年，夏庄镇基础设施建设重点有 3 项：（1）道路改修建工程。投入 7000 多万元，对张二路、龙潭路、祥和街等 12 条街路进行扩建或翻修，全长 15 公里、总面积 18 万平方米，铺装人行道 8 万平方米。（2）断头路畅通工程。打通醴泉大街中段、祥和街东段，畅通大寨路南段，配合完成豪迈科技公司大件运输路、拓宽瑞源街，域内交通状况进一步提升。（3）排水工程。总投入 600 万元，结合道路修建铺设排水管道 3 万米，并对原镇驻地排水管线进行改造。

龙潭路排水管道施工现场

龙潭路南段 （单超　摄）

【教育】　2017 年，新增教育投入 8000 万元，新建南直小学和幼儿园、伏家庄幼儿园、夏庄小学教学楼及配套等。

南直小学、幼儿园　建筑面积 8000 平方米，2016 年 8 月开工建设。2017 年 8 月竣工并投入使用。建有录播教室、科学探究室、微机室、实验室等，每个教室都配置触碰一体机等先进教学设施。

伏家庄幼儿园　建筑面积 2600 平方米，建设 9 个教学班。工程于 2017 年 5 月开工建设，预计 2018 年 5 月建成并投入使用。

镇中心幼儿园改造　投资 200 万元，将原镇中心幼儿园改造成镇老年活动中心，新建老年健身广场、长廊、六角亭，设置健身器材和娱乐设施。

2017 年 10 月建成并投入使用的夏庄中心小学 （单超　摄）

【主要负责人】

党委书记：

范　珲（2016 年 12 月任）

镇　长：

马　明（2011 年 11 月任）

（张作顺　单超）

姜庄镇

【概况】 姜庄镇位于高密市区北部 5 公里处，版图面积 123.75 平方公里，耕地面积 10.5 万亩，辖 67 个村，23296 户，常住人口 5.56 万人，流动人口 2.5 万人。全镇工业企业 422 家，其中规模以上企业 46 家。2017 年全镇实现财政总收入 18421.6 万元，同比增长 6.36%；地方财政收入达到 12547.14 万元，同比增长 11.61%。全镇 44 家规模以上企业实现主营业务收入 138.1 亿元，同比增长 8.2%，利润总额 7.9 亿元，同比增长 4.2%，利税 12.7 亿元，同比增长 4.6%，固定资产投资 58.3 亿元，同比增长 18.9%。2017 年，姜庄镇实施"产业强镇、文化名镇、生态美镇、高铁小镇"战略，推动经济社会科学发展、转型发展、创新发展。年内，先后荣获"全国重点镇""潍坊市学习型党组织建设示范点"等称号。

【工业】 2017 年，姜庄镇共有招商引资项目 7 个，其中扩产项目 2 个、改造项目 3 个、新建项目 2 个。

（1）扩产项目。

振泰轮胎 400 万套半钢子午胎扩能项目　位于仁和化工园内，年内投资 8000 万元，新上年产 100 万套半钢子午胎二期工程，扩建厂房 12000 平方米，新上双复合生产线一条，设备 50 余台套，包括成型机 10 台、双模硫化机 30 台及其他配套设备。年内增加销售收入 1.2 亿元，增加利税 800 万元。

金佑星水环境项目　位于姜庄镇仁和化工园，由山东金佑星水环境科技有限公司投资建设。该公司成立于 2016 年 4 月，主营业务是生产销售净水消毒产品。项目总投资 1.65 亿元，占地面积 49560 平方米，总建筑面积 20298 平方米。该项目于 2017 年 10 月 1 日开工建设，年内完成投资 8000 万元，计划于 2018 年 8 月底竣工。项目全部完成后，可形成年产 5000 吨净水剂系列产品、副产 20000 吨次氯酸钠漂白液的生产能力。可实现销售收入 9 亿元，实现利税 7500 万元。2017 年实现营业收入 3000 万元，利润 200 万元，税收 50 万元。

（2）改造项目。

山东三金精密铸造项目　山东三金精密铸造有限公司位于济青高速高密路口北，于 2010 年 12 月注册成立。主要经营范围为销售不锈钢、碳钢、合金钢及其他金属的精密铸造及加工；销售铸造材料；本企业产品进出口贸易。三金精密铸造有限公司于 2017 年初与大韩 auto 公司合作诺德机械汽车精密加工项目，至 2017 年底实现部分投产，计划于 2019 年完成全部投产。

金丰新材料项目　项目由山东万顺达工贸有限公司与济南大学合作建设，位于高密市姜庄镇夷安大道东、李仙街北，占地面积为 19602.4 平方米（约合 29.4 亩），总建筑面积 14257.5 平方米。年内，总投资 12000 万元，购置配料系统、物料输送系统、卧式砂磨机、挤压成型机、拉伸机等设备 84 台套。项目计划于 2018 年 3 月竣工投产，建成投产后，预计年产氟硅高性能新材料 5000 吨，年销售收入 3 亿元，利税 7800 万元。

织机改进项目　宏昌纺织、三联纺织等一批纺织企业于 2016 年底开始进行产业升级和技术改造，至 2017 年底已淘汰旧有的梭式织机改进为喷汽织机，改造后能够有效提高产能 5~10 倍。

（3）新建项目。

宝润科技项目　由山东宝润硼业科技有限公司投资建设。项目位于高密市姜庄镇仁和化工园，占地面积 42397 平方米，总建筑面积 14734.0 平方米，项目总投资为 52000 万元，于 2015 年 10 月开工建设，2017 年 5 月竣工并投入运营。主要生产硼稳定同位素 11BF3 电子特气和 10BF3 两种产品，年生产能力 100 吨。

吉顺燃气项目　由厦门集顺石油液化气有限公司投资建设，项目位于仁和工业园惠和路北、小康河东侧，占地35亩，建筑面积1.4万平方米。年内，投资1.54亿元，购置储存、灌装、检测、配送等设备，引进先进的数字化管理设备，配套120个分配站点。项目计划于2018年12月建成投产。建成后，年销售石油液化气2.5万吨，销售收入2亿元，利税1400万元。

建设中的厦门吉顺燃气公司

【交通基础设施建设】　2017年，姜庄镇共有4个交通基建项目。

济青高铁和高密北站建设　济青高铁车道姜庄段全长6.4公里，于2016年3月1日开工建设，计划于2018年底建成通车。域内共涉及16个行政村，包括张家长村、李家长村、伊家长村、孙家长村、姜庄二村、姜庄三村、周家庄、方家庄、吴家屯、李仙村、王家寺村、前于家庄、后于家庄、聂东村、聂西村、后老屯村共604户。济青高铁高密北站位于伊家长村地段，总用地面积1341亩，其中广场占地832亩，高铁车站占地299亩，车道永久性占地141亩，便道用地69亩。广场内规划设计宽40米的站前大街，商业街、广场街等。2017年，姜庄镇完成高铁北站站前广场建设和高铁小镇总体规划。

平日路拓宽改造工程　该项目于2017年3月开工，总投资3.06亿元，全长9.5公里，南起济青高速高密出口，北至平度边界，贯穿姜庄镇南北。年内，先后拆除车间、住房等建筑物1万多平方米，清理树木2万多棵。至2017年9月底，路面硬化、排水管道及交通设施建设均已完成，并于10月1日正式通车。至2017年底，剩余小部分路段未完成绿化。

高密市姜庄镇惠和路—辛河东路工程　该工程于2017年7月开工，西起惠和路与旗台路交叉路口，起点桩号为k0+000，路线向东止于辛河东路，终点桩号为k0+804.352，路线全长0.804km。该项目属于新建工程，计划投资230余万元，采用二级公路设计标准，设计时速60km/h，道路路面宽度为9m，路基宽度为11m，两侧土路肩各1m。采用沥青混凝土路面，计划硬化路面7236平方米。至2017年底，路面填坑、清障均已完成，路基工程和桥洞板涵工程均已开工建设，预计到2019年初可全部竣工。

连心路提升工程　连心路改造总长度1880米，宽度10米，主要建设内容包括原有水泥路面破碎清除，整修柏油路面，路沿石安装、路灯安装等，其中整修柏油路面18800平方米，安装路沿石3600米，安装路灯38盏，工程总投资359万元。工程于2016年7月开工建设，2016年11月竣工。

【美丽乡村建设】　2017年，姜庄镇完成投资200万元的张家长村省级美丽乡村项目建设任务，并建成伊家长村等17个高密市级美丽乡村；实施清河行动，改善乡村生态。

（1）张家长村省级美丽乡村建设。张家长村位于姜庄镇镇区，西靠省道平日路，北临济青高铁高密北站，车站广场在村境内，该项目主要完成8项工程，总投资额187.5万元，自2017年4月开工建设，至2017年12月竣工，工程项目主要有：村内主路排水沟工程、路灯工程、湾边修建工程、村内主路绿化工程、村口改造工程、村内排水沟工程、主路扩建工程、村庄美化工程。

（2）伊家长村等17个高密市级美丽乡村建设。2017年，姜庄镇确定前屯村、潘家村、李仙村、隋家屯村、王家寺村、卞家屯村、刘家口子村、姜庄一村、姜庄五村、西王家城子村、东王家城子村、范家庄村、谢家庄村、顺南村、顺北村、伊家长村、张家长村共17个行政村进行美丽乡村建设，共占地5550.6亩，共有5727户，18451人。17个行政村计划投资2081万元，截至2017年底，完成投资1872万元，其中新建、整修道路22.1万平方米，新建、维修排水沟17.6公里，种植村内绿化苗木25.8万株，安装、维修路灯601盏，粉刷村内房屋外墙22.6万平方米，新建文化娱乐广场1.03万平方米，新建村委办公室2处，新建卫生室2处，升级改造文化大院1处，新建冬暖式大棚科技示范园区2处，环卫一体化维护费用88万元。

（3）河道治理。按照清理“八乱”要求，年内全面完成境内北胶莱河、北胶新河等6条河流的清障任务，拆除各类建筑物2万多平方米，清除树木近30万棵，清理农作物2000多亩。同时，按期完成了柳沟河、小辛河综合治理工程的清障任务，清理树木10万多棵，农作物100多亩，有效地保障了工程的顺利进行。

连心路改造

【现代农业】 2017年，姜庄镇按照大田作物改经济作物、经济作物改设施农业的思路，实施农业种植业结构调整战略，年内引进3个现代农业项目。

顺安蔬菜专业合作社高科技示范园 项目总投资486.5万元，占地面积143亩。分两期建设：一期投资289.4万元，占地100亩，建设冬暖式大棚（薄膜日光温室）16个；二期投资197.1万元，占地43亩，建设Venlo式智能温室一栋和连栋单膜智能温室两栋和办公区域、蔬菜交易中心、冷藏加工包装中心。项目一期工程于2017年6月开工建设，10月竣工，主要种植西红柿和哈密瓜；二期工程预计2018年开工，二期工程竣工后将引进青椒、五彩椒以扩大种植规模，提升种植结构。

子成果蔬园项目 项目一期投资360万元，占地130亩，于2016年底建成果蔬采摘种植大棚14个，其中油桃种植大棚3个，草莓采摘大棚9个。草莓采摘园种植的草莓品种有奶莓、红颜、金桃香、白雪公主、桃娘、小白等，采用先进现代农业科技手段，运用自动化管理程序进行管理，蜜蜂授粉，不喷洒任何农药，从育苗到结果全部实现无公害种植。经过一年的运营，成为全市有名的草莓和油桃采摘基地。二期项目总投资300万元，占地35亩，建设高档樱桃大棚两个，内设自动温控器和滴灌喷雾装置，引进生物技术改进土壤和浇灌用水，种植西梅、车厘子等高端果品，于2018年春节前后上市。另外，项目投资30万余元，建设娱乐广场和儿童乐园；投资60万元，改造湾塘一处；投资30万元，规划建设露天葡萄采摘园。

“蔬菜＋蘑菇”现代化种植大棚 该项目位于姜庄镇潘家村，始建于2017年6月，为供销社与潘家村“村社共建”菜菇高效农业项目，至11月共建成阴阳棚10个。主要采用“菜菇一体”双面温室模式，提高土地利用率与经济效益。大棚中间设置东西向承重公共隔墙，形成阴阳日光温室，阳面种植蔬菜，阴面同时种植平菇、香菇等食用菌，是高效节能的现代化新型棚体模式。

2017年4月，高密市市长王文琦到子成果蔬园调研

【民生事业】

（1）文化基地建设。2017年，继续对聂家庄省

级非物质文化遗产保护基地进行完善。基地位于高密市姜庄镇聂家庄村，自2010年1月开工建设，共投资50万余元，至2017年底，基地建成包括聂家庄泥塑和剪纸以及扑灰年画三绝展厅、非遗文化体验室、文化创作室在内共计面积200余平方米。

（2）学校建设。2017年，姜庄镇共有两处学校建设工程。

新姜庄小学建设工程　该工程共投资4300多万元，占地面积60亩，建筑面积11000平方米。除各类教学设施齐全外，还另建有心理压力发泄室、传统文化艺术教室、多媒体教室等一系列辅助教学设施。学校自2017年4月6日开工建设，2017年11月竣工，11月20日投入使用。

崔家小学改造　2017年7月，投资45万余元对姜庄镇崔家小学进行改造，修建教室300平方米，外墙修整包括校门共150米，校内部分路面重新硬化整平，工程7月份开工，至9月1日竣工使用。

（3）医院改造。仁和卫生院升级改造工程共投资1000多万元，自2017年3月开始建设，整个仁和卫生院建筑面积超过3000平方米，到2017年底，主体工程全部竣工，剩余工程计划2018年上半年完成。

与山东科技职业学院共建美育科研教学基地

【主要负责人】

党委书记：

宿立军（2016年12月任）

镇　长：

黄赞友（2016年1月任）

（王鹏飞　丁娟）

大牟家镇

【概况】　大牟家镇位于高密市西北部，面积172.14平方公里，辖84个行政村，1.2万户，人口5.2万人，耕地面积11000公顷。2017年全区完成地区生产总值28.2亿元，比上年增长6.5%；实现地方财政收入3494万元，比上年增长16.5%；实现工业销售收入146222.76万元、利税9630.3万元，分别增长6%和5.6%；第三产业增加值达到4353万元，增长12%；农民人均可支配收入14111元，增长0.6%。2017年，大牟家镇以建设“吉牛文化品牌”为引领，全力推进经济社会文化事业平稳健康发展。年内，获省级文明村镇、农村产权制度改革省级试点镇等荣誉称号。

【现代农业】　2017年，大牟家镇率先在全市完成产权制度改革，规范农村经济专业合作社，推广大田托管和土地流转，招引山东元瑞农业科技有限公司，在郇李、车辋、祝家庄、史家庄子、张家庄子、西牟家、胶东8个村流转土地10000余亩，推进保底托管模式，在全镇13个村进行试点，至2017年底调出土地3000多亩。年内，投资1680万元，在张肖寨村打造万亩高标准农田创新模式试点项目，建成2个智能化高标准育苗大棚；投资1500万元，打造银杏观光园项目，育苗200余万棵；以5.4万亩国家级土地综合整治项目区为林网建设重点，推动实施14.5万亩全镇绿化提升工程；在米高为农服务中心设立博士站，与深圳诺普新技术院合作研究水肥一体化项目；投资3000余万元建设小农水工程，新建小型泵站6座，惠及16个村庄，覆盖面积2万余亩；建成总投资8000万元的大牟家镇农业综合服务中心，同步建设牟家社区党群服务中心，打造为农服务综合平台，解决服务农民“最后一公里”问题。

大牟家镇农业综合服务中心 （王建华 摄）

【经济建设】 2017年，发挥宝洋物流、七彩庄园的作用，招引物流项目落户，与运通物流、弘德物流、山东物流集团等大型物流企业对接，与韩都衣舍达成战略协议，计划打造面料纺织集散物流中心。该中心以青银高速高密市西口集散物流园区为依托，规划建设用地1985亩，分二期规划实施：一期规划880亩，位于大牟家镇高速出入口以北，济青高铁以南，拟招引韩都衣舍等知名企业投资入园，建设基于物联网服务的新型智慧物流园区；二期规划占地1105亩，位于一期园区以南，重点打造现代农业基地、电商平台及信息产业园。投资6500万元建设德福工贸差别化纤维项目，主要建设生产车间、办公楼等设施，购置粗纱机、细纱机等设备，生产差别化纤维纱产品，年内投产使用。思美尔服饰更新流水线20条，效率整体提升，成功进入欧美市场；米高公司在内销稳定增长的情况下，增加出口10800吨，创汇2700多万元。

【城镇建设】 2017年，大牟家镇实施土地增减挂钩项目，在徐家屯、车辋村、朱家庄、史家庄子、张家庙子、黄家庙子、孙家屋子7个村进行试点，制定整村搬迁指导意见，加快集中居住区建设，至2017年底，徐家屯用2天时间完成95户拆迁，黄家庙子搬迁三分之二；对镇区统一喷涂颜色和制作门市牌匾，至2017年底，基本安装完成，完善镇区基础设施配套，对镇区的排污管道、路灯、绿化等统一规划；推进环卫一体化工作，彻底清理“三大堆”，清除违章建筑，清除面积3756.8平方米，在清理出的空闲土地种植金银花，年内栽植3万余株；落实环保工作，对21家燃煤锅炉完成清零任务，取缔3家“小散乱污”企业，关闭搬迁禁养区内养殖户9家；结合美丽乡村建设，对牟家片区8个村实施连片治理，至2017年底，8个村的水泥路硬化完成80%，湾塘、广场建设完成60%；全面落实农村旱厕改造工程，至2017年底，已完成5385户，超额完成年度任务。

大牟家镇官周路 （王建华 摄）

【民生事业】 2017年，大牟家镇投资4000余万元，建设4.6公里的环镇路，投资2000余万元，对北平路镇区段2.2公里进行重新修整。加快普及管道天然气，年内铺设6公里，惠及镇区企业。融合现代社会服务理念，于2017年5月份，通过对原大牟家职校进行维修改造，投资200余万元，打造镇级党群服务中心，占地面积39780平方米，建筑面积5763平方米，下设惠农服务、社会救助、法律政策咨询等十几个服务中心，可为全镇两千多名党员、五万多名群众提供便民利民服务。按照规范化建设的要求，投资50余万元，建设了面积达950平米的综治中心。中心整合了综治、信访、法律援助、为民办事、矛盾纠纷调处、社区矫正等资源，设有专门的监控研判室、巡回法庭，开设了综治、信访、司法、心理咨询、群众接待等多个业务窗口，配齐了各项便民设施，为来访群众提供一站式服务。健全完善网格化管理机制，建立镇、社区（即工作片）、村三级上下对应、配套联动的工作体系，配备776名警务助理、网格员。投资4000余万元对周戈庄小学、大牟家中心幼儿园、周戈庄幼儿园、官庄小学、秦家庄子小学、官厅小学、大迟家小学、毛李小学8所学校进行校舍改造，改造面积近2万平方米。年内，周戈庄小学、大牟家中心幼儿园、周戈庄幼儿园、官庄小学、秦家庄子小学教学楼工程投入使用，官厅小学、大迟家小学、毛李小学平房改造项目完成并投入使用。将党委大院闲置房间进行改造，做各类培训之用。

大牟家镇党群服务中心　　（王建华　摄）

【文化生活】 2017年，大牟家镇提出建设“吉牛福地、快乐老家”的目标方向，通过增设“吉牛意象”路灯标识、佩戴吉牛标识胸章和打造“吉牛老家”微信公众平台，推介“吉牛老家”。借助正月十六迎新春、彩灯亮元宵、茂腔迎新春、街头文艺汇演等系列文化活动，丰富群众文化生活。以“三月三”为主题，由畅通集团主办，投入20万元，举办“北海三月三”系列文化活动，挖掘旅游资源，打造精品线路。在官厅社区建设“双实兴家”展览馆，将大牟家镇的发展历史以图片和文字形式向公众和社会展示。为丰富群众文化生活，借助成方连片治理项目，8月份投资40余万元对党委前的湾塘进行升级改造，建设基层文化广场，为村民休闲娱乐提供便捷场所，同时，联通党委大院与党群服务中心；从南北畅通、干群一心考虑，取名连心湖，搭建连心服务桥，绘就党群同心圆，为群众休闲娱乐提供场所。整合山会、庙会、大迟家钢铁联防、魏官寨花石桥及茂腔、秧歌、农家乐等文化资源，全力助推旅游文化发展。

北海三月三文化活动　　（王建华　摄）

【主要负责人】

党委书记：

李沛聃（2016年12月任）

镇　长：

阎廷玉（2016年12月任）

（刘晓阳　王建华）

阚家镇

【概况】 阚家镇位于高密市西部，面积150平方公里，辖93个行政村，2.1万户，人口7.9万人，耕地面积9万公顷。2017年，全镇完成地区生产总值58.5亿元，比上年增长9.1%；实现地方财政收入4653.1万元，比上年增长22%；实现工业销售收入54.5亿元、利税4.47亿元，分别增长15%和13%；第三产业增加值达到18.1亿元，增长13%；农民人均可支配收入17010元，增长9.5%。2017年，阚家镇获得潍坊市文明单位、农产品质量安全示范镇、森林镇等荣誉称号；松兴屯被评为全国文明村。

【工业】 截至2017年底，全镇共有工业企业112家，其中规模企业19家，完成工业销售收入31亿元，实现利税3.4亿元。产业门类主要有纺织、食品、铸造、橡胶制品等8个行业。

（1）新引进工业项目。

上海别也门窗项目 项目位于境内潍胶路西段南侧，占地20亩，计划投资1亿元，生产高档小区配套用门窗，产品主要销往长三角地区。2017年4月开工建设，11月完成一期8000平方米厂房建设，安装调试铝合金专用设备20余台并试生产。整个项目竣工投产后，将实现年销售收入1.5亿元，利税2000万元。

南洋10万吨有机肥项目 项目位于境内潍胶路西段路南，占地80亩，由南洋食品有限公司总投资1.5亿元建设，2017年3月开工建设，10月份完成车间主体，计划引进50台套有机肥生产线，主要生产有机肥、叶面肥、冲施肥等肥料，并根据土壤情况配置专用肥等。预计年产量可达10万吨，年销售收入2亿元。

（2）改造扩产项目。

望乡食品中央厨房冷链项目 项目位于北厂区，计划投资1.2亿元，建筑面积12000平方米，2017年3月开工，10月竣工，引进水饺、油条、馄饨、春卷等食品加工自动化流水线设备，年将增加产值3亿元。

瑞丰食品万吨果蔬加工扩产项目 项目计划总投资5000万元，分两期进行。一期建筑面积26000平方米的车间和冷库于2017年4月份投入使用。二期于2017年9月开工建设，计划新建冷库3000平方米，果蔬加工车间5600平方米，制冷车间1500平方米。扩产项目投产后，加工能力将达到3万吨。

安泰玛钢动车二期项目 2017年1月开工建设，投资4000万元，新建5000平方米钢架结构车间，9月竣工投产，安装CK7136数控车床、1100、1060数控铣床等设备，主要生产动车牵引梁焊接弓装、输电弓焊接弓装、地铁转向架等产品。

伟丽纺织高戈庄分厂 项目于2017年3月开工，11月投产，投资5000万元，新建厂房1.2万平方米，引进高档浆纱机、喷气织布机200台套。

安泰玛钢动车生产车间 （崔连全 摄）

【服务业】 截至2017年底，全镇规模以上服务业企业有阚家农机供油站、伟丽永翔贸易有限公司、高密文慧餐饮有限公司、晟通客运有限公司4家。主要是经营餐饮、物流、批发3大行业。全年完成交易额1.2亿元，实现利税1500万元。

【现代农业】 截至2017年，阚家镇共有各种农业园区18家，主要种植鲜食葡萄、蓝莓、火龙果、蔬菜；潍坊市级以上农业龙头企业4家（山东望乡食品有限公司、高密瑞丰食品有限公司、山东龙业农业科技有限公司、高密宇洋食品有限公司），主要生产经营面粉、挂面、果蔬。全年实现销售收入7.6亿元，利税300万元。2017年以建设全市现代农业发展核心区示范区先行区为目标，着力抓好高端高效农业园区建设。

农光互补现代农业项目 由江苏协鑫集团投资建设，总投资2.65亿元。项目按照“棚上发电、棚下种植、农光互补”的模式和理念设计，采用钢制骨架上覆盖太阳能电池板施工建设，由66672块太阳能电池组件组成，装机总容量为20兆瓦，在建成的光伏组件前后排之间空隙内以及光伏组件下方，采用间种、套种的方式，种植香菇、中草药等特种农产品。项目位于镇驻地南外环，占地770亩。自2016年10月开工建设，发电项目2017年6月竣工并网发电。

松兴屯高效农业示范区项目 投资8000万元，主要建设鲜食葡萄、冬暖式大棚蔬菜两大产业板块，占地1400亩。其中，鲜食葡萄区投资2500万元、占

地 900 亩，于 2013 年 4 月份建设完成。冬暖式大棚蔬菜区投资 5500 万元，占地 500 亩，建设 126 个蔬菜大棚，于 2016 年 10 月开始建设，2017 年 10 月全部完工。松兴屯村被农业部授予全国一村一品示范村。

丹海生物扩产项目　公司占地占地 138 亩，是一家专业从事珍稀食用菌种植、深加工和研发于一体的高科技农业产业化企业。2017 年投资 1000 多万元，新建 16 个温室大棚和第二条标准 10 万级食品深加工净化车间，公司年生产能力达到 4500 吨。

龙业农业科技大棚升级项目　公司占地面积 1500 亩，建有 108 个果蔬大棚。年内投资 3000 万元，对 108 个五代阳光温室大棚进行升级换代，更换更加先进的保温设施及对原有棚体加宽加高及节水灌溉等配套工程，改造完成后将成为周边最为先进的七代阳光温室大棚。

玉玲珑田园综合体项目　由金源家纺公司计划投资 1.2 亿元建设，占地 900 亩。项目于 2014 年开工建设，当年建成大棚鲜食葡萄 200 亩，至 2017 年形成规模。主要有大棚葡萄种植区、映霜红蜜桃种植区、玲珑冬枣种植区、无公害蔬菜种植体验区、小动物飞禽喂养区、大型休闲垂钓区、文化主题公园等板块构成。园内经营特色餐饮和农家住宿。

阚家镇第三届葡萄文化节　（崔连全　摄）

【城镇建设】　（1）镇区环境治理。2017 年，继续对镇区沿街拆旧改丑改造。同时投资 1500 多万元，对阚兴大道镇驻地段和凤凰大街双羊社区段、初家社区驻地段进行人行道改造、绿化提升。持续加强镇区管理，强力整治房屋乱搭乱建、广告牌乱扯乱挂、商品货物乱摆乱放、车辆乱停乱靠的问题，打造环境美丽、秩序优良的城镇环境。（2）官河景点建设。官河湿地公园位于阚家、初家社区之间，占地 430 亩，2015 年 11 月动工，2017 年 9 月全面竣工。共投资 3000 多万元，搬动土石方 40 多万方，铺装 1.2 万平方米 2 个休闲文化广场、2000 平方的体育运动场，建有停车场、景观桥、木栈道，亭台轩阁 6 座，硬化铺装观光健身路径 5 公里，种植福禄烤等植被绿地 11 万平方，建设银杏、樱花两条大道和玉兰园、海棠园、腊梅园、红枫林、钢竹林等苗木 30 多万株。2017 年 12 月，官河湿地公园被评为省级湿地公园。

省级官河湿地公园　（崔连全　摄）

【社会事业】　2017 年，持续加大教育事业投入，完成投资 700 多万元，对初家小学、双羊小学进行改扩建。

初家小学教学楼工程　新建 3 层教学楼一幢，建筑面积 2278 平方米，可容纳 14 个教学班。工程于 2016 年 9 月开工，2017 年 9 月竣工，投资 427 万元。

双羊小学改扩建工程　投资 316 万元，新建教学用平房 2 幢，共 22 间 500 多平方米，新建院墙、生态厕、硬化路面等配套设施，工程于 2017 年 4 月开工，9 月份竣工。

另外，体育事业也得到发展。镇成立镇体育总会，23 个村新建群众文体活动广场。

【主要负责人】

党委书记：

齐有春（2015 年 3 月任）

镇　长：

李　翔（2015年3月任）

（孙传琛　李敦福）

井沟镇

【概况】 井沟镇位于高密市西南部，面积133.81平方公里，辖98个行政村，14947户，人口6.84万人，耕地面积14346公顷。2017年，全镇完成地区生产总值75亿元，比上年增长25%；实现地方财政收入4310.2万元，比上年增长15.8%；实现工业销售收入634373万元、利税46912万元，分别增长13.3%和0.8%；第三产业增加值达到3193万元，增长33.3%；农民人均可支配收入16500元，增长5.7%。2017年，井沟镇获"山东省森林镇""潍坊市环卫一体化工作示范镇街"等荣誉称号。

【工业】 截至2017年，全镇共有工业企业420家，主要是纺织、木制板、葡萄酒、机械制造、新能源等行业。其中2017年，新建、续建项目8个，总投资29亿多元。

（1）新建项目5个。

装饰材料产业园项目　该项目被市委市政府列入2017年PPP项目，总投资15亿元，位于沂胶路以北邹戈庄地，东临省道平日路，北邻市区凤凰大街，规划面积1600亩，计划5年时间建成，至2017年底，130亩土地指标已调出并办理好规划土地手续。

中聚环（北京）科技有限公司生物质发电热电联产项目　该项目总投资8.1亿元，位于井沟镇孙家官庄村，规划占地200亩，建设2*50MW抽凝热电联产机组，分两期建设，至2017年底，在办理立项手续。

元利新型节能材料项目　该项目总投资1.2亿元，主要研发生产新型绝热隔音材料、耐火材料、保温材料等，项目建成后能实现年产5万吨岩棉的生产能力，至2017年底已开工建设。

装配式建筑模具项目　该项目由龙诚纺机配件有限公司投资建设，计划总投资1.03亿，已投资3800万元。总建筑面积12000平方米，位于呼家庄产业园内，主要研发装配式建筑，至2017年底已投产。

天邦新能源欧松板项目　该项目总投资2亿元，新建5层标准车间，新上国际最先进的环保板材生产线，主要生产出口品质的欧松板、OSB板，位于呼家庄产业园内，至2017年底已投产。

（2）续建项目3个。

"海之恋"葡萄酒堡项目　投资1.6亿元，建设占地100亩，规划建筑面积4万平方米，位于呼家庄产业园内，主要建设高档葡萄酒加工车间、仓库、办公楼、职工宿舍及其他附属设施，至2017年底建设已竣工。

中意德精密铸造项目　是与德国爱规帕斯集团公司的合资项目，主要建设粘土砂自动造型生产线，总投资2.2亿，占地150亩，位于沂胶路呼家庄村，至2017年底已竣工。

弘泰散热器铝蜂窝板项目　总投资2亿元，占地150亩，位于呼家庄产业园内，主要建设铝蜂窝钎焊车间、中冷器车间、铝油箱车间等，至2017年底已开工建设。

装饰材料产业园鸟瞰图　　（王晓　摄）

【农业】 2017年，井沟镇按照"优化存量、扩大增量、提升质量"的现代农业发展思路，在巩固发展现有薏米、枸杞等中药材种植以及核桃园、菊花园、秀林苗木、南李村冬暖式大棚种植示范基地的基础上，加快项目招引和设施农业发展。

（1）完善农业基础设施。年内先后完成投资1000多万元，新修生产路2.7万米，开挖渠道3300米，新建扬水站5座，打深水井150多个，使2万亩土地提高浇灌能力。

（2）引进现代特色农业园区4个。

大信杜仲种植园　位于井沟镇大沙坞村，是集杜仲产品推广、杜仲雄花茶、林下经济为一体的杜仲产品种植园，投资2500万元，占地600亩。至2017年底，已调出土地并开工建设。

维纳斯黄金苹果科技园项目　位于井沟镇福盛屯村，是兼具果园特色和旅游价值的高端生态观光园区，投资2000万元，用地350亩。一期工程占地200亩，年内已栽植苹果树2万棵。二期工程主要建设高科技大棚，至2017年底主体工程已建成。

五龙河荷花观光园　位于沂胶路呼家庄五龙河桥两侧，是集种植、观光旅游、采摘于一体的荷花生态旅游主题公园；年内完成投资800万元，栽种荷花品种10多个、20多万株。

乐盈园田园综合体　位于井沟镇九支路前单、后单村，总投资6亿元，规划土地5000亩，分三期建设。至2017年底，土地已调出并开工建设。

（3）塑造品牌农业。"映霜红"蜜桃项目，是由高密市绿然蜜桃基地借助孙家庄等桃树种植基地推出的品牌项目，截至2017年底，基地内共种植"映霜红""金秋红蜜""枣油桃"等桃类品种200亩。

五龙河荷花园　（王晓　摄）

【美丽乡村建设】　2017年，井沟镇先后完成投资6600多万元，推动美丽乡村建设持续推进，在全市美丽乡村建设考核中位居第2名。

（1）美丽乡村标准化建设。镇上投资2000万元，村投资400万元，对邹戈庄、大柴、金宝山、前单、呼家庄、烟家墩、后李等20个村按照潍坊市美丽乡村示范点的要求，进行高标准打造（包括硬化道路、统一粉刷房屋、清理垃圾、栽植绿化苗木、安装路灯等工程）。

（2）全面整治。先后投资4000万元、募集社会捐款700万元，硬化道路50万平方米，粉刷墙面50万平方米，新植绿化苗木50万棵，新装路灯600多盏。

（3）采取市场化运作方式，每年投入600万元，聘用保洁公司2家（仁和、鹏程保洁公司），对全镇98个村进行全方位托管。

井沟镇井沟村　（王晓　摄）

【民生事业】　（1）教育。2017年，投资3000多万元，新建井沟小学、井沟幼儿园、田庄幼儿园、田庄小学、金城幼儿园，新建校舍约10162平方米。井沟幼儿园，投资约600万元，占地面积约5000平方米，建筑面积2445.12平方米，可设7个教学班，容纳200名幼儿，年内共有教师18名，2017年4月开工，计划2018年5月投入使用。田庄幼儿园，投资约200万元，占地面积约6132平方米，建筑面积1169.7平方米，可设6个教学班，容纳约200名幼儿，年内共有教师6名，2017年4月开工，2017年9月投入使用。田庄小学，投资约400万元，占地面积约20179平方米，新建教学楼面积2324平方米

（总建筑面积3678平方米），可设12个教学班，容纳550名学生，年内共有教师29名，2017年5月开工，2017年10月投入使用。井沟小学，投资约800万元，占地面积约16720平方米，建筑面积3034平方米，11排113间教室，可设18个教学班，容纳800名学生，年内共有教师38名，2016年10月开工，2017年9月投入使用。金城幼儿园，投资约200万元，占地面积约2880平方米，建筑面积1190平方米，可设6个教学班，容纳200名幼儿，年内共有教师8名，2017年7月开工，计划2018年6月投入使用。

着力实施“一校一品”特色建设，得到上级认可。呼家庄幼儿园2017年被评为山东省示范幼儿园；金城幼儿园、实验小学幼儿园被评为潍坊市示范幼儿园；在全市小学抽考中，金城小学英语居全市第一名，田庄小学数学居全市第五名（其中满分学生数居全市第一）。2017年井沟镇获得“潍坊市普及学前教育工作先进镇街”“高密市教育工作先进镇街”等称号。

（2）医疗卫生。投资733万元，建设社区卫生室2个，配置完善各类医疗设施、病床、被褥、桌椅等物品，为社区居民提供良好的医疗服务。

（3）社区服务。在社区服务中心设立多元化纠纷调处中心，为群众提供法律咨询、矛盾调解、案件诉讼等“一站式服务”，年内共调处各类矛盾纠纷25件，调解成功率为98%。

2017年建成并投入使用的井沟小学

（王晓　摄）

【主要负责人】

党委书记：

赵小燕（女，2016年1月任）

镇　长：

孙小明（2016年12月任）

（任海燕　窦守德）

柴沟镇

【概况】　柴沟镇位于高密市西南部，面积125.5平方公里，辖79个行政村，12698户，人口50081人，耕地面积7667公顷。2017年，全镇实现地方财政收入7388.1万元，比上年增长8.6%；实现工业销售收入67.3亿元、利税5.3万元，分别增长0.9%和3%。2017年，获得山东省文明镇、山东省体育总会组织建设先进单位和潍坊市普及学前教育先进镇街等荣誉称号。

【农业】　截止到2017年底，全镇有规模较大的农业园区14个，规模化、标准化养殖场65个，具有带动作用的农业龙头企业16个。

（1）农业项目建设。

蟲鑫农业科技项目　由蟲鑫科技农业发展有限公司投资3亿元建设，占地面积500亩，规划建设冬暖式大棚60个、观光大棚12个、智能大棚2个，是集销售、育苗、有机绿色蔬菜开发研究于一体的农业项目。截至2017年底，共投入使用冬暖式大棚12栋，种植西红柿、黄瓜等；在建冬暖式大棚10栋、智能大棚1栋。

格瑞生态蛋鸡养殖项目　由青岛大牧人机械股份有限公司投资8.2亿建设，主要运用国内最先进的现代化养殖设备养殖蛋鸡。年内，完成投资2.2亿元、占地60亩的一期工程，建成并投入使用鸡舍4栋、蛋品分级加工车间1栋、有机肥车间1栋，存栏蛋鸡40万只，年产优质柴鸡蛋800万公斤，产值1亿元。至2017年底，投资6亿元、存栏蛋鸡260万只的二期工程已签约，并完成项目清障倒地。

盛德牧业湖羊养殖项目　由盛德集团投资3亿元建设，规划占地200亩，建筑面积4万平方米，主要从事湖羊养殖、牧草种植、饲料加工、有机肥生产及肉羊屠宰深加工等。年内，建成羊舍30栋、发酵间1座、青贮池3座、饲料加工车间1栋，达到存栏湖羊3万只的规模，年可利用玉米青贮饲料1万亩，羊粪制作有机肥1.5万吨。至2017年底，项目全部建成，存栏湖羊12000多只。

盛德牧业　　（杨涛　摄）

（2）农业示范基地建设。基地位于高家村，由高家村党支部投资建设，按照观光、采摘及产业一体化发展模式，规模化种植蓝莓、大樱桃、酥梨和蜜桃等高效经济作物。2017年，基地完成注册莓达四方品牌，栽植蓝莓、樱桃等500多亩。基地按照“党支部+合作社+农户”模式运行，通过“保底+分红”方式流转农户土地，使当地居民人均收入比2016年增加了950元，壮大了村级集体经济，而且成功引导了一些有条件的农户发展高效设施农业、旅游农业。

【工业】　截至2017年，全镇共有工业企业212个，其中规模以上企业16个。主要有机械制造、化工建材、食品加工等3个门类。年内由艾德环保公司与中国工程院院士任振海合作成立山东省院士工作站1家。2017年共有新引进项目3个，扩产改造项目1个。

（1）新引进项目。

晶申渔光互补光伏发电项目　项目签约投资13.2亿元，主要利用马旺水库和李家庄水库建设光伏电站。2017年完成项目前期各项手续和清障倒地4000亩，进入防洪评价阶段，预计2018年完成各项手续审批并开工建设。

和能环保汽车地毯项目　项目签约投资2亿元，主要利用原金诺汽配公司厂房车间生产环保地毯，2017年完成部分生产线安装。全部建成后，产品预计占全国市场份额的30%，实现产值3亿元，税收300万元。

昆山五月光伏发电项目　项目计划投资1.2亿元，主要利用全镇现有26万平方米的企业厂房屋顶资源光伏发电。2017年完成签约并开工建设；预计2018年投产达效，建成8兆瓦的发电站，实现税收150万元。

（2）扩产改造项目。

青科盛德新材料项目　项目总投资2000万元，由盛德集团与青岛科技大学合作，利用盛德物流区内3号厂房资源，生产新型防火保温材料。全部建成后，年可生产保温板4.2万立方米，实现产值4200万元，税收40多万元。截至2017年底，项目完成前期手续并开始安装生产设备。

【服务业】　截至2017年，柴沟镇共有服务企业58家，其中规模以上企业9家，主要经营运输、文化旅游等行业。2017年重点建设了五龙河湿地公园，截至年底，公园整体效果和轮廓初步显现，被省林业厅确定为省级湿地公园。同时，重点打造了龙河苗木、东阳花卉、高家村蓝莓采摘园、朱翰大樱桃采摘园、马旺水库观光区等于一体的精品乡村游线路。

五龙河湿地公园　　（2017年8月航拍）

（1）乡村旅游业。为发展乡村旅游业，柴沟镇从2012年开始对旅游线路、景点进行规划建设，分四期建设五龙河湿地公园，一期主要进行河道治理，建设污水处理厂及中水回用项目；二期重点突出花卉、绿化景观等特色，建设生态湿地公园；三期主要建设刘墉纪念馆、青少年教育基地等；四期主要建设集中居住区。2017年，五龙河湿地公园二期工程已基本完工，政府投资2000多万元，新开工了五龙河植物园项目，并完成土方工程、路网基础和院墙圈建，栽植了部分苗木。

（2）物流业。柴沟镇物流产业起步较早，物流基础较为深厚，物流行业集群较为突出，物流装备设施较为完善，物流从业人员较为集中，是高密市典型的物流重镇和特色新城。截至2017年，辖区内营运大型物流园区、AAAA级物流企业1家（盛德物流园），小型物流商户近百家，大型物流运输车辆1200余辆，物流从业人员3000多人，物流产业年营业收入达20多亿元。2017年盛德物流园实现税收400多万元。

【社会事业】 2017年，柴沟镇在社会事业建设方面突出抓了教育投入，具体有以下项目：

柴沟小学　总投资1800万元，占地30亩，总建筑面积7500平方米，设24个班，可容纳学生1200人，于2016年7月开工建设，2017年8月份投入使用。

柴沟小学　　　　（杨涛　摄）

柴沟中心幼儿园　投资500万元，建筑面积3000平方米，设有教室、活动大厅等，可容纳学生200人，于2017年3月开工建设，2017年9月份开学并投入使用。

土庄幼儿园　投资300多万元，建筑面积650平方米、可容纳学生200人，于2017年4月开工建设，2017年9月开学并投入使用。

【乡村建设】 2017年投资2000多万元实施成方连片治理工程，对平日路沿线范家小庄、范家大村、王家庄、房家屯、咸家庄、土庄、王家营、向岳庄8个村庄进行五化三改（以硬化、亮化、美化、绿化、净化为主要内容的村庄综合整治工程）。开展环保整治行动，取缔"小散乱污"企业14家、整改1家，关停养殖场300多家、整改1000多家，拆除燃煤锅炉48家，清理河道树木62万棵。实施小城镇综合治理，投资240万元铺设排水管道，拆除违法建筑20多处。落实安全生产属地管理责任，建立健全长效保持机制，未发生重大安全生产事故。

【主要负责人】

党委书记：

韩志超（2015年3月任）

镇　长：

王晓栋（2016年12月任）

（杨涛　张彤）

东北乡文化发展区

【概况】 东北乡文化发展区位于高密市东北部，面积114.6平方公里，辖53个行政村，1.5万户，4.59万人，耕地面积10万亩。2017年，全区完成地区生产总值212921万元，比上年增长13.61%；实现财政总收入5723万元，同比增长37.90%；其中地方财政收入3678.7万元，同比增长20%；实现工业销售收入184688万元、利税17269万元，同比增长0.2%和减少0.5%；第三产业增加值达到25000

万元，同比减少 0.74%；农民人均可支配收入 15200 元，同比增长 3.3%。2017 年，东北乡文化发展区坚持“文化名乡、产业重镇、临港新城”的发展定位，突出文化旅游、临空经济、现代高效农业三大主导产业，打好“机场牌、莫言牌、生态牌”，着力创建生态、宜居的红高粱小镇。2017 年，东北乡文化发展区被评为“潍坊市特色产业镇”“山东省敬老文化教育基地”“2017 年山东特色产业镇动能转换 20 强”；东北乡文化发展区大栏社区被评为“潍坊市绿色社区”；东北乡文化旅游区被评为“潍坊市文明旅游先进单位”。

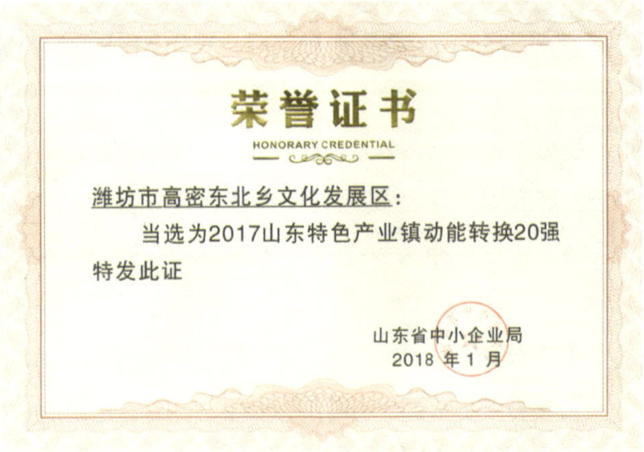

荣誉证书

HONORARY CREDENTIAL

潍坊市高密东北乡文化发展区：

当选为2017山东特色产业镇动能转换20强

特发此证

山东省中小企业局

2018 年 1 月

【文化旅游】 2017 年，东北乡文化发展区新流转景区周边土地 1000 余亩，占地 2700 亩的红高粱影视城实现围合；新建南大门、西大门、生态停车场、凤凰岭、大禹庙、抗日情景剧体验区等景点。高粱地民俗小吃村占地面积 22 万平方米，建筑面积 5.1 万平方米，可落户商家 400 余家，一期招募入驻商户 117 家，全部于 9 月 9 日正式营业。东北乡文化发展区推进投资 4.8 亿元的莫言文学馆、诺贝尔文学主题公园和高密老县城等建设项目的前期工作，完成 116 亩项目用地搬迁工作。4 月 15 日，东北乡文化发展区举办高密首届油菜花风铃节；5 月 28 日举办首届国际小丑节；9 月 9 日，举办“红高粱之约爱情盛典”。除此之外，东北乡文化发展区在春节、中秋等重大传统节日举办“党旗颂”“园丁颂”“祖国颂”“丰收颂”等各类大型文艺活动。4 月 17 日，红高粱影视城在中国（潍坊）文化艺术展示交易会上获得“最佳展演活动奖”，为茂腔戏曲电影《红高粱》和半程马拉松比赛提供现场。2017 年 3 月，启动东北乡文化发展区标语标识征集活动，截至年底共收到标识 50 余个、标语 1000 余条。2017 年，东北乡文化发展区文化旅游共接待游客 142 多万人次，实现门票收入 360 多万元，文化旅游总收入 4600 多万元。

新春庙会现场 （孙涛 摄）

【现代农业】 2017 年，东北乡文化发展区实施 5300 亩的高标准基本农田项目和 11200 亩的中低产田改造项目。举办土豆新品种测产奖励活动，7 月，成立胶东地区土豆种植中心。实施新棚换旧棚、大棚换小棚、机器换人，截至 2017 年底，完成大棚改造 560 亩，新增蔬菜大棚 685 个，面积 2360 亩，新增蔬菜种植面积 4800 多亩。推报大栏蜜桃、毛家屋子小米、红高粱 3 个“国家级生态原产地保护产品”，代表高密市向国家质监总局申报“国家级生态原产地保护示范区”。全年全区新植树木 30 万株，成片造林 1200 亩，新建森林村 15 个，为全市领导干部植树活动和潍坊市、高密市两级春季林业生产观摩会议提供现场。

【招商引资】 2017 年，东北乡文化发展区与青岛市胶州市胶东街道缔结为友好街区，实现与青岛的信息对接、交通对接、产业对接。2017 年，完成招商引资项目认定 11 个，到位资金 3.75 亿元。分别与中城银信集团签订红高粱特色小镇建设项目，与天尊集团签订王老吉大健康产业园项目等框架性战略合作协议 6 个。新增自主创办市场主体 309 个，福慧至家庭教育农场为中国大学生精准就业服务暨返乡创业大会提供现场。2017 年，东北乡文化发展区规模以上企业实现国税 3747.9 万元，同比增长 191.26%；地税 1867.11 万元，同比增长 11.92%。

【基础设施建设】 2017 年，东北乡文化发展区投资 1000 多万元，新修新河路、一干路等骨干道路 8.6 万平方米，铺设人行道 5000 多平方米，配套管网 3000 米，安装路灯 165 盏。新铺设天然气主管道 6 公里，新增用户 1000 多户。实施河崖大街综合提升工程，安装护栏 2300 多米。实施胶河疏浚工程，投资 9000 多万元，全长 7.5 公里的胶河实现全线疏通，防洪能力达到百年一遇的标准。投资 1000 万元，沿河新建 3 处旅游驿站，打造串珠式胶河生态景观。

胶河疏浚工程 （李凯 摄）

【美丽乡村建设】 2017 年，新实施并完成 15 个村连片治理工程，投资 5900 多万元，惠及群众 9700 多人，美丽乡村覆盖率达到 50% 以上。投资 600 多万元，利用废旧湾塘和闲置土地新建村级健身文化广场 29 处，新增景观村志 15 处，完成旱厕改造 9400 多户。实施“环保清零”和“清河行动”，取缔锅炉 52 台，关停“小散乱污”企业 14 处，全面清理区域内 6 条河流，关停搬迁养殖场（户）130 多个，拆除违章建设 24 处共 3350 平方米；持续开展环卫一体化整治和移风易俗工作，坚持“制度化、精细化、常态化、全域化”要求，在全市历次检查验收中名列前茅。

美丽乡村示范村王新屯村 （李凯 摄）

【民生事业】 2017 年，东北乡文化发展区实施河崖幼儿园及河崖小学改扩建工程，投资 1300 多万元，新建 6000 平方米综合楼 1 处，幼儿园新增教学班 3 个，拓展院落 10000 多平方米，新建停车场 1500 平方米；投资 4500 多万元，新建 4500 平方米的至诚学校综合楼、3000 平方米的至诚幼儿园，完成公婆庙、阎家、东流口子、窝铺幼儿园等校舍改造工程。新设立东北乡卫生院，投资 200 多万元改造提升河崖卫生院，投资 600 多万元新建东北乡旅游医院，合作成立高密市人民医院康复医院。投资 400 多万元新建敬老院，于 10 月 28 日重阳节当天正式启用。2017 年 9 月，东北乡文化发展区被命名为“山东省敬老文化教育基地”。

至诚学校综合楼 （李凯 摄）

东北乡旅游医院　　　　（李凯　摄）

【主要负责人】

党工委书记：

赵华功（2016 年 12 月任）

管委会主任：

王汝波（2016 年 1 月任）

（单洪涛　李凯）

咸家工业区

【概况】　高密市咸家工业区位于高密市北部，面积 43.82 平方公里，辖 24 个行政村，5430 户，人口 1.4422 万人，耕地面积 4836 公顷。2017 年，全区完成财政总收入 7976 万元，比上年增长 5.3%；实现地方财政收入 5595.8 万元，比上年增长 20.3%；工业实现销售收入 95.3904 亿元、利税 7.3581 亿元，分别增长 12.16 和 9.7%；第三产业增加值 3300 万元，比上年增长 16%；农民人均可支配收入 16800 元，增长 9%。2017 年 11 月，被潍坊市市委市政府评为"潍坊市党的十九大安保维稳工作先进集体"。

【新项目招引】　2017 年，咸家工业区招商引资工作有了重大进展。重点引进高端设备制造、生物医药、节能环保等项目落产，计划总投资 20 余亿元。

潍坊京运物流有限公司京运物流项目　项目位于咸家工业区，总投资 10.2 亿元，占地面积 220 亩，建筑面积 6 万平方米，主要建设高标准物流周转仓、物流中心及其他附属配套设施。于 2017 年 3 月开工，预计 2018 年 12 月全部竣工投产。年内新购置危险化学品运输车辆 500 辆，主要经营危险化学品物流业务，年可运输货物 260 万吨，预计年产值 4 亿元。

高密市宏基农业发展有限公司"互联网 +"现代农业示范项目　项目位于咸家工业区，总投资 2 亿元，占地 35 亩，建筑面积 2.3 万平方米，于 2017 年 3 月开工，预计 2020 年 6 月竣工投产。该项目利用移动互联网、物联网等新一代信息技术，与农业跨界融合，借助省科技厅项目推动大田托管、定制农业、供销 E 家落地实施。项目完成后，农民可以通过电商购买所需的农资、农机，并获得防治病虫害、施肥用药等农业技术指导，科学种田；借助互联网形成信息和技术服务平台，可实现精准化生产、智慧型生产。项目投产后，年可烘干粮食 2.4 万吨，为 1.5 万亩大田提供服务，可实现年产值 3200 万元。

青岛熠瑞农牧有限公司熠瑞现代农业项目　项目位于咸家工业区，总投资 4.5 亿元，占地面积 350 亩，建筑面积 3 万平方米，建设标准化奶牛舍、青储库、防疫室等，规划养殖奶牛 1600 头，预计年产鲜奶 9000 吨，沼气 30 万立方米，有机肥 540 吨，液体肥料 1.5 万吨，年产值 1.2 亿元。该项目于 2017 年 11 月开工，预计 2018 年 6 月竣工投产。

山东安佑生物科技有限公司安佑二期建设项目　项目位于咸家工业区，总投资 4 亿元，占地面积 40 亩，建筑面积 2.5 万平方米，建设生产车间、仓库、配方实验室及其他附属配套设施等。于 2017 年 6 月开工，预计 2018 年 12 月竣工投产，主要利用安佑集团研究院独家研发的专利技术生产乳猪教槽料、人工乳和全系列禽畜饲料及配套添加剂。年设计生产能力 9.5 万吨，年产值 3.2 亿元。

高密市泽康生物科技有限公司泽康生物科技项目　项目位于咸家工业区，总投资 2 亿元，占地面积 45 亩，建筑面积 2.6 万平方米，建设研发中心、生产车间、仓库及其他附属配套设施。于 2017 年 3 月开工，预计 2018 年 10 月竣工投产。该项目主要为自主研发生产海藻多醣体琼脂，广泛应用于食品工业、医药工业、日用化工、生物工程等多个领域。年设计生产能力 15 万吨，年产值 3 亿元。

京运物流项目现场

【产业转型升级】 咸家工业区的工业主要为纺织业。为尽快改变全区纺织业产能相对落后的现状，2017 年，区内纺织企业累计投资 1.3 亿元，新上喷气织机 400 台、高端涡流纺纱机 6 套，形成年产 6.5 亿米的能力，增加产值 3 亿元，淘汰七五织机 2300 台。其中，高密市建华纺织有限公司 2017 年新上进口喷气织布机 170 台，形成年产人棉坯布 2244 万米的生产能力，年新增产值 1.12 亿元。

另外，福霖畜牧设备加工中心投资 1.2 亿元，新上畜牧设备生产线等生产设备；盛德食品项目投资 1.2 亿元，新上冷冻、调理肉制品加工、屠宰等设备；宏宇科技投资 3.2 亿元，新上数控木工机床、木器加工等设备。

华振纺织新上涡流纺纱机车间

【大田托管】 2017 年，咸家工业区按照“先试点、后推开”的原则，推进土地集中连片托管，实行统一耕种、统一管理、统一收获的“三统一”经营模式。通过三统一，每亩地可给老百姓节约成本 260 元。截至 2017 年底，全区土地托管面积达 30000 亩，其中全托管 20000 亩，半托管 10000 亩。实施“大田托管”后，村向托管方收取每亩 40 元的托管服务费，增加村集体收入，区内 50% 的村年可增收 4 万元以上，较大的村年增收达 8 万元以上；农户种植成本降低，劳动力得到解放，打工收入增加。

5 月，召开大田托管工作全面推进会议

【乡村建设】 年内，在全市率先完成 2017 年无害化卫生厕所改造任务，完成率达 155%。针对环卫一体化整治工作进行一月一检查、一月一评比。每季度开展一次环卫集中整治活动，拿出专项资金实行以奖代补。投资 110 万元，对全区 24 个村进行统一粉刷。年内率先完成高铁两侧绿化、美化和净化任务。投资 50 万元栽植绿化苗木 1.1 万余株，全区各村主次大街实现绿化全覆盖。年内开展徐辛路、咸家大街两侧综合整治行动，共清理违法建筑 70 余处，面积 7000 余平方米。投资 60 万元建设完成小楚家村、陶家屋子村、焦家屋子村、新立屯村、杨兰村、徐家庙子村等 6 处规范化公墓。

岔河村墙面集中粉刷后面貌

【民生事业】 推进集中居住区建设工作，新立屯村集中居住区于7月份开工建设，焦屋村集中居住区已具备开工条件，两个集中居住区可节余土地流量指标201亩。投资450万元的岔河社区服务中心于12月底投入使用；投资30万元建设的咸家工业区中心幼儿园分园于9月初投入使用。加快“一村一健身广场”建设，截至年底，共建成健身广场12处，计划2018年实现全覆盖。

岔河社区服务中心

【主要负责人】

党工委书记：

孙桂新（2016年1月任）

管委会主任：

臧贻武（2015年3月任）

（李泽福　单平）

胶河生态发展区

【概况】 胶河生态发展区位于高密市南部，面积95平方公里，辖57个行政村，14935户，人口3.9万人，耕地面积7.9万亩。2017年，全区完成地区生产总值23.66亿元，比上年增长8.2%；实现地方财政收入1707.1万元，比上年增长30.2%；实现工业销售收入2434739千元、利税197998千元，分别增长11.6%和9.3%；第三产业增加值达到12435万元，增长16%；农民人均可支配收入15314元，增长7.3%。2017年，胶河生态发展区围绕“生态保护先行区、生态农业集聚区、生态旅游示范区”的目标定位，统筹做好各项工作，全区经济社会呈现出良好的发展势头。2017年，胶河生态发展区在全市镇街区观摩点评位列外围乡镇第二名，荣获2017年镇街区工作先进单位称号。

【美丽乡村建设】 2017年，生态区按照“实现干净整洁、完善基础设施、保持田园风光、绿化村落庭院、突出特色文化”的要求，全力做好“环境治理、民居改造、设施配套、服务提升”四项重点工作。年内，通过美丽乡村建设专项资金、绿化奖补等政策优势，多方筹资4000多万元，与紫丁香设计院合作，对位于褚家王吴水库以东，胶河景观带的东南侧，沿银鹰路、秀水河路分布城律、葛家庙子、大庄、谢家屯等34个村进行村庄整体统筹规划，在各村内及连接路栽植各类乔灌木18.6万株，新建4大片林方450亩。同时，新建沥青混凝土路面147931平方米，水泥混凝土路面91825平方米，新建排水沟10274米，新建混凝土管道3070米，新下瓷管240米，新建文化广场4762平方米，新建屋后散水坡7991平方米，新修路灯138套。在项目建成后，各村划分党员责任区，积极发挥党员带头作用，压实管理责任，与村民签订“三包”（包卫生、包绿化、包秩序）协议，确保美丽乡村建设后期守得住、管得好。

张家屯乡村一角　　　　（栾孟瑜　摄）

【道路提升改造】 按照“一路一景”“移步易景”的标准和原则，聘请专业设计公司对银鹰路、徐辛路、胶王路、秀水河、健康路等共计60余公里的主辅道路进行整体的提升改造。其中，投资2000多万元，在银鹰路、徐辛路18公里沿线栽植各类绿化苗木22万株，绿化面积近30万平方米，南山风景区景观带初见雏形。投资1000多万元，对胶王路4.2公里路段进行综合改造提升工程，道路两侧进行墙体立面改造、绿化、美化等建设项目，助推胶王路商贸物流集聚区的发展。同时，对衔接胶王路的健康路、孟家沟水库坝顶路进行提升改造，其中，健康路绿化面积2.43万平方米，孟家沟水库坝顶路硬化道路长度10公里。为更好地实现与胶州、青岛路网的全面对接，投资3900多万元，对生态区东部贯通南北的秀水河路进行拓宽改造，路面由原来的5米拓宽到16米，铺设沥青油面7米，两侧各规划3米的绿化带和1.5米的排水沟，构建了滨河为主题的绿色长廊，使生态区的南山酥梨、秀水国光等特色果品更加畅通地向外销售。

道路提升改造后的徐辛路　　（仪秀　摄）

【清河行动】　年内，在全区范围内，组织执法中队、组织纪检、社区干部对胶河、秀水河、洛溪河沿河500米范围内的养殖户、畜种、饲养量、设施配套建设等情况开展逐户摸底，用20天时间完成禁养区内40家畜禽养殖场的关闭搬迁。区执法队联合市治安大队、物价局、测绘公司对胶河沿线周围的采砂设施进行强制清理，执法行动6次，共取缔30处沙场，拆除600平方米违法建筑，破拆采砂设备85个。对李家营至张家庄段胶河非法种植进行集中清理，清理河道违法占地110多亩，桃树7000多棵。建立覆盖周围村户农田、点线面结合、水岸同治同管"一把扫帚"的河道长效保洁机制，着力做好胶河、秀水河、洛溪河沿岸保洁清污工作，强化河底清淤疏浚、固废物沉积的监管，依法打击破坏水环境的违法行为。

清理河道非法种植物　　（栾孟瑜　摄）

【旅游品牌建设】　南山酥梨种植区位于胶河生态发展区南山社区，现种植面积1200余亩，该区域高密"母亲河"胶河横穿境内，平均降水量620毫米，年平均水资源总量为4.1亿立方米，水质清澈、地势平坦，沙质土壤、土层深厚、土壤肥沃，有机质含量高，达7.5%~7.9%，有利于梨树糖分和其他营养物质的积累。南山酥梨圆形，果皮黄绿或绿黄色，果皮薄而脆，果面光滑，色泽鲜亮，果肉白色，糖度高、肉质细腻、酥脆爽口，清甜多汁，平均单果重200克，每百克含糖15~17克，可溶性固形物11%~12.2%，含水80%~84%，钙为10~12毫克，分为红香酥、绿宝石、黄金、丰水、九月酥等10个酥梨品种，产品远销省内外多个地市，深受客户和消费者青睐。

2017年，借助南山酥梨品牌优势，采取政府主导、企业支持、专业机构承办的形式，整体策划和组织实施"2017群福南山梨花节"和"秋梨文化节暨南山啤酒节"。4月，举办2017群福南山梨花节，先后开展"梨花仙子"评选、"蓓蕾花开"儿童文艺演出、"梨园之春"茂腔汇演、土豆美食节、"南山寻芳"健身骑行等15项主题活动，期间接待游客近11万人次。发动区内企业支持，在群福粮油冠名主办的基础上，先后有璞珍壹品、盛德山泉、康食优厨、神泉山农产品等企业参加产品展销活动，并有40多户农户自发到主会场销售农副产品。全区新增农家乐就餐家庭150个，并在市场监管部门组织下开展卫生食品安全等方面的业务培训。8月，举办秋梨文化节暨南山啤酒节，文化节以“南山梨+旅游+文化+媒体”为主题，先后举办梨王大赛、秋梨竞拍、品梨高手、酒王大赛等12项系列活动，累计接待游客9万人次。为期8天的活动期间，在高密市区内制定20处南山酥梨销售点，有效带动农民增收致富。

2017群福南山梨花节　　（仪秀　摄）

【主要负责人】

党工委书记：

展世祥（2016年12月—2017年7月）

王金语（2017年7月任）

管委会主任：

王金语（2016年1月—2017年7月）

（鹿名　张浩）

注沟现代农业发展区

【概况】　注沟现代农业发展区位于高密市西南部，面积84.3平方公里，辖45个行政村，人口3.6万人，耕地面积5800公顷。2017年，全区完成地区总产值18.2亿元，比上年增长7%；实现地方财政收入860.5万元；全区完成工业销售收入12.7亿元，增长5%，实现利税5246万元；第三产业增加值达到7亿元，增长8.5%；农民人均可支配收入16836元，增长8%。年内先后获得“高密市级文明单位”“植树造林工作先进单位”等荣誉称号。

【现代农业】　推进产学研结合，年内先后与潍坊农业科学院、成都正光集团有限公司达成林果种植、万亩纳米土壛实验示范田等合作协议。8月，与潍坊市农业科学院合作的“农业科研推广工作站”落户注沟现代农业发展区。

（1）农业园区。年内发挥李家埠现代设施农业示范园的龙头带动作用，引进资金1.42亿元，投入东注沟村潍水龙珠葡萄庄园，曹家大浒村有机芦笋种植基地，南埠村红色之爱苹果基地、黄桃种植基地，后曹村薄皮核桃种植基地，前沙沟村莲藕休闲观光园，注田路两侧绿色订单农业示范区、五谷有机农产品种植配送生产基地等8个项目，建设总占地面积4700亩，主要发展特色果蔬种植、农副产品深加工和休闲农业采摘。

（2）高效示范农业。主要沿纵贯南北的注田路，发展大田无公害蔬菜等，种植订单绿色蔬菜1500亩、有机粮食8000亩、高效农业示范方600亩。

（3）特色种植。在东部和南部岭地，依托黄烟农场，巩固发展后方市、杨家岭、建设等15个村黄烟生产，稳定发展黄烟3500亩。

潍水龙珠葡萄庄园　　（崔小川　摄）

【文化旅游】2017年，以“汉韵小镇、刘墉故里”为文化主题，整合农业文化与地域民俗文化，以潍河乡村风情为景观吸引，打造“潍河福地、奇好注沟”形象品牌，借助李家埠设施农业示范园和潍河人文生态优势，发展乡村旅游业。

（1）乡村旅游景观建设。年内，聘请山东省旅游规划设计院规划设计，完成铁山脆枣采摘园和吉塞拉樱桃采摘园建设，沿潍河栽植枸杞、广青大石榴等特色林果100亩。4—5月份，成功举办第二届李家埠大樱桃采摘节暨首届潍河文化旅游节，辐射带动周边10多个村的商贸、餐饮等产业。

（2）历史名人遗址建设。为建设好历史名人刘墉故里，投资400万元，建设德廉教育基地·清爱文化园。该项目由注沟现代农业发展区管委会、逄戈庄村委会、社会三方共同投资3亿元建设，五年分三期完成，主要内容有德廉教育基地·清爱堂纪念馆、逄戈庄村貌仿清建设、刘氏花园及其他与刘墉文化相关的文化旅游景观。其中，一期投资500万元，在逄戈庄村委原址建设德廉教育基地·清爱堂纪念馆，建筑面积600平方米，于2017年7月份开工建设，9月初建设完成，由政风教育、家风教育、刘氏宗祠、党性教育展厅四部分组成。二期建设逄戈庄村貌仿清工程和刘氏花园等，建设周期自2018年至2019年，总投资1.5亿元。

（3）历史遗迹保护开发。借助汉墓群列入省重点文物保护的契机，积极争取支持，加强修护文保，对汉墓群、刘墉墓等进行保护性开发建设。同时，以恢复原貌、修复古迹为主，封填部分盗洞，维修坍塌院墙，达到合理保护古遗址，提升旅游资源知名度的目的。

第二届李家埠大樱桃采摘节暨首届注沟潍河文化旅游节开幕式　　（崔小川　摄）

清爱文化园

【美丽乡村建设】　年内，全区共完成旱厕改造5450户，清理拆除燃煤锅炉32套，村内养殖到12月底全部清理，规模养殖的粪污排放得到整治，全区45个村的环境卫生全部达标，环卫一体化工作进展顺利；按照“一村一特色、一路一景观”的原则，共种植绿化苗木6.9万株，总投资98万元；采取统一招标、统一实施的方式，投资160多万元，对村庄进行墙体粉刷和墙体标语喷写，粉刷面积26万平方米，喷写标语近200幅。其中李家埠和西注沟村利用省级美丽乡村建设基金对村庄进行了较高水平的建设，重点是主要街道的铺修硬化、排水系统建设和街道绿化美化，使其达到上级规定标准。

【基础设施建设】　2017年，围绕解决全域灌溉问题，整修3座潍河扬水站，新打机井100多眼，开挖方塘38座，方塘清淤46座，建设管道、水渠、电缆等配套设施3300余米。年内，在方市社区实施2.5万亩高标准农田建设项目，硬化道路19条，22公里，完成白家庄村东至下海路、马家村村东至下海路以及注田路南段、河西张戈庄往南出村路、建设路、9号路的道路硬化，共9000米。

【民生事业】　年内，投资530万元、建筑面积1450平方米的注沟新派出所建成并投入使用；投资110万元的敬老院改建工程主体工程完工，新建老年活动中心。投资4000万元，实施注沟中学楼和小学楼新建、改建，截至2017年底，教学楼主体工程全部完成，进入装修阶段。

注沟中小学新建工程　　　　（崔小川　摄）

【主要负责人】

党工委书记：

牟　林（2016年12月任）

管委会主任：

李衍宝（2016年12月任）

（刘奎德　崔小川）

人　物

市级领导

杨建华，1969年12月生，山东安丘人，汉族，中共党员，大学学历。1988年9月至1992年7月，中国人民大学中共党史专业学习，1992年7月至1994年9月，潍坊市青少年社会服务中心干部。1994年9月至1997年4月，共青团潍坊市委办公室科员。1997年4月至2000年4月，共青团潍坊市委副主任科员。2000年4月至2001年5月，共青团潍坊市委主任科员。2001年5月至2006年4月，共青团潍坊市委副书记。2006年4月至2006年12月，潍坊市委政策研究室副主任。2006年12月至2007年10月，寿光市委常委、市纪委书记。2007年10月至2009年4月，寿光市委常委、组织部部长。2009年4月至2010年1月，寿光市委副书记、组织部部长。2010年1月至2011年11月，寿光市委副书记。2011年11月至2011年12月，高密市委副书记。2011年12月至2012年1月，高密市委副书记、市政府党组书记、代市长。2012年1月至2016年12月，高密市委副书记，市政府党组书记、市长。2016年12月至今，高密市委书记、市委党校校长。

王文琦，1971年8月生，山东昌邑人，汉族，中共党员，省委党校研究生学历。1990年9月至1994年7月，山东工程学院汽车工程系汽车与拖拉机专业学习。1994年7月至1998年6月，昌乐县昌乐镇经委副主任（其间:1997年9月至1998年6月在昌乐县委组织部帮助工作）。1998年6月至2000年3月，潍坊市委党史研究室研究一科科员。2000年3月至2000年11月，潍坊市委党史研究室副主任科员。2000年11月至2002年12月，潍坊市坊子区政府党组成员、区长助理。2002年2月至2007年1月，潍坊市寒亭区副区长（其间：2001年9月至2004年6月在山东省委党校经济管理专业学习）。2007年1月至2008年2月，潍坊市寒亭区委常委、副区长。2008年2月至2011年12月，潍坊市寒亭区委常委、秘书长（其间：2006年6月至2008年6月在武汉大学软件工程专业学习）。2011年12月至2013年6月潍坊市寒亭区委常委、副区长，开元街道党工委书记。2013年6月至2014年3月，潍坊市寒亭区委常委、副区长。2014年3月至2016年12月，潍坊市寒亭区委副书记。2016年12月至2017年1月，高密市委副书记，市政府党组书记、

副市长、代理市长。2017年1月至今，高密市委副书记，市政府党组书记、市长。

孙淑芳，女，1972年4月生，山东昌邑人，汉族，中共党员，大学学历。1993年9月至1997年7月，华东政法学院经济法专业学习。1997年7月至2001年10月，昌邑市法院研究室书记员、助审员、审判员。2001年10月至2005年1月，共青团昌邑市委书记。2005年1月至2008年8月，潍坊市委宣传部副部长。2008年8月至2016年12月，潍坊市文学艺术界联合会党组书记、主席。2016年12月至今，高密市委副书记（正县级）。

徐方吉，1970年3月生，山东诸城人，汉族，中共党员，大学学历。1988年9月至1992年7月，山东建筑工程学院城市燃气工程专业学习。1992年7月至1995年3月，潍坊市市政公用事业局科员。1995年3月至1997年11月，潍坊市建委综合科科员。1997年11月至1999年4月，潍坊市建委综合科副主任科员。1999年4月至2001年9月，潍坊市建委城建科副科长。2001年9月至2007年11月，潍坊市市政管理局公用事业管理科科长（其间：2002年4月至2005年5月，在大连理工大学工商管理专业学习）。2007年11月至2011年12月，寒亭区党组成员、副区长。2011年12月至2013年7月，寒亭区委常委、宣传部部长。2013年7月至2013年8月，高密市委常委。2013年8月至2015年7月，高密市委常委、宣传部部长。2015年7月至今，高密市委常委、宣传部部长，市总工会主席。

孔晓明，1980年3月生，山东昌乐人，汉族，中共党员，博士研究生学历。2005年9月至2008年7月，中国海洋大学环境科学与工程学院环境规划与管理专业学习。2008年7月至2009年10月，潍坊市勘察测绘研究院科员。2009年10月至2011年12月，潍坊市勘察测绘研究院享受副县级干部待遇。2011年12月至2016年1月，诸城市党组成员、副市长。2016年1月至2016年12月，诸城市党组成员、副市长，经济开发区党工委书记。2016年12月至今，高密市委常委、市纪委书记。

殷玉萍，女，1972年4月生，山东宁阳人，汉族，中共党员，大学学历。1993年9月至1997年7月，聊城师范学院英语系英语教育专业学习。1997年7月至2001年3月，潍城区北关街道党工委组织干事、团委副书记。2001年3月至2001年11月，潍坊外商投资开发区党工委、潍城区北关街道党工委组织委员。2001年11月至2003年2月，共青团潍城区委书记。2003年2月至2006年1月，潍城区原军埠口镇党委副书记、镇长。2006年1月至2007年9月，潍城区原于河镇党委副书记、镇长（其间：2004年9月至2007年3月，在哈尔滨工程大学管理科学与工程专业学习）。2007年9月至2008年8月，潍城经济开发区党工委副书记，于河街道党工委副书记、办事处主任。2008年8月至2009年4月，潍城区于河街道党工委书记，山东潍城经济开发区党工委副书记。2009年4月至2011年12月，潍城区城关街道党工委书记。2011年12月至2012年1月，高密市人民政府党组成员。2012年1月至2012年2月，高密市人民政府党组成员、副市长。2012年2月至2015年1月，高密市人民政府党组成员、副市长、

教育资产党工委书记。2015 年 1 月至 2016 年 1 月，高密市委常委、市政府党组成员、副市长、教育资产党工委书记。2016 年 1 月至 2017 年 1 月，高密市委常委、市政府党组成员、副市长。2017 年 1 月至 2017 年 9 月，高密市委常委、政法委书记。

孙业宗，1973 年 5 月生，山东安丘人，汉族，中共党员，大学学历。1989 年 9 月至 1993 年 7 月，山东信息工程学校办公自动化专业学习。1993 年 7 月至 2001 年 3 月，坊子区委组织部干事、干审科科长（其间：1995 年 9 月至 1997 年 12 月，在山东省委党校经济管理专业学习）。2001 年 3 月至 2002 年 4 月，坊子区电教中心主任、区委组织部干部科科长。2002 年 4 月至 2004 年 1 月，坊子区委组织部副部长。2004 年 1 月至 2004 年 2 月，坊子区委组织部副部长、组员办主任。2004 年 2 月至 2006 年 2 月，坊子区人大常委、区委组织部副部长、组员办主任。2006 年 2 月至 2006 年 3 月，坊子区委组织部副部长、区人事局党组书记、局长。2006 年 3 月至 2010 年 2 月，坊子区委组织部副部长、区人事局党组书记、局长、区直机关党工委委员（其间：2005 年 9 月至 2010 年 12 月，在西南大学公共事业管理专业学习）。2010 年 2 月至 2012 年 1 月，坊子区委组织部副部长、区人力资源和社会保障局党委书记、局长、区直机关党工委委员。2012 年 1 月至 2012 年 8 月，坊子区委办公室主任、组织部副部长、区人力资源和社会保障局党委书记、局长、区直机关党工委委员。2012 年 8 月至 2014 年 3 月，坊子区委办公室主任、区直机关党工委委员。2014 年 3 月至 2014 年 12 月，高密市委常委、办公室主任。2014 年 12 月至 2015 年 1 月，高密市委常委、组织部部长、办公室主任。2015 年 1 月至今，高密市委常委、组织部部长。

王永亮，1970 年 1 月生，潍坊寒亭人，汉族，中共党员，大学学历。1988 年 9 月至 1991 年 7 月，曲阜师范大学教育管理专业学习。1991 年 7 月至 1996 年 3 月，寒亭区教师进修学校教师。1996 年 3 月至 2000 年 8 月，寒亭区政府办公室秘书、研究室一科科长（其间：1993 年 9 月至 1996 年 7 月，在北京师范大学教育管理专业学习）。2000 年 8 月至 2002 年 1 月，寒亭区政府研究室副主任。2002 年 1 月至 2003 年 4 月，寒亭区政府副秘书长、调查研究室副主任。2003 年 4 月至 2006 年 12 月，寒亭区政府副秘书长、调查研究室主任。2006 年 12 月至 2009 年 1 月，寒亭区开元街道党工委副书记、办事处主任。2009 年 1 月至 2009 年 2 月，寒亭区开元街道党工委书记、寒亭经济开发区党组成员。2009 年 2 月至 2009 年 3 月，寒亭区开元街道党工委书记，经济开发区党组成员、主任助理。2009 年 3 月至 2011 年 12 月，寒亭区开元街道党工委书记、人大代表工作室主任，寒亭经济开发区党组成员、主任助理。2011 年 12 月至 2012 年 1 月，高密市人民政府党组成员。2012 年 1 月至 2017 年 1 月，高密市人民政府党组成员、副市长。2017 年 1 月至今，高密市委常委、办公室主任。

韩文宏，1969 年 6 月生，山东昌邑人，汉族，中共党员，大学学历。1988 年 9 月至 1990 年 7 月，昌潍师范专科学校数学专业学习。1990 年 7 月至 1998 年 4 月，昌邑县（市）第一中学教师（其间：1991 年 9 月至 1994 年 7 月，在华东师范大学数学专业学习）。1998 年 4 月至 2002 年 9 月，昌邑市政府办公室秘书。2002 年 9 月至 2004 年 8 月，昌邑市史志办副主任。2004 年 8 月至 2005 年 4 月，昌邑市政府办公室副主任。2005 年 4 月至 2006 年 5 月，昌邑

市政府副秘书长。2006年5月至2008年3月，昌邑市政府副秘书长、研究室主任。2008年3月至2010年1月，昌邑市卜庄镇党委副书记、镇长。2010年1月至2010年6月，昌邑市围子镇党委书记。2010年6月至2011年11月，昌邑市围子街道党工委书记。2011年11月至2012年4月，昌邑市龙池镇党委书记。2012年4月至2015年1月，昌邑滨海（下营）经济开发区管委会副主任，龙池镇党委书记（其间：2011年3月至2013年6月，在青岛大学公共管理专业学习）。2015年1月至2017年1月，高密市政府党组成员、副市长。2017年1月至今，高密市委常委、市政府党组副书记、副市长。

张英杰，1975年1月生，山东昌邑人，汉族，中共党员，省委党校大学学历。1990年8月至1993年6月，昌邑师范学校普师专业学习。1993年6月至1997年4月，昌邑县（市）第二实验小学教师。1997年4月至1997年8月，昌邑市人才交流中心科员。1997年8月至1998年10月，昌邑市人事局科员。1998年10月至2004年8月，昌邑市委组织部科员、副科长、办公室负责人。2004年8月至2007年2月，昌邑市委组织员办公室副科级组织员、组织部办公室主任。2007年2月至2007年8月，昌邑市围子镇党委副书记、纪委书记。2007年8月至2009年1月，昌邑市围子镇民营经济园区主任。2009年1月至2010年1月，昌邑市围子镇党委副书记、纪委书记、民营经济园区主任。2010年1月至2011年11月，昌邑市都昌街道办事处主任。2011年11月至2015年12月，昌邑市都昌街道党工委书记。2015年12月至2016年12月，昌邑滨海（下营）经济开发区管委会副主任、都昌街道党工委书记。2016年12月至2017年9月，高密市委常委、统战部部长，经济开发区党工委书记。2017年9月至今，高密市委常委、政法委书记，经济开发区党工委书记。

刘建安，1976年3月生，山东临朐人，汉族，中共党员，省委党校研究生学历。1992年8月至1995年7月，临朐师范学校普师专业学习。1995年7月至2000年6月，临朐县政府办公室科员。2000年6月至2003年5月，临朐县政府办公室综合科副科长。2003年5月至2006年5月，临朐县政府办公室综合科科长。2006年5月至2008年1月临朐县政府办公室副主任科员。2008年1月至2009年2月，临朐县政府副秘书长、办公室副主任。2009年2月至2009年8月，临朐县政府副秘书长、县级机关事务管理局局长。2009年8月至2011年1月，临朐县级机关事务管理局局长、党支部书记（其间：2007年12月至2011年1月，在江西财经大学公共管理专业学习）。2011年1月至2014年1月，临朐县东城街道党工委副书记、办事处主任（其间：2009年9月至2012年6月，在山东省委党校经济管理专业学习）。2014年1月至2017年10月，临朐县嵩山生态旅游区党工委书记。2017年10月至2017年11月，高密市委常委。2017年11月至今，高密市委常委、统战部部长。

南　楠，1976年11月生，山东济宁人，汉族，中共党员，研究生学历。1992年9月至1995年7月，郑州解放军信息工程大学无线电情报侦查专业学习。1995年7月至1997年7月，南京解放军政治学院干部学员。1997年7月至1998年12月，67军高炮旅组织科干事。1998年12月至2000年9月，67军高炮旅侦察连副指导员。2000年9月至2003年9月，南京政治学院研究生。2003年9月至2006年4月，济南军区装备部直工部组织干事。2006年4月至2008年1月，济南军区组织部组织处副团职干事。

2008年1月至2011年1月，济南军区组织部组织处正团职副处长。2011年1月至2012年3月，海军潜艇实验试航基地副政委。2012年3月至2016年10月，济南军区海防第九团政治委员。2016年10月至2017年6月，海军陆战队海防九团政治委员。2017年6月至2017年12月，高密市人武部政委。2017年12月至今，高密市委常委、市人武部政委。

万　丽，女，1964年9月生，山东即墨人，汉族，中共党员，省委党校研究生学历。1983年9月至1987年7月，山东农业大学林学系桑蚕专业学习。1987年7月至1994年3月，高密县外贸公司文书、党办主任。1994年3月至1995年4月，高密县（市）商业委员会科员。1995年4月至1995年12月，共青团高密市委宣传部长。1995年12月至1998年5月，共青团高密市委副书记。1998年5月至2002年8月，共青团高密市委党组书记、书记（其间:1999年9月至2002年6月，在省委党校在职干部研究生班经济管理专业学习；2002年2月至2002年7月，在潍坊市委党校中青年干部培训班学习）。2002年8月至2003年1月，高密市总工会党组书记、主席。2003年1月至2008年1月，高密市委常委、宣传部部长。2008年1月至2008年7月，高密市委常委、宣传部部长，市总工会主席。2008年7月至2011年12月，高密市委常委、宣传部部长，市总工会主席、文化产业党工委书记。2011年12月至2012年1月，高密市委副书记，市总工会主席、文化产业党工委书记。2012年1月至2015年7月，高密市委副书记、市总工会主席。2015年7月至2016年12月，高密市委副书记、统战部部长。2016年12月至2017年1月，高密市委副书记、市人大党组书记。2017年1月至今，高密市人大常委会党组书记、主任。

徐振刚，1963年5月生，山东昌乐人，汉族，中共党员，省委党校大学学历。1987年1月至1993年3月，昌乐县包庄乡党委组织干事。1993年3月至1995年12月，昌乐县平原镇组织委员。1995年12月至1997年6月，昌乐县平原镇副镇长。1997年6月至1998年11月，昌乐县平原镇党委委员、纪委书记。1998年11月至2001年3月，昌乐县北岩镇党委副书记。2001年3月至2002年1月，昌乐县高崖镇党委副书记、镇长。2002年1月至2003年1月，昌乐县红河镇党委副书记、镇长。2003年1月至2007年1月，昌乐县鄌郚镇党委书记、人大主席（其间：2003年9月至2005年11月，在山东省委党校法律专业学习）。2007年1月至2007年3月，昌乐县政府党组成员、县长助理。2007年3月至2007年4月，高密市政府副市长。2007年4月至2008年7月，高密市政府党组成员、副市长。2008年7月至2010年1月，高密市政府党组成员、副市长、市胶河疏港物流园区党工委书记。2010年1月至2011年12月，高密市政府党组成员、副市长。2011年12月至2015年1月，高密市委常委、市政府党组成员、副市长。2015年1月至2017年1月，高密市委常委、办公室主任。2017年1月至今，高密市人大常委会党组副书记、副主任。

宫德胜，1962年11月生，山东栖霞人，汉族，中共党员，大学学历。1979年8月至1981年8月，昌潍师专中文专业学习。1981年8月至1982年7月，平度县蓼兰中学教师。1982年7月至1983年1月，平度县亭口中学教师。1983年1月至1986年7月，高密县教师进修学校教师、团总支副书记。1986年7月至1990年8月，高密县成人中专办公室主任（其间：1986年8月至1989年7月，在

华东师范大学中文专业学习）。1990年8月至1995年12月，高密县（市）政府办公室秘书。1995年12月至1997年1月，高密市政府办公室副局级秘书、秘书二科科长。1997年1月至1997年12月，高密市精神文明建设委员会办公室副主任。1997年12月至1999年1月，高密市委宣传部副部长。1999年1月至2003年8月，高密市委宣传部副部长、文明办主任。2003年8月至2003年12月，高密市政府副秘书长、城市管理行政执法局局长。2003年12月至2004年2月，高密市政府副秘书长、城市管理行政执法局局长、城市管理行政执法大队大队长。2004年2月至2005年4月，高密市政府副秘书长、城市管理行政执法局党组书记、局长、城市管理行政执法大队大队长。2005年4月至2006年2月，高密市政府副秘书长、城市管理行政执法局党组书记、局长。2006年2月至2008年12月，高密市委副秘书长，市广播电视局党委副书记、局长，电台、电视台台长。2008年12月至2009年7月，高密市委副秘书长，市广播电视局党委副书记、局长，电视台台长。2009年7月至2010年1月，高密市广播电视局党委副书记、局长，电视台台长。2010年1月至2011年11月，高密市经济开发区党工委副书记、管委会主任。2011年11月至2012年1月，高密市经济开发区党工委副书记、管委会主任、安委会主任。2012年1月至2015年3月，高密市人大常委会党组成员、副主任，经济开发区党工委副书记、管委会主任。2015年3月至2015年12月，高密市人大常委会党组成员、副主任，经济开发区管委会主任。2015年12月至今，高密市人大常委会党组成员、副主任。

施玉梅，女，1970年1月生，高密市密水街道人，汉族，无党派，大学学历。1992年8月至1994年7月，潍坊广播电视大学英语专业学习。1994年7月至1994年12月，高密市城南中学教师。1994年12月至2004年8月，高密市拒城河镇初级中学英语教师（其间：1998年12月至2002年12月，参加曲阜师范大学英语教育自学考试）。2004年8月至2005年12月，高密市姜庄镇党委组织干事。2005年12月至2006年2月，高密市周戈庄镇副镇长。2006年2月至2007年8月，高密市呼家庄镇副镇长。2007年8月至2010年2月，高密市井沟镇副镇长（2007年5月至2009年6月，在青岛大学公共管理专业学习）。2010年2月至2012年1月，高密市醴泉街道办事处副主任。2012年1月至2016年12月，高密市政协副主席、醴泉街道办事处副主任。2016年12月至2017年1月，高密市政协副主席。2017年1月至今，高密市人大常委会副主任。

葛孝江，1965年8月生，高密市柏城镇人，汉族，中共党员，省业余大学学历。1982年9月至1985年7月，昌潍师专物理专业学习。1985年7月至1988年7月，高密县职工教育中心教师。1988年7月至1989年7月，高密县建筑公司技术员。1989年7月至1992年12月，高密县委组织部干事。1992年12月至1993年11月，高密县委知识分子工作领导小组办公室主任。1993年11月至1995年4月，高密县（市）委组织部知工科科长（保留副科级待遇）。1995年4月至1995年12月，高密市委组织部干部科科长、知工科科长（保留副科级待遇）。1995年12月至1997年12月，高密市委组织部干部科科长（保留副科级待遇）（其间：1993年9月至1996年7月，在山东省经济管理干部学院经管专业学习）。1997年12月至1999年1月，高密市委组织部副部长。1999年1月至2003年3月，高密市委组织部副部长、组织员办公室主任。2003年3月至2003年6月，高密市委组织部副部长（保留正科级待遇）。2003年6月至2005年12月，高密市委组织部副部长、党员电教中心主任。2005年1月至2007年12月，高密市

委组织部副部长（保留正科级待遇）。2007年12月至2011年1月，高密市委组织部副部长（保留正科级待遇）、市人大常委。2011年1月至2012年9月，高密市胶河生态林场党支部书记，市委组织部副部长、市人大常委。2012年9月至2013年2月，高密市胶河生态林场党支部书记，市委组织部副部长、市人社局党委副书记、局长、社保中心主任，市人大常委。2013年2月至2013年6月，高密市胶河生态林场党支部书记，市委组织部副部长、市人社局党委副书记、局长、社保中心主任。2013年6月至2015年1月，高密市胶河生态林场党支部书记，市委组织部副部长，市人社局党委副书记、局长。2015年1月至2017年1月，高密市胶河生态林场党支部书记，市财政局党委书记、局长。2017年1月至2017年3月，高密市人大常委会党组成员、副主任，胶河生态林场党支部书记，市财政局党委书记、局长。2017年3月至2017年6月，高密市人大常委会党组成员、副主任，胶河生态林场党支部书记，市财政局党委书记。2017年6月至2017年10月，高密市人大常委会党组成员、副主任，胶河生态林场党支部书记。2017年10月至今，高密市人大常委会党组成员、副主任。

李　铭，1964年8月生，高密市醴泉街道人，汉族，中共党员，省业余大学学历。1982年12月至1984年8月，高密县锻压机床厂工人。1984年8月至1985年9月，高密县史志办公室打字员。1985年9月至1995年1月，高密县（市）政府办公室公务员、秘书。1995年1月至1997年1月，高密市政府办公室副局级秘书、信息科科长。1997年1月至2000年9月，高密市史志办公室主任（其间：1994年7月至1997年6月，在山东干部函授大学经济管理专业学习）。2000年9月至2001年3月，高密市姚哥庄镇党委副书记、镇长、政协联委主任。2001年3月至2005年7月，高密市姚哥庄镇党委副书记、镇长。2005年7月至2006年2月，高密市姚哥庄镇党委副书记、镇长、安全生产委员会主任。2006年2月至2006年12月，高密市井沟镇党委书记。2006年12月至2007年3月，高密市经济党工委书记。2007年3月至2010年2月，高密市经济党工委书记、经贸局局长、经贸局安全生产委员会主任。2010年2月至2011年12月，高密市经济党工委副书记、经信局局长、安委会主任。2011年12月至2012年1月，高密市政府党组成员，经济党工委副书记、经信局局长、安委会主任。2012年1月至2012年4月，高密市政府党组成员，市经济党工委副书记、经信局局长、安委会主任，密水生态林场党委副书记。2012年4月至2012年9月，高密市密水生态林场管委会主任，市政府党组成员，市经济党工委副书记、经信局局长、安委会主任。2012年9月至2013年3月，高密市密水生态林场管委会主任，市政府党组成员，市经济党工委书记。2013年3月至2014年1月，高密市密水生态林场管委会主任，市政府党组成员，市经济党工委书记，经济开发区党工委副书记。2014年1月至2014年2月，高密市密水生态林场管委会主任，经济开发区党工委副书记。2014年2月至2016年5月，高密市密水生态林场管委会主任，经济开发区党工委副书记，市人大常委。2016年5月至2017年1月，高密市密水生态林场管委会主任，市人大常委。2017年1月至2017年10月，高密市人大常委会党组成员、副主任，密水生态林场管委会主任。2017年10月至今，高密市人大常委会党组成员、副主任。

冯效栋，1974年7月生，山东潍坊人，汉族，中共党员，省委党校大学学历。1993年9月至1995年7月，山东工业大学计算机应用及机要专业学习。1995年7月至2002年4月，坊子区委办公室科员（其间：1999年9月至2001年12月，在山东省委党校经济管理专业学习）。2002年4月

至 2004 年 1 月，坊子区委办公室副主任科员。2004 年 1 月至 2006 年 3 月，坊子区委副秘书长。2006 年 3 月至 2009 年 8 月，坊子区委副秘书长、机要局局长。2009 年 8 月至 2010 年 9 月，潍坊市公安局特警支队副支队长。2010 年 9 月至 2013 年 12 月，潍坊市公安局网警支队支队长（正科级）。2013 年 12 月至 2016 年 12 月，潍坊市公安局网络安全保卫支队支队长（副县级）。2016 年 12 月至今，高密市政府党组成员、副市长，市公安局党委书记、局长、督察长。

付联宝，1969 年 9 月生，高密市井沟镇人，汉族，中共党员，省委党校研究生学历。1986 年 8 月至 1989 年 7 月，昌潍师专普通专业学习。1989 年 7 月至 1991 年 10 月，高密县井沟镇二中教师。1991 年 10 月至 1996 年 12 月，高密五中教师（其间：1989 年 8 月至 1992 年 7 月，在昌潍师专数学专业学习；1992 年 8 月至 1994 年 7 月，在山东省教育学院政治教育专业在职学习）。1996 年 12 月至 1997 年 8 月，高密市教委科员。1997 年 8 月至 2003 年 6 月，高密市政府办公室秘书。2003 年 6 月至 2004 年 11 月，高密市柴沟镇党委副书记。2004 年 11 月至 2005 年 7 月，高密市周戈庄镇党委副书记、镇长。2005 年 7 月至 2006 年 12 月，高密市周戈庄镇党委副书记、镇长、安全生产委员会主任。2006 年 12 月至 2007 年 8 月，高密市朝阳街道（经济开发区）党工委副书记、办事处主任、安全生产委员会主任。2007 年 8 月至 2008 年 1 月，高密市人事局副局长、党组成员（保留正科级）。2008 年 1 月至 2008 年 7 月，高密市朝阳街道（经济开发区）党工委副书记、办事处主任、安全生产委员会主任。2008 年 7 月至 2010 年 8 月，高密市经济开发区党工委副书记、管委会常务副主任、安委会主任。2010 年 8 月至 2011 年 11 月，高密市经济开发区党工委副书记、管委会常务副主任、安委会主任、财税金融管理中心主任。2011 年 11 月至 2013 年 1 月，高密市夏庄镇党委书记、人大主席、安委会主任、夏庄工业园党委书记，市工业园区党工委副书记。2013 年 1 月至 2013 年 6 月，高密市夏庄镇党委书记、人大主席、安委会主任，夏庄工业园党委书记，市工业园区党工委副书记，高新区党工委副书记、管委会主任。2013 年 6 月至 2015 年 1 月，高密市夏庄镇党委书记、人大主席、安委会主任，夏庄工业园党委书记，高新区党工委副书记、管委会主任。2015 年 1 月至 2015 年 5 月，高密市夏庄镇党委书记、人大主席、安委会主任，夏庄工业园党委书记，高新区（潍坊高新区高密高新技术产业园）党工委书记。2015 年 5 月至 2015 年 12 月，高密市夏庄镇党委书记、人大主席、安委会主任，高新区（潍坊高新区高密高新技术产业园）党工委书记（镇街内设事业机构撤销）。2015 年 12 月至 2016 年 1 月，高密市夏庄镇党委书记（按副县级配备）、人大主席、安委会主任，高新区（潍坊高新区高密高新技术产业园）党工委书记。2016 年 1 月至 2016 年 12 月，高密市夏庄镇党委书记（按副县级配备）、安委会主任，高新区（潍坊高新区高密高新技术产业园）党工委书记。2016 年 12 月至 2017 年 1 月，高密市政府党组成员。2017 年 1 月至今，高密市政府党组成员、副市长。

王加利，1971 年 2 月生，山东安丘人，汉族，中共党员，大学学历。1987 年 9 月至 1990 年 7 月，安丘师范学校普师班学习。1990 年 7 月至 1991 年 9 月，安丘师范学校教师。1991 年 9 月至 1996 年 4 月，安丘市委办公室机要科科员（其间:1991 年 9 月至 1994 年 7 月，在昌潍师专历史专业学习）。1996 年 4 月至 2001 年 7 月，安丘市委办公室调研科秘书（其间：1994 年 9 月至 1997 年 7 月，在北京师范大学汉语言文学专业学习）。2001 年 7 月至 2003 年 1 月，安丘市委 610 办公室副主任。2003 年 1 月至 2005 年 1 月，安丘市临浯镇党委副书记。2005 年

1月至2006年11月，安丘市临浯镇党委副书记、纪委书记。2006年11月至2007年10月，安丘市临浯镇党委副书记、镇长。2007年10月至2011年12月，安丘市吾山镇党委副书记、镇长（其间:2008年3月至2011年12月，在云南农业大学农业推广专业学习）。2011年12月至2014年2月，安丘市吾山镇党委书记、人大主席。2014年2月至2016年6月，安丘市景芝镇党委书记、人大主席。2016年6月至2016年12月，安丘市景芝镇党委书记。2016年12月至今，高密市政府党组成员、副市长。

魏　征，女，1981年12月生，高密市醴泉街道人，汉族，中共党员，大学学历。1997年9月至2000年8月，山东银行学校外贸英语专业学习。2000年8月至2002年11月，高密市竞技体校教师（其间：2000年4月至2002年6月，参加山东大学英语专业自学考试）。2002年11月至2003年8月，高密市财政局科员。2003年8月至2005年12月，共青团高密市委宣传部长、办公室主任。2005年12月至2007年12月，共青团高密市委党组成员、副书记。2007年12月至2010年2月，共青团高密市委党组成员、副书记、市政协常委（其间：2007年5月至2009年6月，在中国海洋大学公共管理专业学习）。2010年2月至2011年1月，共青团高密市委党组书记、书记、市政协常委。2011年1月至2011年11月，共青团高密市委党组书记、书记。2011年11月至2012年1月，高密市大牟家镇党委书记、人大主席、安委会主任，市人大常委。2012年1月至2016年1月，高密市大牟家镇党委书记、人大主席、安委会主任。2016年1月至2016年12月，高密市密水街道党工委书记。2016年12月至2017年1月，高密市政府党组成员、工商联主席。2017年1月至今，高密市政府党组成员、副市长，工商联主席。

刘明伦，1963年7月生，山东昌邑人，汉族，中共党员，省委党校大学学历。1980年3月至1985年9月，昌邑县岞山教委民办教师。1985年9月至1987年7月，潍坊师范民师班学习。1987年7月至1988年9月，昌邑县围子中学教师。1988年9月至1988年11月，昌邑县城关中学教师。1988年11月至1994年6月，共青团昌邑县委干事、办公室副主任、主任（其间:1988年9月至1990年8月，在潍坊教育学院政史专业大专班函授学习）。1994年6月至1996年3月，共青团昌邑市委副书记。1996年3月至1997年12月，共青团昌邑市委书记（其间:1994年9月至1996年12月，在省委党校经济管理专业业余本科班学习）。1997年12月至1998年12月，昌邑市北孟镇党委副书记、镇长。1998年12月至2001年3月，昌邑市北孟镇党委书记。2001年3月至2003年12月，昌邑市围子镇党委书记。2003年12月至2004年11月，昌邑市围子镇党委书记、人大主席。2004年11月至2007年10月高密市政府党组成员、副市长。2007年10月至2008年5月，高密市委常委、政法委书记。2008年5月至2011年4月，高密市委常委、政法委书记、群众工作部部长。2011年4月至2011年12月，高密市委常委、政法委书记。2011年12月至2016年12月，高密市委常委、市纪委书记。2016年12月至2017年1月，高密市委常委、市政协党组书记。2017年1月至今，高密市政协党组书记、主席。

王保功，1963年7月生，高密市柴沟镇人，汉族，中共党员，大学学历。1986年7月至1987年8月，黑龙江省绥化师专教师。1987年8月至1997年1月，高密县（市）计划生育委员会统计员、业务科长。1997年1月至2002年5月，高密市计生委党

组成员、副主任、（计生局副局长）。2002年5月至2004年2月，高密市计生局党组成员、副局长、计生协会常务副会长。2004年2月至2005年7月，高密市河崖镇党委副书记、镇长。2005年7月至2006年2月，高密市河崖镇党委副书记、镇长、安全生产委员会主任。2006年2月至2007年8月，高密市河崖镇党委书记、人大主席。2007年8月至2008年7月，高密市夏庄镇党委书记、人大主席。2008年7月至2008年8月，高密市姜庄镇党委书记、人大主席，姜庄工业园党委书记。2008年8月至2010年2月，高密市姜庄镇党委书记、人大主席，姜庄工业园党委书记，市工业园区党工委副书记。2010年2月至2011年1月，高密市姜庄镇党委书记、人大主席，姜庄工业园党委书记，咸家工业区党工委书记，市工业园区党工委副书记（期间：2008年9月至2010年12月，在北京航天航空大学软件工程专业学习）。2011年1月至2011年11月，高密市姜庄镇党委书记、人大主席，姜庄工业园党委书记，市工业园区党工委副书记。2011年11月至2011年12月，高密市政府党组成员。2011年12月至2012年1月，高密市委常委、政法委书记，市政府党组成员。2012年1月至2017年1月，高密市委常委、政法委书记。2017年1月至今，高密市政协党组副书记、副主席。

张兆年，1961年10月生，高密市大牟家镇人，汉族，无党派，大学学历。1979年6月至1982年9月，高密县大牟家公社小学教师。1982年9月至1984年7月，高密师范民师班学习。1984年7月至1985年8月，高密县第二职业中学教师。1985年8月至1987年8月，山东电大汉语言文学专业学习。1987年8月至1990年10月，高密县第一中学教师。1990年10月至1991年10月，高密县教委政工股科员。1991年10月至1992年1月，高密县教委职教股副股长。1992年1月至2002年1月，高密县（市）教委副主任（其间：1998年2月至2001年6月，参加山东教育学院教育管理专业自学考试）。2002年1月至2003年1月，高密市教育局副局长。2003年1月至2013年12月，高密市政协副主席、教育局副局长。2013年12月至今，高密市政协副主席。

栾　涛，1964年4月生，山东高密人，汉族，中共党员，中央党校大专学历。1981年10月至1983年5月，济南军区警卫营一连战士。1983年5月至1983年9月，济南军区警卫营一连给养员。1983年9月至1984年7月，济南陆军学校后勤训练大队学员。1984年7月至1985年7月，汶上县人武部供管科（实习）。1985年7月至1985年10月，汶上县人武部供管科正排管理员兼会计。1985年10月至1986年5月，高密县人武部供管科正排管理员兼会计。1986年5月至1993年9月，高密县人武部办公室正排管理员兼会计（其间：1988年8月至1991年6月，在中央党校函授学院经济管理专业学习）。1993年9月至1996年4月，高密（县）市人武部后勤科副科级助理。1996年4月至2000年2月，高密市人武部后勤科科长。2000年2月至2004年1月，高密市人武部副部长。2004年1月至2008年11月，潍坊市坊子区人武部部长。2008年11月至2009年1月，高密市政协党组成员。2009年1月至今，高密市政协党组成员、副主席。

吴金晶，1963年1月生，高密市阚家镇人，汉族，中共党员，民盟盟员，大学学历。1978年9月至1980年7月，高密师范普师专业学习。1980年7月至1983年7月，高密县双羊镇初中教师。1983年7月至1997年8月，高密一中教师、教科所副所长（其间：1981年9月至1986年8月，在华东师范大学中文专业学习）。1997年8月至1998年9月，高密一中教科所

所长。1998年9月至1999年8月，高密一中教科所所长、市教研室副主任。1999年8月至1999年9月，高密一中教科所党委委员、所长。1999年9月至2005年8月，高密一中党委委员、副校长。2005年8月至2011年7月，高密市凤城中学校长。2011年7月至2012年1月，高密市第五中学党总支书记、校长。2012年1月至2012年2月，高密市政协副主席，市第五中学党总支书记、校长。2012年2月至2014年8月，高密市政协副主席，第五中学校长。2014年8月至今，高密市政协副主席、市政府教育督导室督学。

李　薇，女，1974年1月，山东胶州人，汉族，民盟盟员，大专学历。1992年9月至1995年7月，潍坊高专计算机应用与维护专业学习。1995年7月至1999年12月，高密市财政局会计师事务所科员（其间：1995年9月至1998年7月，在青岛海洋大学会计学专业学习）。1999年12月至2005年12月，高密市城市规划处（规划局）科员。2005年12月至2009年2月，高密市商会副会长。2009年2月至2012年1月，高密市环保局副局长（其间：2007年6月至2009年12月，在山东大学软件工程领域工程硕士专业学习）。2012年1月至2012年2月，高密市环保局副局长、市政协常委。2012年2月至2014年8月，高密市环保局副局长，密水生态林场管委会副主任，市政协常委。2014年8月至2015年3月，高密市环保局副局长（保留正科级），市政协常委。2015年3月至2017年1月，高密市旅游局局长，市政协常委。2017年1月至今，高密市政协副主席、旅游局局长。

先进单位

2017年全国劳模创新工作室

王钦峰全国示范性劳模和工匠人才创新工作室

2017年富民兴鲁劳动奖状

山东潍坊烟草有限公司高密分公司

2017年富民兴潍劳动奖状

高密市豪沃机械科技有限公司

2017年潍坊工人先锋号

高密市总工会服务中心

潍坊密恩化工有限公司工艺二班

海宇股份有限公司第五车间

先进模范人物

2017 年“富民兴鲁”劳动奖章获得者名单

姓名	性别	出生年月	学历	工作单位	最高职务或职称	授予机关
芦明池	男	1966.11	本科	高密市第三小学	校长	省总工会
孙日强	男	1962.7	本科	晟绮疏港国际物流公司	董事长	省总工会

2017 年“富民兴潍”劳动奖章获得者名单

姓名	性别	出生年月	学历	工作单位	最高职务或职称	授予机关
尉迟衍玲	女	1971.05	大学本科	高密市国家税务局	副科长	潍坊总工会
高华兴	男	1968.01	高中	山东星宇手套有限公司	车间主任	潍坊总工会
王守峰	男	1969.1	大专	高密广播电视中心	录制技术部主任	潍坊总工会
谈万秋	女	1978.01	大专	山东元丰橡胶科技有限公司	班长	潍坊总工会
夏连之	男	1969.11	大学本科	中国农业银行股份有限公司高密市支行	工会主席	潍坊总工会

2017 年高密市劳动模范名单

姓名	性别	出生年月	学历	工作单位	最高职务或职称	授予机关
肖林辉	男	1988.01	中专	山东星宇手套有限公司	设备主管	高密市委市政府
曹　静	女	1980.12	本科	山东登升安防科技有限公司	外贸部经理	高密市委市政府
蔡善志	男	1976.08	本科	高密市交运集团有限公司	工程部主任	高密市委市政府
丁士伟	男	1970.12	本科	山东元丰橡胶科技有限公司	总工程师	高密市委市政府
赵桂刚	男	1977.09	初中	海宇股份有限公司	车间主任	高密市委市政府
程晓燕	女	1985.12	初中	高密市正发纺织有限公司	车间主任	高密市委市政府
张锡良	男	1987.06	初中	高密市德福纺织工贸有限公司	班长	高密市委市政府
兰　勇	男	1979.07	中专	高密市中意德机械制造有限公司技术部	部长	高密市委市政府
邱立柱	男	1975.02	中专	潍坊龙山轮胎有限公司	车间主任	高密市委市政府

（续表）

姓名	性别	出生年月	学历	工作单位	最高职务或职称	授予机关
谢　军	男	1987.04	本科	山东永平再生资源股份有限公司	钢雕设计师	高密市委市政府
毛浩诚	男	1987.11	本科	高密市华振纺织有限公司	车间主任	高密市委市政府
葛铸军	男	1965.11	高中	注沟现代农业发展区管理委员会	民政助理	高密市委市政府
管志伟	男	1976.09	本科	高密市公安局交警大队设施中队	中队长	高密市委市政府
郭栗宾	男	1985.06	本科	中共高密市委组织部人才科	科员	高密市委市政府
孙炜炜	女	1982.07	本科	高密市广播电视中心	团委书记	高密市委市政府
张晓艳	女	1963.02	大专	高密市综合行政执法局环卫管理执法中队	队员	高密市委市政府
杨立强	男	1978.01	大专	高密市园林管理处	技术员	高密市委市政府
王彦忠	男	1972.05	本科	高密市建设工程质量安全监督站	副站长	高密市委市政府
王佰晨	男	1979.03	本科	高密市农业局	办公室主任	高密市委市政府
王宝华	男	1973.01	本科	国网山东省电力公司高密市供电公司党群工作部	主任	高密市委市政府
李　杨	女	1984.11	本科	高密市密贸市场物业管理服务中心综合科	科长	高密市委市政府
臧彦鹏	男	1971.09	大专	高密市交通运输局出租科	科长	高密市委市政府
范子君	男	1960.01	高中	高密市高农生产资料连锁有限公司	工程审计	高密市委市政府
张　蕊	女	1982.01	本科	中国工商银行股份有限公司高密支行	客户经理	高密市委市政府
王　彩	女	1973.01	本科	孚日控股集团股份有限公司家纺一公司亚洲贸易公司	业务经理	高密市委市政府
许倍强	男	1964.06	专科	山东豪迈机械制造有限公司	项目经理	高密市委市政府
滕桂玲	女	1982.05	中专	山东豪迈机械科技股份有限公司	餐饮部主管	高密市委市政府
禚传花	女	1970.08	大专	山东银鹰化纤有限公司资金部	经理	高密市委市政府
侯玉刚	男	1976.05	初中	山东长盛泰玻璃制品股份有限公司	班长	高密市委市政府
李　艳	女	1986.11	本科	高密市兴隆毛巾有限公司	车间主任	高密市委市政府
王　昇	男	1982.12	本科	高密市富成工艺品有限公司	设计师	高密市委市政府
张国华	男	1973.01	本科	孚日控股集团股份有限公司热电公司	经理	高密市委市政府
唐淑娟	女	1972.08	本科	高密市第四中学	语文教师	高密市委市政府
张　宁	女	1974.11	本科	高密市北关小学	副校长	高密市委市政府
潘守宝	男	1972.07	本科	高密市朝阳中学	副校长	高密市委市政府
颜　伟	男	1964.01	本科	高密市阚家中心卫生院	院长	高密市委市政府

（续表）

姓名	性别	出生年月	学历	工作单位	最高职务或职称	授予机关
乔秀华	女	1976.08	本科	高密市卫生和计划生育局	妇幼保健与计划生育服务科科长	高密市委市政府
张耀武	男	1967.03	本科	高密市芩芝小学	校长	高密市委市政府
张翠英	女	1977.05	本科	高密市夏庄中心卫生院	手术室主任	高密市委市政府
张星亮	男	1963.01	初中	姜庄镇李仙庄村	党支部书记	高密市委市政府
仪垂林	男	1965.07	初中	柏城镇大吕村	党支部书记	高密市委市政府
沈汝亭	男	1961.01	高中	朝阳街道沈八里居委会	党支部书记	高密市委市政府
杨德良	男	1954.11	高中	阚家镇中杨家庄	党支部书记	高密市委市政府
王华京	男	1965.09	中专	咸家工业区陈屋村	党支部书记	高密市委市政府
范　海	男	1978.03	大专	高密市鸿基食用菌种植合作社	理事长	高密市委市政府
乔昌华	男	1964.09	大专	高密市华昌蔬菜粮食专业合作社	理事长	高密市委市政府
焦宗田	男	1968.01	大专	高密市向群农机专业合作社	理事长	高密市委市政府
郭振平	男	1969.12	初中	夏庄镇郭家南直村经济专业合作社	理事长	高密市委市政府
蔡一营	男	1967.01	中专	大牟家镇蔡家村小麦种植专业合作社	理事长	高密市委市政府
刘　静	女	1969.01	中专	高密市静苑家庭农场	场长	高密市委市政府
高振忠	男	1953.11	初中	柴沟镇高家村瑞源蓝莓种植专业合作社	理事长	高密市委市政府
王辉儒	男	1967.01	高中	高密市腾辉农副产品专业合作社	理事长	高密市委市政府
李世灵	男	1968.12	初中	注沟现代农业发展区世灵蔬菜种植专业合作社	理事长	高密市委市政府
杜光辉	男	1977.01	本科	高密市豪沃机械科技有限公司	董事长兼总经理	高密市委市政府
单百平	男	1958.07	本科	高密市顺达置业有限公司	董事长	高密市委市政府
苑京明	男	1972.06	硕士	高密建滔化工有限公司	总经理	高密市委市政府
田立向	男	1964.12	本科	高密市路通路桥工程有限公司	总经理	高密市委市政府
隋金森	男	1970.12	大专	山东凤墩皮革制品有限公司	总经理	高密市委市政府
田绍旭	男	1973.01	本科	高密市元信纺织有限公司	董事长	高密市委市政府
吕清堂	男	1963.12	高中	高密市三联纺织有限公司	总经理	高密市委市政府

附　录

市委文件选目

文号	文件名称
高发〔2017〕5 号	关于印发《高密市文明单位、文明村镇、文明社区建设管理办法》的通知
高发〔2017〕7 号	关于加快实施创新驱动战略推动经济转型发展的实施意见
高发〔2017〕9 号	关于加快推进生态文明建设的实施方案
高发〔2017〕11 号	关于深入学习宣传贯彻党的十九大精神的决议
高办发〔2017〕1 号	印发《关于全面推进政务公开工作的实施方案》的通知
高办发〔2017〕3 号	印发《关于加快推进棚户区改造的意见（试行）》的通知
高办发〔2017〕12 号	印发《关于扶持骨干企业做大做强的意见》的通知
高办发〔2017〕26 号	关于深化放管服改革进一步加强服务型政府建设的实施意见
高办发〔2017〕36 号	关于印发《高密市创建创业型示范城市实施方案》的通知
高办发〔2017〕41 号	印发《关于进一步完善法律援助制度的实施意见》的通知

市政府文件选目

发布文号	文件名称
高政发〔2017〕18 号	关于严格土地使用标准进一步推进节约集约用地的意见
高政发〔2017〕22 号	关于印发《高密市妇女发展“十三五”规划》《高密市儿童发展“十三五”规划》的通知

（续表）

发布文号	文件名称
高政发〔2017〕28号	关于印发《高密市2017年降低实体经济企业成本实施方案》的通知
高政办发〔2017〕3号	关于全面建立困难群众基本生活保障工作协调机制的通知
高政办发〔2017〕7号	关于印发《高密市迎接国家三类城市语言文字工作评估实施方案》的通知
高政办发〔2017〕18号	关于推进质量强市建设的意见
高政办发〔2017〕43号	关于印发《高密市智慧城市建设工作实施意见》的通知
高政办发〔2017〕65号	关于印发《关于推进城乡建设用地增减挂钩工作的实施意见》的通知
高政办发〔2017〕86号	关于统筹整合使用财政涉农资金支持脱贫攻坚的意见
高政办发〔2017〕88号	关于印发《全面推行行政执法公示制度执法全过程记录制度重大执法决定法制审核制度实施方案》的通知

2017年规模以上企业名单

1. 规模以上工业企业

企业名单	企业名单	企业名单	企业名单
高密晨阳鞋业有限公司	高密市广发机械工贸有限公司	高密众信铸造有限公司	豪迈集团股份有限公司
高密鸿泰木业有限公司	高密市靓宏染织有限公司	山东奥通轮胎有限公司	锦昉棉业科技有限公司
高密美尔亚时装有限公司	高密市三维数控有限公司	山东祺诺卫生用品科技有限公司	山东春和暖通空调有限公司
高密荣晟复合材料有限公司	高密市佳美工艺品有限公司	山东望乡食品有限公司	山东凤墩皮革制品有限公司
高密市彩虹纺织有限公司	山东胶六橡特胶带有限公司	山东伟丽纺织有限公司	山东府之郎鞋业有限责任公司
高密市春江纺织有限公司	山东三通重型钢管制造有限公司	山东屹隆新能源发展有限公司	山东高密润达机油泵有限公司
高密市宏裕铸钢有限公司	潍坊海王食品有限公司	潍坊安泰玛钢有限公司	山东密水葡萄酿酒有限公司
高密市洁利纺织有限公司	高密市佰凯纺织有限公司	潍坊福田橡胶制品有限公司	山东赛斯服装制品有限公司
高密市晶江玻璃制品有限公司	高密市诚泰纺织有限公司	潍坊利成橡胶有限公司	山东省高密市东兴铸造机械有限公司
高密市亮亮幕墙安装有限公司	高密市春光纺织有限公司	潍坊宇洋药业有限公司	山东省高密市意达鞋业有限公司

（续表）

企业名单	企业名单	企业名单	企业名单
高密市琳洁工艺玻璃制品厂	高密市大洲纺织有限公司	高密德隆汽车配件制造有限公司	山东泰吉虎鞋业有限公司
山东麒祥纺织股份有限公司	高密市孚日建材有限公司	高密斗一塑料有限公司	潍坊市凤林鞋业有限公司
高密市三宝金属制品科技有限公司	高密市国强织布有限公司	高密恒阳化工科技有限公司	潍坊幸福纺织有限公司
高密市盛蕴机械制造有限公司	高密市国润纺织印染有限公司	高密建滔化工有限公司	潍坊振富工贸有限公司
高密市顺德纺织有限公司	高密市海龙带钢有限公司	高密金利针织有限公司	高密德盛革制品有限公司
高密市鑫德鞋业有限公司	高密市和丰纺织有限公司	高密龙达益宏纺织有限公司	高密高菲纺织有限公司
高密市信康制底厂	高密市恒信机械科技有限公司	高密鲁源纺织有限公司	高密三利钢结构工程材料有限公司
高密市亚飞特玻璃制品有限公司	高密市宏昌纺织有限公司	高密市爱臣纺织有限公司	高密市大江纺织有限公司
高密市银丰玻璃有限公司	高密市华庆经编制品有限公司	高密市博米诺劳保用品有限公司	高密市富美特印花有限公司
高密市玉鸟鞋材有限公司	高密市汇利纺织有限公司	高密市福联机动车配件有限公司	高密市富源印染有限公司
高密市云峰纺织有限公司	高密市利达冷暖设备有限公司	高密市高欣针织有限公司	高密市光辉纺织有限公司
高密市云英织布厂	高密市明晖纺织有限公司	高密市广安钢化玻璃有限公司	高密市国丰纺织有限公司
高密市长青食品冷藏有限公司	高密市鹏宇印染有限公司	高密市海汇针纺有限公司	高密市豪沃机械科技有限公司
高密天得成鞋业有限公司	高密市荣辉纺织有限公司	高密市海天木业有限公司	高密市华锋机械有限公司
山东宏泰机械科技股份有限公司	高密市荣鑫纺织有限公司	高密市海珠门业有限公司	高密市华汇家具有限公司
山东华隆新能源科技有限公司	高密市瑞福祥纺织有限公司	高密市恒大机械制造有限公司	高密市环宇纺织有限公司
山东华野机械科技有限公司	高密市三合纺织有限公司	高密市红日纺织有限公司	高密市汇源纺织厂
山东金文雅昌印刷有限公司	高密市三联纺织有限公司	高密市宏光纺织有限公司	高密市惠德农产品有限公司
山东科乐收金亿农业机械有限公司	高密市盛永纺织有限公司	高密市宏诺纺织有限公司	高密市利杰纺织有限公司
山东山海玻璃制品有限公司	高密市盛源纺织有限公司	高密市鸿泰纺织有限公司	高密市利源纺织有限公司
山东万泰油气装备科技有限公司	高密市天盈纺织有限公司	高密市华菲纺织有限公司	高密市龙腾纺织有限公司
山东仙普爱瑞科技股份有限公司	高密市天宇纺织有限公司	高密市华仁纺织有公司	高密市明通纺织有限公司
山东长盛泰玻璃制品股份有限公司	高密市旺升纺织有限公司	高密市家兴木业有限公司	高密市明正工贸有限公司

（续表）

企业名单	企业名单	企业名单	企业名单
山东正泰重工科技有限公司	高密市银河纺织有限公司	高密市建清机械厂	高密市南洋食品有限公司
山东中柏韩美科技股份有限公司	高密市永兴纺织工贸有限公司	高密市江海纺织有限公司	高密市瑞祥纺织有限公司
潍坊安保来鞋业有限公司	高密市玉宏带钢制品有限公司	高密市杰达机械有限公司	高密市三惠源针织有限公司
潍坊实德节能环保技术有限公司	高密市兆金纺织有限公司	高密市凯蕾纺织工贸有限公司	高密市胜龙鞋业有限公司
高密东起机械制造有限公司	高密市正发纺织有限公司	高密市兰祥纺织厂	高密市盛鸿纺织有限公司
高密广大食品有限公司	高密市忠诚纺织有限公司	高密市立恒纺织工贸有限公司	高密市双福纺织有限公司
高密龙河食品有限公司	康达环保（高密）水务有限公司	高密市利德纺织有限公司	高密市天力五金制品有限公司
高密龙基鞋业有限公司	山东贝加尔新型建材有限公司	高密市龙升纺织有限公司	高密市天源纺织有限公司
高密庞大塑胶有限公司	山东富元肥业有限公司	高密市日高木业有限公司	高密市同力铸造有限公司
高密容大机械有限公司	山东金保尔橡胶有限公司	高密市荣基商品混凝土有限公司	高密市同鑫化工有限公司
高密市昌林纺织有限公司	山东金达双鹏集团有限公司	高密市瑞海食品有限公司	高密市万和车桥有限公司
高密市大地食品有限公司	山东龙兴工贸有限公司	高密市三佳纺织有限公司	高密市祥源木业有限公司
高密市冠宇机械有限公司	山东三金精密铸造有限公司	高密市神马鞋业有限公司	高密市鑫海纺织有限公司
高密市金诺汽配工贸有限公司	山东省高密市嘉丰纺织有限公司	高密市盛宝纺织有限公司	高密市彦凯纺织有限公司
高密市龙山粮油有限公司	山东省振泰集团股份有限公司	高密市盛丰纺织有限公司	高密市永乐纺织有限公司
高密市三昌纺织有限公司	山东万顺达工贸有限公司	高密市盛仁纺织有限公司	高密市勇利机械有限公司
高密市盛泰祥针织服饰有限公司	山东新永辉化工有限公司	高密市水业公司	高密市正宏纺织有限公司
高密市盛赢纺织有限公司	潍坊华友亚麻纺织有限公司	高密市太华针织厂	高密市众和服装有限公司
高密市云盛水泥有限公司	潍坊普力美动物药业有限公司	高密市泰顺纺织有限公司	高密天福家纺有限公司
山东顺和特种阀门制造有限公司	高密利荣花艺有限公司	高密市天顺纺织有限公司	高密天一机械科技有限公司
潍坊成云木业有限公司	高密市富成工艺品有限公司	高密市通宇鞋业有限公司	高密天一机械有限公司
潍坊发民饲料有限公司	高密市富华工艺品有限公司	高密市同创汽车配件有限公司	高密喜佳思制衣有限公司
潍坊华津美食品有限公司	高密市利高工艺品有限公司	高密市万发橡塑有限公司	山东邦泰散热器有限公司

（续表）

企业名单	企业名单	企业名单	企业名单
潍坊龙山轮胎有限公司	高密市向阳编织艺品有限公司	高密市新艺针织有限公司	山东保益生物科技股份有限公司
潍坊密恩化工有限公司	高密市新春油脂有限责任公司	高密市鑫丰纺织有限公司	山东菲达电力电缆股份有限公司
潍坊鑫翔生物科技有限公司	高密兴盛精密器械有限公司	高密市雁山纺织有限公司	山东菲达电器有限公司
孚日控股集团股份有限公司	山东高密华优精密铸造有限公司	高密市银洁纺织有限公司	山东风瑞新能源科技有限公司
高密奥龙塑胶有限公司	山东省高密市电力有色金属轧花福利有限公司	高密市勇成纺织有限公司	山东孚达机械科技有限公司
高密朝霞纺织有限公司	高密和利制衣有限公司	高密市友恒纺织有限公司	山东高密高锻机械有限公司
高密盛泰化纤纺织有限公司	高密华夏长城葡萄酿酒有限公司	高密市友民纺织有限公司	山东恒涛节能环保有限公司
高密盛源热力有限公司	高密市大明纺织有限公司	高密市裕丰纺织有限公司	山东恒阳重工科技有限公司
高密市春美纺织有限公司	高密市凤羽装饰材料有限公司	高密市裕祥皮革有限公司	山东恒宇重工机械有限公司
高密市恩泰纺织有限公司	高密市孚东铸造有限公司	高密市运昌染织有限公司	山东惠影科技传媒股份有限公司
高密市凤城纺织有限公司	高密市孚鑫纺织有限公司	高密市志达机械制造有限公司	山东嘉源玻璃钢有限公司
高密市富荣工贸有限公司	高密市福达木业有限公司	高密市中惠纺织有限公司	山东凯加食品股份有限公司
高密市富鑫针织服装有限公司	高密市富达纺织有限公司	高密市中兴纺织工贸有限公司	山东蓝天节能环保科技有限公司
高密市海涛纺织有限公司	高密市富龙食品有限公司	高密先锋纸业包装有限公司	山东清净食品有限公司
高密市宏润纺织有限公司	高密市恒宇鞋业有限公司	高密星合电子有限公司	山东荣昊专用汽车有限公司
高密市宏正纺织有限公司	高密市弘道食品有限公司	高密星合龙达微电子有限公司	山东三利化工有限公司
高密市鸿基纺织有限公司	高密市弘信纺织机械有限公司	山东高密康达机床有限公司	山东省高密市飞虹纺织器材有限公司
高密市慧凯纺织有限公司	高密市宏伟包装有限公司	山东高密密河硬化油有限公司	山东省高密市康泰纺织有限公司
高密市兰英工贸有限公司	高密市华瑞纺织有限公司	山东高密同利化工有限公司	山东省高密市通用机械有限公司
高密市立达橡胶制品有限公司	高密市凯旋消毒制品有限公司	山东高密翔宇车桥有限公司	山东省高密市友和助剂有限公司
高密市茂源五金制品有限公司	高密市康麦源食品有限公司	山东高密信德机电有限公司	山东省高密市友强助剂有限公司
高密市奇强制底有限公司	高密市龙源机械科技有限公司	山东高密亚非金属制品有限公司	山东石通石业有限公司
高密市日升毛巾有限公司	高密市暖尔豪暖通设备有限公司	山东高天金属制造有限公司	山东天地人锅炉制造安装有限公司

（续表）

企业名单	企业名单	企业名单	企业名单
高密市荣吉钢结构工程安装有限公司	高密市庆华纺织有限公司	山东聚丰橡胶有限公司	山东天科生物科技有限公司
高密市三信纺织有限公司	高密市荣基水泥有限公司	山东莱福特皮革制品有限公司	山东沃得格伦中央空调股份有限公司
高密市盛德纺织有限公司	高密市神洲木业有限公司	山东三德暖通空调设备有限公司	山东沃亚森曼机械科技有限公司
高密市盛鑫工贸有限公司	高密市盛达塑胶有限公司	山东省高密市全进摩托车链轮厂	山东亚盛重工股份有限公司
高密市天祥针织有限公司	高密市双飞机械有限公司	山东万和纺织有限公司	山东义兴橡胶有限公司
高密市鑫润制衣有限公司	高密市维华纺织有限公司	山东新宇生物股份有限公司	山东益林窗业有限公司
高密市亿升纺织有限公司	高密市五洲汽车配件有限公司	山东银邦工贸有限公司	山东永和精密金属有限公司
高密市永鑫纺织有限公司	高密市云龙纺织机械有限公司	山东真又美制衣有限公司	山东泽普医疗科技有限公司
高密市元信纺织有限公司	高密市中意德机械制造有限公司	山东中汇家具有限公司	盛世国际路桥建设有限公司
高密市振华纺织有限公司	高密市众合化工有限公司	潍坊埃克特密封科技有限公司	潍坊辰昊野外用品有限公司
高密市宗华纺织有限公司	山东浩特斯焊材有限公司	潍坊博阳纺织有限公司	潍坊大保工艺品有限公司
高密思美尔服饰有限公司	山东三贝尔暖气片有限公司	潍坊金通达轮胎有限公司	潍坊康地恩生物科技有限公司
高密永福纺织有限公司	潍坊市弘泰散热器有限公司	潍坊凌洋橡胶有限公司	潍坊同辉电子科技有限公司
高密永和纺织有限公司	高密三江机械制造有限公司	潍坊市宝灵工艺品有限公司	潍坊新城轮胎有限公司
海宇股份有限公司	高密市孚晟劳保用品有限公司	潍坊市吉航橡胶有限公司	高密利华纺织有限公司
山东博远纸制品有限公司	高密市港晟劳保用品有限公司	高密仁隆纺织有限公司	高密市澳华纺织有限公司
山东孚日电机有限公司	高密市昊霖劳保用品有限公司	高密市彩龙纺织有限公司	高密市丰源纺织有限公司
山东高密大昌纺织有限公司	高密市华诚橡胶制品有限公司	高密市德宝制底有限公司	高密市弘升纺织有限公司
山东高密锦绣纺织有限公司	高密市鹏翔纺织有限公司	高密市东星纺织有限公司	高密市宏展纺织有限公司
山东高密希见塑胶建材有限公司	高密市顺意劳保用品有限公司	高密市芙蓉食品有限公司	高密市华恒纺织有限公司
山东宏泰化纤有限公司	高密市鑫瑞达劳保用品有限公司	高密市广源金属制品有限公司	高密市华振纺织有限公司
山东隆泰暖通空调设备有限公司	高密市兴达劳保用品有限公司	高密市海鹏鞋业有限公司	高密市汇富特纺织有限公司
山东隆祥家纺有限公司	高密市兴富劳保用品有限公司	高密市红森宝纺织工贸有限公司	高密市建华纺织有限公司

（续表）

企业名单	企业名单	企业名单	企业名单
山东省高密市诚信工贸有限公司	高密市永宝铸造有限公司	高密市宏嘉纺织工贸有限公司	高密市建利纺织有限公司
山东省高密市华星染料化工有限公司	高密市自然食品有限公司	高密市鸿盛纺织有限公司	高密市金华纺织有限公司
山东省高密市宇瑞纺织有限公司	高密星源铁塔有限公司	高密市华安鞋材有限公司	高密市经纬纺织有限公司
山东泰华食品股份有限公司	高密正和家纺有限公司	高密市华龙机械制造有限公司	高密市利尔纺织有限公司
山东银鹰化纤有限公司	山东百盛劳保用品有限公司	高密市汇王工贸有限公司	高密市利远纺织有限公司
潍坊登峰鞋业有限公司	山东登升劳保用品有限公司	高密市交运热力有限公司	高密市龙华纺织有限公司
潍坊市路通橡胶有限公司	山东高密远弘橡胶制品有限公司	高密市交运天然气有限公司	高密市绿馨纺织有限公司
潍坊思壮尔服饰科技有限公司	山东恒丰面粉有限公司	高密市骏鹏汽车配件有限公司	高密市顺昌纺织有限公司
高密市登泰纺织有限公司	山东星宇手套有限公司	高密市美登鞋业有限公司	高密市腾达纺织有限公司
高密市佳诚纺织有限公司	潍坊市太华鞋业有限公司	高密市美冠印刷包装有限公司	高密市伟泰纺织有限公司
高密市金裕纺织有限公司	高密华信旅游用品有限公司	高密市耐拉纺织有限公司	高密市新兴纺织有限公司
高密市三川舄通鞋业有限公司	高密瑞丰食品有限公司	高密市瑞祥暖通空调设备有限公司	高密市鑫文纺织有限公司
高密市顺泰纺织有限公司	高密市恒源纺织股份有限公司	高密市瑞源纺织有限公司	高密市元裕机械科技有限公司
高密市新昌纺织有限公司	高密市金山纺织有限公司	高密市三和包装材料有限公司	高密市增喜纺织有限公司
高密市周戈庄信达织布有限公司	高密市金星纺织有限公司	高密市三祥纺织有限公司	高密市振荣纺织有限公司
山东米高生物科技有限公司	高密市金源绣品有限公司	高密市盛达带钢有限公司	山东安佑生物科技有限公司
高密安康农产品有限公司	高密市阚家陆达铸造有限公司	高密市伟业锦绣纺织有限公司	山东省高密市华裕纺织有限公司
高密高盛食品有限公司	高密市隆兴纺织有限公司	高密市欣琦凯纺织有限公司	高密市宇日木业有限公司
高密光大铁合金有限公司	高密市鲁燕纺织有限公司	高密市信元橡胶有限公司	高密祥远食品有限公司
高密盛源食品有限公司	高密市鑫源新型防水材料有限公司	高密市星海塑胶有限公司	潍坊佳惠客食品有限公司
高密市东方机械科技有限公司	高密市兴隆毛巾有限公司	高密市致远纺织有限公司	潍坊绿盛食品有限公司
高密市东冶机械制造有限公司	高密市长荣精密铸造有限公司	高密长和铸造有限公司	

2. 房地产、建筑业

企业名单	企业名单	企业名单	企业名单
高密城嘉融智建设有限公司	山东万通安装工程有限公司	高密市东城置业有限公司	山东天筑置业有限公司
高密市泽天建筑工程有限公司	高密新和消防设备有限公司	高密帝和置业有限公司	高密市恒基置业有限公司
高密市市政工程建设有限公司	高密市大华建筑安装有限公司	高密市华海房地产开发有限公司	高密市天和置业有限公司
高密市振兴东城建筑有限公司	山东高密泰和建筑有限公司	高密市卓越置业有限公司	山东菲达置业有限公司
山东省高密市海建建筑工程有限公司	高密市永利建筑有限公司	高密家成置业有限公司	高密市方圆置业有限公司
高密市华运建筑装饰有限公司	高密市宏安建工有限公司	山东海亚置业有限责任公司	潍坊浩宇世纪房地产开发有限公司
山东菲达电力工程有限公司	高密市博大装饰工程有限公司	山东中海房地产有限公司	高密市万顺置业有限公司
山东锐光电子工程科技有限公司	高密市瑞安建筑安装工程有限公司	高密市胶河花园开发有限公司	高密市豪迈置业有限公司
高密市东方建筑安装有限公司	山东高密蓝天环保工程有限公司	高密市海盛房地产开发有限公司	高密市世佳置业有限公司
高密市宏宇建业有限公司	高密市盛强工程科技公司	山东三佳集团房地产开发公司	山东宇田房地产开发有限公司
潍坊市建信集团有限公司	高密市万隆建筑有限公司	高密市一建房地产开发有限公司	高密市晟龙地产开发有限公司
高密市西关建筑工程公司	高密市华洋建业有限公司	高密市交通房地产开发有限公司	高密市华恒房地产开发有限公司
高密市昌华市政工程有限公司	山东畅通集团股份有限公司	高密市华鲁房地产开发有限公司	高密舜城置业有限公司
高密市交通建筑工程有限公司	盛德路桥建设有限公司	高密市交运置业有限公司	高密民旺置业有限公司
山东高密市广安第一建筑工程有限公司	高密市建华路桥工程有限公司	高密市城市建设投资集团有限公司	高密锦城置业有限公司
高密辉煌装饰工程有限公司	高密市华建建筑有限公司	高密市北洋置业有限公司	山东瑞云置业有限公司
山东恒利装饰工程有限公司	高密市华源建业有限公司	高密市群邦置业有限公司	潍坊齐鲁国泰置业有限公司
高密市水利建筑安装公司	山东城嘉博海置业有限公司	高密菲达房地产开发有限公司	高密市恒嘉置业有限公司
高密市华鲁建筑有限公司	高密帝宝置业有限公司	山东金孚隆置业有限公司	高密博海置业有限公司
高密市华夏建筑安装公司	高密今海岸置业有限公司	高密华夏房地产开发有限公司	高密路通置业有限公司
高密市城建建筑有限责任公司	高密青建博海中心置业有限公司	高密市大华房地产开发有限公司	高密市金达置业有限公司
高密市金地建筑有限公司	高密市孚日地产有限公司	高密市城建开发有限责任公司	高密市锦远房地产开发有限公司
山东省高密市东岭建筑安装开发公司	潍坊盛天城置业有限公司	山东高密兴华房地产开发有限公司	

（续表）

企业名单	企业名单	企业名单	企业名单
山东省高密市建兴建筑公司	高密市顺达置业有限公司	山东星合建业集团有限公司	
高密市路通路桥工程有限公司	山东凯宇置业有限公司	高密市万华置业有限公司	

3. 贸易业

企业名单	企业名单	企业名单	企业名单
高密市昌久商贸有限公司	高密三联家电有限公司	高密隆通车业有限责任公司	高密市瑞洋贸易有限公司
高密市博丰商贸有限公司	高密市润科家电经营部	山东恒涛汽车销售服务有限公司	高密市安裕化工有限公司
山东高密国家粮食储备库	高密市新世纪家电有限公司	高密市天成汽车服务有限责任公司	高密市阿克苏家居饰品有限公司
高密市宝利再生资源有限公司	高密市金信商贸有限公司	高密润福汽车贸易有限公司	高密市沃尔盾防护用品销售有限公司
高密市润杰汽车贸易有限公司	高密市青艺食品有限公司	山东群福农业发展股份有限公司	高密市嘉欣包装制品有限公司
高密北郊加油站	高密国美电器有限公司	高密市恒信煤炭销售有限公司	潍坊合石建材有限公司
高密市银鹰文昌保洁服务有限公司	山东高密华圆糖业有限公司	高密市长丰化工销售有限公司	高密市诺浩商贸有限公司
高密市蓝海国际大饭店有限公司	潍坊世纪锦江商务酒店有限公司	高密市宝利再生资源分拣有限公司	潍坊鸿基生物科技股份有限公司
山东高密银鹰化纤有限公司商务酒店	高密市杏林餐饮管理服务有限公司	高密市九州通贸易有限公司	高密市天星工贸有限公司
山东高密银鹰化纤进出口有限公司	高密市南洋河酒店管理有限公司	高密润德汽车贸易有限公司	山东高密恒丰粮库有限公司
高密鸿生医药有限公司	高密市四喜大酒店	高密市高峰五金建材有限公司	高密市正丰贸易有限公司
山东金孚隆购物广场有限公司	潍坊新世纪酒店有限公司	高密市连心社区蔬菜专业合作社	高密市红脉再生资源利用有限公司
山东鑫能国贸电力燃料有限责任公司	山东金孚隆股份有限公司	高密市惠和化工销售有限公司	高密市三川贸易有限公司
高密凤城大药房医药连锁有限公司	高密新瑞商贸有限公司	山东双鹏国际贸易有限公司	山东永平再生资源有限公司
高密市泰宏五金建材有限公司	高密金泰华润滑油有限公司	高密市泰山成品油销售有限公司	高密市华翠庄园蔬菜种植专业合作社
高密市鑫源金店	高密市澳源商贸有限公司	高密市振泰贸易有限公司	高密安华贸易有限公司
高密市密泉工贸有限公司	潍坊莹锴邦国际贸易有限公司	高密市鑫兴建筑材料销售有限公司	高密市畅想食用菌种植专业合作社
高密芙蓉儒家酒店管理有限公司	高密市晏都百盛商务客房服务有限公司	高密市豪隆服饰有限公司	高密市双旺养猪专业合作社

（续表）

企业名单	企业名单	企业名单	企业名单
高密市长城宾馆有限公司	潍坊隆运汽贸有限公司	高密康惠农业科技有限公司	山东高密裕利贸易有限公司
高密市正大商务酒店	高密市经贸汽车销售有限公司	高密市阚家农机供油站	高密市绿天食品有限公司
高密市五龙河农场农业科技有限公司	山东优舶商贸有限公司	山东伟丽永翔贸易有限公司	高密市国丰粮食蔬菜专业合作社
山东汉泰石油化工股份有限公司	高密市绿洲绣品有限公司	高密市文慧园餐饮服务有限公司	高密市卓越建筑材料有限公司
高密市凤城饮食服务有限责任公司	高密市润泽贸易有限公司	高密市福汇通海木业销售有限公司	高密市华荣建筑材料有限公司
高密鸿福成品油有限公司	高密市润丰化工有限公司	高密市永利肉食品销售有限公司	高密市元杰建筑材料有限公司
青岛维客高密购物中心有限公司	高密市南洋国际贸易有限公司	高密市天昱商贸有限公司	高密市苑氏农副产品专业合作社
高密三爽针织服装超市有限公司	高密市恒泰五金销售有限公司	高密市晨展贸易有限公司	
山东高密大昌纺织品进出口有限公司	高密隆运上菱汽车销售服务有限公司	高密市凯隆纺织工贸有限公司	
高密市益康工业供销有限公司	高密隆兴车业有限公司	山东盛德物流有限公司	

4. 限额以上服务业

企业名单	企业名单	企业名单	企业名单
高密市海能广告有限责任公司	高密市嘉和物业管理有限公司	高密市恒阳环保工程有限公司	高密市双赢汽车运输有限公司
高密市海能人力资源有限公司	高密市芙蓉家政有限公司	高密市宏基农机培训有限公司	高密市奥通汽车运输有限公司
高密市广通网络有限公司	高密市芙蓉物业管理服务有限公司	高密市隆运汽车销售服务有限公司	高密市方盛物流有限公司
潍坊市华诚工程咨询监理有限公司	高密市凤城驾驶员培训有限公司	高密市正泰物流服务有限公司	高密海润物流有限公司
高密市平安机动车驾驶员培训有限公司	高密市至正工程咨询有限公司	高密市地方粮食储备库	高密市通远物流有限公司
高密市华美园艺有限公司	高密市城建物业管理有限公司	高密市金达物流有限公司	山东三三控股股份有限公司
高密汽车站有限责任公司	高密市宇浩物流有限公司	高密市大牟家城乡发展有限公司	高密市红高粱文化旅游开发股份有限公司
高密市永安物业管理有限公司	潍坊宇翔物流有限公司	高密市晟通客运有限公司	高密市惠泽农业科技有限公司
高密市金盾保安服务有限公司	高密市汇洋物流有限公司	高密市盛鸿养殖技术有限公司	高密市青草湖旅游度假区有限公司
高密市贝斯特网络服务有限公司	山东泰运物流有限公司	山东瑞鑫节能科技股份有限公司	山东三三互联信息服务有限公司

（续表）

企业名单	企业名单	企业名单	企业名单
山东智江工程项目管理有限公司	山东金孚隆物流有限公司	高密市浩通物流运输有限公司	高密市盛高物流有限公司
高密市超越机动车驾驶员培训有限公司	高密市凤城测绘有限公司	高密市安信物流有限公司	高密市友明农产品有限公司
高密市弘洋墙体广告有限公司	山东晟绮港储国际物流有限公司	高密市信义物流有限公司	高密市华翠庄园农机专业合作社
高密市天瑞新能源科技有限公司	山东港储国际物流有限公司	高密市同发物流有限公司	高密市群福物流有限责任公司
高密市泰宏五金建材有限公司	高密金泰华润滑油有限公司	高密市泰山成品油销售有限公司	高密市华翠庄园蔬菜种植专业合作社
高密市鑫源金店	高密市澳源商贸有限公司	高密市振泰贸易有限公司	高密安华贸易有限公司
高密市密泉工贸有限公司	潍坊莹锴邦国际贸易有限公司	高密市鑫兴建筑材料销售有限公司	高密市畅想食用菌种植专业合作社
高密芙蓉儒家酒店管理有限公司	高密市晏都百盛商务客房服务有限公司	高密市豪隆服饰有限公司	高密市双旺养猪专业合作社

2016–2017 年行政村撤销、合并及更名一览表

乡镇	村变化具体情况	数量变化情况	批文号	批复时间
东北乡	撤销前两县屯、中两县屯、后两县屯合并成立两县屯村	–2	高政函 [2016]172 号	20160504
大牟家	撤销王屋子、曲家屋子、岳家屋子合并成立新村	–2	高政函 [2016]185 号	20160510
大牟家	撤销官厅村、岗家庄村合并成立官厅村	–1	高政函 [2017]276 号	20170629
大牟家	撤销中泊子、西泊子成立泊子新村	–1	高政函 [2016]327 号	20160712
姜 庄	撤销西王家城子、栾家城子村合并成立西栾家城子村	–1	高政函 [2016]408 号	20160818
东北乡	撤销大栏村、平安村合并组建大栏平安村	–1	高政函 [2016]520 号	20161012
大牟家	撤销八甲寨、六甲寨合并成立魏官寨村	–1	高政函 [2016]529 号	20161017
姜 庄	撤销瓦店屋子、王屋村、任家屋子合并成立联新村	–2	高政函 [2016]719 号	20170109
姜 庄	撤销姜五、綦家庄村合拼姜五綦村	–1	高政函 [2016]720 号	20170109
夏 庄	撤销刘家村二村、刘家村四村合并成立刘家村二村	–1	高政函 [2017]460 号	20170930

2017年全市各镇（街区）社区（工作片区）基本情况汇总表

镇（街区）	社区名称	办公场所位置	所辖村	备注
经济开发区（7个）（62）	姚哥庄社区	经济开发区党委	1东姚、2西姚、3南姚、4大南曲、5小南曲、6吴家庄	
	新城社区	东庄居委会	1平安庄、2辛村、3撞上、4东庄、5穇子庄、6韩伍屯、7东毛家屯、8西毛家屯、9太平庄、10十字庄、11黄家庄、12许家庄	
	胶东社区	柳沟崖红绿灯东20米路北	1李家疃、2柳沟崖、3单家官庄、4小王庄、5冯家庄、6于疃、7匡家庄、8小洼	
	东牟社区	星宇餐厅北	1任家庄、2刘家庄、3大王庄、4贺家庄、5单家庄、6上泊、7东牟东、8东牟西、9东牟北、10前疃	
	芝兰社区	芝兰三村委	1芝兰一、2芝兰二、3芝兰三、4东后芝兰、5西后芝兰、6单家荒、7芝兰屯、8宫家屯、9孙家屯、10杜家屯、11东斜、12西斜	
	张鲁社区	张鲁寺村北	1张鲁寺、2东于、3西于、4沟西、5沟东、6河北、7后庄、8纪家庄	
	张鲁集社区	张鲁集四村村委	1张一、2张二、3张三、4张四、5乔家屯、6代家屯	
密水街道（11个）（86）	兴华社区（城市社区）	南关	1南关、2碾头	
	丰华社区（城市社区）	农丰	1农丰、2西三里庄、3初家村、4韩家屯、5解家屯	
	康成社区（城市社区）	东关	1东三里庄、2梓童庙、3毛家庄、4张家埠、5东关	
	天翔社区（城市社区）	城西	1城西、2倪家村、3张家村、4谭伍屯上村、5潭伍屯下村、6梨园、7大胡兰前、8小胡兰前	
	豪迈社区（城市社区）	刘戈庄	1刘戈庄、2薛家村、3赵戈庄、4卞家庄、5幸福村	
	南洋河社区	姜家屯村	1姜家屯、2律家村、3周家屯、4新民庄、5苗家屯、6西周阳、7荆家屯、8周阳一村、9周阳二村、10周阳三村、11周阳四村、12徐家立	
	杨戈庄社区	杨戈庄村	1杨戈庄、2莳戈庄、3大尹村、4小尹村、5枣行、6沈家屯	
	梁家屯社区	梁家屯村	1闫家村、2大仪家村、3荆家村、4西施家村、5梁家屯、6王家屯、7小刘家庄、8西葛家桥、9东葛家桥、10曹家屯	
	平安社区	辛庄	1辛庄、2毕家村、3东施家屯、4魏家小庄、5大店子、6小店子、7张家大村、8刘家屯、9矮沟、10潘家小庄、11刘家官庄	
	拒城河社区	拒城河村	1拒城河、2大刘家庄、3方家村、4潘家村、5前窝洛、6后窝洛、7大高家庄、8索家村、9后鸾庄、10温家村、11管家村、12西隅、13王新庄、14北王柱	
	锅框社区	西锅框	1道乡、2泊子、3东双庙、4西双庙、5东迟家村、6西迟家村、7东锅框、8西锅框	

（续表）

镇（街区）	社区名称	办公场所位置	所辖村	备注
醴泉街道（11个）（76）	古城社区（城市社区）	西关	1 西关、2 苗家村、3 城里、4 文化村	
	文昌社区（城市社区）	交通	1 交通、2 北关	
	百脉湖社区（城市社区）	北大王庄	1 北栾家庄、2 北大王庄	
	昌安社区（城市社区）	尧头	1 尧头、2 万家村、3 永安、4 老木田、5 小王家庄、6 皋头	
	城西社区	三官庙村委会（凤凰大街西路南）	1 崔家村、2 东尤、3 西尤、4 小庄、5 付沈屯、6 八元庄、7 倪家庵、8 曹家村、9 刘新村、10 三官庙	包含三官庙社区和小庄社区
	关爷庙社区	关爷庙村村委会	1 钟家屯、2 葛家集、3 于家庄、4 李村、5 周家庄、6 田家庄、7 绳家庄、8 王村、9 关爷庙	
	康庄社区	原康庄镇驻地	1 康一、2 康二、3 康三、4 康四、5 前毛、6 后毛、7 辛店、8 永丰	
	沂塘社区	沂东村委会	1 沂东、2 沂西、3 北屯、4 南屯、5 豆付台、6 阎家庄、7 高家屯、8 雷家庄、9 张家小庄、10 鲍家庄、11 殷家楼	
	蔡站社区	蔡站大街东首路北	1 韩家庄、2 红埠、3 郑家庄、4 薛家庄、5 西李、6 姚家庄、7 双头、8 蔡站	
	蔡家庄社区	蔡家庄村委会	1 徐家庄、2 丰家庄、3 马家庄、4 土辛庄、5 张家庄、6 陈家庄、7 杨家庄、8 赫家庄、9 蔡家庄	
	翻身庄社区	翻身庄村委会	1 翻身庄、2 爱国、3 柳树屋子、4 三姓屯、5 大屯、6 小屯、7 晾甲埠	
朝阳街道（6个）（30）	东城社区（城市社区）	东小庄	1 东小庄、2 秦家岭、3 黄山茔、4 高家岭、5 单家屋子、6 鲁家庙、7 小木田	
	夷安社区（城市社区）	娘娘庙	1 娘娘庙、2 许家庄、3 荆家庄、4 葛家庄	
	观音社区（城市社区）	邱家洼	1 邱家洼、2 西观音堂、3 东观音堂、4 前埠口、5 后埠口	
	罗家庄社区（城市社区）	罗家庄	1 罗家庄	
	和平社区（城市社区）	东栾家庄	1 东栾家庄、2 卣坊、3 李家八里庄、4 侯家八里庄、5 沈家八里庄、6 张家八里庄	
	滨河社区（城市社区）	田家村	1 王家响疃、2 田家村、3 邓家村、4 王党、5 仓上、6 卢家岭、7 鲁家村	
柏城镇（4个）（35）	柏城社区	平安大道 1399 号	1 柏城村、2 堤东村、3 赵家村、4 姚家村、5 何家村、6 沟南、7 单家庄、8 升恒庄、9 于家屯	
	苑家疃社区	柏城镇苑家疃村	1 苑家疃村、2 休息园、3 新庄、4 门家埠、5 赵家沟、6 店子、7 宿家屯、8 大村、9 小河崖、10 大吕	
	故献社区	柏城镇故献村	1 故献村、2 夏家沟、3 石庙子、4 叶家屯、5 柳林、6 冶家庄、7 白家岭、8 郝家庄、9 王丰屯	
	冢子头社区	柏城镇前冢子头村	1 前冢子头村、2 李茂庄、3 后沙泊、4 东冢子头、5 西冢子头、6 前朱家集、7 后朱家集	

（续表）

镇（街区）	社区名称	办公场所位置	所辖村	备注
夏庄镇（9个）（59）	北村社区	夏庄大街与益茂路交叉路口北500路东	1茂早屯、2大赵家庄、3魏家屯、4孟家屯、5仪家村、6任家村、7朱家村、8西李村、9东李村、10五龙庄村	
	夏庄社区	河西村村委会驻地	1高家店、2栾家店、3杜家店、4益民、5台家村、6夏庄村、7河西	
	惠和社区	惠德农产品有限公司西500米路北	1小寄庄、2车道口、3张家村、4祁家店	
	刘家村社区	刘家村围村村委会驻地	1刘一村、2刘二村、3刘三村、4刘四村、5綦家村、6曙光村、7十里堡村	
	南直社区	郭家南直村委会驻地	1郭家南直、2王家南直、3张家南直、4栾家泊子、5宋家泊子、6陈家泊子、7郭家泊子、8沙窝、9沟崖、10毛家庵	
	龙潭社区	王家官庄村村委会驻地	1杜一村、2杜二村、3杜三村、4王家官庄、5龙王官庄、6赵家官庄	
	官庄社区	张家官庄二村村委会驻地	1张一村、2张二村、3张三村、4张四村、5栾家官庄、6李家官庄、7石家官庄	
	东苓芝社区	管家苓芝居委会驻地	1东门家苓芝、2东王家苓芝、3东李家苓芝、4管家苓芝、5刘家苓芝	
	西苓芝社区	西李家苓芝居委会驻地	1西王家苓芝、2西门家苓芝、3西李家苓芝	
姜庄镇（10个）（67）	姜东社区	姜庄一村村委对面	1姜一村、2姜五綦村、3东李家庄、4东范家庄、5赵家圈、6吴家屯、7周家庄	
	姜西社区	姜庄一村村委对面	1姜庄二村、2姜庄三村、3姜庄四村、4棉花屯、5甄家屯、6北高家庄、7孙家长村、8张家长村、9李家长村、10伊家长村	
	李仙社区	五七路与李仙后街交叉路口南30米路东	1李仙村、2方家庄、3隋家屯、4前于村、5后于村、6王家寺	
	城子社区	东王家城子村村委附近	1东王城子、2西栾家城子、3彭家城子、4南高家庄、5聂东村、6聂西村	
	仁和社区	仁和新城西区	1仁和一村、2仁和二村、3仁和三村、4安河村、5梁家村	
	顺河社区	顺北村村委	1顺北、2顺南、3赵屋、4联新村	
	旗台社区	旗台一村村委正对面	1旗台一村、2旗台二村、3旗台三村、4东辛庄、5西辛庄、6新兴庄	
	莳二社区	莳二村村委	1莳一村、2莳二村、3尤家集、4范家庄、5董利村、6谢家庄、7张庄	
	王干坝社区	刘家口子村村委附近	1刘家口子村、2付家口子村、3邓家屯、4坝东村、5坝西村、6岳家屯、7卞家屯、8艾山屯、9苘湾崖、10后老屯、11东老屯	
	后屯社区	后屯村村委	1前屯、2后屯、3董家庄、4崔家村、5潘家村	

（续表）

镇（街区）	社区名称	办公场所位置	所辖村	备注
大牟家镇（8个）（84）	牟家社区	镇驻地	1东牟家、2西牟家、3小牟家、4米家、5李党、6蔡家、7展家、8北杨家	
	张户社区	张户村	1前薛、2后薛、3王官庄、4陈皮、5马龙屯、6张户、7和平、8和睦屯、9赵家庄、10郇李家、11张家庄	
	斜沟社区	北斜沟村	1大迟家、2张家、3陆家、4秦家、5和顺屯、6永丰屯、7礼让屯、8北斜沟、9南斜沟	
	杜家社区	小杜家村	1大辛家、2小辛家、3小迟家、4小杜家、5大杜家、6大孙家、7小刘家、8西沟头、9祁家	
	谭家庄社区	谭家庄村	1西刘家、2胶东、3周家庄、4潘家庄、5毛李、6毛家、7孙家屋子、8刘家屋子、9黑王家、10徐家庄、11安家庄、12北李家庄、13谭家庄	
	周戈庄社区	周戈庄驻地	1南集、2东村、3槐家、4周戈庄、5芦家庄子、6张肖、7沟头、8魏官寨、9荆家、10李家	
	官厅社区	官厅村	1张家庙子、2黄家庙子、3坊岭、4朱家庄、5史家庄子、6车辋、7官厅村（与岗庄合村）、8徐家屯、9三和新村、10秦家庄子	
	魏家坊社区	魏家坊村	1长丰屯、2王戈庄、3小张家、4周家、5曹家、6大泊子、7泊子新村、8姜庄子、9魏家坊、10富河、11官庄、12双山、13王庄子、14新河	
阚家镇（10个）（93）	阚家社区	阚家社区驻地	1阚家东村、2阚家西村、3张家村、4李营村、5兴仁官庄村、6狄家屯村、7尚义官庄村、8胡家村、9袁家村、10倪家庄村、11谢家村、12吴家营村	
	韩庄社区	韩庄社区驻地	1东桥子村、2西桥子村、3中杨家庄村、4坊岭一村、5坊岭二村、6坊岭三村、7官亭村、8张家屋子村、9高家楼村、10辂家桥村、11韩庄村	
	松兴屯社区	松兴屯社区驻地	1松兴屯村、2西姜戈庄村、3东姜戈庄村、4后姜戈庄村、5兴隆官庄村、6前泊子村、7后泊子村	
	瑞丰社区	瑞丰社区驻地	1谭家营一村、2谭家营二村、3谭家营三村、4谭家营四村、5付家庄村、6东方戈庄村、7西方戈庄村	
	初家社区	初家社区驻地	1红庙子村、2于村、3西田家庄村、4初家庄村、5南杨家庄村、6小张家庄村、7冯家屋子村、8殷家屋子村、9卢家庄村	
	尹家宅社区	初家社区驻地	1朱家屯村、2小坊村、3小屋子村、4举人庄村、5河北头村、6三教堂村、7尹家宅村、8新民官庄村	
	徐睦社区	徐睦社区驻地	1赵家街村、2守信官庄村、3唐家街村、4下坡村、5东杨岭庄村、6西杨岭庄村、7王柳官庄村、8刘家街村	
	克兰社区	克兰社区驻地	1克兰村、2刘家疃村、3西埠村、4西赵家庄村、5庄家村、6前三皇屯村、7后三皇屯村、8姚家山甫村、9孙家营村、10后塔庄村、11前塔庄村	
	双羊社区	双羊社区驻地	1双羊店村、2东李戈庄村、3西李戈庄村、4后张秋村、5中张秋村、6西张秋村、7东张秋村、8东于家埠村、9西于家埠村、10吉林庄村	
	高戈庄社区	高戈庄社区驻地	1高戈庄一村、2高戈庄二村、3高戈庄三村、4盛水屯村、5杨名屯村、6吕家山东村、7于家山东村、8远家屯村、9于家营村、10李家山东村	

（续表）

镇（街区）	社区名称	办公场所位置	所辖村	备注
井沟镇（9个）（98）	井沟社区	井沟镇政府驻地	1井沟村、2前院头村、3后院头村、4东疃村、5水城村、6河南村、7河北村、8金宝山村、9郭家村、10西傅村、11小康庄村	
	呼家庄社区	呼家庄工业园区驻地	1呼家庄村、2集西村、3烟家墩村、4隋家庄村、5后李家庄村、6小南庄村、7前单家庄村、8后单家庄村、9安家屯村、10新星庄村、11王庄村、12高家沙岭子村	
	吴家庄社区	吴家庄村村委驻地	1吴家庄村、2孙家官庄村、3林家庙子村、4泉儿头村、5小柴村、6郭家庄村、7别家庄村、8小官庄村、9仪家屯村	
	下口社区	后下口村村委驻地	1富家庄村、2前下口村、3后下口村、4五龙官庄村、5阎家沙坞村、6王家沙坞村、7大沙坞村、8赵家老庄村、9南李家庄村	
	草泊社区	东丁村村委驻地	1草泊村、2东丁村、3前邱家庄村、4后邱家庄村、5顾家岭村、6范木匠村、7王货郎村、8大路庄村、9东杨家屯村、10凤凰屯村、11新张家屯村	
	田庄社区	东田村村委驻地	1前田村、2后田村、3东田村、4西田村、5前营村、6后营村、7高戈庄村、8秦家店子村、9城后刘家庄村、10城后王家庄村、11北丁村、12北傅村、13小李村、14大李村	
	大柴社区	大柴村村委驻地	1大柴村、2前宋村、3后宋村、4鲁家店子村、5邹戈庄村、6徐家庄村、7薛家老庄村、8大茔村、9寨庄村、10尹家庄村	
	尤河头社区	尤河头村村委驻地	1尤河头村、2马家沙岭子村、3綦家沙岭子村、4唐家岭村、5季家屯村、6薛家屯村、7刘家小庄村、8白庙子村、9前店子村、10后店子村、11东胡村、12西胡村	
	福盛屯社区	福盛屯村村委驻地	1尚家庄村、2东郇村、3西郇村、4大沟崖村、5孙家庄村、6福盛屯村、7前福盛屯村、8德盛屯村、9张家墩村、10逄家庄村	
柴沟镇（6个）（79）	柴沟社区	柴沟社区服务中心	1柴沟村、2柴北村、3后邱家大村、4前邱家大村、5袁家村、6范家小庄、7范家大庄、8牛氏庄、9西店村、10西刘家村、11葛家村、12郝家村、13高家村	
	马旺社区	马旺社区服务中心	1后西旺、2前西旺、3后鹿家庄、4前鹿家庄、5任鹿家庄、6相家庄、7马旺村、8房家屯、9李家庄、10郑家庄、11董家庄、12王家庄、13陈家屯	
	土庄社区	土庄社区服务中心	1土庄村、2东尚口、3西尚口、4咸家庄、5王家营、6向岳庄、7南刘家庄、8王家村、9孙家村、10魏家村、11徐家店子、12于戈庄、13常家疃、14郝家楼子、15林场	
	梁尹社区	梁尹社区服务中心	1梁西、2山庄、3鹿家营、4宫家庄、5梁东、6长林、7潘家庄、8北园、9王家大庄、10陶家庄、11苏家庄、12王家店子、	
	朱公社区	朱公社区服务中心	1张家屯、2朱公村、3尚村、4西养马、5东养马、6鸾庄、7潘家栏子、8杨家庄、9西戈家庄、10东戈家庄、11大王柱、12前王柱、13松家岭、14小王柱、15东小王柱、16张戈庄	
	朱翰社区	朱翰社区服务中心	1前朱翰、2东朱翰、3后朱翰、4新胜屯、5郭才庄、6徐家楼子、7两埠岭、8东泊庄、9西泊庄、10南泊庄	

（续表）

镇（街区）	社区名称	办公场所位置	所辖村	备注
东北乡文化发展区（6个）（53）	大栏社区	大栏平安村村委	1两县屯、2谭家荒、3大栏平安村、4高平庄、5沙口子、6王家屋子、7陈家屋子	
	公婆庙社区	公婆庙村村委	1艾丘、2公婆庙、3杨家坵、4谭家、5孙家口、6王家坵、7朱家、8咸家	
	河崖社区	河崖社区	1河崖、2王家园、3蒋家园、4郭家园、5阎家、6新华、7下村、8东前岭、9西前岭、10新岭村	
	东浦社区	王新屯村委	1匡家庄、2郭家官庄、3王新屯、4南高家、5北高家、6张许、7范家、8窦家庄、9杜家庄、10河牟村、11牟家园	
	胶莱社区	窝铺村村委	1东流口子、2向阳、3郭家小庄、4大石桥、5郭家屋子、6刘家台子、7毛家屋子	
	胶河社区	东流口子村村委	1新赵庄、2徐家屋子、3管家庄、4东武家庄、5西武家庄、6前进村、7伊家庄、8郭家台子、9窝铺、10前丘	
咸家工业区（3个）（24）	咸家社区	咸家工业区管委会驻地	1咸东村、2咸西村、3陈屋村、4张屋村、5贾唐村、6坊头村、7杨兰村	
	岔河社区	岔河村驻地	1黑丘子村、2陶家屋子村、3杜家屋子村、4高家屋子村、5焦家屋子村、6毛屋村、7于庄村、8岔河村、9赵李村	
	唐楚社区	山丰村驻地	1唐家村、2大侯家村、3西侯村、4大楚家村、5小楚家村、6山丰村、7徐家庙子村、8新立屯村	
胶河生态发展区（5个）（57）	晏子湖社区	张家庄村	1祝家庄、2孟家沟、3晏王庙、4兰家庄、5城子前、6前沙泊、7张家庄、8邹家鸾庄、9孙家鸾庄、10徐家鸾庄	
	李家营社区	李家营村	1李家营、2向阳、3杨家屯、4大洪、5菜园、6高家庄、7仲家庄、8小沟头、9大沟头、10大官庄、11窝洛、12鲁家园	
	王吴社区	褚家王吴村	1河外、2戴家太洛、3杨家栏子、4王十字庄、5柿子园、6褚家王吴、7钟家王吴、8大辛庄、9小辛庄、10李家太洛、11颜家太洛、12小河口、13苑上	
	巩家桥社区	巩家桥村	1巩家桥、2邓家庄、3东化山、4西化山、5化山屯、6瓦屋庄、7曾家店子、8空冲水、9陈家庄、10臧家王吴	
	南山社区	城律村	1葛家庙子、2城律、3单书庄、4大庄、5李家屯、6冯家庙子、7谢家屯、8王家小庄、9葛家屯、10东姚家屯、11西姚家屯、12张家屯	
注沟现代农业发展区（4个）（45）	注沟社区	注沟现代农业发展区驻地	1东注沟村、2西注沟村、3李家埠村、4南埠村、5王家岭村、6刁家庄村、7西张戈庄村、8东张戈庄村、9小张戈庄村、10杨家岭村、11逄戈庄村、12前水西村、13后水西村	
	曹疃社区	曹疃社区曹疃村	1滕家庄村、2韩家疃村、3前沙沟村、4后沙沟村、5新华村、6曹疃村、7王家大浒村、8高家大浒村、9曲家大浒村、10葛家大浒村、11曹家大浒村、12代家庄村	
	方市社区	方市社区后方市村	1后方市村、2前方市村、3东屯村、4西屯村、5平市村、6西沟村、7刘顺庄村、8马家村、9建设村、10白家庄村	
	刘戈庄社区	刘戈庄社区大刘戈庄村	1前曹戈庄村、2后曹戈庄村、3翻身村、4西杨家屯村、5大刘戈庄村、6东马戈庄村、7西马戈庄村、8小于家庄村、9尚家屯村、10张理庄村	

备注：经济开发区比原来多了姚哥庄社区；阚家镇比原来多了尹家宅社区；咸家工业园区原来的腾达社区分成岔河社区和唐楚社区；胶河生态发展区原来的李家营社区、张家庄社区、城律社区、菜园社区、太洛社区、褚家王吴社区、巩家桥社区改成现在的晏子湖社区、李家营社区、王吴社区、巩家桥社区、南山社区。

索 引

A

B

C

D

E

F

G

H

J

K

L

M

N

P

Q

R

S

T

W

X

Y

Z